Cuba nostra

DU MÊME AUTEUR

Che Guevara, le Christ rouge. Paris, Albin Michel, 2003
Che Guevara, la foi du guerrier. Avec Susana Ojeda. Paris, TF1-Paris Match, 1997
Cuba, un pays à part. Paris, Fontaine, 1994
Le Témoin imaginaire. Roman. Paris, Spengler, 1995

Alain Ammar

avec le témoignage de l'ex-agent secret Juan VIVÉS
participation Jacobo MACHOVER

Cuba nostra

Les secrets d'Etat de Fidel Castro

PLON

© Plon, 2005
ISBN : 2-259-20115-6

A mes enfants Candice et Thibault

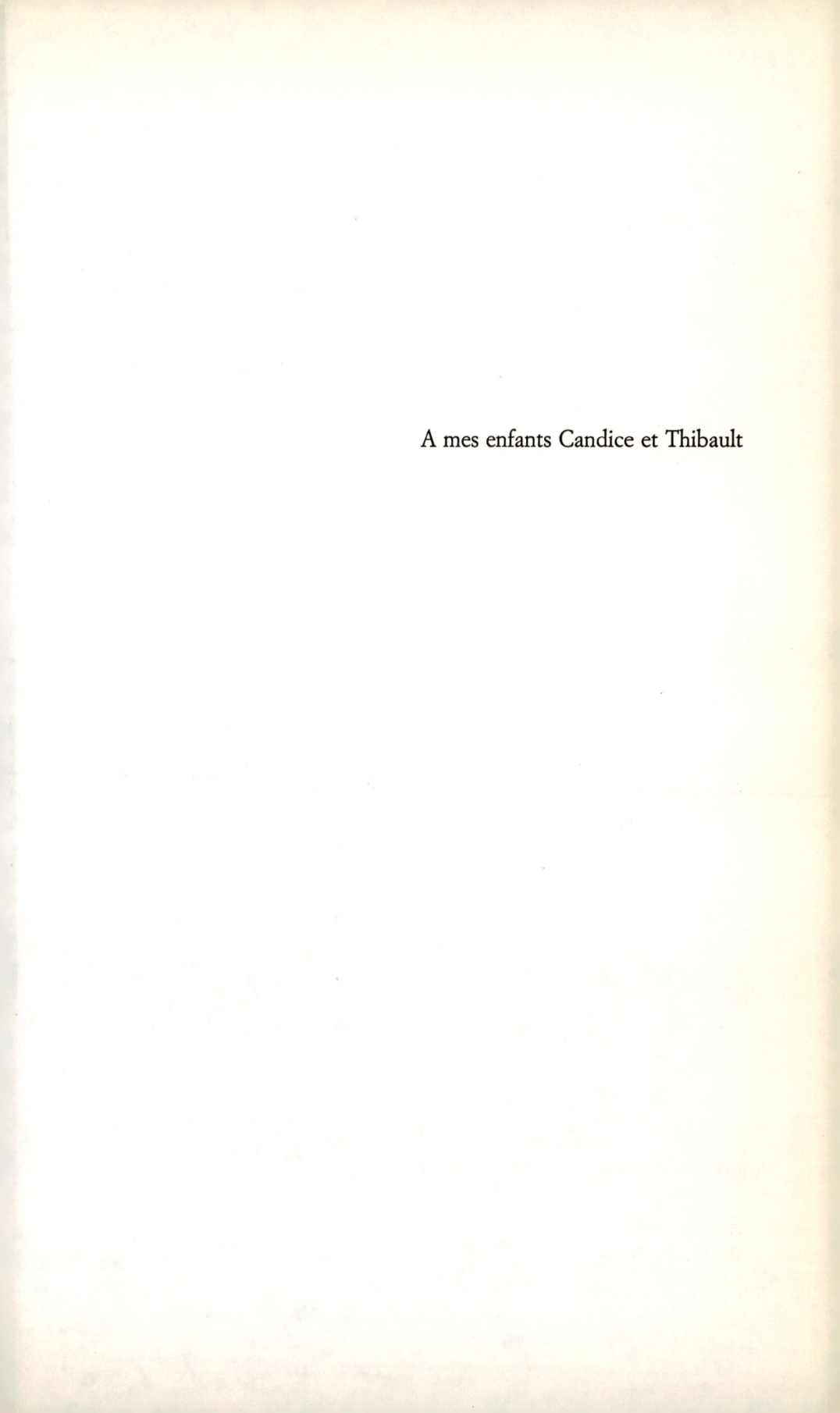

> « *Du tyran ? du tyran*
> *dis tout, dis plus encore ! et cloue*
> *avec la fureur d'une main esclave*
> *sur son opprobre le tyran.* »
>
> José Martí

> « *Nous ne sommes pas des esprits morbides assoiffés de sang et de châtiment. Pendant la guerre, face à l'adversaire qui ne pardonnait pas, nous avons été généreux. C'est sur cette générosité face à l'adversaire qui ne pardonnait pas qu'ont reposé notre force et, en partie, notre triomphe.* »
>
> Revolución, La Havane, janvier 1959

> « *Quel est le comble d'un régime politique ?*
> *Condamner un peuple à mourir de faim et*
> *lui offrir un enterrement gratuit !* »
>
> Los Tadeos, La Havane, 1967

Avertissement

Ce livre a pour objet de dénoncer un système, mettre en exergue des situations dramatiques, expliquer des comportements criminels et surtout informer de réalités passées et présentes qui ont pesé et pèsent toujours sur un peuple qui a cru avec enthousiasme et peut-être angélisme que cette révolution allait enfanter un monde meilleur.
Nous en étions.
Nous savons aujourd'hui à quel point l'illusion a été grande et l'espoir immense.
Nous savons aussi que beaucoup préfèrent encore, malgré toutes les évidences, soutenir un régime qui n'a plus rien à voir avec son projet initial pour conserver intact leur dernier rêve. Mais le rêve s'est transformé en cauchemar et l'illusion en supercherie. Il ne s'agit donc ni de malveillance, ni de volonté partisane, cet ouvrage a simplement le souci d'éclairer des événements qui animent une tyrannie qui s'exerce depuis près d'un demi-siècle sur le peuple cubain par la volonté d'un seul homme, Fidel Castro.

Les entretiens contenus dans ce livre ont été enregistrés et filmés en accord total avec les personnes concernées.

Avant-propos

L'après-castrisme a commencé du vivant de Castro, en coulisses, au sein de l'armée, dans les rencontres entre agents cubains et américains. Même si cela reste invisible en surface, les tractations vont bon train pour envisager les lendemains d'un système qui ne tient encore que par la personnalité de celui qui l'a inventé.

Un système bâti sur le machiavélisme, la séduction et les manipulations d'un caudillo *sans états d'âme a fait de Cuba un pays en marge et de son histoire révolutionnaire un roman noir où se côtoient mafieux, gangsters et généraux, espions et chefs d'Etat.*

L'histoire de la révolution et du régime cubains est truffée de secrets et d'inconnues, qui dissimulent mensonges et mystifications.

Les piliers du système castriste reposent depuis quarante-six ans sur des contrevérités entretenues par une doctrine de fer, et sur des apparences qui, aujourd'hui, tombent en lambeaux comme les murs de la Vieille Havane.

En multipliant les entretiens, en analysant les événements, nous sommes parvenus à approcher et souvent à découvrir une réalité que beaucoup s'acharnent à laisser dans l'ombre, se limitant à surfer sur la vague de ce que certains appellent encore la « révolution romantique », même si le castrisme a fini par montrer son vrai visage en condamnant, en emprisonnant ou en exécutant froidement.

Cette enquête nous a permis de rencontrer de nombreux acteurs de ce presque demi-siècle d'histoire contemporaine, la plupart des déçus d'une cause qu'ils ont soutenue parfois les armes à la main et pour laquelle ils ont sacrifié leur jeunesse, leur santé et jusqu'à leur identité. D'autres aussi qui ont participé ou ont assisté à des événements dans lesquels les services secrets ou les troupes castristes ont joué un rôle déterminant. Et surtout un homme, Juan Vivés, qui a vécu depuis l'âge de 14 ans l'enthousiasme révolutionnaire des premiers mois, le déclin des idées généreuses, la querelle des clans pour le pouvoir et sa ribambelle de morts, suicidés, accidentés, assassinés, ses innombrables manipulations, trafics en tous genres, dénonciations, coups tordus, double langage, intoxication... Tout ce qui a permis à ce régime de régner sans partage sur Cuba depuis le premier janvier 1959.

Juan Vivés a été un espion redouté, il a eu accès à de nombreux dossiers, côtoyé tous les hommes clés de cette période, connu des secrets enfouis et trempé lui-même dans bon nombre d'opérations troubles jusqu'au jour où il a compris qu'il n'était qu'un pion au service d'une ambition personnelle. Au début des années 70, il décide de cesser d'être une marionnette mais continue à regarder, à emmagasiner, à microfilmer tout ce qui tombe à sa portée. Il se mue en une sorte d'éponge à absorber l'envers du décor castriste. Neveu d'Osvaldo Dorticós Torrado qui fut président de la République entre juillet 1959 et décembre 1976, et joua un rôle, toujours dans l'ombre du Commandant en chef, plus honorifique que réel avant de se suicider officiellement en 1983, Vivés a été aidé et maintes fois protégé par son parent avant de pouvoir fuir l'île et de passer dans le camp de ceux qu'il avait auparavant combattus.

Réfugié en France depuis 1979 grâce à l'appui du ministre de l'Intérieur Michel Poniatowski, cet ancien guérillero fut un pionnier des services secrets cubains et placé durant de longues années à des postes stratégiques auprès de Castro lui-même et de ses affidés. Il s'est repenti par désillusion face à ce qu'il appelle « l'évolution hypocrite du régime ». Ecœuré de voir ses parents, ses amis, ses proches broyés, enfermés, maltraités, Juan Vivés a décidé de témoigner, de dire ce qu'il sait, de raconter ses entrevues, de dévoiler ses missions et de révéler les secrets de la révolution castriste.

C'est à la lumière du processus qui se développe au Venezuela depuis l'arrivée au pouvoir d'Hugo Chávez et qui lui en rappelle un autre, mais surtout après l'emprisonnement au printemps 2003 de soixante-quinze dissidents cubains, poètes, journalistes, économistes, dont certains sont ses amis, notamment Raúl Rivero libéré en novembre 2004 et exilé ensuite en Espagne et dont il a aidé à faire publier un recueil de poèmes, Mandat de perquisition [1], qu'il a décidé de mettre sa mémoire au service de cet ouvrage. Les informations qu'il nous a confiées nous ont permis d'aller plus loin dans nos investigations et de revisiter plusieurs événements de l'histoire récente de Cuba. Nous avons recoupé, authentifié ces révélations auprès de nombreux témoins et grâce à des publications et documents que nous avons retrouvés dans les pays que nous avons traversés. D'autres

---

1. Raúl Rivero : *Mandat de perquisition*. Paris, Al Dante, 2003.

anciens responsables des services secrets ont eux aussi livré leurs souvenirs, notamment l'ancien compagnon du Che Guevara, Dariel Alarcón Ramírez (« Benigno »), corroborant et prolongeant les affirmations de Juan Vivés, fournissant ainsi un tableau aussi hallucinant que terrifiant des agissements les plus secrets et les moins « romantiques » des promoteurs de la révolution cubaine, tant à l'intérieur de l'île qu'en d'autres parties du globe.

PREMIÈRE PARTIE

LE CERCLE DE FAMILLE

Le parrain cubain

Avec une habileté qui lui est toute personnelle, Fidel Castro pourrait endosser avec aisance en le modifiant à peine le rôle du Parrain de Mario Puzo, le vieux Corleone. Il a gagné sa guerre et mourra dans son lit comme un héros fatigué entouré de la famille : fils, gendres, frères, cousins, quelques sœurs, compagnes, maîtresses, valets, tueurs.

Scrupuleux de chaque détail, veillant jusqu'au bout sur chaque conscience, chaque parcelle de son île et léguant un héritage qui le placera une fois de plus en tête du *Livre Guinness des records*. Ultime raffinement : il continue à imposer à son peuple un slogan dépassé, une farce énorme, féroce et inhumaine qui planera longtemps sur la tête de la nation cubaine : *Socialismo o muerte !*, « Le socialisme ou la mort ! », comme une épée de Damoclès. Une farce morbide reprise en chœur par le clan dominant un pays exsangue, une nation nue et usée, travaillée par le mensonge, la corruption, la double morale et la peur.

Durant près de trois générations Fidel Castro a enfilé les bottes d'un géant aux yeux du monde et s'est taillé un profil à la Robin des Bois malgré les privations qu'il fait subir à son peuple.

Plus que des possessions matérielles, le régime castriste s'est emparé de l'âme des Cubains. Son leitmotiv : *Cuba nostra*, « Cuba est à nous » ! Pour cette raison, il jette en prison les intellectuels, les poètes, les écrivains qui ont le courage de le défier, tout en faisant croire que l'ennemi *yankee* est dans ses ports. Des armes contre les mots : quatre millions d'hommes déployés dans de gigantesques manœuvres militaires en décembre 2004, baptisées « Bastion 2004 ». Toutes les forces vives sur le terrain, un opium pour faire oublier au peuple ses misères et maintenir la pression. L'état de guerre permanent dans un ciel d'azur. La ficelle est énorme, le stratagème usé jusqu'à la corde. Le peuple est las. Fuir plutôt que résister est désormais son credo et, paradoxalement, une nouvelle arme pour le parrain cubain qui semble dire à ses éternels ennemis : « Attention ! A la moindre menace, nous ouvrons les ports et nous vous expédions des centaines de milliers de Cubains vers vos côtes. »

Le régime castriste possède, face aux Américains, la bombe d'invasion massive. De crainte qu'il ne mette sa manœuvre à exécution, ceux-ci feignent l'indifférence et attendent « que la bête meure ».

La puissance qu'incarne Fidel Castro fonctionne à la manière d'une grande famille mafieuse avec des cercles de pouvoir concentriques. Le premier cercle est constitué par ses compagnons de l'attaque de la caserne Moncada à Santiago de Cuba le 26 juillet 1953 qui lui vouent une fidélité aveugle. Ce fait d'armes, fondateur du castrisme, fut pourtant un échec sanglant, avec près de quatre-vingts morts parmi les insurgés. Le deuxième est formé par les vieux combattants de la Sierra Maestra, des guérilleros qui menèrent durant deux ans une lutte victorieuse contre les troupes de Fulgencio Batista. Les autres cercles plus éloignés évoluent en fonction de l'intérêt que leur porte le *Líder Máximo*[1] qui nomme ou destitue selon son seul bon plaisir et sans aucun contrôle.

Il existe une seconde famille regroupée autour de Raúl Castro, son demi-frère cadet, désigné comme successeur dans la tradition dynastique, une sorte de passage de témoin héréditaire. Jusqu'à sa mise à l'écart, Marcos Portal, l'ex-ministre de l'Industrie de base, marié à une fille de Raúl Castro, était considéré comme pouvant jouer un rôle déterminant dans la succession. Au cours de l'été 2004, une panne paralysa une grosse centrale thermoélectrique, entraînant d'interminables et régulières coupures d'électricité dans toute l'île. Ces *apagones* – « coupures » – durèrent plus de cinq mois, exaspérant une population déjà lasse de privations, et coûta selon un chiffre officiel deux cents millions de dollars à l'Etat cubain. Marcos Portal fut désigné responsable de la situation et limogé.

---

[1]. Dès les premières parutions des journaux cubains à l'avènement de la révolution et notamment dans le magazine *Bohemia*, le terme « *Líder Máximo* » ou « *Máximo Líder* » est employé régulièrement pour désigner le chef des *barbudos*.

Transmission du pouvoir du père au fils, de l'aîné au cadet, du frère au frère, comme c'est la coutume au sein de *Cosa nostra*.

Lorsque les communistes du Parti socialiste populaire (PSP), discrètement appuyés par l'Union soviétique, tentèrent d'imposer leur propre famille au sein de la révolution, la réponse fut brutale : des communistes historiques furent emprisonnés en 1968 à la suite du procès de la « micro-fraction ». L'avertissement était clair : personne à Cuba ne pourrait prétendre agir en dehors des structures de pouvoir admises par le parrain.

De la même façon que les grandes familles mafieuses enterrent fastueusement leurs ennemis ou assassinent pour leur propre compte, Fidel Castro fabrique des icônes avec ceux qu'il a lui-même éliminés ou expédiés à la mort, manipulant l'histoire à sa guise.

Le jeune Fidel, né à Birán dans la province orientale de Cuba, était considéré comme le bâtard de l'union illégitime d'Angel Castro Argiz, riche propriétaire terrien, et de sa servante Lina Ruz. Envoyé par son père étudier au collège de Belén chez les pères jésuites, Fidel Castro eut ses premiers contacts avec l'univers mafieux du gangstérisme à son entrée à la faculté de Droit de l'université de La Havane en 1945.

L'ambiance qui y régnait à l'époque n'était pas précisément le calme studieux des campus universitaires. Les gouvernements démocratiquement élus du président Grau San Martín et de Prío Socarrás ne faisaient que distribuer des *botellas*, des postes haut placés et bien payés, pour calmer l'effervescence estudiantine. Deux courants s'opposaient frontalement : le Mouvement socialiste révolutionnaire (MSR), dirigé par Rolando Masferrer, un ancien trotskiste qui avait participé à la guerre d'Espagne aux côtés des Brigades internationales, et l'Union insurrectionnelle universitaire (UIR), dirigée par Emilio Tro, qui avait, lui, combattu avec l'armée américaine au cours de la Seconde Guerre mondiale. Les jeunes communistes tentaient de se frayer une place entre ces deux groupes irréconciliables. Leur principal leader était Alfredo Guevara, avec qui Fidel Castro se lia d'amitié. Il deviendra plus tard le patron de l'ICAIC, le puissant Institut national du cinéma de Cuba.

Fidel Castro, encore adolescent, s'intégra rapidement à ce milieu en ébullition, en participant de manière violente à la lutte pour le pouvoir. Il fut accusé d'avoir assassiné lui-même son homonyme, Manolo Castro, le président de la Fédération étudiante universitaire, la FEU, opposé à sa nomination au poste de délégué à la faculté de Droit de La Havane. A cette époque, on tuait pour un oui ou un non dans ce milieu de *gonchistas universitarios*, de « voyous universitaires », au sang chaud et à la gâchette facile.

Inculpé par un tribunal, Fidel Castro en sortit absous, grâce à l'intervention de son père, qui versa beaucoup d'argent pour acheter les juges, à une époque où tout s'achetait et se vendait, y compris l'innocence ou la culpabilité. En 1948, suite à l'assassinat du leader libéral colombien Jorge Eliecer Gaitán, Fidel Castro, qui considérait déjà que la lutte insurrectionnelle devait embraser tout le sous-continent latino-américain, participa au *bogotazo*, coup d'envoi de la période dite de la *violencia*. Une violence qui allait se prolonger en Colombie pendant près de trente ans et qui ne cessera d'intéresser celui qui, dix ans plus tard, deviendra le « maître de Cuba ».

A ses côtés figuraient Enrique Ovares, devenu entre-temps le nouveau président de la FEU, le communiste Alfredo Guevara et un autre jeune homme, Rafael del Pino. Ce dernier commit, plus tard, l'erreur de clamer publiquement que Fidel Castro avait agi, à Bogota, comme un bandit et qu'il était personnellement impliqué dans la mort de Gaitán. Cela lui coûta vingt ans de prison à l'avènement de la révolution castriste.

Au cours de la lutte contre la dictature de Fulgencio Batista, Castro mit toute son énergie pour faire échouer les tentatives d'insurrection qui ne répondaient pas de lui, éliminant tous les leaders qui pouvaient potentiellement entraver sa marche vers le pouvoir.

Ainsi, Frank País, chef de la rébellion à Santiago de Cuba représentant la plaine (le *llano*), s'opposait à la ligne politique suivie par la *sierra* et aux tendances au *caudillismo* de Fidel Castro. Il fut trahi et assassiné le 30 juillet 1957. Vilma Espín, soupçonnée d'être à l'origine de la dénonciation de Frank País aux soldats de Batista, exerce encore aujourd'hui la fonction de présidente de la Fédération des femmes cubaines. A ce titre, mais aussi bien sûr parce qu'elle est la femme de Raúl Castro, Vilma Espín dispose d'un pouvoir et d'un réseau d'influence considérables.

L'homme-taupe qui renseigna Castro sur les luttes intestines et les jeux de pouvoir, Armando Hart, fut récompensé par des postes réservés aux fidèles : il fut d'abord ministre de l'Education, membre éminent du Bureau politique du Parti communiste avant de devenir le sempiternel ministre de la Culture de la révolution, jusqu'à l'âge de la retraite. La pratique de la table rase qu'employait Fidel Castro, et qui consistait à faire disparaître, les uns après les autres, ceux qui pouvaient lui faire de l'ombre, s'amplifia après la victoire révolutionnaire.

La disparition de Camilo Cienfuegos à la suite de l'emprisonnement du commandant Huber Matos, pour des raisons de rivalités personnelles avec Raúl Castro et de divergences politiques avec l'évolution procommuniste de la révolution, fut le point culminant de cette purge permanente. Quant au Che Guevara, l'icône suprême de la révolution castriste, il avait été condamné dès 1965 à l'ostracisme. Envoyé au Congo pour implanter une impossible guérilla à la tête d'une poignée d'hommes dirigés par Laurent-Désiré Kabila qu'il jugeait inaptes au combat et corrompus, il n'échappa à la mort cette année-là que pour la trouver deux ans plus tard, en 1967, en Bolivie, au cours d'une autre guérilla.

Le « suicide » fut aussi une arme couramment utilisée par les révolutionnaires cubains pour faire disparaître des personnages devenus gênants ou encombrants. En 1983, celui qui fut président en titre de la République depuis mi-1959 jusqu'en 1976, Osvaldo Dorticós, fut retrouvé mort à son domicile, avec une balle de colt calibre 45 dans la tête. « Or, Dorticós n'a jamais possédé une telle arme, témoigne son neveu Juan Vivés, la seule qu'il détenait était un pistolet de calibre 9 mm, un "Stek" de fabrication soviétique que je lui avais offert. » Celui qui fut pendant plus de vingt ans président de la République de Cuba en savait trop lui aussi, et se montrait trop critique vis-à-vis du système et des frères Castro. Vivés se souvient des paroles du dirigeant communiste Carlos Rafael Rodríguez concernant son oncle : « Dis-lui de se calmer ! Sinon ça risque de lui jouer un tour fatal. »

Dorticós avait osé critiquer le chaos économique régnant dans l'île et confessé à ses proches ses doutes sur les circonstances de la mort de nombreux sympathisants du régime, cubains ou étrangers, parmi lesquels l'ancien président chilien Salvador Allende.

C'est ainsi que durant près d'un demi-siècle se sont empilés les secrets d'Etat du castrisme.

La guerre des clans

« Diviser pour régner » est une stratégie largement pratiquée et éprouvée depuis des millénaires. Fidel Castro en a fait sa devise à l'instar de tous les dirigeants totalitaires.

Celui qui a su tenir tête à dix présidents américains est un chef de clan à part. Il a fait du système machiavélique qu'il a mis en place une machine à sa dévotion.

Le créateur de cette machine infernale a sans doute été influencé par tous les courants du XXe siècle, du Parti communiste soviétique, dont certains affirment qu'il fut membre dès 1947[1], jusqu'au nazisme comme le soulignent certains témoignages, notamment celui de José Andreu, un camarade de chambre de l'université de La Havane en 1952 alors que Fidel Castro était jeune étudiant en droit. José Andreu s'est exprimé le 14 décembre 2004 devant un grand nombre de personnalités, d'universitaires et d'exilés à l'Institut d'études cubaines de l'université de Miami : « Il avait environ dix ans de plus que moi, se souvient Andreu, je ne le fréquentais pas beaucoup mais je n'oublierai jamais ce jour-là. Castro mimait les gestes d'Adolf Hitler devant un miroir. Son attitude m'a frappé. Il se tenait debout, un exemplaire de *Mein Kampf* traduit en espagnol dans une main, gesticulant à la manière hitlérienne. Cela n'a duré que quelques secondes, mais cette vision ne m'a jamais quitté... »

Un an plus tôt, à l'époque où Castro habitait à Guanabo, une station balnéaire à l'est de La Havane, une proche parente de Jorge Valls[2] l'avait surpris avec deux ouvrages emblématiques sous le bras. « C'était en 1951, Fidel vivait à l'époque tout près de ma famille, raconte Jorge Valls. Un jour, Blanca del Valle, une de mes proches parentes, l'aperçoit avec un exemplaire du *Capital* de Karl Marx et une autre de *Mein Kampf*, d'Adolf Hitler. Interloquée elle lui demande : Tu sais vers qui tu veux aller ? Et Castro de répondre : Je ne sais pas, mais il faut que j'atteigne le but que je me suis fixé coûte que coûte. »

Les années 50 à Cuba ne sont pas simplement traversées par des courants politiques et idéologiques provenant du vieux continent. En mars 1952 la dictature de Fulgencio Batista imposera son lot d'exactions et laissera des pans entiers de son économie

---

1. Cf. Juan Vivés : *Les Maîtres de Cuba*. Paris, Robert Laffont, 1981. Les relations de Fidel Castro avec les communistes au sein de l'université de La Havane sont de notoriété publique. D'ailleurs, il tenta de lancer un périodique intitulé *Aro* qui n'eut aucun succès auprès des étudiants. Plus tard il renouvela l'expérience avec son ami Alfredo Guevara en publiant, grâce à des fonds communistes, le magazine *Saeta*.

2. Entretien avec les auteurs, Miami, 15 décembre 2004. Jorge Valls purgea une peine de vingt ans de prison à Cuba avant d'être libéré et de s'exiler aux Etats-Unis. Il tente aujourd'hui un rapprochement avec les autorités castristes afin de pouvoir rentrer dans son pays pour, dit-il, « y mourir ».

à la pègre : Meyer Lansky, Santos Trafficante et leurs acolytes régneront en maîtres sur les jeux, la prostitution, la drogue. La population, notamment paysanne, a du mal à vivre et plie sous le poids de dettes contractées auprès de l'Etat ou de gros propriétaires fonciers.

Sur ces difficultés sociales prolifèrent les revendications, se développent d'importantes manifestations et de nombreux activistes étudiants entrent en rébellion, prélude à la lutte puis au triomphe révolutionnaires.

Le temps a passé : quarante-six ans de pouvoir absolu. Le *caudillo* cubain continue, aujourd'hui, d'imposer une « clanisation » rampante du régime qu'il contrôle toujours d'une main de fer en dépit de ses 79 ans, des maladies qui le rongent loin du regard public et de la chute du 21 octobre 2004 qui brisa son genou gauche et lui laissa une fêlure au bras droit. Son successeur officiel reste son frère Raúl qui dirige l'armée depuis 1959 et devrait jouer le premier rôle en cas de disparition du *Líder Máximo*. Mais Raúl n'a que cinq ans de moins que Fidel, et sa santé est fragile. Le personnage extrêmement maniéré dans sa jeunesse fut affublé du sobriquet de *China Roja*, « Chinoise rouge ». Hospitalisé à plusieurs reprises pour des cures de désintoxication – même s'il a déclaré, courant 2004, pour cacher son alcoolisme, que les médecins l'avaient guéri d'un cancer –, Raúl Castro disposera de peu de temps pour inscrire Cuba dans une réalité nouvelle.

Le demi-frère de Fidel – son père était un sergent, métis de Chinois et de mulâtre, dans la garde civile de Birán –, après un voyage derrière le rideau de fer en 1953[1], devient communiste et commence à tisser des liens avec des responsables militaires soviétiques et des membres du KGB. Nommé gouverneur militaire de la province d'Oriente au triomphe de la révolution, Raúl fusilla des centaines d'opposants avant que Fidel le fasse rentrer d'urgence à La Havane.

Peu apprécié des Cubains qui le considèrent comme un dauphin imposé, incapable de prendre en main les destinées du pays, Raúl Castro à la tête de l'armée, dès 1959, verrouille les frontières

---

1. Membre des Jeunesses socialistes de Cuba, Raúl Castro se rend à Vienne en 1953 au Congrès mondial de la jeunesse. Il en profite pour visiter des capitales du bloc soviétique, notamment Bucarest, Budapest et Prague. Il en revient enthousiaste et convaincu qu'il faut mener le combat pour le communisme.

de l'île. Bien qu'il épouse le 26 janvier 1959 Vilma Espín Guillois[1] sur l'injonction de son frère, il divorce pour convoler avec une Polonaise, médecin, qui lui donne une petite fille. Mais ce mariage ne tient pas et la Polonaise rentre à Varsovie avec son enfant au milieu des années 90. Avec l'argent que lui laissa Raúl, elle a pu s'acheter l'une des plus grandes cliniques de la capitale polonaise et Raúl s'est réinstallé avec Vilma.

Sur le plan économique, l'homme s'avère plus pragmatique que son frère en s'appuyant sur les cadres militaires[2] qu'il a imposés dans tous les secteurs d'activités du pays : du tourisme – l'une des principales entrées de devises – jusqu'aux postes les plus subalternes du commerce ou de l'export, qu'il fait occuper par des officiers du ministère des Forces armées (MINFAR). Il sait déléguer des parcelles d'autorité et maintenir des relations de travail avec les officiers de haut rang. Son style et son attitude opiniâtres liés à une excellente connaissance de l'art de la guerre mais aussi sa capacité de direction et d'organisation lui ont valu le surnom de « Prussien ». Au cours des toutes dernières années, les militaires cubains ont investi, comme jamais auparavant, l'économie de l'île. La perte des aides soviétiques, la nécessité de remettre de l'ordre dans un système économique en déliquescence, tout en continuant à tenir avec fermeté leur rôle jusque-là cantonné à des activités d'ordre international, ont accéléré cette mainmise de l'armée. Des secteurs importants de l'économie sont désormais sous le contrôle direct de l'armée ou surveillés de près par des militaires de haut rang[3]. Même les secteurs les plus dynamiques, d'habitude gérés par des civils, sont régulés et managés par les forces armées et leur profitent directement : le tourisme, les produits agricoles, le tabac, l'import-

---

1. Vilma Espín, fille de grands bourgeois distillateurs de rhum, se mit au service de la révolution dès 1956 et rencontra Raúl sur les contreforts de la Sierra Maestra. Elle vit actuellement entre Cuba et l'Italie où l'une de ses filles est mariée à un commerçant italien. C'est elle, Vilma, présidente de la Fédération des femmes cubaines, qui gère une partie des comptes bancaires de la famille Castro à Genève. Fille d'un ancien consul général de France à Santiago de Cuba, appelée *Buey de oro*, « le Bœuf plein d'or », à cause de son immense fortune personnelle, Vilma Espín possède encore, personnellement, une propriété de grande valeur sur la riviera française.
2. Juan Carlos Espinosa et Robert C. Harding II : « Olive Green Parachutes and Slow Motion Piñatas : The Cuban Armed Forces in the Economy and in Transition » (manuscrit inédit).
3. Voir Annexe.

export, la technologie et les télécommunications, la construction, les zones de libre-échange et de manufacture. Trois cent vingt-deux des plus grandes entreprises cubaines sont intégrées dans un groupe, GAESA, qui possède des liens très forts avec les militaires. Il compte pour 89 % des produits d'exportation, 59 % des gains dus au tourisme, 24 % des revenus dus aux services, 60 % dus aux transactions et à l'échange de devises, 66 % dus à la vente des produits de détail, et emploie 20 % des travailleurs d'Etat.

Stalinien par conviction, Raúl Castro veut pourtant aujourd'hui appliquer une politique à la chinoise : ouverture vers l'extérieur et fermeture totale à l'intérieur.

Mais en raison de son manque de charisme, de son incapacité à s'adresser aux masses et des ressentiments éprouvés à son égard par de nombreux militaires, le contrôle que Raúl Castro exerce sur l'armée est fragile. Plusieurs hauts gradés ont été secrètement contactés par d'anciens généraux des forces cubaines passés à l'« ennemi », dans les rangs de l'armée américaine, pour réaliser une transition pacifique le moment venu.

Le Centre d'information pour la défense, qui a son siège à Washington, a lui aussi favorisé les contacts entre des officiers de haut niveau des FAR et des officiers américains à la retraite. Depuis 1987, sept délégations américaines ont visité Cuba et, en deux occasions au moins, ses membres se sont réunis avec les frères Castro. L'initiative venait des Etats-Unis mais, depuis quelques années, les Cubains montrent un certain intérêt pour l'intensification de ces échanges. Tous les contacts ont eu lieu à Cuba, le gouvernement cubain n'ayant jamais autorisé un officier du ministère des Forces armées à se rendre aux Etats-Unis[1]. Il existait des échanges étonnants aux alentours de la base navale américaine de Guantánamo. Ces conversations, dont les débuts remontent à 1990, avaient lieu entre le commandant de la base américaine et un brigadier général cubain qui se trouvait à la tête des FAR dans le secteur de Guantánamo. En 1999, la partie cubaine a désigné un militaire de plus haut rang, qui rencontrait régulièrement le commandant de la base américaine. Durant ces entrevues, étaient abordées des questions locales, telles que les solutions pour limiter l'éventualité d'incidents et réduire les tensions entre des forces militaires situées tout près l'une de l'autre. Il existe un accord informel pour la prévention des

---

1. Cf. Brian Latell : *El ejército cubano y la dinámica de la transición.* ICCAS, Université de Miami, 2003.

incendies dans cette région particulièrement aride. Les deux parties ont mené à bien des « manœuvres conjointes de lutte contre les incendies », au cours desquelles ont été déployés des hélicoptères équipés de réserves d'eau. Chacune des deux paraissait prête à offrir un secours médical à l'autre en cas d'urgence et à évacuer les victimes vers l'hôpital le plus proche.

Les conversations autour de la « ligne de démarcation » ont vu leur importance s'accroître lorsque les Américains préparaient la base pour y maintenir des reclus suspects d'appartenir au groupe terroriste Al Qaïda. Le gouvernement cubain fut informé des nouvelles modalités d'utilisation de la base. Peu de temps après, il fit une déclaration favorable à ce plan et Raúl Castro, dans des déclarations à la presse, affirma que si un terroriste parvenait à s'échapper, il serait rendu aux autorités américaines. Ces conversations constituent les réunions au plus haut niveau maintenues entre des officiers cubains et américains. Elles se déroulaient dans un climat cordial. Mais aujourd'hui ce n'est plus le cas : ainsi, Cuba, pour éviter d'être condamné par la Commission des droits de l'homme des Nations unies à Genève, a présenté une résolution, rejetée par la Commission, qui prétendait mettre en accusation les Etats-Unis pour le traitement infligé à leurs prisonniers sur la base de Guantánamo.

Guettant dans l'ombre de Raúl Castro, se dresse le commandant de la révolution Ramiro Valdés, plusieurs fois ministre de l'Intérieur, compagnon de la première heure de Fidel Castro et fondateur des services secrets. Nommé responsable de la Sécurité de l'Etat, il a connu à la fin des années 90 une disgrâce due à un caractère intransigeant qui agaça son mentor, mais il a réussi à revenir au premier plan de la vie politique cubaine. Fidel Castro l'a, en effet, promu en 2000 vice-président du Conseil d'Etat. L'homme a la réputation d'être un « dur » sans scrupules, prêt à tout pour arriver à ses fins. Il a récupéré les services spéciaux d'espionnage et de renseignement et a l'intention de jouer sa propre carte si Raúl Castro lui laisse le champ libre. Les deux hommes se détestent depuis l'époque de la Sierra Maestra. Rusé et cruel, Ramiro Valdés n'a jamais hésité à exécuter les basses œuvres de Fidel Castro. Il lui est donc intimement et historiquement lié, et lui est entièrement dévoué même si secrètement il rumine quelques tenaces rancœurs.

Mais, toujours solidement installé comme héritier officiel, Raúl Castro creuse son sillon. Il envisage ce qui pourra demain lui servir d'organisation du gouvernement. Il veut mettre au point deux pôles de pouvoir : une présidence du Conseil d'Etat et la création d'un poste de Premier ministre face à l'administration publique. Les principaux prétendants à ces charges sont Carlos Lage, Ricardo Alarcón et Felipe Pérez Roque.

Carlos Lage Dávila, âgé de 54 ans, est actuellement vice-président du Conseil d'Etat. Il s'est imposé comme le véritable responsable de l'économie et des finances. C'est lui qui initia la « période spéciale en temps de paix » et réintroduisit le dollar comme monnaie « officielle » dans le pays en 1943. Malgré un caractère effacé, il fut un temps considéré comme l'un des hommes clés de la succession, mais il a perdu beaucoup de son prestige depuis que Raúl Castro lui a reproché sa mauvaise gestion du secteur touristique. Il reste néanmoins en place grâce à sa bonne maîtrise des rouages de l'économie.

Ricardo Alarcón Quesada, actuel président de l'Assemblée nationale du pouvoir populaire, est sans doute le dirigeant cubain qui connaît le mieux les Américains. Il fut durant plusieurs années représentant permanent de Cuba aux Nations unies. Il parle parfaitement l'anglais. Les mœurs, la société et la politique américaines n'ont pas de secret pour ce cacique de la révolution castriste. C'est lui qui dirigea le 8 avril 2005 la délégation cubaine aux funérailles du pape Jean-Paul II, qui avait honoré Cuba de sa visite en janvier 1998[1].

Felipe Pérez Roque, ministre des Relations extérieures, ancien conseiller personnel de Fidel Castro, est sans aucun doute le plus en cour depuis 2001. Il est marié lui aussi à une nièce de Castro et c'est lui qui prend la parole au nom du gouvernement castriste dans toutes les instances internationales mais également à l'intérieur du pays.

En dehors de ces trois hommes, coexistent plusieurs groupes parmi lesquels se retrouvent d'autres prétendants, souvent issus de l'Union de la Jeunesse communiste (UJC), moins en vue que Pérez Roque mais toujours dans la course : Carlos Manuel Valenciaga Díaz, secrétaire particulier de Fidel Castro, ou Hassan Pérez Casabona, ex-président de la Fédération étudiante universitaire, la FEU, revenu en grâce après sa mise à l'écart due à un comportement trop véhément. Encore récemment Otto Rivero Torres, ex-premier

---

1. La religion au secours du castrisme, le *Líder Máximo* semble avoir compris que cet opium-là valait plusieurs légions, ce qui pourrait expliquer la conversion tardive du premier commandant de la révolution rendant un hommage appuyé à la mémoire du défunt pape qui lui rendit, en 1998, l'immense service de baiser la terre sainte de Cuba.

secrétaire de l'Union de la Jeunesse communiste, faisait partie de ce cercle. Promu en décembre 2004 responsable de la « bataille des idées », son ascension semblait irrésistible. Malheureusement pour lui, son appât du gain et quelques malversations grossières lui ont valu très vite une mise en réclusion domiciliaire et la perte de tous ses privilèges. Dans un article paru dans *El Nuevo Herald* le 9 mars 2005 à Miami, le journaliste Pablo Alfonso, responsable de la rubrique *« Cuba por Dentro »* élaborée à partir d'informations obtenues par téléphone ou par e-mails de gens vivant à Cuba (de simples particuliers mais aussi des universitaires, des militaires, des travailleurs d'entreprises mixtes et même des membres du gouvernement cubain), explique qu'en plus d'Otto Rivero d'autres responsables de la Jeunesse communiste comme Alejandro Pérez ou Eduardo Vázquez ont été entendus par la Sécurité de l'Etat et interdits de toute responsabilité. Quant à Otto Rivero il passa plusieurs jours à *Villa Marista*, le siège de la Sécurité de l'Etat où il dut subir un interrogatoire serré. Il en sortit libre mais tomba dans une totale disgrâce. Les investigations menées par la police cubaine font état d'un détournement de plusieurs milliers de dollars et d'une douzaine de véhicules de marque Lada utilisés à des fins personnelles. La roche Tarpéienne est souvent proche du Capitole, à Cuba.

Dominant ces conflits qui font rage, Fidel Castro règne en maître en contrôlant chacun, à la manière d'un chef de clan. Favorisant tantôt les uns, gratifiant parfois les autres, laissant espérer à tous que chacun aura sa chance, sans perdre un pouce de ses prérogatives.

« Le grand secret de Castro, indique Pablo Alfonso[1], c'est son habileté à pouvoir jouer avec chacun de ces clans. La corruption y détient un rôle central. Fidel Castro a utilisé et continue d'utiliser cette corruption non seulement comme un facteur de loyauté mais aussi de contrôle. Dès qu'un quelconque membre de ces tribus s'écarte de la voie qui est tracée, la corruption avec laquelle il a flirté, cette corruption complaisante, peut se retourner contre lui. Ce fut le cas de Carlos Aldana, un moment chef d'un clan influent, ou celui de l'ex-ministre des Relations extérieures, Roberto Robaina, chef d'un autre clan, après avoir été à la tête de l'Union de la Jeunesse communiste. L'un comme l'autre comptaient en leur temps parmi les protégés de Fidel Castro. Tous deux ont été accusés du même délit : corruption aggravée. Une corruption évidente pour tout le monde, une corruption complaisante. Le gouver-

---

1. Entretien avec les auteurs, Miami, mai 2004.

nement, lorsqu'il n'a plus besoin de ces gens, s'en débarrasse. La corruption à Cuba est un instrument de contrôle, de loyauté et de sécurité. »

Ce processus de « clanisation » s'est accéléré depuis le 23 juin 2001, le jour où Fidel Castro eut un malaise en public et s'effondra devant plusieurs milliers de personnes venues, plus ou moins contraintes, ovationner leur vieux tribun. Ce jour-là, à la stupeur générale, les Cubains se sont aperçus que sa disparition de la scène pouvait se produire à court terme. Depuis, les différents camps fourbissent leurs armes, sous l'œil goguenard et jouissif de Castro qui ne rate pas une occasion pour jeter de l'huile sur le feu et faire rentrer dans le rang ceux qui se montrent trop pressés.

Mais l'une des inconnues de l'« après-castrisme » réside dans l'attitude de la communauté noire de l'île. Elle est en effet largement majoritaire puisque plus de 60 % de la population est noire ou métisse et qu'elle compose 85 % de la population pénitentiaire. Cette population ne reçoit que 31 % des sommes envoyées par des Cubains exilés à l'étranger, nettement moins que la population blanche[1].

Si elle ne s'est encore jamais manifestée massivement contre le régime, sa précarité économique l'y encourage de plus en plus. Pas de semaine sans qu'une émeute n'éclate dans des quartiers déshérités de La Havane et de Santiago où se trouve concentrée la population noire, en raison du manque d'eau et de nourriture ou de coupures d'électricité.

« La division qui risque de se produire, craint Jaime Suchlicki[2], directeur de l'Institut d'études cubaines à l'université de Miami, est d'ordre racial. Ceux qui reçoivent des dollars et de l'aide de l'extérieur, ce sont essentiellement les Blancs qui ont des parents à Miami ou ailleurs, pas les Noirs. Le ressentiment grandit au fur et à mesure des restrictions vis-à-vis d'un gouvernement de plus en plus considéré comme raciste car, en regardant bien, plus on monte dans la hiérarchie du Parti ou des Forces armées, moins il y a de Noirs. Parmi le *top ten* des généraux des Forces armées révolutionnaires,

---

1. Selon des statistiques rapportées par le bibliothécaire indépendant exilé Ramón Colás dans sa communication « *Lessons Learned, Challenges ahead for Cuba* », 9 novembre 2004, Cuba Transition Project, Université de Miami et le *CIA Factbook* 2002 basé sur des articles de journalistes indépendants résidant à Cuba. Voir aussi Alejandro de la Fuente : *A Nation for All : Race, Inequality and Politics in Twentieth Century Cuba*, University of North Carolina Press, 2001.
2. Entretien avec les auteurs, Miami, décembre 2005.

il n'y a aucun Noir. Cuba est une société contrôlée, verrouillée par les Blancs et le sentiment d'injustice va provoquer de graves problèmes lorsque la communauté noire sentira que Fidel Castro est en train de passer le témoin. Le ciment que représentent Castro et son régime risque, alors, de se désagréger. C'est aussi pour cette raison que le seul commandant historique de la révolution, le Noir Juan Almeida[1], jouit encore d'une telle autorité malgré d'évidentes tensions avec les frères Castro. » Cette communauté noire qui fut et reste encore le socle social du castrisme, sitôt que le pouvoir donnera des signes de faiblesse, demandera des comptes et tentera de prendre une place plus large dans la gestion de l'après-Fidel. Une perspective que Raúl a intégrée dans ses plans : la vigilance policière dans les quartiers à haute délinquance comme Jesús María ou Regla à La Havane, dans les zones périphériques ou les immeubles à forte majorité noire, est plus importante qu'ailleurs. Les échauffourées récurrentes sont rapidement dispersées afin d'éviter qu'elles ne dégénèrent. L'intention étant de démontrer qu'au moindre écart l'armée interviendra sans ménagement.

Toutes ces tensions, ces guerres intestines engendrent un besoin énorme d'argent. Avec le tourisme et d'autres revenus provenant du trafic de drogue, l'armée possède un important bas de laine. La Sécurité de l'Etat, qui contrôle les secteurs de l'électronique et des communications, en partenariat avec des entreprises étrangères, détient également des sommes colossales[2]. A cela vient s'ajouter le produit de la revente sur le marché libre, au prix fort, des dizaines de milliers de barils de pétrole par jour que le Vénézuélien Hugo Chávez brade à son ami Castro.

Depuis un an, il faut souligner la reprise en main de l'économie cubaine, une nouvelle phase de recentralisation où le contrôle absolu est désormais exercé par la Banque centrale de Cuba sur les revenus en devises des entreprises, en vertu de la Résolution 92/2004 appliquée à partir du premier janvier 2005 et publiée à la une du quotidien officiel *Granma* sous la signature du ministre et président de la Banque centrale, Francisco Soberón. A noter que le gouvernement cubain impose et facture aux entreprises étrangères ses propres employés dont les salaires sont payés en dollars. Ces salaires sont redistribués en pesos par le gouverne-

---

1. Juan Almeida participa à tous les combats dès l'attaque de la caserne Moncada en 1953.
2. Voir Annexe.

ment cubain aux employés, ce qui lui permet de récupérer plus de 80 % du salaire de chaque employé qui ne peut en aucun cas protester. Une reprise en main qui met un point final à de timides réformes et à la dollarisation lancées en 1993 pour sortir l'économie cubaine de l'ornière et qui avaient laissé une petite place au secteur privé.

Un retour qui intervient dans la foulée de la mise à l'écart du dollar en octobre 2004, remplacé par le peso convertible (réévalué de 7 % à 8 % face au dollar en mars 2005), populairement baptisé le *chavito* comme les billets du Monopoly. Cela concerne toutes les entreprises, y compris les *joint-ventures* cubano-étrangères dont la partie cubaine doit verser à l'Etat, sur un compte unique, ses bénéfices en devises. Le gouvernement cubain justifie cette décision par le fait que, en 2006, « va se produire une augmentation considérable des flux financiers extérieurs du pays » en raison des récents accords signés avec le Venezuela et la Chine et des investissements annoncés par les entreprises pétro-minières Sherrit International et Pebercan après la découverte récente d'un gisement de brut exploitable au nord-ouest de l'île.

En réalité la suppression du dollar s'explique par d'autres raisons relevant d'un pragmatisme économique étonnant de la part d'un gouvernement qui affirme son socialisme : éponger les dollars en circulation a, en effet, permis aux autorités de récupérer un milliard et demi en devises de provenance inavouable.

Cuba a, en effet, utilisé une formule proposée à tous les pays par la Réserve fédérale de New York consistant à échanger des dollars usagés contre des neufs. Fidel Castro profita de cette occasion pour actionner son Groupe de coordination et d'appui (*Grupo de coordinación y apoyo*) qui compte vingt membres dirigeants et autant d'agents de second rang. Les commissions habituellement pratiquées sont de 25 à 28 %. Pour attirer les fonds le régime castriste, lui, se commissionne à 15 %.

Entre 1996 et 2003 Cuba a déposé sur un fonds fédéral de l'Union des Banques suisses à New York trois milliards neuf cents millions de dollars usagés. Le gouvernement castriste prétend que cette somme est une addition des envois d'argent (les *remesas*) des exilés et des revenus du tourisme. Cet échange de billets usagés en billets neufs a, en fait, servi de prétexte au régime cubain pour répartir ces sommes sur différents comptes numérotés.

« Cette pratique est typique des opérations de blanchiment d'argent provenant du trafic de drogue, précise l'économiste cubain exilé Ernesto F. Betancourt[1]. Les sommes déposées auprès de l'Union des Banques suisses sont bien supérieures aux entrées de devises procurées par les *remesas* des exilés et le tourisme. La découverte de cette affaire est survenue lorsque les troupes américaines ont trouvé, après la prise de Bagdad en avril 2003, des milliers de coupures neuves de cent dollars dans les palais de Saddam Hussein. D'où venaient ces billets ? La Commission bancaire du Sénat américain réalisa une enquête révélant que l'Union des Banques suisses, qui avait signé une convention avec la Réserve fédérale de New York, avait failli à ses obligations en effectuant des transactions avec des pays inscrits sur la liste noire des Etats qui soutenaient le terrorisme, parmi lesquels l'Irak à l'époque de Saddam Hussein et, surtout, Cuba. »

Avertie de la combine, la Réserve fédérale de New York sanctionna d'une amende de cent millions de dollars l'Union des Banques suisses. La Commission bancaire du Sénat a lancé une enquête afin de repérer les comptes où l'argent avait été déposé, pour le moment sans résultat officiel.

« D'autres enquêtes sont menées actuellement par des membres cubano-américains de la Chambre des Représentants à la suite des révélations d'un haut fonctionnaire cubain récemment exilé, proche du "groupe de coordination et d'appui", qui affirme que l'Union des Banques suisses n'est pas la seule à être impliquée dans ces trafics. Sept ou huit banques à travers le monde participeraient également à ces opérations de blanchiment d'argent sale en provenance de Cuba », conclut Ernesto F. Betancourt.

Une nomenklatura *jalouse de ses prérogatives*

Comme dans tout système totalitaire, Cuba possède une élite qui jouit de privilèges, une *nomenklatura* regroupant une trentaine de grandes familles autour du Commandant en chef, quelques centaines de personnes qui ne manquent de rien. Tous les membres du Bureau politique font partie de l'élite, de même que les cadres du

---

1. Entretien téléphonique avec les auteurs depuis Washington, avril 2005. Vivant aux Etats-Unis depuis 1948, Ernesto F. Betancourt a été représentant en exil du Mouvement du 26 juillet de Fidel Castro. Après la fuite de Batista, il est rentré à Cuba où il a assumé d'importantes fonctions au sein de la Banque nationale. Lorsque le Che Guevara fut nommé à la tête de cet organisme à l'automne 1959, il en démissionna aussitôt et reprit le chemin de l'exil. Il dirige actuellement à Washington l'Association pour l'étude de l'économie cubaine.

Parti qui gravitent autour de Fidel Castro, ainsi bien sûr que les cadres de l'armée.

Alina Fernández[1], la fille du Commandant en chef et de Naty Revuelta, a, évidemment, fait partie de cette *nomenklatura*. Depuis sa fuite de Cuba, elle n'hésite plus à expliquer que c'est « une organisation mafieuse », que la loyauté est rémunérée par des prébendes, une manière de tenir ses gens. Les privilèges à Cuba sont souvent ce qui ailleurs est considéré comme un besoin élémentaire : le droit de voyager, de sortir du pays et d'y rentrer, de conduire une voiture, de passer des vacances dans un hôtel ou une « maison du protocole » : « Beaucoup de membres de l'élite, insiste-t-elle, disposent de maisons au bord de la plage à Varadero, à Cayo Coco et ailleurs, où seuls les étrangers sont admis. » Les privilèges à Cuba se matérialisent dans le droit de pouvoir acheter des produits alimentaires, des vêtements, des chaussures dans des boutiques spéciales où rien ne manque, alors que les rayons des autres magasins sont souvent vides.

Autres avantages de la *nomenklatura* : les « dépenses justifiées » ou les « budgets de voyages », des frais qui permettent à des fonctionnaires haut placés de ne se priver de rien, de payer des services rendus ou des informations confidentielles récoltées par des tiers.

« Les privilèges à Cuba sont hypocritement cachés, poursuit Alina Fernández, les membres de la *nomenklatura* vont acheter la nourriture avec leur livret de rationnement, la *libreta*, comme tout le monde, alors qu'ils n'en ont pas besoin. Mais il faut faire semblant. Leurs femmes ou leurs filles, même si elles ont une voiture et un garde du corps, prennent de temps en temps les autobus, les *guaguas*, pour que les Cubains les voient. Il y a plus de vingt ans, Fidel a ordonné une cure d'austérité dans le but de réagir contre la *dolce vita* et la liberté sexuelle. On a vu alors le président Dorticós prendre le bus avec toute son escorte. C'était grotesque et personne n'y a cru. J'ai, moi-même, vu Roberto Robaina – à l'époque ministre des Relations extérieures – sur une bicyclette, suivi de sa voiture et de ses gardes du corps. Les dirigeants à Cuba sont supposés être les premiers à donner l'exemple. La pantomime est donc garantie. »

Différentes propriétés font également partie du patrimoine occulte du clan au pouvoir. Notamment la ferme que possède Fidel Castro en Galice, en Espagne. Cette ferme se trouve sur les terrains que Castro avait ordonné d'acheter, et où son père Angel était né

---

1. Entretien avec les auteurs, Miami, mai 2004.

avant d'émigrer vers Cuba au début du siècle dernier. « L'administration des biens de la famille reflète la stratégie que le dictateur cubain a employée pour maintenir sous ses ordres chacun de ses subordonnés, explique de son côté Pablo Alfonso. Il a octroyé à chacun d'entre eux, à un moment donné, une part de responsabilité et non l'entière responsabilité. Ainsi, il arrive à les garder divisés, sans abandonner à l'un ou à l'autre en particulier une latitude inconsidérée ou prédominante. »

La revue américaine *Forbes* a classé en février 2005 la fortune de Fidel Castro dans les premiers rangs mondiaux avec un cumul de 550 millions de dollars, soit cinq fois plus qu'il y a deux ans. En plus de ce classement, *Forbes* indique que Fidel Castro aurait vendu en 1993 l'entreprise de rhum propriété de l'Etat Havana Club au groupe français Pernod-Ricard pour 50 millions de dollars. En 1959, lorsque Fidel Castro descendit de la Sierra Maestra pour rejoindre en vainqueur La Havane, il transportait un butin dû à une sorte d'impôt révolutionnaire, l'équivalent de 3,5 millions de dollars. Lorsque la direction nationale du Mouvement du 26 juillet réclama la somme, Castro répondit que le mouvement n'avait pas à s'occuper de ce butin. « Fidel porte un intérêt spécial à l'argent comme tous ceux qui connaissent l'équation Argent = Pouvoir, confirme Alina Fernández. L'argent abonde à Cuba, il a toujours abondé pour pouvoir payer notamment l'appareil de propagande et le maintenir. Il existe des comptes à l'étranger. Je sais que Fidelito (le fils aîné de Fidel) en possédait un en Autriche. Il y a aussi de l'argent en Suisse. Et puis Fidel a fait du *business* avec le Club Méditerranée et bien d'autres entreprises étrangères. »

La ruse consiste, chaque fois qu'une information paraît sur le sujet, à la démentir aussitôt avec véhémence et à en discréditer la source. Ce fut le cas pour cette publication de *Forbes* que Fidel Castro a publiquement accusée de mensonge provocateur et infondé.

« Les richesses personnelles de Castro, indique Pablo Alfonso, sont au nom de sociétés pour la plupart anonymes. Il en existe une à Fribourg en Allemagne qui se charge de distribuer des produits biotechnologiques cubains. Elle fonctionne avec des actions au porteur. Des hommes triés sur le volet, qui ont la confiance du *Comandante*, sont propriétaires des actions de la société et ces actions ne sont pas nominatives. Mes propres investigations m'ont permis de découvrir que Fidel Castro prêtait de l'argent avec intérêt à l'Etat cubain et émettait des chèques à partir de comptes courants administrés en dehors de l'île. La presse espagnole s'est récemment fait l'écho de l'existence de comptes bancaires cubains sur son sol : un gendre de Raúl Castro, fils d'un important général, se rend fréquemment en Espagne pour administrer les flux des comptes bancaires de Raúl Castro et du gouvernement cubain à l'étranger. C'est lui le responsable de ces opérations. »

Ces comptes se trouvent essentiellement en Espagne, notamment dans les îles Canaries et en Galice où prospèrent des entreprises touristiques cubaines, mais aussi en territoire helvétique.

Toutefois la fortune ne s'évalue pas uniquement en comptes numérotés mais aussi par la capacité de jouir de plaisirs interdits au petit peuple.

Jugés trop cruels, les combats de coqs furent, par exemple, prohibés à Cuba avec le triomphe de la révolution. Pourtant Raúl Castro, grand amateur de ce genre de spectacles, offrit au commandant de la révolution Guillermo García la jouissance d'un terrain de mille trois cents hectares[1] où celui-ci fit construire une *valla* (une construction circulaire où se déroulent traditionnellement les combats de coqs) afin que le cadet des Castro puisse s'adonner à son *hobby*. Sur le même terrain, deux hippodromes furent édifiés pour faire courir des chevaux de race, et des croisements de pur-sang permirent de développer une véritable écurie de haut niveau. Ces chevaux exhibés dans ces hippodromes sont vendus à l'étranger avec de confortables bénéfices. Guillermo García accumula une fortune de plus de 15 millions de dollars.

A noter qu'au cours de l'année 2001 Raúl Castro, qui possède aussi un haras de pur-sang au Costa Rica, s'en est acheté trois de plus en Espagne. Le prix de la transaction s'est élevé à 2,5 millions de dollars.

Une anecdote que rapporte Juan Vivés montre l'âpreté au gain du numéro deux cubain : l'un des plus puissants importateurs de cigares cubains, Alejandro P., qui vit en Andorre, s'approvisionnait, depuis des années, des meilleurs crus de havanes *hechos a mano*, faits à la main, directement auprès de Raúl qui exigeait d'être payé en dollars et cash. Pour l'homme d'affaires c'était gênant et

---

1. La première loi de réforme agraire indiquait pourtant que le maximum de terres qu'un paysan pouvait exploiter était de soixante-cinq hectares. La seconde fit quasiment disparaître la propriété privée. Pourtant le commandant García a obtenu en cadeau un immense terrain à Campechuela, sur les contreforts de la Sierra Maestra, dans la région orientale de l'île, pour satisfaire les caprices de Raúl Castro.

compliqué de sortir de la principauté des valises pleines d'argent dans des camions blindés jusqu'à Barcelone et ensuite de franchir la douane espagnole. Il essaya de parlementer avec le dirigeant cubain pour trouver une autre solution. En vain. Raúl Castro voulait l'argent cash, ou pas de havanes.

DEUXIÈME PARTIE

UNE TOILE PLANÉTAIRE

Le plus étonnant pour cette île des Caraïbes d'à peine plus de onze millions d'habitants c'est que, après le triomphe de la révolution castriste, elle a été impliquée dans quasiment tous les conflits de la planète, a pris part à tous les bouleversements armés du globe, de l'Amérique latine à l'Afrique en passant par le Moyen-Orient.

Sans posséder l'extraordinaire puissance américaine, ni celle des Russes, les Cubains, depuis le début des années 60, se sont toujours invités dans le concert des grandes nations sans que celles-ci aient pu le leur interdire. C'est, sans doute, l'une des raisons de l'omniprésence de Fidel Castro sur le plan international et de la fascination qu'il exerce à l'intérieur de ses propres frontières comme sur le reste du monde, notamment sur les pays en voie de développement. Jamais dans l'histoire contemporaine un pays aussi petit que Cuba et sans grands moyens n'a exercé une telle influence à cette échelle. Quant au castrisme il incarne toujours cette machine de guerre qui a servi et sert encore les intérêts d'un clan implacable et rigide.

« Ce qui préoccupe Castro aujourd'hui c'est que sa mort implique un changement économique et politique de l'île, affirme Jaime Suchlicki. Il ne veut à aucun prix que Cuba retombe dans le giron américain, que sa révolution fasse les yeux doux aux *Yankees* et normalise ses relations avec eux. L'antiaméricanisme a été et reste la base de son combat et de son idéologie et il veut que cela lui survive. Il a toujours appuyé, et continue à le faire, des groupes et des gouvernements radicaux à travers le monde qui s'opposent aux Etats-Unis. En 1990-1991, il a créé le Forum de São Paulo, un groupe d'ex-rebelles, d'ex-marxistes, d'ex-communistes d'Amérique latine pour assurer la pérennité de son aura sur le sous-continent. Il les a entraînés, financés. Il a développé leur propagande afin qu'ils prennent le pouvoir. Deux ou trois de ces mouvements y sont parvenus : les frères Ortega au Nicaragua... durant un moment ; Luis Inácio "Lula" da Silva au Brésil et Hugo Chávez au Venezuela. Tous comptent parmi les fondateurs du Forum de São Paulo. »

La nouvelle donne en Amérique latine

Après la chute du mur de Berlin, Fidel Castro a transformé le slogan traditionnel par lequel il terminait tous ses discours, *Patria o muerte !*, par *Socialismo o muerte !*. Simple nostalgie anachronique d'un homme qui voyait s'écrouler le monde communiste, son principal soutien matériel et idéologique ? Certainement pas.

Le *Líder Máximo* n'a jamais pensé que derrière le rideau de fer, à Moscou ou dans les démocraties populaires, se trouvait la solution des problèmes du monde. D'ailleurs, il n'a pas fait de la construction d'une société communiste sa priorité. L'important pour lui et son régime a toujours été de conserver le pouvoir à travers le prisme déformant et trompeur des acquis de la révolution. Il suffit, pour s'en rendre compte, de constater l'état de déliquescence structurelle, économique, sociale, morale et même architecturale de la société cubaine.

A différentes reprises, il s'est senti trahi par les Soviétiques, d'abord au moment de la crise des fusées en octobre-novembre 1962, quand Nikita Khrouchtchev a négocié directement avec Kennedy la fin de la crise en passant par-dessus la tête de son protégé, puis en Angola, fin 1988, lorsque l'URSS a imposé la signature de la paix avec l'Afrique du Sud, et finalement lorsque Mikhaïl Gorbatchev, à défaut d'avoir pu imposer sa vision de la *perestroïka* à Castro, a abandonné l'île à son propre sort en réduisant drastiquement son aide économique. La véritable lutte n'était ni celle que menait l'Union soviétique ni celle que préconisait la Chine populaire, mais la sienne.

Avec l'envoi de ses guérilleros puis de ses légions en Amérique latine, en Afrique ou au Moyen-Orient, Fidel Castro a tenté de créer un monde à son image, une révolution permanente, une guerre sans fin, celle d'un combattant perpétuel contre l'empire qui se trouve à un bras de mer, de l'autre côté du détroit de Floride.

Mais les actions militaires, par guérillas ou armées régulières interposées, ont pour la plupart connu une fin lamentable. Paradoxalement, c'est par le biais de la démocratie que les solutions prônées par le castrisme sont parvenues à s'imposer, du moins provisoirement. De vieux guérilleros et d'anciens putschistes ont su profiter de la crise des démocraties latino-américaines pour parvenir au pouvoir, et tenter de s'y incruster.

En l'espace de cinq ans, des hommes souvent issus du peuple, « parents » spirituels de Fidel Castro, tous d'anciens sympathisants de la révolution cubaine, ont conquis, dans les urnes, les palais du gouvernement des principaux pays du sous-continent : le Venezuela, mais aussi le Brésil, l'Argentine et l'Uruguay. Ailleurs, ils sont aux portes du pouvoir. Mais leurs objectifs n'ont plus rien à voir avec leurs rêves d'antan. Et, souvent, ils n'ont pas la même posture vis-à-vis du castrisme.

Certains ne sont que des épigones tardifs, d'autres, socialistes, ont pris leurs distances vis-à-vis du dogmatisme et de la répression qui met l'île en coupe réglée. Ainsi Ricardo Lagos, président socialiste du Chili, qui aurait pu devenir le successeur idéologique de Salvador Allende mais qui a préféré emprunter un autre chemin, de centre gauche. Il s'est soigneusement démarqué des positions castristes, critiquant la répression envers les dissidents et protestant contre les autorités cubaines qui l'avaient inclus dans une liste de dignitaires étrangers souhaitant un prompt rétablissement au Commandant en chef après son spectaculaire malaise du 20 octobre 2004.

Mais il reste, malgré tout, des admirateurs inconditionnels. Le plus charismatique d'entre eux est Luis Inácio « Lula » da Silva, l'ancien ouvrier métallurgiste de la banlieue de São Paulo parvenu, à la quatrième tentative, à la présidence du Brésil. Malgré un pragmatisme affiché et la certitude qu'il ne transformera pas son pays-continent en sanctuaire révolutionnaire, les altermondialistes ont fait de Porto Alegre leur laboratoire et leur capitale face à l'« impérialisme américain », métamorphosé à présent en centre de la « globalisation ». Le pèlerinage de Porto Alegre a remplacé celui de La Havane. Mais, parfois, le circuit inclut les deux villes. Car Fidel Castro en dépit de son grand âge fait encore recette. Il demeure, pour les anciens militants castro-guévaristes aujourd'hui au pouvoir dans plusieurs pays latino-américains, leur mentor, leur ancêtre, l'homme qu'ils respectent à défaut de le défendre. C'est pourquoi l'une des premières mesures qu'ils adoptent dès leur intronisation est souvent le rétablissement des relations diplomatiques avec Cuba, rompues en

1962 sur recommandation de l'Organisation des Etats américains (OEA). Cette recommandation faisait suite à des incursions de guérilleros entraînés et armés par la Direction générale d'Intelligence cubaine (DGI) dans bon nombre de pays d'Amérique latine. Mais le rétablissement des accords de coopération implique systématiquement une mise en sourdine des critiques à l'égard du régime castriste. Les gouvernants nouvellement élus mettent, en effet, sous l'éteignoir l'attitude de solidarité à l'égard de la dissidence afin de ne pas indisposer le Commandant en chef, qui daigne les recevoir comme de bons élèves appliqués. Se taire est l'une des conditions indispensables d'une visite officielle réussie à Cuba.

Les héritiers de Castro en Amérique latine, qui ont donc conquis le pouvoir par les urnes, n'entendent pas s'attirer la moindre critique de la part de leur maître à penser. Ils préfèrent adopter profil bas face à la question des droits de l'homme sur l'île. En effet, la meilleure façon de ne pas s'attirer des ennuis, est de ne pas aborder le sujet devant le *Líder Máximo*. C'est ce que les dirigeants brésiliens appellent, depuis la prise de pouvoir par Luis Inácio « Lula » da Silva, la « diplomatie silencieuse ». Toujours prompts à dénoncer les tares de la mondialisation, les injustices et la répression à travers le monde, leur volonté critique s'arrête aux portes de Cuba. Ainsi, l'actuel président brésilien s'est-il explicitement refusé à recevoir les dissidents au cours de son séjour dans l'île en 2004. Pour l'ex-syndicaliste, emprisonné à diverses reprises sous la dictature militaire au Brésil, il y a de « mauvais » et de « bons » prisonniers.

Le Parti des travailleurs, cependant, a choisi, depuis son arrivée au pouvoir, d'adopter une voie réformiste et de ranger au placard toute velléité de transformation radicale de la société brésilienne qui, par son immensité et sa diversité, est un os trop dur à ronger. « Lula » est ainsi considéré par les altermondialistes et par de nombreux militants de son propre parti comme « traître » aux idéaux qu'il avait proclamés avant son installation à Brasilia. Sa « trahison », cependant, ne va pas jusqu'à renier Fidel Castro. D'ailleurs le leader de la révolution cubaine n'a pas renoncé à entraîner le Brésil de « Lula » dans sa nouvelle offensive antiaméricaine.

Mais elle est tout de même loin l'époque où le leader syndicaliste avec l'appui de Fidel Castro appelait en 1990 à la création d'un forum de discussion entre des mouvements révolutionnaires et alternatifs orphelins suite à la disparition du bloc communiste : le Forum de São Paulo. La première réunion, en 1993, fut présentée comme une structure susceptible de coordonner leurs actions contre le néolibéralisme et les Etats-Unis, considérés désormais comme la seule « superpuissance ». Les rassemblements du Forum se tinrent régulièrement. Le huitième eut lieu à La Havane, en présence du futur président brésilien et, bien sûr, de Fidel Castro.

La date était particulièrement significative : ce fut à l'automne 2001, juste après les attentats contre le World Trade Center et le Pentagone et au moment de l'offensive américaine en Afghanistan. Cette réunion avait pour but de dénoncer la politique « guerrière » des Etats-Unis et l'« invasion » de l'Afghanistan. Le Forum de São Paulo n'a pas connu, cependant, la répercussion espérée par « Lula » et Castro.

Depuis son élection à la présidence en novembre 2002 avec un libéral comme colistier, « Lula » préfère, plutôt que de s'afficher avec les envoyés de Castro ou ceux d'Hugo Chávez, se rendre au Sommet de Davos, qui concentre les principaux dirigeants politiques et économiques de la planète dans la station de sports d'hiver suisse. Le président brésilien n'appuie désormais Fidel Castro qu'en paroles, tout en continuant de l'assurer de son amitié indéfectible.

D'autres pays latino-américains ont connu eux aussi un virage à gauche, comme par effet de contagion. Mais, dans la plupart des cas, il s'agit d'une évolution, nullement d'une révolution. Les dirigeants arrivés au pouvoir démocratiquement, qui n'avaient autrefois que le mot « révolution » à la bouche, l'ont purement et simplement jeté aux oubliettes. Car, même si l'un de leurs premiers gestes diplomatiques est de se rapprocher symboliquement de Cuba, l'autre, certainement plus pragmatique, est d'afficher leur volonté de bon voisinage avec les Américains. Ainsi leur arrivée aux commandes n'inquiète plus les Etats-Unis, qui ne voient en eux aucune menace pour leurs intérêts, la guerre froide étant définitivement enterrée. Et puis, ces nouveaux dirigeants affichent, pour la plupart, un « socialisme » tout à fait fréquentable.

Le plus radical d'entre eux, le péroniste de gauche Néstor Kirchner, a été élu à la faveur de la crise économique et institutionnelle président d'Argentine contre son adversaire, lui aussi péroniste mais de droite, Carlos Menem, dont les deux mandats furent marqués par un spectaculaire rapprochement diplomatique et économique avec les Etats-Unis, par une libéralisation rapide des services publics, par une corruption sans bornes et, aussi, par la décision de condamner dans les réunions internationales la politique de Cuba en matière de droits de l'homme. Mais, lorsqu'il voulut se représenter pour apparaître comme un « sauveur » potentiel face à la débâcle argentine, Menem traînait derrière lui de nombreux scandales et une attitude indulgente envers les responsables de la dictature militaire, ce qui lui valut un rejet massif. Avant de devoir affronter un second tour qui risquait de se transformer en une défaite cuisante, Menem préféra jeter l'éponge face à Kirchner qui n'avait pourtant recueilli qu'à peine 20 % des suffrages au premier tour. Pour élargir son capital de sympathie auprès d'une population frappée de plein fouet par la crise, le nouveau président argentin marqua résolument sa solidarité avec le régime castriste, rompant avec les critiques dont Cuba était la cible de la part des responsables de Buenos Aires. Mais il ne peut effacer l'idée que ces polémiques ne sont que des dissensions internes au péronisme, dont l'ombre maintient l'Argentine dans un carcan idéologique sans équivalent en Amérique latine. Kirchner est davantage un héritier de Perón que de Castro. Le président Kirchner ne cache pas non plus ses liens avec le Venezuela d'Hugo Chávez. Ce dernier, en visite à Buenos Aires début février 2005, a lancé l'idée d'un « Club des pays endettés » pour mieux négocier avec le Fonds monétaire international (FMI) et les autres organismes de crédit multilatéraux. La création d'une « Banque du Sud » a également été évoquée par Hugo Chávez.

D'autres présidents latino-américains, arrivés au pouvoir à la faveur d'élections, souvent après des scandales de corruption majeurs, se sont également empressés de rétablir des relations d'amitié avec Cuba. C'est le cas de l'ex-président équatorien Lucio Gutiérrez, un militaire, arrivé au pouvoir après des destitutions en cascade de présidents corrompus ou incapables. Au bout de vingt-deux mois de présidence Lucio Gutiérrez fut destitué par le Parlement équatorien le 21 avril 2005. Celui-ci lui reprochait de gouverner de manière autoritaire et d'avoir cherché à intervenir dans le fonctionnement de la Cour suprême. Il fut remplacé par Alfredo Palacio, l'ex-vice-président. Sous la pression de violentes manifestations Lucio Gutiérrez dut s'envoler pour Brasilia où le président « Lula » lui a accordé l'asile. Ce fut aussi le cas du Panaméen Martín Torrijos et de l'Uruguayen Tabaré Vázquez.

Martín Torrijos, fils de l'ancien militaire et dictateur nationaliste panaméen mort dans un curieux accident d'aviation, Omar Torrijos[1], a tout de suite tenté de donner des gages de cordiale amitié à

---

1. Celui-ci fut remplacé par le général Manuel Antonio Noriega, emprisonné pour de longues années en Floride pour trafic de drogue après avoir été renversé en 1989 par une intervention militaire américaine.

Castro. Il entendait notamment rendre aux autorités cubaines les militants anticastristes Luis Posada Carriles et trois de ses complices détenus au Panama pour une tentative d'attentat contre la personne de Fidel Castro. Mais la présidente sortante, Mireya Moscoso, s'est empressée, avant l'arrivée au pouvoir de son successeur en 2004, de leur accorder la grâce présidentielle. Depuis, le leader cubain ne décolère pas, cherchant par tous les moyens à récupérer ces hommes, considérés par son régime comme des terroristes, en particulier Luis Posada Carriles, détenu aux Etats-Unis où il a demandé l'asile politique. L'homme est soupçonné d'avoir également organisé en 1976 l'attentat contre un appareil de la Cubana de Aviación qui avait provoqué la mort de soixante-treize passagers dont les membres de l'équipe nationale d'escrime de retour d'un tournoi à Caracas.

Le premier président uruguayen de gauche Tabaré Vázquez, a été, lui, élu à la tête d'une coalition, le *Frente Amplio*, qui regroupe en son sein d'anciens Tupamaros, des guérilleros urbains longtemps soutenus par Cuba et par de nombreux intellectuels de la gauche européenne (dont Régis Debray, qui a écrit la préface intitulée « Apprendre d'eux » au livre *Nous les Tupamaros*, publié par François Maspero, recueillant les récits des actions de guérilla urbaine en Uruguay).

Mais Tabaré Vásquez avait prévenu, avant son élection, que ceux qui rêvaient d'une révolution ne devaient pas voter pour lui. Malgré tout, son premier geste, symbolique, fut à son tour de rétablir les relations diplomatiques avec Cuba et de lancer une invitation officielle à Fidel Castro pour fêter sa prise de fonction. Avant son arrivée à la tête du pays et depuis plusieurs années, l'Uruguay démocratique critiquait systématiquement les violations des droits de l'homme dans l'île et votait pour sa condamnation à Genève.

Lors de son investiture le premier mars 2005, à Montevideo, Tabaré Vázquez a aussitôt rétabli les relations diplomatiques avec Cuba que son prédécesseur, Jorge Batlle, un proche de Washington, avait rompues en avril 2002 après une violente polémique sur les droits de l'homme. Une investiture où l'absence de Fidel Castro, pour raisons de santé, fut remarquée. Il devait y retrouver notamment ses amis Chávez et « Lula » pour célébrer l'élargissement de la « nouvelle gauche » latino-américaine sur laquelle il compte bien peser.

Aujourd'hui, Fidel Castro doit se contenter, de la part de ses trop raisonnables disciples, d'une attitude qui ne soit pas hostile à son régime et d'un vote favorable ou d'une abstention au moment de la résolution annuelle des Nations unies.

L'accession au pouvoir par le truchement d'élections libres de tous ces hommes de gauche qui gardent en eux une « tendresse » pour la révolution cubaine, signifie, paradoxalement, un échec pour cette même révolution, qui ne conçoit, pour arriver au pouvoir, que la manière forte. Elle démontre aussi que des expériences progressistes sont possibles en Amérique latine sans bouleversements majeurs et sans réactions violentes concoctées par les Etats-Unis.

Dans ce bilan des soutiens latino-américains et ibériques du castrisme, il est cependant un pays qui a tourné le dos au régime de Castro : le Mexique. Avant 2000, date de l'élection démocratique de Vicente Fox (du PAN, Parti Action nationale) à la présidence, les différents dirigeants mexicains, tous issus du PRI (Parti révolutionnaire institutionnel, au pouvoir pendant près de soixante-dix ans), avaient constitué des appuis inconditionnels à la révolution cubaine. Cuba s'engageait en échange à ne pas soutenir les guérillas qui sourdaient au Mexique. Le PRI naviguait entre une politique nationaliste et un langage aux accents « révolutionnaires » acceptables pour donner le change à Washington et aux gouvernements latino-américains qui avaient fait de Fidel Castro leur épouvantail.

Ainsi, le Mexique ne rompit jamais ses relations diplomatiques avec Cuba. La colère de Castro n'en fut que plus grande lorsque le gouvernement de Vicente Fox, sous l'impulsion du ministre des Affaires étrangères, Jorge Castañeda, auteur d'une biographie très critique du Che Guevara, décida de mettre en avant la question des droits de l'homme à Cuba et de limiter la participation de Fidel Castro au sommet des Nations unies sur le développement célébré en mars 2002 à Monterrey. La rupture fut alors consommée. Un mois plus tôt, en février, Castañeda avait déclaré à Miami : « Nous avons terminé nos relations avec la révolution, nous commençons des relations avec la République de Cuba. » Se sentant trahi, Castro n'hésita pas à faire diffuser sur une chaîne de la télévision cubaine l'enregistrement d'une conversation privée avec le président mexicain.

Depuis, les relations entre les deux hommes passent par des rapports allant du réchauffement à la glaciation polaire.

Le maître et son disciple

Mais il existe un disciple inconditionnel de Castro en Amérique latine : Hugo Chávez, l'ancien putschiste parvenu au sommet de l'Etat à la faveur d'élections libres et, surtout, suite aux scandales de corruption qui ont affecté l'une des démocraties autrefois considérées comme les plus solides du sous-continent, le Venezuela.

Depuis qu'il est installé à la présidence, Chávez ne jure que par Simón Bolívar et par Dieu. L'un des premiers actes officiels de Chávez comme président fut d'adresser une lettre de solidarité au terroriste « Carlos » dit « le Chacal ». Dans cette lettre il laissait clairement entrevoir ses sympathies pour les mouvements terroristes. Ses livres de chevet sont la Constitution bolivarienne et la Bible. Mais son modèle, au milieu de ce fatras idéologique qui inclut aussi, pêle-mêle, Lénine ou « Carlos », n'est autre que Fidel Castro. Lui, c'est son père spirituel, auquel il voudrait ressembler et succéder dans le cœur des masses latino-américaines.

Les rencontres entre les deux hommes sont d'une fréquence inhabituelle pour deux chefs d'Etat. L'ambassadeur du Venezuela à Cuba n'est autre que le propre frère du président vénézuélien, Adán Chávez, ce qui accentue leur relation quasi familiale.

Hugo Chávez n'hésita pas à faire le voyage de La Havane pour s'enquérir personnellement de l'état de santé du Commandant en chef après la spectaculaire chute de celui-ci en octobre 2004. Le Vénézuélien n'est pas un ingrat. Il n'a jamais oublié que lors de la tentative de coup d'Etat avortée contre sa personne, en 2002, il avait naturellement demandé l'asile à La Havane, ce qui lui fut, bien sûr, immédiatement accordé. Mais, à l'époque, il n'eut pas besoin de faire le voyage, les auteurs du coup d'Etat ayant reconnu très tôt leur échec. Cependant, les adversaires de Chávez identifièrent immédiatement le président vénézuélien à son protecteur cubain. L'ambassade de Cuba à Caracas fut prise pour cible par les manifestants. Cela provoqua des incidents violents, mais la représentation diplomatique de l'île fut épargnée grâce à la prompte intervention du maire. Celui-ci, Henrique Capriles Radonsky, fut détenu pendant plusieurs mois pour sa participation à l'attaque contre l'ambassade de Cuba alors que, justement, il n'avait fait que s'interposer et appeler au calme. Remis en liberté, il fut immédiatement inculpé pour d'autres raisons ayant eu trait à cette même tentative de coup d'Etat avortée. Entre-temps, il était devenu l'un des leaders les plus emblématiques de l'opposition à Hugo Chávez.

Depuis, les contacts se sont intensifiés entre Caracas et La Havane. Hugo Chávez a confié sa propre sécurité à la Direction générale d'Intelligence, la DGI cubaine. Le président du Venezuela ne se déplace qu'entouré de trois cercles concentriques de protection, les deux premiers étant composés d'agents cubains expérimentés, le dernier de fidèles vénézuéliens.

Des médecins cubains déserteurs ont signalé qu'environ trente mille agents secrets cubains seraient sur le sol du Venezuela, incluant quatre mille cinq cents hommes des troupes spéciales, le fer de lance de l'armée cubaine à l'extérieur. Des hommes installés notamment dans le port stratégique de La Guaira, selon des sources de la Marine de guerre du Venezuela, qui signalent que des agents venus de La Havane occupent l'Ecole de la marine marchande. Une unité spéciale d'assaut cubaine est installée au deuxième et au troisième étage de l'hôtel Sheraton à La Guaira et supervise les entrées et les sorties de tous les navires pétroliers de la rade.

Avant le référendum sur son maintien au pouvoir d'août 2004, Hugo Chávez s'était ingénié à contrôler le haut commandement militaire grâce à ses plus proches collaborateurs, notamment le général Luis García Carneiro qui dirige la 3ᵉ division d'infanterie, consignée à Caracas et qui a pour mission en cas d'émeutes de désarmer la police métropolitaine.

Il existe donc une symbiose presque parfaite entre Castro et Chávez. Une symbiose qui préoccupe la Maison-Blanche. La secrétaire d'Etat américaine Condoleezza Rice n'a pas hésité à affirmer qu'Hugo Chávez constituait « une force négative dans la région qui prend fait et cause pour le régime de Fidel Castro et supprime ses opposants [1] ». La responsable de la diplomatie américaine a requis la vigilance et même menacé de se tourner vers l'Organisation des Etats américains, l'OEA, « pour intervenir face à des leaders qui ne gouvernent pas démocratiquement, même ceux qui ont été élus démocratiquement ». En réponse le ministre des Affaires étrangères du Venezuela, Alí Rodríguez, a demandé aux Etats-Unis de respecter le droit des peuples à l'autodétermination et jugé intolérable la pression américaine tant à l'intérieur de son pays qu'envers d'autres pays de la région. Le 24 avril 2004, le président Chávez a annoncé la fin d'une coopération militaire avec les Etats-Unis vieille de

---

1. Dépêche de l'Agence France Presse du 19 janvier 2005.

trente-cinq ans. Cette coopération consistait surtout en un échange d'instructeurs et incluait la révision des contrats pétroliers.

Si Castro se réclame de José Martí, l'apôtre de l'indépendance cubaine, Chávez a pour modèle Simón Bolívar, le *Libertador*, celui qui mena à bien la guerre d'indépendance de la majeure partie de l'Amérique du Sud. Le Venezuela a été déclaré République « bolivarienne », avec une Constitution « bolivarienne », des Comités de défense « bolivariens », calqués sur le modèle des Comités de défense de la révolution, les CDR, instruments de mobilisation des masses cubaines et, surtout, de dénonciation des éventuels éléments non-conformistes dans les quartiers[1].

Des médecins cubains sont envoyés au Venezuela, dans le cadre du programme *Barrio adentro* (« A l'intérieur des quartiers »). Ils sont près de vingt mille. Ils ont pour mission d'apporter leur assistance dans les quartiers les plus déshérités du Venezuela. Un accord a prévu la mise sur pied par les Cubains de six cents nouveaux centres médicaux au Venezuela courant 2005. L'intention paraît louable mais, à y regarder de plus près, l'on constate que l'accès gratuit à la médecine à Cuba n'est plus assuré, faute de médecins et surtout de médicaments, et que la présence de ces médecins, accompagnés de maîtres d'école et de milliers de membres des services de sécurité (les fonctions, à Cuba, étant interchangeables), s'accompagne également d'un intense travail de propagande et de contrôle des populations vénézuéliennes défavorisées. Depuis octobre 2004, le nombre de médecins cubains qui ont tenté de déserter pour rejoindre d'autres pays d'Amérique latine ou les Etats-Unis est en constante augmentation, grâce notamment à des réseaux organisés pour les faire sortir du Venezuela[2].

« Chaque fois qu'un Cubain voyage à l'étranger, confie Alina Fernández[3], il remplit une fonction politique ou de propagande. Personne n'y échappe. Par exemple, le pauvre médecin qui est séparé de sa famille et envoyé dans un quartier isolé au Venezuela est un agent de propagande du castrisme. De ce point de vue, l'appareil de propagande cubain a dépassé celui des pires dictatures... »

---

1. Cf. Fausto Masó : *Los amantes del tango*. Caracas, Debate, 2004, p. 125-152.
2. Cf. *El Nuevo Herald* de Miami du 9 décembre 2004.
3. Rencontre avec les auteurs, Miami, mai 2004.

L'idée centrale de Fidel Castro, dénoncée par Roger Noriega[1], l'ex-responsable de l'Amérique latine au département d'Etat américain, est de créer un axe de subversion dans le but de déstabiliser les gouvernements démocratiques pro-américains de la région et de radicaliser les gouvernements progressistes trop timorés aux yeux du *Líder Máximo*.

Répondant en octobre 2004 à des chefs d'entreprise américains en visite à Cuba, Fidel Castro n'a pas caché la solidité de son alliance avec Hugo Chávez. « On dit que je vais mourir bientôt et qu'une fois le chien mort, la rage disparaîtra avec lui... C'est vite oublier, ajouta Castro, que désormais le Venezuela s'est transformé en chien. » Mieux, une source confidentielle citée par le *Washington Post* le 14 janvier 2005 précise que le Venezuela de Chávez achète par l'intermédiaire de Cuba des armements lourds. Un total d'environ 7 à 8 milliards de dollars répartis entre 2003 et 2004 de la façon suivante : cent hélicoptères de combat M135 modifiés avec toutes les options de haute technologie, identiques à ceux qui équipent l'armée russe. Cinquante MIG 29 avec également toutes les options militaires de dernière génération, sans oublier un système DCA équipé de missiles SAM. Mais aussi cent mille fusils d'assaut AK-47 nouveau modèle, destinés selon les Américains à équiper les membres des FARC colombiennes.

Les négociations ont été menées à travers la société Rosoboroneksport, société d'Etat chargée des exportations et importations d'armement de Russie. Celles-ci sont gérées par le général Pavel Gratchev qui commanda la 103ᵉ division aérienne en Afghanistan et fut ministre de la Défense de 1992 à 1996. Gratchev est un expert en aviation militaire. Les contacts furent établis depuis La Havane par l'intermédiaire d'Adán Chávez. Raúl Castro en personne, aidé d'un groupe d'experts cubains, a établi la liste d'achats de matériel militaire.

Plusieurs personnalités vénézuéliennes de haut rang se sont rendues à Moscou en compagnie des experts cubains. En octobre 2004, une délégation proche d'Hugo Chávez, d'environ cinquante Vénézuéliens et autant de Cubains, a conclu le marché dans la capitale russe. Les généraux de division cubains Raúl Isaías Baduel et Nelson Benítez Graterol assistaient leurs collègues vénézuéliens.

Les accords avec la Russie sont basés sur des échanges pétroliers.

---

1. Roger Noriega a démissionné le 29 juillet 2005. Washington voulant apaiser ses relations avec Caracas et La Havane venait de nommer un « coordinateur pour la transition de Cuba » vers la démocratie : Caleb McCarry.

Les ventes de pétrole russe sur le continent américain sont honorées par les Vénézuéliens. A l'inverse lorsque les Vénézuéliens vendent du pétrole aux pays européens, il s'agit de pétrole russe qu'ils reçoivent. Le but : réduire les coûts de transport.

La modernisation de la vieille raffinerie construite par les Soviétiques à Cienfuegos, au sud de Cuba, fait partie de l'accord. C'est là que pourra être raffiné le pétrole vénézuélien dont les quantités échappent à tout contrôle de manière à augmenter les capacités de production de produits raffinés. Dans cet échange bilatéral, Cuba en profite pour rénover tout son arsenal militaire payé par... Hugo Chávez.

Ces relations « chaleureuses » ne sont donc ni gratuites ni désintéressées. Lorsque l'ex-Union soviétique ferme le robinet du pétrole de Bakou, le Venezuela, cinquième producteur de pétrole mondial, prend le relais. Fidel Castro s'arrange pour que son « ami » Hugo Chávez lui envoie à Cuba entre soixante-quinze et quatre-vingt-dix mille barils par jour. C'est lui qui maintient l'économie de l'île à bout de bras. Cela n'empêche pas d'ailleurs les *apagones*, les coupures récurrentes de courant, du fait de la désorganisation chronique et du manque de considération des besoins quotidiens de la population.

Au cours d'un voyage à New York en décembre 2004, nous avons rencontré le dirigeant d'une société pétrolière américaine qui a participé à la conclusion des accords en 2000 entre le Venezuela, des dirigeants de l'entreprise pétrolière canadienne Sherrit et des membres du gouvernement cubain. Cet homme a préféré conserver l'anonymat.

« L'accord est simple, dit-il. Caracas consent à La Havane une réduction substantielle sur le prix brut du baril payable de la façon suivante : 80 % réglables sur six mois, mais Cuba ne respecte pas cet engagement et Chávez ferme les yeux malgré les retards des dettes qui s'accumulent. Les 20 % qui restent sont payés par Cuba sous forme d'échanges, des médecins, des professeurs, un encadrement militaire... le programme *Barrio adentro*. Mais le plus important, c'est que le contrat entre les deux pays permet à Cuba de revendre sur le marché libre tout ou partie des quantités de pétrole en provenance du Venezuela, raffiné ou non raffiné. C'est ainsi qu'un baril acheté environ neuf dollars a pu être revendu par Cuba jusqu'à soixante dollars au moment de la flambée des prix du brut en juin 2005. Dans l'histoire Hugo Chávez prend au passage sa commission. Depuis le début de cette convention, le leader vénézuélien aurait empoché personnellement 200 millions de dollars. A noter qu'après la grève qui paralysa le secteur énergétique au Venezuela en 2001, le président Chávez a décidé d'apposer sa signature sur tous les contrats de vente de gaz et de pétrole. Il est donc en mesure de tout contrôler. »

Ainsi vont les relations Castro-Chávez. Le chef de l'Etat cubain, qui désire ouvrir un nouveau front antiaméricain en Amérique latine avec l'argent du Venezuela, arme et soutient les Forces armées révolutionnaires de Colombie, les FARC, de concert avec son homologue « bolivarien », d'une manière directe avec des armes légères mais également grâce à un appui financier et des hôpitaux de campagne installés, selon des médecins cubains exilés ayant fui le Venezuela, à la frontière entre la Colombie et le Venezuela, et consacrés spécialement aux blessés des FARC. Trois cent cinquante agents de la DGI cubaine infiltrés au Venezuela ont, entre autres, pour mission de maintenir la liaison avec la guérilla colombienne directement appuyée par le gouvernement de Caracas. Ils sont également chargés d'entraîner militairement d'autres Latino-Américains dans le but de former un front anti-impérialiste. Le colonel Jesús Urdaneta, ancien chef des services de renseignements vénézuéliens, ex-ami et collègue militaire d'Hugo Chávez, a produit des documents qui attestent d'un accord secret entre Chávez et les FARC octroyant aux terroristes colombiens armes, munitions, argent, essence et aides diverses.

Cette aide aux FARC a provoqué de sérieuses tensions fin janvier 2005. Le président colombien Alvaro Uribe lança un appel au peuple vénézuélien afin qu'il aide la Colombie à combattre le terrorisme, passant ainsi par-dessus l'autorité de son homologue Chávez : « Nous devons éradiquer le terrorisme en Colombie et éviter que celui-ci s'étende à d'autres pays frères », officialisant ainsi la présence de nombreux membres des FARC de l'autre côté de la frontière sous protection du gouvernement vénézuélien.

Chávez a répliqué en accusant les dirigeants colombiens d'être soumis aux volontés de Washington et d'avoir organisé le rapt d'un haut responsable des FARC, Rodrigo Granda, en plein centre de la capitale, en violation de la souveraineté du Venezuela. Hugo Chávez rompit ses relations commerciales avec son voisin et exigea des excuses publiques. Méprisant son homologue colombien, il s'adressa directement aux Américains. « Cette provocation vient de Washington (...). C'est une nouvelle attaque du gouvernement américain. »

Finalement la crise se dénoua avec la promesse d'une rencontre entre Chávez et Uribe, mais elle démontra que le leader vénézuélien avait bel et bien chaussé les bottes de son ami Castro, dans ses harangues, dans sa façon de désigner l'ennemi et de préserver les pays voisins pour un jour, peut-être, conclure une alliance « bolivarienne ».

Cette crise fut d'ailleurs résorbée suite à l'intervention de Fidel Castro. Lorsque, le 14 janvier 2005, le président colombien Uribe appela de toute urgence des dirigeants des pays latino-américains ainsi que le président du gouvernement espagnol, José Luis Rodríguez Zapatero, afin qu'ils viennent à sa rescousse, peu d'entre eux répondirent à sa demande. Le Brésilien Luis Inácio « Lula » da Silva se dit prêt à aider Uribe mais pas avant le 14 février, à son retour d'Europe. Trop loin, trop tard, pour l'administration colombienne. Castro répondit, lui, avec une promptitude surprenante. Celui-ci ne voyait aucun intérêt dans une rupture entre Chávez et Uribe et désirait montrer sa capacité à résoudre ce genre de différend. Il mandata le 21 janvier son principal homme de confiance et ministre des Relations extérieures, Felipe Pérez Roque, à Caracas. Ce dernier revint le soir même à La Havane avec une proposition d'Hugo Chávez. Castro appela Uribe et discuta avec lui durant deux heures, lui démontrant à quel point la rupture pouvait être pénalisante économiquement pour la Colombie, dont le Venezuela est le deuxième marché d'exportation après les Etats-Unis (les échanges entre les deux pays s'élevaient en 2004 à 2,5 milliards de dollars). Le samedi 22 janvier au matin, Castro décida d'envoyer un émissaire porteur d'une lettre pour le président Uribe. A sa lecture le Colombien accepta à son tour de rédiger une missive dans laquelle il admet les bonnes dispositions du leader vénézuélien et accepte de revoir sa position. C'est ainsi que l'émissaire du président Uribe, Carolina Barco, et le ministre des Affaires étrangères vénézuélien, l'ex-guérillero Alí Rodríguez, se rencontrèrent à Lima au Pérou afin de mettre au point un accord final grâce à la médiation de Fidel Castro.

Le 15 décembre 2004, Chávez et Castro ont signé un accord d'intégration économique qui lève les barrières douanières entre les deux pays, une première ! Celle qui est à l'origine de ces accords et qui d'ailleurs conseille le président vénézuélien dans toutes ses décisions économiques s'appelle Marta Harnecker Cerdá. D'origine chilienne, elle s'installe à Cuba après la chute d'Allende, épouse le capitaine Aramis, l'un des dirigeants des troupes spéciales cubaines, et devient lieutenant-colonel de la DGI. Elle sera plus tard la compagne de Manuel Piñeiro (« Barbarroja »). Très influente,

Marta Harnecker a pesé de tout son poids sur le sommet de l'Association des Etats Caraïbes qui s'est tenu les 28 et 29 juillet 2005 à Panama. Le Venezuela et Cuba, bien que Chavez et Castro furent absents, ont influencé le sommet grâce à la pression exercée sur les pays de l'archipel des Caraïbes par la hausse du prix du pétrole. « Je suis impressionné par la mainmise du Venezuela et de Cuba dans les débats, a confié un diplomate à l'AFP, c'est l'axe Chavez-Castro face aux Etats-Unis. » Selon Andres Serbin, directeur d'un centre de recherches économiques et sociales, le pétrole est devenu un instrument politique pour le Venezuela de Chavez. « Caracas et La Havane ont réussi un joli coup en imposant des déclarations qui feront grincer des dents à Washington. »

Dans sa déclaration finale à Panama, l'AEC a réaffirmé « le principe de souveraineté, d'intégrité territoriale et de non-ingérence ainsi que le droit de tous les peuples de construire dans la paix, la stabilité et la justice, leur propre système politique. » Une condamnation de la politique de la Maison Blanche vis-à-vis des deux pays latino-américains que Washington considèrent comme les « canards noirs » de la région. « Nous incitons, une fois de plus, le gouvernement des Etats-Unis à mettre fin aux mesures économiques coercitives unilatérales (comme l'application extraterritoriale de la loi Helms-Burton) » poursuit le communiqué de Panama qui insiste ensuite sur « la nécessité de lever le blocus économique commercial et financier imposé à Cuba par les USA. »

Un texte qui a obtenu un consensus des pays membres pour être publié et qui compte des Etats membres pro-américains comme le Mexique, la Colombie ou le Honduras. Une performance pour Chavez et Castro.

Ce n'est pas le fruit du hasard si de hauts dirigeants russes qui se sont rendus fin 2004 à Cuba, se sont entendu dire par Fidel Castro que c'était de la révolution « bolivarienne » que dépendait désormais le sort du régime cubain, une allusion claire au fait que sans Chávez et son pétrole le « modèle » castriste cesserait rapidement d'exister.

Une semaine plus tard, le 22 décembre 2004, les liens entre Cuba et le Venezuela connurent un nouveau développement. A la date où Castro et Chávez rejetaient d'un commun accord le projet américain d'une Zone de libre-échange des Amériques (ZLEA) et décidaient la création d'une Alternative bolivarienne pour les Amériques (ALBA), les deux pays signaient un accord permettant aux juges, aux fonctionnaires de police et à la sécurité de l'Etat cubain d'intervenir en territoire vénézuélien avec toute latitude pour enquêter, interroger et même capturer des exilés cubains réfugiés au Venezuela ou des Vénézuéliens recherchés par la justice castriste, avec la bénédiction d'Hugo Chávez.

Cette nouvelle loi d'assistance juridique et pénale donne des pouvoirs discrétionnaires aux juges cubains jusqu'à se substituer au code juridique en vigueur au Venezuela. Objectif : surveiller et éventuellement pouvoir châtier les quelque trente-cinq mille exilés cubains qui ont fui l'île castriste, à différentes époques, pour rejoindre un pays alors plus démocratique. La réciproque est vraie pour ce qui concerne des opposants vénézuéliens anti-Chávez qui auraient eu la mauvaise idée de se rendre à Cuba dans l'intention de « s'attaquer à la sécurité ou à la révolution cubaines ».

« C'est un accord qui viole absolument la souveraineté du Venezuela », a dénoncé au *Nuevo Herald* Tulio Alvarez, avocat constitutionnaliste et enseignant à l'Université centrale du Venezuela. Le plus grave, selon lui, réside dans le fait que ces accords permettent aux fonctionnaires cubains de mener de manière directe, sans procéder par voie judiciaire, des investigations sur des biens et des personnes au Venezuela et le cas échéant d'obliger ces personnes à rentrer à Cuba pour y être jugées et condamnées. « Même des Vénézuéliens ou des Cubains ayant obtenu la nationalité vénézuélienne peuvent être poursuivis dans ce cadre de loi par des juges cubains. Si quelqu'un émet une opinion ou un jugement contre le régime castriste, il peut être, suivant ces accords, extradé vers Cuba. » Ces accords qui comprennent dix-neuf articles, élaborés dans leur version initiale par Hugo Chávez à son arrivée au pouvoir en 1999, furent dénoncés en janvier 2004 par l'Assemblée nationale qui établit que la coopération entre les deux pays devait avoir un caractère confidentiel. Pourtant ils existent bel et bien et s'étendent même aux délits politiques et militaires, mettant ainsi le système judiciaire du Venezuela, encore démocratique, au service des desseins du régime castriste, étant entendu qu'il y a bien plus de Cubains au Venezuela que de Vénézuéliens à Cuba.

La référence à la statue de Simón Bolívar, qui vainquit les colonisateurs espagnols au XIXe siècle et voulut fonder l'unité latino-américaine, est reprise à Caracas comme à La Havane. Au cours d'un colloque intitulé « L'Utopie dont nous avons besoin » organisé à La Havane le 10 septembre 2004 par la chaire Bolívar-Martí et la Société culturelle José Martí, l'historien américain d'origine polonaise Zbigniew M. Kowalewski présenta un rapport très explicite :

« Pour être une seule nation, l'Amérique latine devra être socialiste. Pour être socialiste l'Amérique latine devra être une seule nation. Pour l'Amérique latine sonnera, une fois de plus, l'heure de sa seconde, véritable et définitive indépendance, annoncée il y a plus de cent ans par José Martí et il y a plus de quarante ans par Fidel Castro, quand la révolution latino-américaine se mettra en marche de nouveau et ne sera pas interrompue tant qu'elle ne construira pas une seule nation socialiste latino-américaine. Il semble qu'elle s'est déjà remise en marche avec la révolution bolivarienne au Venezuela. »

L'empire à vaincre s'appelle aujourd'hui Etats-Unis d'Amérique et non plus Espagne, et comme il faut une légitimité à toute lutte surtout si elle a besoin de renaître de ses cendres, Marx et Lénine étant remisés aux oubliettes il suffit d'exhumer Bolívar et de lui faire porter les habits neufs d'une révolution exigeant un ravalement de façade. Le « bolivarisme » est désormais le cri de ralliement des damnés de la Terre, une manière de faire du neuf avec du vieux. Il est d'ailleurs intéressant de lire l'interview accordée par Celia Hart-Santamaría, la fille de l'héroïne révolutionnaire Haydée Santamaría et d'Armando Hart, au journaliste allemand Hans-Gerd Ofinger, reproduite le 3 octobre 2004 dans l'édition dominicale du *Diario Las Américas* de Miami. Cette jeune femme qui profite des prébendes qu'octroie le pouvoir castriste est bien sûr membre du Parti communiste. Elle a étudié la physique à l'Université technique de Dresde en Allemagne, et vit lorsqu'elle est à Cuba comme les membres de la *nomenklatura*, sans se soucier des problèmes matériels. Celia Hart parle dans cette interview de la relance nécessaire du fantasme guévariste des années 60 : « créer deux, trois, plusieurs Vietnam ». Une vieille idée qui semble ressortir de cartons poussiéreux parmi les cercles de la gauche latino-américaine.

Elle évoque également un possible conflit armé au Venezuela : « Nous devons aider la révolution vénézuélienne comme le firent les Brigades internationales lors de la guerre civile espagnole en 1936. » Celia Hart propose d'« approfondir la révolution bolivarienne, afin de la considérer comme une révolution socialiste ». C'est à partir de cette proposition qu'elle envisage le germe du futur conflit. Selon ses dires, ce conflit intégrerait d'une part l'oligarchie vénézuélienne et de l'autre les forces révolutionnaires castrochavistes.

« Le temps ne nous manque pas ! » s'exclame Celia Hart. L'idée est de mettre au point un axe antidémocratique et antiaméricain qui permettrait aux castristes d'apporter le capital humain et les forces prétoriennes au Venezuela et au reste des pays latino-américains, le pétrole et l'argent. Le but : miner la démocratie, d'abord au Venezuela puis ailleurs en Amérique latine.

Il est impensable que cette interview ait été donnée sans l'assentiment préalable de la « famille » castriste dont Celia Hart fait partie. Une manière d'officialiser l'union Castro-Chávez dans une vision de révolution « bolivarienne » et d'enfourcher les vieux credo guévaristes abandonnés voilà plus de trente ans.

La tentation terroriste

Le 4 novembre 2001, Fidel Castro parla pendant deux heures à la télévision cubaine à propos de la guerre contre le terrorisme. Il déclara que l'Afghanistan allait devenir un nouveau Vietnam, que les Etats-Unis allaient mettre vingt ans à battre les Talibans. Le numéro un cubain était en phase parfaite avec son homologue de Caracas.

Les liens de Chávez avec le terrorisme international datent de l'époque de la rébellion militaire sanglante contre le gouvernement de Carlos Andrés Pérez, durant laquelle périrent près de cent personnes. Après avoir été reçu avec les honneurs par Fidel Castro à La Havane, Chávez se rendit à Tripoli et à Bagdad. « Il revint avec beaucoup d'argent pour former son Mouvement révolutionnaire vénézuélien (MRV) et pour postuler à la présidence », explique le colonel Pedro Soto, qui appuyait Chávez à cette époque.

Installé au pouvoir Hugo Chávez se rendit en visite d'Etat en Libye, en Irak et en Iran en février 2001, signant des traités de coopération avec Muammar Kadhafi, Saddam Hussein et avec les mollahs iraniens. Fidel Castro visita la Libye, l'Iran et la Syrie quelques mois plus tard. Un membre du Bureau politique du MRV et conseiller proche de Chávez, Freddy Bernal (lié aux Cercles bolivariens), était en Irak en mars 2002. Il fut capturé par les forces de surveillance frontalière des Nations unies. L'homme tentait d'infiltrer des armes en Arabie saoudite. Un haut responsable du Pentagone affirma en janvier 2004 que « le gouvernement communiste de Cuba avait échangé avec le régime de Saddam Hussein des informations sensibles concernant les Etats-Unis » en contrepartie de pétrole clandestin irakien.

Dans un article paru dans le supplément *Insight Magazine* du quotidien conservateur *Washington Times* le 27 décembre 2002, les journalistes Martín Aróstegui et Juan F. Cuéllar révélèrent après enquête que le président vénézuélien avait établi des liens très forts avec le milieu terroriste arabe :

« A vingt et une heures vingt-neuf le 28 mars 2002, écrivent-ils, Hakim Mamad Ali Diab Fattah atterrit à l'aéroport international Simón Bolívar de Caracas, à bord du vol 397 de Delta Airlines. Fattah, né au Venezuela, avait été l'objet d'une surveillance internationale car il avait pris des leçons de pilotage dans deux écoles d'aviation du New Jersey où Hani Hanjour, qui provoqua le crash du vol 77 d'American Airlines contre le Pentagone le 11 septembre 2001, avait lui-même été élève.

« Le FBI avait arrêté Fattah aux USA après avoir l'avoir entendu tenir des propos évoquant l'explosion d'un avion de passagers et établi la preuve matérielle qu'il avait utilisé de faux documents d'identité.

« Les Américains demandèrent des renseignements le concernant au service de sécurité et d'intelligence vénézuélien (DISIP), mais ils ne découvrirent pas grand-chose en dehors d'attestations médicales désignant Fattah comme un schizophrène qui, depuis un an, négligeait de se soigner.

« Depuis, des membres importants des services de sécurité du Venezuela ont éclairci le mystère : le général Marcos Ferreira, qui a démissionné fin 2002 de ses fonctions de directeur du département Etranger responsable de la surveillance des frontières nationales (DX), affirme que des agents de la DISIP vinrent chercher Fattah directement à sa descente d'avion et l'escortèrent jusqu'à une voiture qui l'attendait sur la piste même de l'aéroport. Selon des officiels des services de sécurité, Fattah était traité comme un VIP, un homme très important, semblant confirmer que le président Hugo Chávez était en train de concocter une stratégie parallèle dans le but de modifier la constitution d'un pays sud-américain riche en pétrole. Disciple de Fidel Castro, Chávez commençait à infiltrer des hommes sûrs dans le système financier et les corporations d'Etat, dans l'idée de cloner la révolution cubaine et de convertir le Venezuela en une base de terroristes. »

Hugo Chávez s'est également attaché la fidélité des Cercles bolivariens, les milices chargées de la sécurité du gouvernement. Ces milices ont pris le contrôle des postes de police autour de Caracas et investi les structures administratives de la compagnie pétrolière gouvernementale PDVSA (Pétroles du Venezuela Société anonyme)¹. Celle-ci était présidée par l'ex-guérillero communiste Alí Rodríguez, devenu depuis ministre des Affaires étrangères.

A son époque de « putschiste frustré », Hugo Chávez reçut l'aide d'organisations « narco-guerrières » colombiennes. Il solde aujourd'hui ses comptes et ses dettes en interdisant le survol de son espace aérien aux agents antidrogue des Etats-Unis. Un agent du renseignement militaire vénézuélien, le général Néstor González, commandant de la 2ᵉ armée vénézuélienne qui opère à la frontière colombienne, indique lui aussi que les groupes de narcotrafiquants colombiens ainsi que les FARC sont protégés par Chávez dans des camps à l'intérieur du territoire vénézuélien.

Le leader de l'Armée de libération nationale (ELN), le « commandant Pablo », s'est même refait une santé sous la protection de la DISIP dans une villa du quartier populaire d'El Marqués.

Le général José Vietri, chef de l'état-major de l'armée du Venezuela, fait lui référence aux FARC comme étant « le gouvernement de fait de la région frontalière entre les deux pays ».

Le principal homme de contact avec les réseaux terroristes a été clairement identifié : il s'agit de l'ancien ministre de l'Intérieur Rodríguez Chacín, un capitaine de la marine de guerre vénézuélienne qui se lia intimement avec Hugo Chávez à l'époque où ils conspirèrent ensemble pour fomenter le coup d'Etat de février 1992. Ferreira dit que Rodríguez Chacín écarta son prédécesseur au département Etranger (DX) parce qu'il appuyait des pétitions internationales réclamant l'extradition d'un terroriste de l'ELN. Au cours d'un putsch militaire, nommé « Opération Ezequiel Zamora », le lieutenant-colonel Hugo Chávez tenta de mettre fin au mandat du président Carlos Andrés Pérez le 4 février 1992. La tentative échoua et Chávez fut emprisonné pour deux ans. De sa prison il enregistra un appel à l'insurrection diffusé lors d'une seconde tentative de coup d'Etat par le MBR 200, la nuit du 27 novembre 1992. Ce second coup d'Etat échoua également mais les putschistes purent s'emparer du pouvoir durant quelques minutes.

Mais Rodríguez Chacín dut renoncer officiellement à son poste de ministre de l'Intérieur en avril 2002 en raison de l'insistance des

---

1. En lançant le projet Petrocaribe, filiale de PDVSA, chargée de livrer du pétrole à tarif préférentiel dans les Caraïbes, le président Hugo Chávez a soulagé 14 pays dont le budget national a du mal à résister aux fluctuations du prix du baril et s'est ainsi assuré leur bienveillance.

officiers à monter un putsch contre Chávez. Il resta, cependant, le chef de la sécurité *de facto*, selon des sources qui le décrivent comme opérant sous le pseudonyme de Rafael Montenegro, dissimulant d'innombrables secrets bancaires et conduisant de nombreuses activités louches à la frontière avec la Colombie.

« Une des premières choses que Rodríguez Chacín m'ordonna de faire lorsque je suis devenu chef du DX, se rappelle Marcos Ferreira, fut de légaliser l'entrée de cinq Colombiens sans papiers car ils avaient aidé aux négociations pour libérer des Vénézuéliens séquestrés. Il m'expliqua qu'ils devaient rester plusieurs jours au Venezuela avant de partir pour Cuba. » Le général Ferreira découvrit que ces mesures étaient habituelles.

Au cours de l'année 2001, Rodríguez Chacín demanda à Ferreira de faciliter l'arrivée de vingt ou trente Colombiens qu'il reçut personnellement au point de croisement des frontières de San Antonio, d'où ils furent escortés par la DISIP jusqu'à l'aéroport international Simón Bolívar afin de prendre des vols pour Cuba.

Mais l'attitude, le langage, le vocabulaire qu'employait de plus en plus facilement Rodríguez Chacín préoccupèrent plusieurs officiels. « Après un voyage à La Havane, reprend Marcos Ferreira, il a commencé à nous appeler *compañeros*, "camarades", et se référa aux opposants au régime comme à des ennemis de l'intérieur ; il évoqua la possibilité de s'attaquer à leurs familles. »

Le point de rupture survint lorsqu'un lieutenant-colonel de la garde présidentielle demanda à Ferreira de fabriquer un passeport pour une militante des FARC, Ana Belinda Macías Rismendi, qui possédait une fausse carte d'identité vénézuélienne (N° 12438823). Elle devait partir en urgence à Cuba, dit-on à Ferreira. « Les empreintes digitales du passeport ne coïncidaient même pas avec les siennes. »

Une analyse de documents du DX démontre que durant les années 2001 et 2002, trois mille sept cent quatre-vingt-dix-neuf passeports vénézuéliens frauduleux ont été distribués, dont mille sept cent quarante-cinq octroyés au poste frontière du DX à San Antonio.

Vérifiant le nombre de documents fournis, Ferreira calcula que deux mille cinq cent vingt fausses identités furent attribuées à des Colombiens et que deux cent soixante-dix-neuf fausses identités concernaient des Arabes d'origine syrienne. Après contrôle des fiches de police colombiennes, deux douzaines d'identités fournies confirmèrent qu'il s'agissait de terroristes connus et de narcotrafiquants.

Entre les éléments pro-Chávez et les conseillers cubains, les services secrets vénézuéliens sont fermement sous tutelle. « Des dizaines de terroristes, portant de faux passeports, font partie de ce que les services de sécurité appellent "une force parallèle" créée par Chávez, indique l'ancien consul du Venezuela à Paris Nelson Castellanos, afin de l'appuyer dans son intention de conserver le pouvoir à l'intérieur du pays[1]. »

Des centaines d'entre eux auraient même été entraînés à Cuba et en Libye sous la dénomination d'« activistes sociaux ». Des unités de choc appelées *Tupamaros* et *Carapaica* sont consignées secrètement dans des « maisons de sécurité » tout autour de Caracas où des nids de mitrailleuses protègent les voies d'accès aux districts qu'ils contrôlent en dehors de la capitale. Selon la CIA, des combattants expérimentés dans les guérillas urbaines ont été incorporés à cette force parallèle ainsi que des narcotrafiquants colombiens protégés par la DISIP, elle-même sous le contrôle de la DGI cubaine. Des diplomates européens ont confirmé que les Cubains font partie intégrante des sections d'analyse et de contre-terrorisme de la DISIP. Des témoignages recueillis sur place au Venezuela[2] indiquent que trois à quatre cents conseillers militaires cubains sont supervisés par l'attaché militaire de La Havane au Venezuela, le capitaine de corvette de la Marine de guerre de Cuba Sergio Cardona, qui dirige également l'élite de la garde présidentielle de Chávez et son groupe de gardes du corps dont la plupart sont incapables d'entonner la moindre strophe de l'hymne national vénézuélien.

Le nombre d'agents d'information dissimulés sous l'appellation « professeurs de sport » ou « maîtres d'école » est estimé à plusieurs milliers en plus des militaires cubains. Ils travaillent de concert avec les Cercles bolivariens.

« J'ai démissionné de mon poste lorsque j'en ai eu marre de faire le sale boulot de Chávez avec les Cubains qui surveillaient derrière mon dos tout ce que je faisais », confesse l'ex-général Ferreira, affirmant que l'ancien ministre de l'Intérieur Rodríguez Chacín et d'autres proches du pouvoir ont fait pression sur lui afin qu'il « blanchisse » les identités de terroristes et de narcotrafiquants qui transitaient par Caracas. Ils lui auraient également ordonné de mentir aux autorités américaines sur les activités d'un réseau financier du Hezbollah dont les dossiers furent réclamés pour examen par le FBI après les attentats du 11 septembre.

---

1. Entretien avec les auteurs, Paris, juillet 2004.
2. Voyage effectué par l'un des auteurs en juillet 2004.

Chávez ordonna de détruire des dossiers d'une dizaine de personnes sur lesquelles pesaient les soupçons de récoltes de fonds pour le Hezbollah, et qui menaient des transactions financières suspectes dans les îles Margarita, Aruba et Curaçao ainsi que dans les villes de Maracaibo et Valencia, selon le général Ferreira. Le président vénézuélien a dissous également des unités militaires antiterroristes et renvoyé seize officiers de renseignement, de grande expérience, entraînés aux Etats-Unis, au moment même où se produisaient les attaques terroristes sur New York et Washington.

Hugo Chávez fut pratiquement le dernier chef d'Etat à présenter ses condoléances aux autorités américaines. Il mit trois jours avant de se laisser convaincre par ses diplomates qu'il fallait le faire tandis que des drapeaux américains étaient brûlés sur la place Bolívar à Caracas. Un an plus tard, avec l'excuse de célébrer son propre « onze », le 11 avril 2002, Chávez invita comme hôte principal à Caracas Hebe de Bonafini, la dirigeante argentine d'une des fractions actuelles des Mères de la Place de Mai, qui avait auparavant déclaré à qui voulait l'entendre qu'elle célébra le 11 septembre à La Havane en dansant jusqu'au matin.

La responsable des Cercles bolivariens, Lina Ron, elle aussi célébra l'événement terroriste en brûlant un drapeau américain au centre de Caracas.

Des reporters vénézuéliens qui purent échapper à la vindicte de Chávez ont affirmé à la revue *Insight Magazine* que deux suspects recherchés par le FBI, Fahti Mohammed Awada et Hussein Kassine Yassine, auraient retiré 400 000 dollars d'un compte bancaire dans une succursale de la Banque confédérale à Margarita avant de s'envoler pour le Liban en décembre 2001. La même source indique que les individus étaient « impliqués dans des transactions suspectes qui valident les soupçons du gouvernement des Etats-Unis ».

Les transactions d'argent ne furent jamais enregistrées par le surintendant de la Banque nationale du Venezuela, une personnalité désignée personnellement par Chávez. Des sources diplomatiques américaines à Caracas confirment que les enquêtes officielles au sein des autorités bancaires vénézuéliennes n'ont pu démontrer de façon évidente le blanchiment de l'argent terroriste. « Nous avons seulement pu consulter des officiels du gouvernement vénézuélien », admet un enquêteur américain.

Les services de renseignement américains expliquent volontiers que Chávez cache des données essentielles sur ses alliés arabes, dont certains furent de forts contributeurs financiers à sa campagne présidentielle. L'un d'eux, Nasser Mohammed al-Din, un entrepreneur et ami personnel de Chávez, l'invite dans sa maison de Margarita où le président vénézuélien réside durant ses fréquentes visites sur l'île, lieu préféré par ailleurs de ses réunions privées avec Fidel Castro. Selon le major des forces aériennes vénézuéliennes, ex-pilote du président Hugo Chávez, le commandant Juan Díaz Castillo, Chávez et Castro s'y rencontraient jusqu'en octobre 2004 (date à laquelle la chute de Fidel Castro mit un terme provisoire à ces rencontres), de façon très régulière.

L'île Margarita semble être le centre d'un intense réseau financier qui couvre les Caraïbes, Panama et les îles Caïman. Selon les autorités coloniales britanniques, des efforts pour blanchir de l'argent via des banques de l'archipel des Caïmans impliquèrent aussi un groupe d'hommes d'affaires des Emirats arabes. Le 4 janvier 2003, Juan Díaz Castillo fait une déclaration publique lors d'une conférence de la Fondation panaméricaine pour la démocratie à Miami. Ce dernier assure qu'Hugo Chávez aurait envoyé un million de dollars aux Talibans afin d'aider le réseau Al Qaïda et qu'il fut personnellement chargé de cette mission. L'argent en cash serait arrivé à l'ambassade du Venezuela à New Delhi, Inde, avant d'être introduit au Pakistan, par l'intermédiaire d'un membre du Haut commissariat des Nations unies pour les réfugiés, jusqu'à Al Qaïda comme « assistance humanitaire ».

Tout en s'occupant de ces détournements de fonds, Hugo Chávez a eu assez de temps pour déstabiliser les forces armées, lesquelles ne pourront plus intervenir efficacement, le cas échéant, pour contrer une montée en puissance du leader vénézuélien. La force aérienne et les unités mécanisées disposent d'une réserve de combustible limitée et très contrôlée. Les tankistes ont été réquisitionnés pour conduire des autobus publics et de nombreux officiers de carrière ont été missionnés pour administrer des projets publics dans le but de les corrompre.

Les équipes de communication et de renseignement électroniques ont disparu des installations militaires et policières et une partie de la marine de guerre est contrôlée par les Cubains. Un bateau de débarquement amphibie, modèle LST T63, de construction américaine, a même été repéré par un satellite américain alors qu'il effectuait des allers-retours du port de La Guaira à la base de la Marine militaire cubaine à Cienfuegos.

Dans un discours prononcé à Caracas le 28 décembre 2004 devant plusieurs centaines de militaires, Hugo Chávez, à l'instar de Fidel Castro, critiqua ouvertement la politique menée par Washington et incita les militaires à une offensive idéologique anti-impérialiste au sein même des forces armées. « Ils ont échoué, ceux qui prétendaient mettre notre force armée au service des empires du monde, parce que cette force armée est anti-impérialiste », vociféra le président vénézuélien qui, sans les nommer, dénonçait les Etats-Unis, ajoutant que les militaires joueront un rôle important dans l'aide qu'ils apporteront à sa « révolution bolivarienne ». « Nous nous reposerons après avoir brisé toutes les chaînes qui oppriment notre peuple, les chaînes de la faim, de la misère, du colonialisme. Cette patrie sera libre ou nous mourrons en tentant de la libérer. » Hugo Chávez assura qu'il avait éliminé toute possibilité de coup d'Etat après avoir purgé l'appareil militaire de tous ses opposants potentiels. Durant ce discours, le chef de l'Etat vénézuélien indiqua que le nouvel uniforme vert olive – le même que celui porté par les troupes cubaines – s'appellerait « le patriote » et serait confectionné dans du tissu importé de Chine, pays dont il revenait après une visite officielle.

Quand Pékin entre dans la danse

Aujourd'hui le nouvel axe Caracas-La Havane inclut également Pékin. En effet, depuis plusieurs mois, loin de tout tapage médiatique, les Chinois, qui ont un besoin énorme de matières premières et notamment de fer et de nickel pour leur développement et leur équipement, ont passé un accord avec Chávez, qui fournit le pétrole et le charbon, et Castro, qui met à leur disposition les mines de nickel de Moa, dans la partie orientale de l'île, afin de forger un acier de qualité. Par cet accord les Chinois ont mis la main sur quasiment toute la production de nickel que Cuba possède en grande quantité.

La Chine a paraphé en novembre 2004 avec Cuba seize accords de coopération dont un investissement de 500 millions de dollars dans les mines de nickel cubaines. Pragmatiques, les Chinois, qui ont décidé d'entreprendre au pas de charge le développement de leur immense pays, ont laissé de côté toute idéologie pour se focaliser sur les accords commerciaux à bon prix. Au cours de la visite officielle à Caracas, fin janvier 2005, du vice-président chinois Zen Qinghong, des accords de coopération ont été signés visant à accroître les investissements chinois dans le gaz et le pétrole vénézuéliens, mais aussi dans les secteurs des télécommunications, des mines et de l'agriculture. Les Chinois ont su se montrer généreux et ont établi rapidement des têtes de pont entre Pékin, Caracas et La Havane, permettant par la même occasion à des dignitaires de l'armée chinoise de séjourner régulièrement à Cuba afin de vendre au régime de Fidel Castro du matériel électronique à usage militaire, notamment des nano-satellites de cinquante-cinq livres lancés par les missiles Longue Marche II qui peuvent servir à dérégler les communications par satellite, surtout celles émanant des quartiers généraux américains. Suivant la même logique les Chinois ont installé pour le compte des Cubains, au dernier étage du bâtiment de la compagnie privée cubano-espagnole de communication ETECSA à Santa Clara, un système très sophistiqué de reconnaissance vocale qui peut analyser trente-quatre différents paramètres de la voix humaine. Ce système, sorte d'ADN vocal, possède la capacité de repérer une voix particulière parmi des milliers et de l'enregistrer. C'est à partir de ce même immeuble que des techniciens brouillent à longueur d'année les émissions de radio ou de télévision en provenance de Miami.

Poursuivant le rapprochement avec les Chinois, Raúl Castro s'est rendu en visite officielle à Pékin le 17 avril 2005 au cours d'une tournée asiatique qui a conduit le numéro deux cubain au Laos, au Viêt-nam et en Malaisie. En Chine le patron des Forces armées révolutionnaires, venu une première fois en 1997, a rencontré les plus hauts dignitaires du régime, notamment le président Hu Jintao et le Premier ministre Wen Jiabao qui l'ont invité à se rendre dans la Zone économique spéciale chinoise (ZEE) avant de gagner Shanghaï. L'accueil réservé à la délégation cubaine, dont faisaient partie le commandant de la révolution Ramiro Valdés et le ministre des Relations extérieures Felipe Pérez Roque, était empreint d'une certaine discrétion. Aucun journaliste, aucun observateur étranger n'ont été autorisés à suivre de près le déroulement de cette visite de huit jours qui officiellement ne visait qu'au renforcement des échanges commerciaux sino-cubains qui ont atteint, en 2004, 520 millions de dollars.

Castro et le « petit Führer »

Depuis 1991, date du premier Sommet ibéro-américain de Guadalajara, au Mexique, Castro était la vedette incontestée de toutes ces grandes rencontres, éclipsant les autres chefs d'Etat ibériques et latino-américains qui se donnent rendez-vous une fois par an dans une ville d'Espagne, du Portugal ou d'Amérique latine. Le régime castriste, de fait, rompait son isolement. Mais, lorsque le Sommet eut lieu à La Havane en 1998, le triomphe diplomatique se retourna contre son promoteur. En effet, la plupart des chefs d'Etat et de gouvernement, le président du gouvernement espagnol José María Aznar en tête, décidèrent de recevoir les dissidents les plus en vue, malgré l'opposition farouche des autorités cubaines. Ce geste permit d'officialiser l'existence d'une opposition pouvant représenter une alternative démocratique pour le postcastrisme.

Aznar, le « petit Führer à la petite moustache », selon les propres mots de Fidel Castro, devenait par cet acte sa cible principale.

A son arrivée au pouvoir en 1996, le leader du Parti populaire espagnol avait décidé de rompre avec la politique menée jusqu'alors par son prédécesseur, le socialiste Felipe González, faite de discrètes interventions sur le plan des droits de l'homme, dans le but d'obtenir la libération de quelques opposants (le plus connu d'entre eux étant l'Hispano-Cubain Eloy Gutiérrez Menoyo, ancien guérillero, emprisonné plus tard par Castro pendant vingt-deux ans, puis exilé, puis toléré à l'intérieur de l'île comme « dissident » quasiment officiel). Le parti d'Aznar adopta aussitôt une attitude de rejet public et de pressions affichées contre la dictature castriste, suspendant les aides accordées au gouvernement cubain, mais maintenant malgré tout les nombreux investissements réalisés par l'Espagne à Cuba, notamment dans le secteur du tourisme. Il mit aussi en place la Fondation hispano-cubaine, à l'image de la Fondation nationale cubano-américaine (FNCA), fondée aux Etats-Unis sous le mandat de Ronald Reagan au cours des années 80 et devenue la plus puissante des organisations de l'exil sous l'impulsion de son principal dirigeant, l'homme d'affaires Jorge Mas Canosa, décédé en 1997. La cérémonie de lancement de la Fondation hispano-cubaine eut lieu à Madrid, dans les locaux de la *Casa de América*. Ce soir-là, les opposants en exil eurent droit à un *mítin de repudio* (un « meeting de répudiation »), sur le modèle de ceux qui se déroulent à Cuba contre les dissidents ou les candidats à l'exil. Les participants durent traverser une haie de manifestants hostiles, convoqués par les communistes d'*Izquierda Unida*, la Gauche unie, qui les agressèrent à coups de projectiles divers. Parallèlement, Felipe González en personne, une fois sur les bancs de l'opposition aux Cortes, le Parlement espagnol, menaça le gouvernement, qui ne disposait alors que d'une majorité relative, de faire de Cuba un point de rupture.

Aznar n'en eut cure et continua de défier Castro, qui ne pouvait concevoir que ce « petit monsieur », ce *señorito,* lui tienne tête en toutes circonstances. Mais la goutte d'eau qui fit déborder le vase d'Aznar fut la vague d'arrestations massives de 2003. Le gouvernement espagnol poussa alors l'Union européenne à prendre des mesures diplomatiques contre le gouvernement cubain et à multiplier les gestes de soutien aux dissidents. Aussitôt, le régime castriste organisa le 12 juin 2003 deux manifestations « spontanées » : Fidel Castro mena la première face à l'ambassade espagnole, flanqué de son ministre des Relations extérieures, Felipe Pérez Roque, et entouré de centaines de portraits d'Aznar en petit nazi, avec une moustache à la Hitler.

Devant l'ambassade d'Italie, Raúl Castro prit la tête de la seconde manifestation, suivi de milliers de militants vociférant des slogans hostiles au chef du gouvernement italien et arborant des inscriptions sans équivoque : « Benito Berlusconi ».

Dans son livre de portraits[1], José María Aznar relate une rencontre, à Madrid, avec Fidel Castro peu de temps après le Sommet ibéro-américain des 17 et 18 octobre 1998. Au cours d'un petit déjeuner de travail Castro susurra à l'oreille d'Aznar qu'il aimerait bien visiter l'Estrémadure et discuter avec lui. Le président du gouvernement espagnol refusa de l'y accompagner, mais accepta de voir le leader cubain à la condition expresse que la rencontre ne dure pas plus de deux heures, de dix-huit heures à vingt heures, le 20 octobre, Aznar craignant que son hôte cubain ne l'accapare plus que de raison. Durant la conversation le dirigeant espagnol lui déclara clairement que s'il en avait eu la possibilité il aurait levé l'embargo contre Cuba : « Ainsi c'en serait fini du régime en trois mois. » Pour José María Aznar, l'embargo est l'un des grands alliés sur lesquels compte Fidel Castro. Celui-ci lui répondit, littéralement, qu'« il avait besoin de l'embargo pour cette génération et la suivante ». Aznar fut « étonné de la cruauté et de l'hypocrisie de ce double discours dont il usait manifestement afin d'utiliser son peuple comme moyen de chantage pour dénoncer ses soi-disant ennemis étrangers et se maintenir au pouvoir[2] ».

---

1. José-María Aznar : *Retratos y perfiles. De Fraga à Bush.* Madrid, Planeta, 2005.
2. Depuis 2000, l'embargo s'est assoupli, notamment dans l'agro-alimentaire. Les exportations américaines vers Cuba sont passées de 7 millions de dollars en 2000 à 400 millions de dollars en 2004. Au détriment de la France, essentiellement, qui a vu en 2004 ses exportations agro-alimentaires divisées par trois pour se limiter à 24 millions de dollars. Les USA sont devenus l'un des tout premiers partenaires commerciaux de l'île (Cf. *La Croix* du 28 avril 2005, p. 8).

Mais les bonnes résolutions du gouvernement espagnol ne tenaient qu'à la personnalité de José María Aznar et à sa conviction qu'il fallait bien se décider à condamner ouvertement la répression menée à Cuba depuis quarante-cinq ans. Le Parti populaire dut abandonner le pouvoir à la suite des attentats islamistes du 11 mars 2004 à Madrid, attentats qui, pour la première fois dans une démocratie, aboutissaient au renversement d'un gouvernement. L'un des principaux bénéficiaires en fut Fidel Castro[1].

L'anti-Aznar

En remplaçant Aznar à la tête du gouvernement espagnol, José Luis Rodríguez Zapatero effaça d'un coup de gomme tous les efforts de son prédécesseur : il renoua avec la politique du socialiste Felipe González, et se montra beaucoup plus conciliant à l'égard du système castriste. Son ministre des Affaires étrangères, Miguel Angel Moratinos, et le nouvel ambassadeur à La Havane, Carlos Alonso Zaldívar, furent chargés de refroidir les relations de la représentation diplomatique avec la dissidence, marquant ainsi le nouveau virage pris par les autorités espagnoles bien décidées à arrimer les autres pays européens à leurs thèses.

Lors de la célébration du jour de l'Hispanité, le 12 octobre 2004 à l'ambassade d'Espagne, quelques dissidents furent tout de même invités mais ils préférèrent partir plutôt que de devoir écouter le discours de l'ambassadeur, vantant la nécessité de renouer à tout prix de bonnes relations avec le régime castriste. Le même jour, un parlementaire du Parti populaire et deux de ses homologues

---

1. Au cours d'une réunion publique organisée à Paris le 15 novembre 2004 par le quotidien *Le Monde*, Felipe González, répondant à une intervention de l'écrivain cubain exilé Eduardo Manet, reconnut lui-même l'échec de sa politique de dialogue constant avec « Fidel », soulignant que toutes ses propositions de démocratisation de l'île avaient été fermement rejetées par son interlocuteur. Lorsque González lui demandait la libération de plusieurs prisonniers politiques, Castro voulait bien y accéder à condition d'en être publiquement remercié. González s'y refusait, considérant, selon ses dires postérieurs, que pour un démocrate il ne devait pas y avoir de prisonniers d'opinion et que, par conséquent, il ne pouvait le remercier pour un geste qui lui semblait normal. Au cours de ses treize ans passés à la tête du gouvernement espagnol entre 1982 et 1996, Felipe González obtint peu de libérations, à la différence de son adversaire politique, Manuel Fraga Iribarne, président de la *Xunta*, le Gouvernement autonome de Galice, qui, lui, effectua les ronds de jambe nécessaires pour parvenir à quelques élargissements supplémentaires.

hollandais, qui entendaient s'entretenir avec des représentants de la dissidence, furent expulsés sans ménagements à l'instant où ils posèrent le pied sur le tarmac de l'aéroport José Martí. L'ambassadeur espagnol à La Havane ne daigna même pas se déplacer pour apaiser l'incident. Fidel Castro tenait en main sa vengeance. Aznar n'était plus là pour le sermonner. Les dirigeants socialistes espagnols revenaient à leurs convictions de jeunesse.

Mais cela ne suffisait pas. Pour Zapatero il fallait absolument renverser le cours de la politique de défiance européenne envers l'île caraïbe. Des émissaires espagnols se mirent aussitôt à sillonner toutes les capitales du Vieux continent afin de convaincre les ministres des Affaires étrangères qu'une politique de « dialogue », sans « résultats spectaculaires », selon les termes employés par Moratinos, valait mieux qu'une ligne d'affrontement avec Fidel Castro. Ils reçurent une fin de non-recevoir de la part des députés européens et d'un gouvernement en particulier, celui de la République tchèque, par la voix de Vaclav Havel. Aucun pas en direction de la démocratie n'ayant été effectué, les eurodéputés, dans leur grande majorité, n'avaient aucune raison de changer d'attitude. Leur réponse à la proposition des socialistes espagnols fut cinglante. Le Parlement européen adopta une résolution qui spécifiait que « la libération de tous les prisonniers politiques (...) et une avancée significative de la démocratie et du respect des droits de l'homme et des libertés fondamentales élémentaires constituent les conditions *sine qua non* et indispensables pour une éventuelle modification de la position commune de l'Union européenne sur Cuba ».

L'Espagne de Rodríguez Zapatero décida, malgré cela, de faire cavalier seul et de négocier directement, fin novembre 2004, l'élargissement d'un certain nombre de prisonniers politiques. Suite à cet acte unilatéral, le socialiste Javier Solana, ancien ministre de Felipe González, actuellement représentant de l'Union européenne pour la politique extérieure et la sécurité, se chargea de réaffirmer à ses propres camarades de parti la position des eurodéputés : « L'Union européenne ne donnera rien au gouvernement cubain en contrepartie de la mise en liberté de prisonniers injustement incarcérés. Lorsque des prisonniers injustement incarcérés sont libérés, il ne doit y avoir aucune contrepartie. Il faut seulement se réjouir de leur libération. »

L'attitude des socialistes européens, et des socialistes espagnols eux-mêmes, était loin d'être unanime.

Jouant habilement de ce cafouillage, les dirigeants cubains décidèrent de doubler la mise en libérant ou, plutôt, en concédant une

« licence extra-pénale » (en d'autres termes, sa condamnation n'était pas levée et il pouvait être arrêté de nouveau à tout moment) au plus connu des dissidents, le plus symbolique aussi, le poète et journaliste Raúl Rivero. Immédiatement après sa sortie de cellule, il remercia le gouvernement de Madrid pour les démarches entreprises en sa faveur et déclara que l'attitude espagnole était la plus efficace. Cependant, tous les dissidents arrêtés au cours du « printemps noir » 2003 n'ont pas été libérés, loin de là. Ils continuent à jouer le rôle de simples pions dans ce grand chantage international. Mais à la suite d'une rencontre avec la presse espagnole, le 7 avril 2005, Raúl Rivero déclara qu'il ne retournerait pas à Cuba avant que la liberté ne soit restaurée dans l'île.

Et pourtant, dans le but de décrisper la situation, l'Union européenne décida le 31 janvier 2005 de cesser d'inviter à ses réceptions diplomatiques ou à ses fêtes nationales les dissidents, ce qui ouvrait la voie à des relations diplomatiques plus cordiales avec le régime cubain. L'ex-président et ancien prisonnier tchèque Vaclav Havel, qui sait ce que signifie être dissident dans un pays communiste, dénonça dans une tribune libre publiée dans plusieurs journaux européens « l'indécence de cette nouvelle attitude » :

« Une des institutions démocratiques des plus puissantes et des plus fortes au monde, l'Union européenne, n'a aucun scrupule à faire une promesse publique à la dictature cubaine pour instituer de nouveau un apartheid diplomatique. (...) Je ne peux trouver aucun meilleur moyen pour l'Union Européenne de salir le noble idéal de liberté, d'égalité et de Droits de l'homme que l'Union défend : les principes mêmes en fait qu'elle réitère dans son traité constitutionnel. Pour protéger les profits des entreprises européennes dans les hôtels de La Havane, l'Union cessera d'inviter des gens avec une certaine ouverture d'esprit dans les ambassades européennes et nous déduirons leurs noms grâce à l'expression du visage du dictateur et de ses complices. Il est difficile d'imaginer une pratique plus honteuse [1]. »

L'Union européenne confirma pourtant sa décision, brisant ainsi avec la « position commune ».

Mais Fidel Castro ne pouvait se contenter de cette réconciliation en demi-teinte. Pour lui, c'était tout ou rien. Il rejeta en bloc la résolution et stigmatisa l'influence de la *gusanera* (la « vermine » ou

---

[1]. Vaclav Havel : « Les politiques de conciliation vues sous un nouveau jour », *Le Monde*, février 2005.

les « vers de terre »), un terme qu'il n'a jamais cessé d'utiliser envers ses opposants et ses exilés.

Cette politique d'apaisement menée par le gouvernement Zapatero envers le régime castriste a coïncidé par ailleurs avec la visite dans la péninsule Ibérique du président vénézuélien Hugo Chávez qui, outre les réunions officielles avec des membres du gouvernement, s'est répandu en meetings avec les syndicats, avec les étudiants, tentant sans doute de ranimer la flamme révolutionnaire dans le monde hispanique. La ferveur de Chávez fut contagieuse. Le ministre espagnol des Affaires étrangères n'a pas hésité à lui emboîter le pas en accusant le gouvernement précédent, celui de José María Aznar, d'avoir, en avril 2002, appuyé la tentative de coup d'Etat contre le président vénézuélien, lui-même un ex-putschiste.

Ces accusations avaient été auparavant publiées dans *Granma*, le quotidien officiel du Parti communiste cubain. Ainsi une sorte d'union politique et diplomatique s'est établie entre l'Espagne de Rodríguez Zapatero, le Cuba de Castro et le Venezuela de Chávez.

Et pourtant le 22 juillet 2005, le régime castriste interpella trente-deux dissidents qui manifestaient devant l'ambassade de France à La Havane pour réclamer la libération de tous les prisonniers politiques et pour protester contre la normalisation des relations entre Paris et La Havane. L'économiste indépendante Marta Beatriz Roque faisait partie du nombre. Elle fut emprisonnée puis relâchée le lendemain ainsi que vingt et un autres opposants de l'Assemblée pour la promotion de la société civile (APSC).

Comme à son habitude l'Union Européenne exprima son inquiétude... Le 26 juillet au cours d'un meeting au théâtre Karl-Marx de La Havane, Fidel Castro devant 5 000 invités a traité ces dissidents de « traîtres », de « vagabonds » et les a assimilés à des « mercenaires » au service de Washington.

« Il en sera ainsi chaque fois que nécessaire, tonna le patriarche cubain qui éructa durant près de quatre heures, quand traîtres et mercenaires dépasseront d'un millimètre ce que le peuple révolutionnaire (...) est disposé à permettre. Le peuple indigné par ces actes de trahison sans vergogne s'est interposé et n'a pas permis à un seul mercenaire de bouger » lança Castro sous des applaudissements nourris.

Témoin d'un changement d'attitude parmi les organisations dissidentes, le porte-parole de l'APSC, Angel Polanco, réagit aussitôt devant l'AFP et les agences de presse étrangères : « Nous essaierons d'avancer, dit-il, non pas d'un millimètre, mais de beaucoup plus.

On va continuer à aller de l'avant, on ne reculera pas d'un millimètre. »

Le repos des guerriers de l'ETA

Dans les mois qui suivirent la prise du pouvoir par Fidel Castro, Cuba devint un sanctuaire des terroristes du monde entier. Les guérillas d'Amérique latine ont eu l'île comme base d'entraînement et de refuge.

Mais la première tentative de constitution ou de création de groupes terroristes se concrétisa avec la fondation de l'ETA, le mouvement séparatiste basque, qui naquit en 1959 non sur le sol européen mais à Caracas, où réside une forte communauté basque. Cuba finança en partie la formation de ce mouvement, l'organisa et entretint nombre de ses activistes.

Dans le dossier qui allait permettre en 2002 l'interdiction de Batasuna, l'organisation politique qui servait de vitrine légale à l'ETA aussi bien dans les municipalités qu'au Parlement basques, le juge Baltasar Garzón souligne le rôle de l'appui logistique de Cuba à l'organisation terroriste basque. Il précise aussi que le groupe séparatiste maintient des « relations fluides » avec la guérilla des Forces armées révolutionnaires de Colombie, les FARC, avec les anciens guérilleros du Front Farabundo Martí de libération nationale du Salvador, le FMLN, et avec un autre organisme, officiel et gouvernemental celui-là, le ministère de l'Intérieur cubain. Le juge désigne par la même occasion le montage financier permettant à l'ETA de développer ses activités d'extorsion, de chantage, de séquestrations de patrons et de citoyens réticents à payer l' « impôt révolutionnaire », ainsi que d'assassinats ciblés et d'attentats aveugles. L'une des entreprises participant à ces activités a pour nom Banaka S.A., et son but est de « créer une infrastructure commerciale et financière dans les pays du continent américain où certains des membres de l'organisation ETA sont réfugiés ».

Dans la liste de pays qui suivent, Cuba est cité en première place. Banaka y utilise depuis 1991 les ressources et les contacts d'une entreprise commerciale implantée dans l'île, le groupe Ugao. Depuis le début des années 1992, ses entreprises se consacrent à « la distribution, la commercialisation et la vente en gros et au détail de produits alimentaires de toutes sortes ». Ainsi, les membres de l'ETA à Cuba (qui font partie de la commission dite des « déportés », selon la dénomination interne au groupe terroriste) contribuent efficacement à leur propre subsistance, déjà largement assurée par le ministère de l'Intérieur, le MININT. Le responsable des militants de l'ETA « déportés » à Cuba, José Angel Urtiaga, entretient d'excellentes relations avec « notre ami Renán » (selon les termes d'une lettre interceptée par les services secrets espagnols), qui n'est autre que Renán Montero, un haut responsable du MININT. Ils peuvent aussi investir les bénéfices réalisés pour préparer de nouvelles actions armées à l'intérieur du Pays Basque et du territoire espagnol en général. Ils peuvent éventuellement, conjointement avec leurs collègues irlandais de l'IRA, auxquels Cuba fournit aussi généreusement son appui, prêter main-forte aux guérilleros colombiens des FARC. Un rapport présenté en avril 2002 devant la Commission des relations internationales du Congrès américain affirme que l'ETA sert de pont entre les FARC et l'IRA dans des opérations de trafic de drogue en provenance de Colombie, avec tous les bénéfices financiers qui en découlent, permettant ainsi d'entretenir en dehors du Pays Basque des structures coûteuses, prêtes à entrer en action dès que la nécessité s'en fait sentir.

L'offensive contre Batasuna fut menée sur deux fronts : d'un côté l'aspect juridique et de l'autre l'aspect institutionnel avec la loi sur les partis politiques, proposée par le gouvernement de José María Aznar et votée par les Cortes, interdisant les partis qui faisaient l'apologie du terrorisme et de la violence.

Une coordination de fait entre groupes armés de différentes obédiences et idéologies existe depuis 1959, date de l'arrivée au pouvoir de Fidel Castro et, parallèlement, de la création de l'ETA. L'objectif de la nouvelle organisation, qui ne signera sa première action armée que dix ans plus tard, était de se démarquer des méthodes traditionnelles du Parti nationaliste basque, le PNV, tout en poursuivant les mêmes objectifs : l'indépendance des quatre provinces basques d'Espagne (en y incluant la Navarre), ainsi que du Pays Basque français.

Aussitôt, Fidel Castro comprit tout l'intérêt qu'il pouvait tirer d'un mouvement bien décidé à affronter le régime franquiste. Il envoya à la réunion de création de l'organisation, en tant qu'observateurs et conseillers, trois émissaires, tous communistes, membres du Parti socialiste populaire.

A la prise de pouvoir des révolutionnaires à La Havane, les relations entre Franco et Castro étaient tendues. Les prêtres catholiques, espagnols dans leur grande majorité, manifestaient bruyamment leur opposition à l'influence de plus en plus grande de l'idéologie communiste et à la fermeture des écoles confessionnelles, dont le collège de Belén où Castro avait fait ses études. Nombre de prêtres furent ainsi expulsés de Cuba par bateaux entiers, dans les premières années, vers la Floride ou les côtes espagnoles. Mais un incident spectaculaire accrut l'animosité de Castro envers l'Espagne franquiste : en mars 1959, l'ambassadeur espagnol, Juan Pablo de Lojendio, fit irruption dans le studio de télévision où Fidel Castro, s'adressant au peuple cubain en direct, accusait le régime franquiste d'aider les ennemis de la révolution. Lojendio s'en prit violemment au Commandant en chef, ce qui lui valut l'expulsion immédiate du pays.

Cependant, les relations diplomatiques entre les deux dictateurs, Franco et Castro, ne furent jamais rompues. L'Espagne constituait pour Cuba la principale porte d'entrée en Europe, du fait de ses liens historiques avec sa dernière colonie en Amérique. A cela s'ajoutait une sympathie réciproque entre les deux hommes, en raison de leurs origines communes (le père de Fidel étant né en Galice, comme Franco) et de leur permanence au pouvoir depuis des décennies. L'appui aux organisations qui luttaient contre la dictature dans la péninsule Ibérique ne fut jamais rendu public. Pour autant Castro ne réduisit jamais l'aide apportée aux militants de l'ETA et il s'en félicita ce jour de 1973 où une bombe en plein Madrid fit exploser la Dodge blindée du président du gouvernement espagnol, l'amiral Carrero Blanco, dont les débris atterrirent dans la cour d'un couvent. Cet assassinat revendiqué par l'ETA procura au mouvement basque une sorte de légitimité auprès de l'opinion progressiste mondiale, en apparaissant comme la principale organisation antifranquiste et désormais un allié qui comptait pour le numéro un cubain.

En réalité le groupe terroriste ne se préoccupait nullement du type de régime en place en Espagne. Il lui importait bien peu que ce fût une dictature féroce ou une démocratie. Pour preuve : après la mort de Franco, au cours du processus de transition démocratique impulsé par le roi Juan Carlos et son président du gouvernement, Adolfo Suárez, entre 1976 et 1981, les séquestrations, les attentats sanglants contre des personnalités civiles et miliaires, les bombes à l'intérieur de l'aéroport de Barajas ou en gare de Chamartín, reprirent de plus belle. Forts de leur auréole de combattants, les militants de l'ETA paradaient dans de nombreux pays, en France particulièrement, où le ministre de l'Intérieur de François Mitterrand, le socialiste Gaston Defferre, les qualifiait de « résistants » et, bien sûr, à Cuba, où, intégrés aux cercles les plus haut placés de la politique et de la culture, ils pouvaient justifier publiquement leurs campagnes d'attentats.

Le gouvernement socialiste de Felipe González, confronté au moment de son accession au pouvoir en 1982 à la recrudescence du terrorisme basque, combina depuis son palais de la Moncloa diverses méthodes pour tenter d'y mettre fin, depuis la « guerre sale », la liquidation pure et simple de militants ou de sympathisants de l'ETA en territoire français par le biais du GAL (Groupe antiterroriste de libération), jusqu'aux négociations secrètes à Alger avec des membres de la direction du groupe indépendantiste basque. Aucune de ces méthodes n'obtint de résultats. Parallèlement, la France, qui refusait à cette époque l'extradition vers l'Espagne des Basques, décida d'expulser vers des pays tiers certains de ceux qui étaient arrêtés sur son territoire. Aussitôt, Cuba présenta sa candidature pour les accueillir. Mais après une longue période de complaisance, au début des années 90, Paris, toujours sous la présidence de François Mitterrand, décida de modifier sa politique envers l'organisation en traquant ses militants et en acceptant leur extradition vers l'Espagne. Les militants basques furent alors contraints d'aller chercher refuge dans les territoires plus lointains d'Amérique latine, notamment au Venezuela, au Mexique et, toujours, à Cuba.

De nombreux activistes de l'ETA, connus pour leurs multiples crimes, choisirent comme d'autres avant eux de s'installer dans le « paradis castriste », où ils jouissent de tous les appuis officiels et d'une infrastructure politique et financière tout à fait légale, avant d'aller reprendre du service à l'intérieur du Pays Basque espagnol. Cuba représente pour les terroristes basques une sorte de repos du guerrier.

Cette attitude du gouvernement cubain ne s'est pas limitée à l'époque du socialiste Felipe González, dont les relations étroites avec Fidel Castro étaient de notoriété publique. La protection et l'accueil des militants de l'ETA se poursuivent encore aujourd'hui sous le mandat du socialiste Rodríguez Zapatero, qui ne trouve rien à y redire, et ont été menés à bien durant les deux mandats de celui qui fut l'un des principaux ennemis personnels du *Líder Máximo*, José María Aznar. En novembre 2000, à la demande de ce dernier, les chefs d'Etat présents au Sommet ibéro-américain de Panama adoptèrent une résolution condamnant le terrorisme de l'ETA. Mais il y manquait une signature : celle de Cuba. Le ministre des Relations extérieures, Felipe Pérez Roque, expliqua alors, au grand dam de tous les chefs d'Etat présents, que son gouvernement avait refusé de parapher le texte parce qu'il ne mentionnait que l'ETA et qu'il aurait fallu également condamner le « terrorisme américain » envers l'île. Subterfuge pour continuer à couvrir les activités criminelles des terroristes basques qui restent les bienvenus à Cuba, pouvant y entrer et en sortir quand bon leur semble, à la différence des simples citoyens cubains. Ils vivent tranquillement dans leurs lieux de résidence et de villégiature, connus de tous, répartis entre les environs de La Havane, Matanzas, à l'est de la capitale, et Santiago de Cuba, la deuxième ville du pays. Officiellement, le gouvernement cubain reconnaît en héberger huit. Ils sont en fait une vingtaine, parmi les plus redoutables des chefs de la bande armée. Entre deux attentats sanglants perpétrés en territoire espagnol, ils peuvent y mener une vie familiale des plus paisibles.

Lorsqu'en octobre 2004 les principaux chefs de l'ETA, parmi lesquels Mikel Albizu, dit « Antza », et son ancienne compagne, Soledad Iparaguirre, dite « Anboto » ou « la Dame de la mort », furent arrêtés à l'issue d'un coup de filet effectué par la police française dans le sud-ouest du pays, la presse révéla qu'Anboto était allée accoucher tranquillement de leur fille dans une clinique cubaine en 1998. Aussitôt après, la terroriste basque, accusée de près de quinze attentats mortels, était revenue en Espagne, profitant d'une période de « trêve » décrétée unilatéralement par l'ETA, pour y continuer ses activités et, ensuite, se réfugier en France. Cuba était sans doute le lieu idéal pour reprendre des forces et pour perpétuer la descendance. Après tout, les terroristes ont leur vie privée, comme tout le monde, et le régime castriste a toujours su leur offrir des facilités en matière de santé publique et d'éducation qu'ils n'auraient pas obtenues ailleurs, car ils sont constamment traqués par la plupart des polices du monde.

TROISIÈME PARTIE

SANCTUAIRE DU TERRORISME MONDIAL

La Tricontinentale, berceau du terrorisme

L'internationale de la terreur a pris son envol à la Tricontinentale, en 1966. Dès son arrivée au pouvoir, en 1959, Castro avait déjà envoyé des hommes pour tenter de renverser des régimes hostiles, la plupart dictatoriaux, en République Dominicaine, au Nicaragua et ailleurs. Il avait ensuite continué à impulser des guérillas contre des pays démocratiques, tel le Venezuela, qui n'étaient pas acquis à ses thèses. En même temps, il avait commencé à étendre son influence et son appui armé au continent africain, en soutenant la révolution algérienne contre son voisin, le Maroc, et en missionnant Ernesto Che Guevara au Congo. Mais la plupart de ces aventures armées, mal coordonnées, se soldèrent par des échecs cuisants. Il était nécessaire de mettre en place un appareil d'organisation des luttes révolutionnaires du tiers monde, sans que cela apparaisse comme une initiative du protecteur moscovite.

Il fallait aussi tisser des liens solides avec les groupes les plus radicaux, ceux qui allaient apparaître plus tard comme l'avant-garde révolutionnaire mondiale ou comme les représentants les plus intransigeants du terrorisme planétaire.

La Tricontinentale, officiellement dénommée OSPAAL (Organisation de solidarité des peuples d'Asie, d'Afrique et d'Amérique latine), inaugura ses travaux, qui devaient durer dix jours, le 3 janvier 1966, dans les salons de l'hôtel Habana Libre, où logeaient la plupart des délégués présents, au total cent treize représentants de quatre-vingt-trois pays. Mais celui qui devait présider la conférence, le leader nationaliste marocain Mehdi Ben Barka, était absent, et pour cause. Il avait été enlevé quelques semaines plus tôt en plein Quartier latin à Paris et retrouvé, plus tard, assassiné. En revanche, d'autres personnalités historiques marquantes étaient bien présentes, notamment le dirigeant socialiste chilien Salvador Allende. Parmi les observateurs français, il y avait Régis Debray mais aussi... Joséphine Baker.

« Vous êtes le plus grand rassemblement de révolutionnaires jamais réunis ! » déclara Fidel Castro à l'ouverture de la séance[1]. En effet, La Havane avait réussi un véritable tour de force : surmonter les divisions entre l'Union soviétique et la Chine en réunissant sous sa houlette les mouvements tiers-mondistes, en marge de la conférence des Non-Alignés.

Parmi eux figuraient des trotskistes, des maoïstes, des communistes inféodés à Moscou, des militants révolutionnaires indépendants. La conférence ne trouva pas, cependant, l'écho mondial espéré, hormis parmi les ministres de l'Intérieur chargés de surveiller attentivement les faits et gestes des révolutionnaires du monde entier. Ainsi, au cours des événements de mai 68 à Paris, Raymond Marcellin reviendra-t-il, *a posteriori*, sur cette conférence passée inaperçue. Il déclara à l'Assemblée nationale, juste avant la dissolution de celle-ci par le général de Gaulle :

« Un événement d'une grande portée sur le plan idéologique et "organisationnel" – comme on dit dans le jargon actuel – a eu lieu du 3 au 13 janvier 1966 à La Havane. Cet événement n'a pas suscité en Europe beaucoup d'échos, ni d'études, ni de commentaires et pourtant je crois qu'il mérite, pour avoir une conception d'ensemble sur ce qui se passe actuellement dans le monde en ce qui concerne les mouvements révolutionnaires, d'être rappelé...

« C'est, en effet, la première fois que se rencontraient des responsables d'organisations gouvernementales des pays dits socialistes et des leaders révolutionnaires du monde entier. Cette conférence a fait triompher l'idée que toutes les luttes révolutionnaires devaient se conjuguer pour un combat commun dans le cadre d'une stratégie de plus en plus unifiée qui doit être opposée à ce qui est appelé la stratégie globale de l'impérialisme. »

La conférence accouchera d'une revue, *Tricontinentale*, publiée en plusieurs langues. En français elle sera éditée et diffusée par François Maspero, dont les éditions et la librairie « La joie de lire », situées en plein Quartier latin, serviront à appuyer un certain nombre de mouvements révolutionnaires. Paris devint d'ailleurs rapidement l'un des principaux points de rencontre entre tous ces mouvements, du fait de la liberté dont jouissaient en France tous

---

1. Cité par Edouard Sablier : *Le Fil rouge*. Paris, Plon, 1983.

ceux qui professaient de la sympathie vis-à-vis de l'idéologie tiers-mondiste, apparemment équidistante de Moscou et de Washington.

Raymond Marcellin n'a pas manqué de le remarquer :

« Il est à noter qu'au cours de cette conférence "l'impérialisme français" n'a pas été attaqué avec la même violence que les autres impérialismes, à cause de la politique de coopération qui a toujours été entreprise et menée à bonne fin par le général de Gaulle. »

L'avertissement de Marcellin, qui souffrait d'un discrédit général en tant que « premier flic de France », ne fut guère entendu.

La Tricontinentale fit école et continua à transmettre des ondes de choc bien des années plus tard.

Une guerre sans scrupules

Beaucoup d'observateurs considèrent que les attentats du 11 septembre 2001 ont fait entrer la planète dans la Troisième Guerre mondiale. Une guerre totalement différente des autres, un terrorisme à grande échelle qualifié de multiterrorisme car il serait l'union de groupes terroristes sans réels liens historiques ni proximité géographique, pas même de langue ou de religion communes, avec en revanche un objectif unique : la destruction d'une certaine civilisation. Une guerre sans scrupules dédaignant la mort de civils innocents dans le seul but de produire le chaos. Une révolte mondiale et frontale contre l'« impérialisme ».

« A travers les Etats et les individualités qui organisent ou servent le terrorisme, écrit Roland Jacquard, il se dégage une idée forte : l'anéantissement des civilisations traditionnelles et des sociétés structurées. De là à admettre que, consciemment ou non, le terrorisme travaille pour l'instauration d'un ordre nouveau, d'une idéologie impitoyable, il y a peu de doute[1]. »

Si l'analyse est à nuancer, elle n'en est pas moins partagée par beaucoup d'hommes au pouvoir, et non des moindres, même si le contexte de la guerre froide est loin derrière nous. Un fait, en tout cas, semble acquis : selon les experts du FBI l'attaque sur les tours de New York et sur le Pentagone a été préparée de longue date – les enquêtes menées par les services américains de sécurité se recoupent sur ce point –, et si elle est le début d'un nouvel affrontement mondial, cette idée a été, nous l'avons vu, en partie « théori-

---

[1]. Roland Jacquard : *Les Dossiers secrets du terrorisme*, Paris, Albin Michel, 1985.

sée » en 1966 à Cuba, lors de la Conférence tricontinentale célébrée à La Havane.

Durant ce congrès de nombreux pays arabes, des groupes révolutionnaires de tous horizons approuvèrent le principe d'une guerre asymétrique et totale contre l'impérialisme. Les données géopolitiques ont, aujourd'hui, radicalement changé mais les objectifs sont restés les mêmes.

Ces groupes ont pu compter sur l'aide inconditionnelle des services du gouvernement castriste et du Parti communiste de Cuba.

L'un de leurs objectifs principaux fut de s'informer des développements et des investigations des programmes militaires des Etats-Unis, notamment des secrets contenus dans ces programmes. Ainsi fut constituée une cellule de plusieurs hommes destinée à infiltrer les partis politiques et les groupes d'influence américains. La personne chargée par les Cubains de coordonner toutes ces activités était Manuel Piñeiro Losada, dit « Barbarroja », l'initiateur de la DGI. Nommé responsable en 1974 du département Amérique afin de centraliser toutes les opérations lancées sur le sous-continent latino-américain sur les ordres de Fidel Castro, Piñeiro devait en rapporter les moindres développements au *Comandante*. Entre autres missions, « Barbarroja » avait pour tâche de développer un terrorisme international sous la tutelle du régime castriste. Les Soviétiques se tinrent au courant de ces activités de déstabilisation par l'intermédiaire du major général d'origine tchèque Jan Sejna qui fut leur lien direct avec Cuba, chargé de suivre de près tous les mouvements instillés par La Havane.

Les autorités castristes se lancèrent ensuite, en 1982, dans la création et le développement d'une industrie de la biotechnologie avant d'engager leurs efforts, en 1991, dans la cybernétique. En 1998, les Cubains mirent en activité la base d'espionnage électronique de Bejucal construite par les Chinois, une base qui développe une plus grande capacité d'action que la base d'espionnage électronique de Lourdes, installée par les Soviétiques tout près de La Havane. Les derniers techniciens russes ont définitivement quitté la base de Lourdes qui a été, depuis, transformée en un Institut de technologie électronique.

« Les milieux spécialisés connaissent fort bien la base de Lourdes, maintenue par l'Union soviétique puis par la Russie, démantelée en 2002, indique Manuel Cereijo, enseignant à la Florida International University, qui a passé près de trente ans de sa vie en exil à étudier Cuba du point de vue technologique[1]. Mais ce qui est moins connu, c'est que l'Union soviétique, puis la Russie, ne permettaient à Castro ou à son entourage aucun accès à cette base. Les Russes n'en donnaient que des informations contrôlées. Cela dérangeait beaucoup le régime castriste. Ses dirigeants ont alors proposé aux Russes de ne plus payer 250 millions de dollars pour l'usufruit de la base de Lourdes mais qu'en contrepartie ils construisent une base similaire pour que les Cubains puissent mener à bien leurs propres opérations. Après maintes tergiversations l'accord n'a pas été conclu. »

Cuba se retourna alors vers les Chinois. En 1999, Raúl Castro signa un pacte avec des représentants de la République populaire de Chine.

« La sortie de terre de la base a duré trois ans et a coûté 750 millions de dollars, précise Manuel Cereijo. C'est une base plus moderne que celle de Lourdes. Elle est située dans le village de Bejucal. Que peut-on faire à partir de cette base ? Avant tout, écouter les conversations téléphoniques et le système de télécommunications des Etats-Unis qui se fait par voie aérienne. La pénétration des réseaux informatiques des Etats-Unis et d'autres pays est aisée et permet de pouvoir lire les fichiers qui se trouvent à l'intérieur de ces réseaux, pour les modifier sans que leurs usagers puissent s'en rendre compte ou pour envoyer des fichiers vers d'autres réseaux. Les Etats-Unis, où tout fonctionne sur une base informatique, sont un pays de ce point de vue très vulnérable, notamment en qui concerne les centrales électriques. Il est possible d'envoyer un ordre à une centrale électrique lui demandant de stopper sa production en raison d'un quelconque problème ou d'une faille même mineure. »

La base, qui fonctionne au moyen de satellites, utilisa à son démarrage des engins russes. Mais sur ce point également, les Russes refusèrent de continuer à coopérer avec les Cubains. Les Chinois les remplacèrent au pied levé. Désormais Chinois et Cubains opèrent conjointement sur la base de Bejucal pour le plus grand intérêt de Pékin. En effet la Chine est le pays qui a envoyé le plus de satellites de télécommunications dans l'espace depuis 2000, davantage que toutes les autres nations. En échange pour les Cubains de l'utilisation de ces satellites, les Chinois ont obtenu de pouvoir travailler à partir de cette base.

« Les Cubains ont créé deux autres centres, le premier dans un

---

1. Entretien avec les auteurs, Miami, mai 2004.

village proche de La Havane, poursuit Manuel Cereijo. Ils ont installé là une "ferme d'antennes", toujours avec les Chinois, où ils pratiquent des expériences d'interférence de communications à l'intérieur des Etats-Unis. Ils en ont construit une autre, exactement semblable, à Santiago de Cuba. »

Les Etats-Unis ont déclaré qu'ils étaient sûrs que la base de Bejucal fournissait des informations à l'Irak, avant la guerre de 2003, sur les mouvements militaires, car les communications avec les bateaux et les avions étaient interceptées et Cuba vendait toutes ces informations à l'Iran et à l'Irak, en échange de pétrole.

« Avec de telles armes le régime castriste est parfaitement en mesure de s'inviter dans un conflit ou, s'il le juge utile pour son intérêt ou sa défense, de déclencher un chaos. N'oublions pas qu'en 1962 Fidel avait voulu forcer l'Union soviétique à effectuer une attaque nucléaire contre les Etats-Unis alors qu'il savait que cela pouvait déboucher sur un holocauste mondial. Heureusement aucun des deux grands protagonistes n'avait réellement l'intention d'en découdre. »

« Cuba continue encore aujourd'hui, affirme Manuel Cereijo, à protéger sur l'île des terroristes qui ont réussi à fuir la justice américaine. Plusieurs indices semblent même démontrer que les réseaux terroristes en contact avec Cuba s'étendent de l'Afghanistan au Moyen-Orient en passant par l'Amérique latine. »

L'agence Associated Press a diffusé une dépêche indiquant qu'un déserteur afghan de la mouvance Al Qaïda déclare avoir vu des Cubains s'entraîner dans les camps de la province de Kunar en Afghanistan. *Le Monde* daté du 12 octobre 2001, dans un article signé d'Alain Abellard, reprend l'information : « La présence de Cubains dans les camps d'entraînement d'Oussama Ben Laden en Afghanistan a été évoquée à différentes reprises aux Etats-Unis, de même que les liens entretenus depuis plusieurs décennies par La Havane avec des Etats accusés d'apporter leur soutien à des organisations terroristes. » Aucune preuve formelle n'a pu confirmer cette information.

Pourtant, quelques semaines plus tard, la revue *Insight Magazine* révélait dans son édition du 9 novembre 2001 qu'un agent des services secrets cubains aurait rencontré à Miami le terroriste Mohammed Attah, l'homme considéré comme l'un des principaux instigateurs des attentats terroristes du 11 septembre. Pour leur part, les investigations du FBI indiquent que parmi les contacts de

Mohammed Attah il y aurait eu un haut fonctionnaire du ministère cubain de la Défense lié intimement à Fidel Castro. Le haut fonctionnaire serait arrivé aux Etats-Unis en se faisant passer pour un membre de la délégation cubaine qui escortait les deux grands-mères du petit Elián González et serait venu trouver une solution pour la garde de l'enfant[1]. « L'information que possédaient les cellules Al Qaïda menées par Attah sur les écoles d'aviation, la sécurité dans les aéroports et les responsables de vol des compagnies aériennes, confie un agent fédéral américain, n'a pu être obtenue qu'à travers une infrastructure secrète déjà installée sur le sol américain. »

De leur côté les agents fédéraux américains estiment que Fidel Castro profita largement de la polémique internationale concernant le sort du jeune Elián González pour infiltrer de nouveaux agents secrets cubains aux Etats-Unis, parmi lesquels des officiers de haut niveau qui auraient eu une longue conversation avec Mohammed Attah dans un motel de Miami à la fin de l'année 1999.

Le 15 septembre 2002, le gouvernement des îles Caïman rapporte que des terroristes afghans détenus sur place ont expliqué qu'ils avaient transité par Cuba, transportant de faux passeports et de grosses sommes d'argent en liquide, environ 2 millions de dollars. Deux autres personnes, détenues au Panama après les attentats pour leurs possibles liens financiers avec le réseau Ben Laden, auraient, elles aussi, indiqué qu'elles devaient se rendre à Cuba.

Lorsque l'espionne cubaine Ana Belén Montés, responsable au Pentagone de tout ce qui concernait les activités de Cuba, fut arrêtée le 21 septembre 2001, la presse américaine en fit ses gros titres. Le *Washington Post* expliqua alors que le FBI avait mis la main sur l'espionne castriste après seulement quelques mois d'enquête car le bureau fédéral craignait qu'elle puisse transmettre des plans ultra-secrets aux services de renseignement cubains qui pouvaient à leur tour les transmettre à des réseaux terroristes du Moyen-Orient.

Juste après les attentats et l'arrestation de l'espionne cubaine, qui adressait des informations *top secret* à la DGI par le truchement, entre autres, de la mission diplomatique cubaine aux Nations unies, Fidel Castro mit son armée en état d'alerte maximum et rappela les réservistes, sans doute par crainte d'une réplique militaire améri-

---

1. Durant le bras de fer entre les autorités cubaines et américaines concernant le sort du jeune Elián González, l'Etat de Floride permit à un groupe de Cubains d'accompagner les grands-mères paternelle et maternelle de l'enfant. Cette délégation était forte d'une dizaine de personnes.

caine contre l'île. D'autant qu'un réseau d'agents cubains, répondant au nom de code « Wasp », opérant sur le territoire américain était également démantelé à Miami. Les deux principaux agents s'appelaient Juan Pablo Roque – nom de code « German » – et René González. Ils infiltrèrent l'organisation *Hermanos al rescate* en trompant la confiance de José Basulto, vétéran de la Baie des Cochons et ancien second lieutenant dans l'armée américaine. Ces agents secrets, affirme le FBI, étaient directement impliqués dans l'attaque meurtrière, le 24 février 1996, de deux petits avions civils pilotés par des membres de cette association d'aide aux *balseros*, les *boat people* cubains, au-dessus du détroit de la Floride. Quatre personnes avaient alors péri dans cette attaque délibérée de la part de la chasse cubaine, un MIG 29UB et un MIG 23ML, contre de petits avions civils. Dans l'enregistrement des paroles échangées au cours de cette attaque, un pilote cubain s'exclame : « On leur a brisé les couilles. »

Deux espions cubains s'étaient, en effet, mis au service du FBI, devenant ainsi sur l'ordre de La Havane des agents doubles. Ils trompèrent le FBI en l'inondant de fausses informations tout en mettant au point l'opération « Scorpion » destinée à briser *Hermanos al rescate*. Le 14 janvier 1996, Fidel Castro avait approuvé officiellement l'opération. La chasse cubaine était autorisée à abattre les avionnettes de l'organisation humanitaire. Lors d'une entrevue avec le journaliste-présentateur de CBS News, Dan Rather, le leader cubain reconnut qu'il avait donné l'ordre d'abattre les avionnettes. « Je ne cherche pas à minimiser ma responsabilité, dit-il, ces directives ont été données dans un moment de grande irritation. »

Le FBI a aussi accusé la DGI cubaine de mener des actions d'espionnage contre les forces américaines et l'aviation civile des Etats-Unis grâce aux quelque trois cents espions – évaluation du contre-espionnage américain – opérant à l'intérieur des frontières américaines.

Les connexions cubaines de Carlos

Le 27 juin 1975, dans un appartement situé en plein cœur du Quartier latin, le terroriste vénézuélien Ilich Ramírez Sánchez, plus connu sous le nom de Carlos, abat deux officiers de la Direction de la surveillance du territoire, la DST, en blesse un troisième, et tue un membre de son propre réseau, dénommé Michel Moukharbal. Les agents de la DST pensaient effectuer une visite de routine, sans imaginer qu'ils allaient se trouver en présence de l'homme qui défierait les polices et les services secrets à travers le monde pendant vingt ans.

Aussitôt après le crime, trois « diplomates » cubains sont priés de quitter la France.

Il s'agit des agents de la DGI Pedro Lara Zamora, Ernesto Reyes Herrera et Raúl Rodríguez Sainz. Tous trois étaient officiellement secrétaires d'ambassade ou conseillers culturels et l'un d'entre eux s'occupait d'organiser les voyages à Cuba de jeunes volontaires français qui allaient couper la canne à sucre pendant quelques jours et suivre surtout d'intenses sessions d'endoctrinement. La plupart des contacts établis par les agents cubains avec leurs sympathisants français s'effectuaient au domicile de la compagne du moment de Carlos, Nancy Sánchez, au 9 de la rue Toullier. Un autre membre de la mission cubaine à Paris, le ministre-conseiller Miguel Bruguera Delvalle, était lui aussi étroitement mêlé à l'« affaire Carlos ». Il était spécialement chargé des contacts avec l'extrême gauche. Cependant, il ne fut pas expulsé. Il continua même sa brillante carrière en tant qu'ambassadeur à Beyrouth, puis au Panama. Auparavant, l'homme siégeait au comité directeur de la Tricontinentale et avait dirigé l'agence de presse castriste Prensa Latina.

Selon de nombreux témoignages, dont celui de l'ancien agent de la DGI Juan Antonio Rodríguez Menier[1], Carlos était étroitement suivi par les services diplomatiques cubains à Paris au moment du crime de la rue Toullier.

« A l'époque où le centre d'opérations de Carlos se trouvait à Paris, vers la fin des années 60, écrit Rodríguez Menier, son principal appui logistique était le lieutenant de la Direction générale d'Intelligence du ministère de l'Intérieur, l'avocat Armando López Orta, qui agissait sous le pseudonyme d'"Arquímedes" (Archimède). Pour ma part, j'avais eu l'occasion de rencontrer brièvement Carlos à La Havane, au début des années 70, dans une chambre de l'hôtel Habana Libre. J'étais en compagnie d'Alejandro Ronda, qui allait devenir dix ans plus tard général de brigade et l'un des principaux responsables des Troupes spéciales.

« Juste après que Carlos eut assassiné les deux policiers français

---

1. Témoignage écrit du 27 janvier 1999, transmis au juge antiterroriste Jean-Louis Bruguière.

et son informateur, "Arquímedes" mit à sa disposition cinq appartements de repli. L'un d'eux était loué sous son propre nom, un autre au nom d'un autre officier de la DGI qui se trouvait également à Paris, et les trois autres par des subordonnés d'"Arquímedes" qui occupaient des fonctions commerciales et diplomatiques au sein de l'ambassade cubaine à Paris. "Arquímedes" fournit aussi à Carlos de faux passeports sous différentes identités, ainsi que de l'argent pour ses dépenses, plusieurs véhicules, des cartes téléphoniques, divers déguisements, ainsi que des informations concernant les zones et les chemins à éviter au cours de sa fuite.

« En quittant Paris, il utilisa l'un de ces passeports pour se rendre à Berlin-Ouest. De là, il se rendit en Allemagne de l'Est en passant par Checkpoint Charlie, le poste frontière situé dans la zone contrôlée par les Etats-Unis. Ces informations, poursuit Rodríguez Menier, m'ont été fournies par "Arquímedes" en personne qui était, à l'époque, mon responsable direct. »

Selon les rapports de la Stasi[1], la police secrète est-allemande, révélés au grand jour après la chute du mur de Berlin, les contacts entre le « groupe Carlos » et le gouvernement cubain ont été particulièrement suivis et fréquents.

Une note du 11 janvier 1982 fait mention de ces contacts :

« En octobre 1980 des membres dirigeants du groupe ont séjourné à Cuba. Ces membres furent autorisés par les services cubains à consulter un catalogue de mesures d'aide et de soutien. En janvier 1981, la direction du parti dirigeant de Cuba, après le début de la campagne de terrorisme de Reagan, décide de ne plus entretenir de relations étroites avec *Separat* (le "groupe Carlos" dans le langage de la Stasi). Ses membres ne seront plus autorisés qu'à effectuer de courts séjours de travail. »

Le camp socialiste craignait les mesures qu'allait prendre, tout au long de ses deux mandats, le président américain Ronald Reagan, notamment le déploiement de missiles en territoire ouest-allemand, l'appui à la *contra* antisandiniste au Nicaragua, la mise au pas de la guérilla salvadorienne et la menace de « guerre des étoiles ». Analysé sous cet angle, un appui trop visible à *Separat* risquait de tendre inutilement les rapports américano-soviétiques.

Cela explique la période de « froid » entre Carlos et ses protecteurs communistes, à cette époque. Ces précautions diplomatiques n'empêchent pas les services cubains d'entretenir des contacts dis-

---

1. Cf. Bernard Violet : *Carlos. Les réseaux secrets du terrorisme international.* Paris, Seuil, 1996, p. 278-279.

crets mais directs avec le chef de *Separat*, autrement dit Carlos en personne, comme le précise la même note de la Stasi :

« Selon les services de sécurité cubains, un rapport complet concernant la rencontre avec le chef de *Separat* qui s'est déroulée le 16 octobre 1981 devrait nous parvenir dans les prochaines semaines. »

Ces discussions ont été houleuses, le « groupe Carlos » agissant désormais comme un électron libre mêlant le marxisme-léninisme, le soutien à la cause palestinienne, l'appui à la « révolution arabe » et la lutte contre l'impérialisme partout dans le monde.

Un autre document de la Stasi, daté du premier septembre 1983, précise les raisons de la méfiance des pays communistes vis-à-vis de Carlos du fait des répercussions négatives des attentats perpétrés par celui-ci sur l'image et la politique des pays qui le soutenaient plus ou moins ouvertement :

« Cette série d'attentats a entraîné une campagne de presse dont les premières conséquences ont été :

— de désigner le chef de *Separat* comme étant le terroriste le plus dangereux du monde ;

— de dénigrer les pays qui le soutenaient, en premier lieu la Syrie et la Libye ;

— de discréditer les pays socialistes.

Cela a amené à présenter le chef de *Separat* comme étant guidé par les Etats socialistes. A l'origine de l'argument, les études du chef de *Separat* à Moscou et ses contacts avec l'ambassade de Cuba à Paris en 1974 et 1975. »

Ce rapport de la Stasi confirme explicitement les relations entretenues depuis longtemps par le groupe de Carlos avec l'Union soviétique. Quant à la date consignée (1974 et 1975), elle coïncide exactement avec le crime de la rue Toullier et l'expulsion des « diplomates » cubains par le ministre de l'Intérieur français, Michel Poniatowski.

Mais les rapports d'Ilich Ramírez Sánchez (Carlos) avec le régime castriste étaient bien plus anciens. Il fréquenta des camps d'entraînement de guérilleros, avant de suivre des cours à l'université Patrice Lumumba de Moscou (ce que confirment les rapports de la Stasi). Il fut un élève dissipé de l'enseignement prodigué par Ricardo Bofill, futur dissident cubain et cofondateur, avec Martha Frayde, Gustavo Arcos et Elizardo Sánchez, des Comités pour les droits de l'homme au milieu des années 70. « C'était en 1963, se souvient Ricardo Bofill. J'étais professeur d'histoire de la pensée marxiste-léniniste à l'université Patrice Lumumba, où étudiaient des jeunes étrangers de toutes nationalités. J'y ai eu comme élève Ilich Ramírez Sánchez. Il avait une attitude assez dilettante et des inclinations mafieuses. Les Soviétiques l'ont mis, plus tard, à la porte d'un autre établissement, l'université Lomonosov [1]. »

Carlos se retrouvera par la suite au Liban, dans le camp palestinien de Chatila, où opéraient de nombreux instructeurs cubains [2], parmi lesquels les frères La Guardia. Entre les documents retrouvés en 1982 par l'armée israélienne dans les camps palestiniens, contrôlés par le Fatah de Yasser Arafat, de Chatila et de Tel-al-Zatar, au Liban, figurent des armes en provenance de Cuba, des lettres envoyées par des combattants palestiniens entraînés dans l'île et, même, un manuel d'entraînement au sabotage de centrales électriques, de voies ferrées et de gares, dont la couverture comportait la mention *muy secreto* (« très secret »). L'intervention cubaine dans ces camps se faisait sous la tutelle des Soviétiques. L'ancien ambassadeur d'URSS à La Havane, Alexeï Soldatov, occupera plus tard le même poste à Beyrouth. Un autre important dignitaire soviétique, le chef du KGB Iouri Andropov, qui deviendra par la suite secrétaire général du Parti, s'est rendu à de nombreuses reprises à La Havane pour contrôler et utiliser au profit de la politique extérieure soviétique les activités de la DGI et des troupes régulières ou irrégulières cubaines dans différentes parties du monde. Carlos est également signalé en Allemagne de l'Est, en Autriche, en Algérie, en Libye, au Soudan, au Sud-Yémen, dans tous les endroits du monde où est mise en pratique la lutte armée. Il s'est transformé en instructeur du terrorisme. Son rôle : coordonner l'action et les objectifs des mouvements révolutionnaires. Réussir à surmonter par l'action spectaculaire et sanglante les différences idéologiques ou religieuses. Il devient pour ces mouvements un véritable mythe vivant et pour l'Occident l'ennemi public numéro un.

La Havane peut réaliser ce que Moscou ne peut se permettre de faire : intervenir ouvertement là où les Soviétiques doivent avancer masqués, de peur d'une réaction immédiate des Etats-Unis. De plus, l'idéologie communiste se révèle incapable de regrouper sous

---

1. Entretien avec les auteurs, Miami, mai 2004. Ricardo Bofill, après avoir passé plusieurs années en prison, se réfugia au milieu des années 80 à l'ambassade de France à La Havane. Il put par la suite quitter le pays. C'est aujourd'hui l'un des principaux représentants en exil du Comité pour la défense des droits de l'homme à Cuba.
2. Cf. sur ces sujets David J. Kopilow : *Cuba, Israel and the PLO*, Washington, Cuban American National Foundation, 1985, p. 12, et Edouard Sablier : *op. cit.*, p. 149.

son aile des mouvements dont beaucoup sont attirés par un mélange de marxisme et d'islam radical. La plate-forme sud-yéménite devient stratégique de ce point de vue. Le gouvernement castriste y envoie l'un des plus importants agents de la DGI, Ulises Estrada, un ancien de la Sierra Maestra, formé ensuite aux activités secrètes par le KGB, nommé ambassadeur d'abord en Jamaïque puis au Sud-Yémen.

Il est étonnant de constater la facilité avec laquelle des hommes de main, capables d'exécuter tous les coups tordus pour lesquels ils sont formés, troquent le fusil pour la diplomatie. Après tout, les deux fonctions ne sont pour le castrisme que deux facettes d'un même combat.

Cuba a trouvé chez les Palestiniens et chez les Yéménites des alliés stratégiques, capables de mener une lutte de tous les instants contre l'« impérialisme » et son principal allié au Moyen-Orient, le « sionisme ». Le « groupe Carlos », discrètement aidé par les Cubains, est l'instrument idéal de cette politique.

Après son arrestation au Soudan et son transfert dans une prison française, Carlos reconnaîtra dès 1998 comme son « successeur » (selon ses propres mots) le Yéménite Oussama Ben Laden.

Dans une lettre envoyée à la revue *Jeune Afrique*[1], il écrit, après les attentats meurtriers contre les ambassades américaines à Nairobi et Dar-es-Salaam, que ces attaques étaient la « continuité historique des nôtres, qui ont commencé il y a un quart de siècle sur terre, mer et ciel contre les sionistes en Afrique orientale ». Plus tard, toujours depuis sa prison, il réitère sa bénédiction à Ben Laden, au nom de l'islam et du communisme. « Le combat de Ben Laden est aussi le mien », déclare-t-il au quotidien vénézuélien *El Universal* le 21 octobre 2001. Quelques jours plus tard, il explique son itinéraire au journal français *Résistance !* dans son édition du premier novembre 2001 : « Je me suis converti à l'islam en octobre 1975, et je continue à être communiste. Il n'y a pas de contradiction entre la soumission à Dieu et l'idéal de la société communiste. » Dans une autre interview accordée au journaliste algérien Atmane Tazaghart il va plus loin : « L'islam révolutionnaire a pris le relais du communisme pour devenir le fer de lance de la lutte mondiale anti-impérialiste[2]. »

---

1. Carlos : « Les Américains, Ben Laden et moi » dans *Jeune Afrique*, n° 1966, 15-21 septembre 1998.
2. Roland Jacquard et Atmane Tazaghart : *Ben Laden, la destruction programmée de l'Occident*, op. cit., p. 217.

Il faut constater que Carlos jouit d'une étonnante liberté de parole. Il écrit régulièrement une chronique, intitulée « *La Bastilla* », pour le journal vénézuélien *La Razón*. Comment ses textes et ses entretiens sont-ils exfiltrés de sa cellule ? Par l'intermédiaire de son avocate, Isabelle Coutant-Peyre, qu'il épousera en prison, elle aussi convertie à l'islam, tout comme son maître à penser, l'ex-communiste puis contestataire puis catholique puis révisionniste Roger Garaudy. Isabelle Coutant-Peyre apparaît d'ailleurs comme directrice de la rédaction de la revue négationniste dirigée par Garaudy, *A contre-nuit*. Une sorte d'alliance rouges-bruns-islamistes est ainsi scellée, au nom de la lutte contre les Etats-Unis et Israël.

Mais Carlos n'oubliera jamais de rendre tribut à son ancien protecteur : Fidel Castro. Dans l'une de ses chroniques à *La Razón*, datée du 4 au 11 juillet 1999, intitulée « Ignominie », il s'en prend directement au magistrat Jean-Louis Bruguière et à son témoin, l'ancien agent secret cubain Juan Antonio Rodríguez Menier :

« J'assiste alors à la provocation la plus maladroite et la plus immonde à laquelle j'aie dû faire face depuis cinq ans : il hurle que le principal "témoignage" contre moi provient de la Sécurité d'Etat cubaine, sur ordre direct du président Castro. Que Fidel Castro m'a "vendu" ! C'est ce que me dit le juge qui a interrogé le transfuge cubain Rodríguez Menier, qui m'a accusé sans aucune preuve d'être "le bras armé" de Fidel Castro. »

Lorsque au printemps 2003 Castro fera arrêter et condamner près de soixante-quinze dissidents, Carlos lui fera parvenir, de sa prison française, un texte de soutien par la même revue. C'est que, depuis décembre 1998, le terroriste vénézuélien se sent moins seul. Il a désormais un allié de poids qui partage les mêmes idées que lui et a toujours manifesté des sentiments procastristes : son compatriote devenu président de la République bolivarienne, Hugo Chávez.

Dès l'accession de celui-ci à la présidence, Carlos s'est écrié : « Maintenant je suis au gouvernement ! » Il a aussitôt envoyé un message de félicitations à l'ancien putschiste qui, comme lui, avait effectué un séjour en prison. *Le Figaro* du 17 avril 1999 publiait alors la réponse, datée du 3 mars, du président à son compatriote :

« Au citoyen Ilich Ramírez Sánchez.

Distingué compatriote,

Plongeant dans les profondeurs de votre lettre de solidarité, j'ai pu en sonder partiellement les pensées et les sentiments. Tout vient au bon moment : celui d'amasser les pierres ou de les lancer, d'attiser la révolution ou de l'ignorer (...).

Avec ma foi profonde en la cause et en la mission, pour le présent comme pour toujours ! »

Par la suite, le gouvernement vénézuélien, par l'intermédiaire du vice-président et ancien ministre des Affaires étrangères José Vicente Rangel, demanda officiellement au gouvernement français la libération du « citoyen » Ilich Ramírez Sánchez. Constatant la fin de non-recevoir du Quai d'Orsay, sous la plume du ministre Hubert Védrine, le président Hugo Chávez déclara que sa lettre n'avait été dictée que par des « motifs humanitaires ». Mais, au-delà de la simple considération envers un « distingué compatriote », n'y a-t-il pas, entre le militaire putschiste aujourd'hui au pouvoir et le terroriste en prison, une convergence de vues quant aux objectifs à atteindre par différents moyens ?

Le consul et son ravisseur

L'ancien consul du Venezuela à Paris, Nelson Castellano, démissionnaire après la prise du pouvoir par Chávez, a bien connu Carlos, et pour cause : il a été enlevé par lui.

« J'ai été séquestré par Carlos en 1991 à Beyrouth, alors que j'y avais été envoyé comme chargé d'affaires à l'ambassade du Venezuela au Liban. Je devais résoudre un problème de trafic de visas. Le "groupe Carlos" sollicitait des visas vénézuéliens au nom de ses membres, pour la plupart des Palestiniens. Ceux-ci les utilisaient en réalité pour pouvoir quitter le Liban et se rendre en Europe, afin d'y commettre des attentats. L'un des témoins de cette affaire venait de se faire assassiner. Mon rôle était de mettre au clair cette affaire. Dès mon arrivée, j'ai reçu des avertissements, de la part de l'ambassadeur lui-même, qui était en contact avec Carlos, et des menaces sur ma personne. Quelques jours plus tard, Carlos a fait irruption chez moi avec ses gardes du corps armés de mitraillettes, à onze heures du soir. Puis il a demandé à sa femme, Magdalena Kopp, et à sa fille de monter. Il m'a, alors, fait comprendre que si je parlais trop, mes jours seraient en danger. Il m'a dit qu'il allait instaurer un "cercle rouge" autour de moi pour me surveiller. Il voulait aussi un passeport vénézuélien, que j'ai accepté de lui délivrer le lendemain. C'était légal puisqu'il était citoyen vénézuélien de par sa naissance. En revanche j'ai refusé qu'il revienne à mon domicile et je lui ai donné rendez-vous à l'ambassade.

« Une semaine plus tard, un dimanche matin, huit hommes armés sont venus chez moi et m'ont embarqué. Ils m'ont fait sortir de Beyrouth pour m'amener en Syrie. Avant d'arriver à Damas, ils se sont écartés de la route pour me faire entrer dans une grande maison où m'attendait Carlos avec des hommes armés, des Palestiniens, avec lesquels il parlait en arabe. Il a fait semblant de me considérer comme son invité. C'est là qu'il a mentionné l'existence d'un fils qu'il avait eu avec une *compañera* cubaine, une compagne appelée Imelda. »

Par la suite, à partir de 1994, Nelson Castellano a dû, en tant que consul du Venezuela à Paris, rendre visite à Carlos à l'intérieur de la prison de la Santé. Cette fois les rôles étaient inversés. C'était Carlos le prisonnier et Castellano l'homme libre. Mais il n'en a pas profité pour l'humilier. Il a simplement tenté d'accomplir son devoir en tant que diplomate, rendant visite à l'un de ses compatriotes emprisonnés, tout comme il avait accepté de lui délivrer un passeport à Beyrouth quelques années auparavant. Parallèlement, le diplomate a mené ses propres investigations sur le « groupe Carlos », analysant les rapports de la Stasi, qui faisaient mention des rapports de Carlos non seulement avec le gouvernement cubain, mais aussi avec ses représentants.

« Selon les rapports de la Stasi[1], poursuit Nelson Castellano, Carlos avait des contacts avec tous les représentants diplomatiques cubains en poste dans les pays de l'Est, sous le nom de code de "Maracaibo". Cela m'a fait rire parce que c'est le nom de la ville où je suis né. Le bras droit de Carlos, Johannes Weinrich, ainsi que l'un des membres les plus importants de son groupe, Al Issaoui, ont visité Cuba en 1980, afin d'y établir des contacts à un très haut niveau. Nancy Sánchez, la Vénézuélienne qui louait l'appartement de la rue Toullier au moment de l'assassinat des inspecteurs de la DST, en 1975, apparaissait déjà dans les rapports comme la personne chargée, avec un autre membre du groupe, Alfredo Maneiro, des contacts avec les diplomates cubains en Amérique latine.

« Il y a eu ensuite un froid avec Cuba. Puis les contacts ont été renoués à travers un diplomate du nom de Juan Miguel Roque Ramírez, premier secrétaire de l'ambassade de Cuba à Berlin-Est. Les archives font état de différentes rencontres entre les membres du "groupe Carlos" et les diplomates cubains, à Berlin-Est. Il y a

---

1. Grâce à Nelson Castellano et à son avocat Serge Lewisch, nous avons pu consulter ces documents de la Stasi concernant les liens de Carlos avec les Cubains.

eu même une demande de fourniture de pistolets-mitrailleurs de Johannes Weinrich au gouvernement cubain. Celui-ci était informé en permanence des activités du groupe terroriste. »

Pour le régime castriste, Carlos n'était certainement pas un personnage de toute confiance. Il n'avait pas été formé exclusivement sous son autorité et avec ses méthodes. L'idéologie qu'il professait n'était guère orthodoxe. Mais il présentait l'avantage de pouvoir fédérer autour de sa lutte armée un certain nombre de militants de toutes nationalités et de toutes confessions (ou sans aucune confession). Il poursuivait, par son terrorisme tous azimuts, le même combat que les troupes cubaines avec leurs campagnes « internationalistes » en Afrique et aux quatre coins du monde.

QUATRIÈME PARTIE

LES APPRENTIS SORCIERS

NRBC[1] : *une sérieuse controverse*

Les armes chimiques cèdent aujourd'hui le pas aux armes biologiques car les pays tentés par la « bombe sale » se sont rendu compte que les armes chimiques n'étaient pas efficaces. Elles ne peuvent servir que lors d'une bataille classique, d'une division contre une autre sur un champ de bataille. Mais elles sont inopérantes dans une grande ville. En revanche, la technologie des armes biologiques et bactériologiques est efficace dans le cadre d'attaques asymétriques urbaines, pour faire des victimes civiles et provoquer la panique.

Les armes biologiques n'ont qu'un effet limité sur le plan strictement militaire. Elles servent à attaquer des centres urbains. Chacune de ces armes a sa propre utilité, de même que les bombes radiologiques, que l'on appelle la « bombe sale » ou la « bombe atomique des pays pauvres ».

« Castro s'est rendu compte que jamais des pays comme Cuba ou d'autres ne pourraient attaquer les Etats-Unis au moyen d'armes conventionnelles, armée contre armée », indique Manuel Cereijo, enseignant à la Florida International University. Ils devaient le faire d'une façon asymétrique, soit au moyen de la guerre bactériologique, soit au moyen de la guerre chimique. Pour une attaque de grandes villes, de grandes métropoles, les armes utilisées dans une guerre conventionnelle sont impropres. Ces constatations ont entraîné l'élaboration du premier complexe, le Centre d'ingénierie génétique et de biotechnologie. Il fut inauguré en 1986. C'est le cœur de ce qu'on appelle à Cuba le « pôle scientifique ». Plus de mille deux cents médecins, biologistes et ingénieurs y travaillent

---

1. NRBC pour N(nucléaire) R(radiologique) B(bactériologique) C(chimique).

dans des laboratoires. Le complexe a coûté plus de 150 millions de dollars et il s'étend sur soixante-six mille mètres carrés. Tout pays qui possède une industrie médicale atomique d'une certaine taille, tout pays qui pratique des forages pétroliers et qui, pour cela, utilise du matériel radioactif tel le césium, a la capacité de produire des « bombes sales », des bombes radiologiques, comme on les désigne scientifiquement. Il s'agit d'un cylindre de la taille d'une lanterne, rempli de matériel radioactif que l'on recouvre de plomb afin de neutraliser les radiations. Il est ensuite enveloppé de matériel explosif. Facilement dissimulable et transportable, il peut en explosant provoquer des centaines de morts.

Cuba possède cette capacité de nuisance, car le pays a développé une industrie médicale atomique importante et procède depuis longtemps à des forages pétroliers.

Il ne faut pas oublier, aussi, que tout pays qui a été dans l'orbite soviétique a accumulé des « savoirs » durant la guerre froide grâce aux contacts avec les ingénieurs de l'ex-URSS et qu'il existe une centrale nucléaire, à Juraguá, près de Cienfuegos, que l'Union soviétique avait fournie, mais qui n'est jamais entrée en activité.

Avec l'effondrement du bloc communiste, des généraux russes de la même génération que leurs collègues cubains ont travaillé pour leur propre compte. Ils sont devenus des consultants privés et ont pu permettre des transferts de technologie.

Le scientifique Kenneth Alibek, de son vrai nom Kanatjan Alibekov, qui travailla sur le développement de l'anthrax en tant que vice-directeur du programme soviétique d'armes biologiques appelé *Biopreparat*, explique, dans son ouvrage *Biohazard* publié en 2000 [1], que Fidel Castro était en train de mettre au point un programme de pointe d'armes biologiques, programme dirigé par des scientifiques formés à Moscou dans les années 90. Selon des informations transmises par des dissidents cubains, les investigations du gouvernement de La Havane se sont concentrées dans le développement de méthodes indétectables.

« Nous savions que Cuba était intéressé par les recherches sur la guerre biologique. Nous savions qu'il y avait plusieurs centres. L'un d'eux se trouvait tout près de La Havane, à l'intérieur d'une base militaire », confessa Alibek à un congressiste américain en 2001.

---

[1]. Ken Alibek et Stephen Handelman : *Biohazard : the Chilling True Story of the Largest Covert Biological Weapons Program in the World.* New York, Random House, 2000.

Le scientifique considérait que les déclarations contradictoires du gouvernement américain sur l'armement biologique de Cuba créaient « une situation confuse » mais que l'administration Bush allait tout faire pour sortir de ce brouillard. Ce ne fut pas le cas.

Un homme, John Bolton, désigné comme un « faucon » et appelé par certains médias américains « le pitbull de la Maison-Blanche » (il fut accusé d'avoir réclamé la tête de Christian Westermann et Futon Armstrong, deux analystes réputés de la CIA, en 2002 à la suite d'un différend au sujet de l'existence d'un programme d'armes biologiques à Cuba), a affirmé en mai 2002 que Cuba possédait la capacité de produire des armes chimiques et bactériologiques. Des affirmations contredites et même dénoncées au sein du Sénat américain, ce qui a entraîné une très forte polémique sur celui qui était proposé par l'administration Bush comme ambassadeur américain aux Nations unies. Son point de vue a cependant été appuyé le 5 juin 2002 devant une commission publique du Congrès par Carl Ford, chef du bureau d'intelligence et de recherche du Département d'Etat.

Ces propos ont été démentis par un ancien membre du National Security Council sous l'administration Clinton, connu comme étant un avocat du rapprochement avec Cuba. Celui-ci avait affirmé à Jimmy Carter qu'il n'y avait aucun intérêt à soutenir les accusations de Bolton. Jimmy Carter cita ce témoignage de l'officier de renseignements américain durant sa conférence de presse à La Havane, en 2002, qui suivit sa visite d'un laboratoire biochimique suspect, sur invitation de Fidel Castro. Bolton réitéra, pourtant, ses accusations en mars 2004 en expliquant devant une commission du Congrès que « les preuves sont solides », mais il ajouta que l'évaluation d'un « soupçonné » programme d'armes biologiques à Cuba avait été rendu difficile en raison du travail de l'espionne Ana Belén Montés avant son arrestation. John Bolton déclara devant les congressistes que Montés « (...) avait envoyé à La Havane une grande partie de nos informations les plus sensibles sur Cuba » et que son action d'espionnage avait « renforcé matériellement les efforts de Cuba pour nier les affirmations américaines et continuer de tromper sur son avancée en matière d'armes biologiques ».

En dépit de ces contradictions et du scepticisme ambiant, des congressistes ont exprimé leur crainte de « sous-estimer Cuba » au sujet des armes biologiques et ont, à leur tour, attiré l'attention sur le cas d'Ana Belén Montés, l'analyste de la DIA, l'agence de renseignements du Pentagone, condamnée à vingt-cinq ans de prison pour espionnage au profit de Cuba après avoir été prise sur le fait, communiquant avec ses commanditaires de la DGI juste après les attentats du 11 septembre 2001. Célibataire, d'origine portoricaine, Ana Belén Montés était âgée de 44 ans et avait peu d'amis lorsqu'elle fut arrêtée par le FBI. Dans son appartement de Washington, elle recevait ses instructions par radio en ondes courtes et haute fréquence. Les messages codés comportaient une série de numéros que l'espionne composait sur son ordinateur portable Toshiba utilisant un disque contenant un programme de déchiffrage lui permettant de traduire les groupes de numéros en phrases espagnoles. La même méthode qu'utilisait la DGI cubaine pour communiquer avec ses réseaux aux Etats-Unis, notamment la *Red Avispa* en Floride, réseau qui fut démantelé en 1998.

L'espionne cubaine dut collaborer en donnant des noms d'agents opérant sur le sol américain et un certain nombre d'informations qu'elle avait adressées au régime castriste. Mais dès qu'elle fut arrêtée, la dispersion s'organisa depuis La Havane : les agents les moins exposés sont rentrés à Cuba tandis que d'autres les remplaçaient. Dans le même temps, les travaux secrets en développement dans les laboratoires de l'île ont été encore mieux camouflés en cas de visite inopinée... ou même d'invitation officielle de contrôle, histoire de démontrer que Cuba ne représente aucun danger et qu'Ana Belén Montés n'a rien révélé.

« Montés a utilisé sa position au Pentagone pour tenter de rayer Cuba de la liste des pays menaçant la sécurité nationale des Etats-Unis et d'influencer ses collègues », a déclaré le représentant républicain pour la Floride, Lincoln Díaz Balart.

Des membres des commissions de renseignement de la Chambre des représentants et du Sénat ont assuré qu'il y avait une résistance au sein de la bureaucratie des services secrets pour revoir les informations données par Montés, « à partir desquelles les capacités de guerre biologique de Cuba sont sous-estimées et ceux qui pointent le doigt sur ces dangers sont discrédités ».

Constantin Menges, un ancien officier du National Security Council, aujourd'hui analyste pour le compte de la CIA, affirme : « Nous sommes devant le même type d'erreurs commises par nos services de renseignements qui ont conduit aux attaques du 11 septembre. Une sorte d'aveuglement de nos services secrets qui refusent d'admettre qu'ils étaient endormis face à l'évidence des signaux d'alerte. »

Cette inertie est encouragée par les pressions croissantes du lobby des producteurs alimentaires, des intérêts fermiers et des compagnies pharmaceutiques qui veulent faire du commerce avec Cuba. S'il y avait des preuves du développement des programmes d'armes biologiques, cela empoisonnerait les tentatives auprès du Congrès pour lever l'embargo.

La sénatrice démocrate de Californie Barbara Boxer n'a pas hésité à affirmer : « S'il est vrai que Cuba possède des armes biologiques, cela deviendrait très sérieux et nous devrions agir. Ce serait une nouvelle partie qui commencerait. » La polémique intervient sur fond de contentieux irakien, accréditant l'idée que les faucons américains instrumentalisent l'information en accusant Cuba sans preuves formelles.

« Mais si l'instrumentalisation n'est pas à négliger, s'insurge Manuel Cereijo, cela n'élimine pas la possibilité d'une menace. Fidel Castro, comme il sait le faire, joue sur cette ambiguïté pour présenter au monde un visage lisse et innocent tout en s'activant en coulisses. »

Alibek explique comment la biotechnologie soviétique a été transférée à Cuba, l'Iran, l'Irak et à d'autres anciens alliés des Russes qui ont des programmes similaires de développement d'armes biologiques : « L'Union soviétique organisait des cours d'ingénierie génétique et de biologie moléculaire pour des scientifiques originaires de l'Europe de l'Est, de Cuba, de Libye, d'Iran et d'Irak. Elle formait environ quarante scientifiques par an. Beaucoup d'entre eux se retrouvent à la tête de programmes biotechnologiques dans leur propre pays. »

Selon Alibek, l'Irak a copié les méthodes cubaines pour maquiller ses acquisitions en matière de technologie de fabrication d'armes biologiques. « Comme Cuba, les Irakiens ont fait croire que ces installations étaient destinées à développer des protéines pour nourrir les bestiaux. Ce qui a rendu ces installations particulièrement suspectes, ce furent les demandes additionnelles d'équipements de filtration perfectionnés capables de fournir un air pur à 99,9 %, un niveau que nous ne pouvions atteindre que dans nos laboratoires d'armes biologiques, affirme l'expert mondial en armements biologiques, pourtant rien n'a pu être prouvé. »

Ken Alibek indique dans son livre que Kalinine, qui était son chef, est allé à Cuba en 1990 et que, à son retour, celui-ci lui a avoué qu'en effet sur l'île caraïbe il se fabriquait des armes biologiques et que le niveau de développement dans plusieurs secteurs était supérieur à celui de la Russie moderne.

« Il y a beaucoup de facteurs réunis pour pouvoir affirmer, en mettant bout à bout toutes les déclarations, que c'est précisément ce qui se passe ou ce qui peut se passer, explique Manuel Cereijo. On ne peut en avoir une certitude formelle tant que l'on ne se rend pas sur place et qu'une investigation minutieuse n'est pas effectuée. Ce qui ne fait aucun doute, c'est que Cuba possède la capacité de produire des armes biologiques. Ce qui ne fait aucun doute non plus, c'est que l'île a la capacité cybernétique d'espionner, à partir de la base de Bejucal, les Etats-Unis mais aussi d'autres pays à travers le monde en Amérique latine et en Europe.

« Fidel Castro, au cours de toutes ces années, n'a rien investi en logements, ni en aqueducs, ni en écoulement des eaux, ni en complexes électriques. Tout l'argent qui aurait dû être consacré aux infrastructures, plusieurs millions de dollars, plus l'aide reçue de l'Union soviétique, sans oublier l'argent de la drogue, tout cela a été investi dans ce genre d'activités. Cuba est un paradoxe. C'est un pays complètement appauvri, qui tombe en ruines, et, cependant, il possède tous ces centres qui n'ont aucunement pour but de contribuer au bien-être du peuple cubain. Que fait alors le régime castriste avec ça ? »

A la fin des années 90, le gouvernement cubain déclara publiquement que la biotechnologie allait devenir la première industrie à Cuba, afin de répondre en priorité aux besoins du peuple en produits pharmaceutiques, mais aussi afin de pouvoir exporter ces produits pour faire rentrer des devises dans les caisses de l'Etat.

« Rien de tout cela n'a été réalisé, affirme Manuel Cereijo. Cuba a seulement exporté à trois reprises des vaccins au Brésil et en Argentine, des vaccins qui se sont révélés être des échecs, tandis que le peuple cubain manque totalement de médicaments. Quelque chose est en train de s'élaborer dans ce centre, qui est équipé du meilleur matériel. Il est reconnu par les organismes internationaux comme étant au sixième ou au septième rang dans le monde, après ceux des Etats-Unis, de la France, de l'Allemagne et de la Suisse.

« L'attitude consistant à affirmer, comme l'a fait Jimmy Carter après s'être promené une demi-heure dans ce centre en 2002, que l'on n'y fabrique pas d'armement chimique ni biotechnologique, est irresponsable. Il serait tout aussi irresponsable d'affirmer le contraire, c'est vrai. Ce qui est certain c'est que le régime castriste a la capacité d'en fabriquer et, du fait des conditions de secret dans lesquelles opèrent ces centres, il convient de penser qu'un danger plane sur nos têtes. Aucune inspection de ces centres n'est autorisée. »

De nouveaux laboratoires d'ingénierie génétique ont été installés en 1992, 1994, 1996 : en 1992, le *Biocen*, un modèle calqué sur le *Biopreparat* en Russie, puis le CIM, le Centre d'immunologie. En même temps Fidel Castro modernise l'Institut de médecine tropicale, qui existait déjà bien avant la révolution. Il le modernise et le déplace, de même que l'Institut scientifique Pedro Curie, qui existait aussi avant Castro, mais qu'il dépoussière dans les années 90. Il crée ainsi neuf centres regroupés dans le « pôle scientifique ».

Le *Financial Times*, dans son édition du 15 mai 2002, révèle que les Etats-Unis comptaient demander un contrôle international sur la fabrication d'armes biologiques à Cuba. Entre 1998 et 2001, les Cubains ont construit en Iran le plus grand centre d'ingénierie génétique et de biotechnologie de la région. L'Iran est autosuffisant en matière de médicaments et n'a donc théoriquement pas besoin, dans ce domaine, de technologies importées. En 2000, Carlos Lage, vice-président cubain et responsable de l'économie de l'île, inaugura un plan de développement biotechnologique pour l'Iran, ouvrant la voie à la visite officielle de Fidel Castro dans ce pays en mai 2001.

Cuba envoya à l'époque à Téhéran le directeur du Centre d'ingénierie génétique cubain, l'ingénieur et biologiste Luis Herrera, pour s'occuper de ce projet, qui a débuté à partir de rien et qu'il a livré clés en main, avec la technologie et les équipements. Fidel Castro y effectua alors un voyage et, à l'université de Téhéran, en mai 2001, il déclara : « Bientôt, l'Iran et Cuba ensemble, nous mettrons les Etats-Unis à genoux. » Fidel Castro avait rendu la politesse à l'ex-président iranien Mohammad Khatami qui avait fait le voyage de La Havane en octobre 2000 avec pour objectif, selon la CIA, de trouver un accord secret avec Cuba afin que l'île fournisse à l'Iran de l'uranium enrichi, officiellement à des fins civiles. Un accord qui a affolé la communauté internationale et les Etats-Unis en particulier, convaincus que Téhéran avait comme véritable objectif de développer un programme nucléaire militaire destiné à entrer dans le club très fermé des pays qui possèdent la bombe atomique. La Commission de l'énergie atomique qui fonctionne depuis trente ans a eu comme premier président Fidelito, le fils aîné de Castro. L'idée était de remettre en fonction la centrale nucléaire de Juraguá à Cienfuegos, afin d'enrichir de l'uranium grâce à des centrifugeuses suisses Alpha Laval achetées par Cuba au Panama.

Dans un article écrit pour la revue *Nature Biotechnology* le 10 octobre 2001, un ingénieur cubain, José de la Fuente, qui avait fui Cuba clandestinement en 1999, déclara que le complexe que

Cuba avait construit en Iran ne servait pas précisément à fabriquer des vaccins, que d'autres objectifs plus dangereux étaient poursuivis[1].

Le 17 janvier 2005, lors d'un déplacement en Iran à la tête d'une délégation « politico-sportive », José Ramón Fernández, le *Gallego* Fernández, vice-président cubain et président du Comité olympique de l'île, déclara publiquement qu'il approuvait l'utilisation pacifique de l'énergie nucléaire de la part de l'Iran et confirma l'appui de Cuba pour que l'Etat islamique puisse avoir accès à la technologie nucléaire, un droit inaliénable de la nation iranienne. L'ancien président Rafsandjani a confirmé explicitement le 11 février 2005 que l'Iran poursuivait un programme nucléaire que Washington ne pouvait empêcher et qu'il déconseillait aux Américains de tenter une aventure militaire en Iran. « Les activités d'enrichissement d'uranium n'ont aucun objectif militaire, a précisé Rafsandjani, elles ne sont destinées qu'à des fins de production d'électricité. »

A peine quelques jours plus tard, les Iraniens annonçaient avoir ouvert un crédit de 20 millions de dollars à Cuba et que ce crédit « pourrait » augmenter avec le développement de la coopération entre les deux pays. L'Iran, de son côté, va bénéficier, outre de la mise en service du laboratoire de fabrication de vaccins contre l'hépatite B, d'une aide cubaine en matière de biotechnologie.

Quinze accords bilatéraux ont été signés et neuf autres ont fait l'objet de négociations concernant « le commerce, la pêche, le sport, l'agriculture, l'éducation, la culture et par-dessus tout la biotechnologie », avait alors assuré Ricardo Alarcón, le président de l'Assemblée nationale du Pouvoir populaire cubain.

Les échanges commerciaux entre Cuba et l'Iran ne cessent de croître, ils ont oscillé de 2002 à 2004 entre 30 et 50 millions de dollars.

En dehors de la menace que pourraient constituer les capacités de production d'armes biologiques, d'importants fonctionnaires de l'administration Bush, parmi lesquels le négociateur spécial pour les armes chimiques et biologiques, Donald Mahley, s'inquiètent des transferts de biotechnologie à double usage qu'effectue Cuba en

---

1. José de la Fuente s'est enfui de Cuba par bateau en 1999. Il était directeur de recherche et développement du Centre de génétique et de biotechnologie de La Havane (CIGB). Aujourd'hui il est enseignant à l'université d'Oklahoma.

direction des pays liés de près à des mouvements terroristes du Moyen-Orient.

Toujours selon l'ingénieur José de la Fuente, la technologie exportée par Cuba en direction de l'Iran inclut des agents biologiques ainsi que des agents pathogènes et des fortifiants de germes, également applicables à des bactéries pouvant être utilisées en tant qu'armes de destruction.

Le pacte avec l'Iran a été conclu au travers de banques situées dans les Emirats Arabes Unis. Fidel Castro s'est rendu aux Emirats à l'issue de sa visite d'Etat à Téhéran en 2001 et un passage en Libye et en Syrie.

Les Emirats, qui ont pour habitude d'afficher leur neutralité, sont une étape pour le moins curieuse dans le périple de Castro. Mais ce petit territoire pétrolier est l'un des principaux centres de blanchiment d'argent du monde arabe – là, certains comptes bancaires ainsi que des établissements financiers ont été directement liés à Al Qaïda et au Hezbollah, dont la base arrière est constituée par l'Iran et la Syrie. Les cartes de crédit retrouvées dans les bases d'Al Qaïda en Afghanistan étaient, selon *Insight Magazine*, toutes expédiées par des banques situées dans les Emirats Arabes Unis.

« Personnellement je ne pense pas que Cuba ait actuellement les moyens de produire la moindre bombe atomique, ni même que le régime en ait l'intention. Il se sait sous la surveillance permanente des Américains, tempère Jaime Suchlicki, le responsable de l'Institut d'études cubaines à l'université de Miami. Il peut avoir ce qu'on appelle des "bombes sales", des bombes radiologiques. Pour la bombe atomique, il faudrait avoir de l'uranium enrichi. Soixante-dix livres d'uranium, cela pourrait faire quatre bombes atomiques. Cela signifie une quantité importante. En revanche, il y aurait en circulation au moins deux valises nucléaires fabriquées par l'Union soviétique, contenant de petites armes atomiques, petites mais pures. »

Selon Roland Jacquard et Atmane Tazaghart[1], des informations

---

1. Cf. Roland Jacquard et Atmane Tazaghart : *Ben Laden, la destruction programmée de l'Occident.* Paris, Jean Picollec, 2004, p. 332-335. Dans cet ouvrage remarquablement documenté les auteurs expliquent que le général russe Alexandre Lebed aurait révélé, devant une commission du Congrès américain, l'existence de ces valises nucléaires. Quatre-vingt-quatre sur un total de cent trente-deux auraient disparu lors de l'effondrement de l'URSS. Révélation confirmée par le professeur Alexis Yablokov, celui-là même qui aurait participé à leur conception. Confirmation supplémentaire en 1998 par Stanislav Lunev, ex-colonel du GRU (renseignement militaire soviétique) passé à l'Ouest en 1992. Enfin une enquête menée par Curt Eldon, ancien président de l'US House Armed Services Subcommittee on Military Research and Development, reconnaissait en

recueillies en novembre 2001 auprès de milieux islamistes proches d'Al Qaïda à Londres et au Pakistan affirment que l'organisation terroriste aurait pu acheter à des mafieux russes deux valises nucléaires produites à l'époque de l'URSS par le KGB, dont les numéros de code seraient RA-115 et RA-115-01. Chacune de ces valises pèserait soixante-quatorze kilos et développerait une puissance de dix kilotonnes permettant de tuer deux mille personnes en zone urbaine.

« Raúl Castro ayant eu connaissance de l'existence de ces valises nucléaires, précise Juan Vivés, a essayé d'entrer en contact avec le milieu mafieux russe à la fin de 1993 dans l'intention de les acquérir mais il n'y est pas parvenu. »

Le 13 mai 2005, le vice-maréchal de l'Armée populaire de Corée, Jo Myong Rok, rencontra à Pyongyang le général de division des forces armées cubaines, Leonardo Andollo Valdéz, second chef d'état-major et directeur d'opérations des FAR. En juillet 2001, déjà, une délégation des forces armées cubaines dirigée par le général Alvaro López Miera se rendit en viste officielle à Pyongyang et fut reçue par le vice-maréchal Kim Yong Chun, chef suprême du KPA, l'Armée du peuple nord-coréen. Ce dernier déclara que les deux armées resteraient toujours côte à côte. « Nos relations amicales ont été placées à un très haut degré de confiance sous la tutelle de Kim Jong Il et Fidel Castro. » Quant à Valdéz, il exprima le désir que les deux pays poursuivent leur lutte contre « les pratiques de gangster » des impérialistes américains. « Durant notre séjour, dit-il, nous avons été témoins de nos propres yeux de la façon dont l'armée et le peuple de Corée poursuivent une lutte vigoureuse pour défendre leur souveraineté et leur système, unis et en adéquation complète avec le leader Kim Jong Il. Le parti, le gouvernement, l'armée et le peuple cubains appuient totalement l'armée et le peuple coréen dans sa lutte. » Une déclaration et une rencontre faisant suite, à quelques jours d'intervalle, à la déclaration d'intention de la Corée du Nord de procéder à des essais nucléaires souterrains.

1999 l'existence de ces valises et a même reconstitué leur mode de fonctionnement.

L'union sacrée

A Pinar del Río, à l'ouest de Cuba, dans le village de Los Palacios, en plein milieu d'une zone connue sous le nom d'El Cacho, dans une grosse ferme appelée Baraguá sont entraînés en moyenne entre deux mille cinq cents et trois mille cinq cents hommes. But de ces entraînements : réaliser des infiltrations de commandos. Ce sont des troupes d'élite, semblables à celles que possèdent les Etats-Unis, la France ou l'Angleterre. C'est là que s'entraînent aussi ceux qui vont devenir des espions. Ils apprennent la langue, les mœurs de la société dans laquelle ils vont évoluer. Ils s'habituent à se couler dans la peau d'hommes d'affaires, de simples employés ou de professeurs. C'est une école qui fut créée par les frères La Guardia pour entraîner des guérilleros de toutes nationalités. Elle a évolué depuis son origine. Elle sert à présent à entraîner les Cubains eux-mêmes et de jeunes Vénézuéliens qui viennent nombreux se familiariser avec les méthodes guerrières révolutionnaires.

« L'un des premiers succès de l'activisme du système castriste, explique Manuel Cereijo, fut l'infiltration de groupes procastristes à l'intérieur de Comités d'action politique utilisés par les grandes compagnies américaines pour faire du *lobbying* au Congrès. Ils espionnaient ces compagnies, particulièrement Boeing ou Lockheed, dans le dessein de connaître les types d'armes que le gouvernement des Etats-Unis fabriquait à ce moment-là. Ils sont parvenus à espionner les activités publiques des compagnies, mais aussi bien sûr des activités secrètes. L'information recueillie leur servait à comprendre l'avancée des Etats-Unis dans le domaine des technologies militaires et ainsi pouvoir s'en servir ou les revendre à des nations ennemies ou des mouvements terroristes.

« J'ai un concept que j'appelle "méga-multi-terrorisme". "Méga", pour l'ampleur de ce terrorisme qui s'est abattu sur New York et Washington et plus tard sur Madrid. "Multi" parce que je crois que la Tricontinentale a été le premier lien de tous ces groupes. Des groupes qui se sont aperçus qu'ils devaient, pour être plus efficaces, s'aider les uns les autres.

« Les terroristes qui préparent un "coup" recherchent toujours des gens à l'intérieur de chaque pays qui possèdent une bonne connaissance des infrastructures, des horaires des trains, des endroits où se procurer discrètement des armes. Une fois l'acte commis, trouver des lieux où se "planquer" est indispensable. Ces réseaux ont donc besoin de s'unir. Par exemple, il y a eu des activistes de l'IRA (Armée républicaine irlandaise) mis en accusation en Colombie. Ceux-ci vivaient à Cuba. Ils s'entraînaient à Cuba avec l'appui du gouvernement cubain. De là, ils sont passés en Colombie. Les liens entre Cuba et la Colombie sont patents. Trois pays ou groupes qui n'ont pas grand-chose à voir sur les plans culturel ou géographique. Il n'est pas rare que ces groupes ne fassent aucun cas des appartenances religieuses pour coopérer. Exemple, durant l'été 2003, les Etats-Unis ont transmis un signal vidéo à destination du peuple iranien vantant les mérites des démocraties occidentales. Durant six semaines, ce signal a été brouillé. Grâce aux détections électroniques, les services de renseignements américains ont découvert que le brouillage émanait de Bejucal. En quoi Cuba peut-il être concerné par un signal vidéo destiné à l'Iran ? Pourquoi le régime de Fidel Castro s'est ingénié à le brouiller alors qu'en apparence l'Iran est un pays qui n'a aucun dénominateur commun avec Cuba ? Là encore, il s'agit d'une union sacrée entre Etats terroristes. » En juillet 2003, Cuba a effectivement intercepté le signal de Voice of America en langue farsi en direction de l'Iran. L'opération était pilotée depuis la base électronique de Bejucal. Le directeur de VOA, Kenneth Tomlinson, accusa le gouvernement cubain d'être « à la solde des mollahs iraniens ». Après le démenti formel d'une telle interception depuis l'île, le gouvernement cubain déclara en août 2003 que l'interférence provenait de l'ambassade iranienne à La Havane.

L'étrange cas du docteur Molina

Dans la nuit du 14 au 15 décembre 2004, une femme médecin de 61 ans et sa mère, âgée de 86 ans, pénètrent à l'intérieur des locaux de l'ambassade d'Argentine dans le quartier chic de Miramar à La Havane. La rumeur court que les deux femmes ont l'intention de demander l'asile politique à Buenos Aires.

Intention confirmée quelques heures plus tard par l'annonce d'un haut représentant du Parlement argentin, Jorge Argüello, qui ajoute que si madame Molina dépose officiellement une demande d'asile, « l'Argentine devra prendre une décision ». Dans le même temps des agents de la Sécurité de l'Etat à La Havane ont placé l'ambassade sous haute surveillance. La représentation ne répond même plus au téléphone et lorsque par miracle un employé décroche, il indique d'un ton laconique : « Je ne confirme ni ne démens, c'est le ministère à Buenos Aires qui s'en occupe, pas nous ! »

L'affaire prend une curieuse tournure diplomatique malgré son aspect apparemment banal. En effet, s'il est de notoriété publique que les autorités castristes interdisent aux médecins de quitter l'île sous prétexte qu'ils doivent toute leur formation à la « générosité révolutionnaire », le docteur Hilda Molina n'est pas un médecin ordinaire. Elle fut dans les années 90 la scientifique la plus en vue à Cuba, député de l'Assemblée nationale du Pouvoir populaire, membre du Comité central du Parti communiste, proche des cercles du pouvoir et de Fidel Castro. Spécialiste en neurologie, elle rejoint en 1968 le milieu médical afin de poursuivre ce qu'elle pensait être l'un des objectifs majeurs de la révolution : une médecine gratuite et de qualité pour tous. Quelques années plus tard, en 1989, le Commandant en chef lui-même confie au docteur Molina qu'il est totalement opposé aux soins médicaux payants. « Il est préférable, lui dit-il, de soigner gratuitement même les étrangers qui en ont besoin. »

Forte de cet altruisme énoncé par Fidel Castro, Hilda Molina va consacrer tout son temps à la recherche neurologique et sera l'une des fondatrices du *Centro Internacional de Restauración Neurólogica* (Centre de restauration neurologique) de La Havane, le CIREN, qu'elle dirigera de 1990 à 1994. Pourtant très vite elle se rend compte que les bonnes intentions et la générosité déclarées ne sont qu'une façade. Les autorités cubaines instaurent une sorte de marché de la santé à travers un organisme nommé Servimed. L'objectif étant d'attirer un maximum d'étrangers fortunés ou solvables souffrant de maladies relevant de pathologies compliquées vers les centres médicaux cubains. Des circuits sont organisés vantant les mérites et les qualités de la médecine de l'île. Des associations internationales en cheville avec des tours-opérators poussent les gens à se rendre à Cuba en cas, notamment, de troubles neurologiques ou de maladies telles que la maladie de Parkinson. La propagande, la publicité sur des sites Internet et le bouche à oreille font des miracles : des centaines d'étrangers venus d'Amérique latine mais également d'Europe font le déplacement. Le voyage en vaut la peine, leur dit-on, les soins médicaux sont remarquables, les médecins cubains très performants et les opérations de dix à vingt pour cent moins cher que dans leurs pays d'origine. Les hôpitaux de La Havane sont vite débordés, des charters entiers de personnes pour la plupart âgées débarquent chaque semaine à l'aéroport international José Martí. Le gouvernement se frotte les mains. Quant aux Cubains eux-mêmes, ils sont désormais considérés dans ces hôpitaux comme des patients de seconde catégorie.

Ces pensées doivent tarauder le docteur Molina, cette nuit de décembre 2004, tandis qu'elle attend avec sa vieille mère le verdict des autorités argentines. Le seul bonheur de Hilda Molina serait de passer Noël et le Jour de l'An près de son fils Roberto Quiñones, médecin comme elle, sa belle-fille Véronica Scarpatti et ses deux petits-fils de 3 et 9 ans qu'elle n'a encore jamais vus. Cela fait dix ans qu'elle se bat pour pouvoir se rendre en Argentine où ils vivent mais la réponse du gouvernement cubain a été invariablement négative. Pourtant cette fois elle y croit, le président Néstor Kirchner lui-même, quelques jours plutôt, n'avait-il pas adressé une lettre à Fidel Castro demandant que le docteur Molina soit autorisée à gagner l'Argentine ? Castro a fait répondre qu'il était prêt à financer le voyage vers Cuba de son fils, de sa belle-fille et de leurs enfants mais que Hilda Molina ne quitterait pas le territoire cubain. Malgré ce camouflet à l'égard du président argentin, Hilda Molina veut encore y croire, d'autant que l'ambassadeur argentin Raúl Taleb paraît hésiter même s'il avoue son scepticisme face à la réponse des Cubains. Il est finalement remplacé sans ménagement par un autre fonctionnaire argentin. Deux autres conseillers sont également limogés. Néstor Kirchner ne veut à aucun prix déplaire à son « ami » Fidel Castro.

Les journaux argentins, notamment le quotidien *La Nación*, se font largement l'écho de cette affaire et expriment leur incompréhension face à l'attitude de leur président, d'autant qu'il s'agit ni plus ni moins que d'une affaire de droits de l'homme. Le 16 décembre au soir, trois diplomates argentins, dont l'envoyé spécial du gouvernement, Alfredo Forti, apprennent l'air navré aux deux femmes qu'elles ne pourront pas se rendre en Argentine. Celles-ci sont obligées de quitter la représentation argentine, dont la surveillance avait encore été renforcée par des policiers cubains, et de retourner dans leur modeste appartement du quartier du Vedado.

Le 11 janvier 2005, Hilda Molina apprend que sa belle-fille et ses deux petits-enfants de nationalité argentine pourraient venir la voir pour son anniversaire le 2 mai. Mais le cœur n'y est pas. Son fils Roberto dans un premier temps préfère renoncer à effectuer le voyage, il estime que « toutes les garanties ne sont pas réunies », sous-entendu : il n'est pas sûr que rien de mal ne lui arrive à Cuba et qu'il puisse retourner en Argentine. Et puis, après une rencontre avec le président Néstor Kirchner, il se ravise et explique que des garanties formelles lui ont été données, et qu'il pourra se rendre sur l'île pour voir sa mère. Mais de quelles garanties s'agit-il ? Roberto Quiñones craint-il pour sa sécurité en se rendant à Cuba ? Et qu'a-t-il voulu dire ce 15 décembre 2004 en exprimant un souhait : « J'espère que Kirchner ne nous abandonnera pas dans la dernière étape du conflit. Depuis dix ans, j'ai essayé que le sujet ne soit pas considéré comme politique. Ma mère n'a pas de secrets d'Etat, ni de secrets militaires, ni de secrets en rapport avec la santé de Fidel Castro[1]. » Le docteur Hilda Molina cacherait-elle d'autres secrets en rapport avec les quatre années passées à la direction du CIREN ?

« Benigno » a connu Hilda Molina alors qu'elle n'était qu'un simple médecin[2]. « Je l'ai connue par l'intermédiaire du docteur Raúl Gómez Cabrera qui était à l'époque directeur de l'hôpital Finlay puis de l'hôpital Hermanos Ameijeiras, un hôpital équipé des techniques les plus modernes. J'amenais dans cet hôpital des étrangers que j'entraînais et dont la présence n'était pas publique à Cuba. Un jour j'y ai conduit un paysan bolivien que j'aimais bien. Il avait reçu un coup sur la tête et il était dans un sale état. Gómez Cabrera m'a envoyé vers Hilda, c'est elle qui l'a opéré et sauvé. Depuis avec Hilda nous étions devenus amis et j'étais très heureux de savoir qu'elle avait été récompensée pour ses recherches sur la micro-chirurgie du cerveau. Sa spécialité c'était de soigner la maladie de Parkinson, mais je ne savais rien de ses recherches. »

Pourtant « Benigno » surprend une conversation entre Hilda Molina et Raúl Gómez Cabrera sur le pour et le contre de certaines expériences, notamment de certaines transplantations. « Je ne connais pas grand-chose en matière scientifique, mais je me souviens qu'ils parlaient de prélèvements de matière vivante sur des femmes qui voulaient avorter. Hilda était très réticente mais au début elle a accepté de transplanter cette matière dans la moelle épinière de Cubains qui souffraient de maladies neurologiques. Ces expériences profitèrent d'abord à des dirigeants : Fabio Grobart, l'homme du KGB à Cuba, était parkinsonien, il a été opéré ainsi que Pedro Miret, un commandant de la Sierra Maestra. Et puis le régime s'est rendu compte que cela pouvait rapporter beaucoup d'argent, faire rentrer des devises. L'Etat décréta que chaque inter-

---

1. Dépêche de l'Agence France Presse du 16 décembre 2004.
2. Entretien avec les auteurs, Paris, janvier 2005.

vention coûterait dix mille dollars par patient étranger. Hilda, qui a toujours été très croyante, était devenue presque mystique, elle a considéré qu'il s'agissait d'un crime et a décidé d'arrêter ce genre d'expériences. »

Dans un long récit écrit de sa main, passé clandestinement à l'exil et publié sur le site du Center for a free Cuba à Washington en décembre 2004, le docteur Hilda Molina dresse un tableau effrayant des pratiques de la médecine à Cuba et de la façon dont les autorités exploitent honteusement et sans aucune humanité des expériences très lucratives, profitant de la crédulité de malades étrangers à qui l'on vend très cher des médicaments *made in Cuba* dont ils n'ont aucun besoin. Elle explique la manière dont ces patients sont trompés, opérés pour des maladies parfois imaginaires, dans des lieux souvent insalubres et par des médecins incompétents, mal formés ou ignorants, sans aucune éthique, avec comme seul but : faire rentrer des dollars dans l'escarcelle des dirigeants de l'île.

Fidel Castro, apparemment fasciné par les résultats du CIREN et particulièrement par son prestige international, le visitait régulièrement, montrant ainsi qu'il considérait le Centre comme une priorité et une incitation pour d'autres institutions à suivre la même voie.

« Inspirée par les nouvelles découvertes scientifiques en matière de restauration neurologique, j'ai réuni autour de moi, raconte Hilda Molina, un petit groupe de spécialistes en neurosciences et créé ainsi le premier hôpital de recherche cubain en 1987 (...). Notre travail était initialement limité aux patients cubains. Le centre se consacrait à la recherche intensive, spécialement du traitement pour les patients atteints de la maladie de Parkinson, de maladies cérébrovasculaires, de lésions de la moelle épinière, de tumeurs cérébrales ou d'altérations cérébrales et de traumatismes crânéo-encéphaliques. »

Ces recherches débouchent sur des résultats spectaculaires. Les méthodes thérapeutiques employées et les stimulations biophysiques permettent aux médecins du Centre et au docteur Molina de réussir des transplantations de moelle suprarénale et plus tard la transplantation du tissu nerveux embryonnaire sur des patients atteints par la maladie de Parkinson.

En réalité, ces médecins cubains avec le docteur Molina auraient découvert, après de multiples recherches sur des embryons vivants, une substance, appelée *nigra fetal*, permettant de retarder le processus du vieillissement humain.

« Ignorant les restrictions décrétées par le gouvernement cubain, nous avons établi des liens directs avec la communauté scientifique internationale afin de renforcer la rigueur et la responsabilité de notre travail et d'enrichir nos connaissances médicales. (...) Les autorités cubaines n'étaient pas favorables à cette approche car c'était, pour elles, démontrer à la communauté internationale que l'embargo économique américain n'affectait aucunement le travail scientifique. Cela révélait aussi l'irresponsabilité et même la lâcheté sur le plan scientifique d'autres institutions cubaines. J'étais considérée comme une menace car j'obtenais régulièrement des visas pour entrer aux Etats-Unis, à la différence des autres scientifiques cubains. De plus je refusais d'y faire de la propagande durant mes visites et je refusais aussi de participer aux efforts du gouvernement cubain pour recruter des scientifiques étrangers destinés à des tâches non médicales. »

Le docteur Hilda Molina devint plus qu'une menace, un véritable danger, d'autant que les expériences se poursuivent au CIREN grâce à des fœtus vivants provenant d'avortements provoqués par césarienne sur des mères incapables de dire si elles sont ou non d'accord avec les expériences pratiquées sur leur fœtus. « J'ai tenté de m'opposer, dit-elle, à ce que des patients cubains soient utilisés comme des animaux de laboratoire. »

Le docteur Alvarez Cambra, chirurgien orthopédiste devenu le patron du Centre neurologique de Cuba, explique dans un livre[1] : « Actuellement cent mille interruptions de grossesse sont réalisées à Cuba chaque année. Grâce à cela, le CIREN possède la capacité d'obtenir assez facilement le tissu embryonnaire pour l'utiliser dans ce genre de traitement neurologique. » A noter que la propagande, qui se flatte d'un pourcentage très bas de mortalité infantile, est largement aidée par le nombre sans cesse croissant d'avortements.

En février 1994, le ministère de la Santé interdit toute publication scientifique traitant des expériences du CIREN. Hilda Molina est relevée de ses fonctions de directrice du Centre, elle est destituée de ses mandats au Parti communiste, de son poste de député et doit renoncer à être membre de la Fédération des femmes cubaines. Le docteur Hilda Molina devient une paria, laissée chez elle dans un état total d'abandon. Des campagnes de diffamation tentent de la discréditer personnellement et professionnellement. Elle est suivie, épiée, injuriée, son courrier est intercepté, ouvert, son télé-

---

[1]. Julián Alvarez Cambra : *Artesanos de la vida*. La Havane, Cooperativa Cinco Continentes, 1995.

phone mis sur écoute, ses anciens compagnons médecins ont l'interdiction de lui parler. Son travail est discrédité, sa réputation salie et sa famille menacée.

« Je ne témoigne pas pour un quelconque intérêt personnel, écrit Hilda Molina, et encore moins par désir de vengeance. Mais je considère que c'est le devoir d'un scientifique de défendre l'éthique et la vérité. »

Hilda Molina est l'otage d'un régime qui ne la laisse pas sortir du pays. Il est évident que, résidant à l'étranger, elle se sentirait peut-être libre de parler, de révéler des secrets que l'Etat cubain préfère taire. Le docteur Hilda Molina fait donc partie intégrante de l'histoire contemporaine de l'île et à ce titre ne peut être autorisée à respirer un autre air. Lorsque le gouvernement espagnol tenta d'intervenir en sa faveur, la réponse de Fidel Castro fut la même que celle qu'il donna au président argentin Néstor Kirchner : « Hilda Molina ne sortira pas de Cuba. » Usée et malade, elle a été condamnée par la révolution pour rébellion.

Sans doute sensible aux pressions médiatiques et aux avertissements de Washington, le président argentin a dû sortir de sa réserve : il ajourna la visite qu'il devait effectuer à Cuba le 22 mai 2005 en expliquant que « toutes les conditions n'étaient pas réunies pour que cette visite se fasse de manière satisfaisante ». Le cas Molina n'étant pas réglé, Kirchner a préféré s'abstenir de fouler le sol castriste et a même, pour la première fois, pris ses distances avec le *Líder Máximo*. « Fidel Castro a une vision du monde, a-t-il précisé au quotidien argentin *Clarin*, qui n'est évidemment pas la nôtre. » Une critique découlant d'une évidente mauvaise humeur liée aux intenses négociations secrètes entre Argentins et Cubains afin que ces derniers laissent le docteur Molina se rendre en Argentine, en vain.

CINQUIÈME PARTIE

CHILI : L'EXPÉRIENCE CONFISQUÉE

L'interminable voyage de Fidel Castro

Depuis l'automne 1970, le peuple chilien s'est engagé dans le socialisme façon Unité populaire. Le docteur Salvador Allende, après trois tentatives infructueuses, a réussi avec seulement 36,3 % des voix (la Constitution permettait une victoire à la majorité relative) à devenir président, grâce à des divisions internes au sein de la Démocratie chrétienne.

Mais par crainte que celui-ci ne développe une révolution à la cubaine sur le sol chilien, les Etats-Unis missionnent la CIA pour empêcher son installation au pouvoir et ainsi lui interdire de gouverner. Les meilleurs agents sont mobilisés et un plan d'action est élaboré en quarante-huit heures. Le commandant en chef de l'armée, le général loyaliste René Schneider, est approché mais il refuse de trahir. Il est assassiné le 22 octobre par des hommes à la solde de la CIA.

Malgré cette immédiate et violente opposition Salvador Allende réussit à mettre en œuvre la transformation de la société de son pays : réforme agraire, nationalisation des mines de cuivre qui représentent près de 80 % de la richesse annuelle, augmentation des salaires, étatisation des banques et des compagnies américaines de matières premières qui passent, sans contrepartie financière, entre les mains des Chiliens. Un souffle de liberté semble, dans les premiers mois, imprégner l'atmosphère de Santiago. Allende installe le socialisme en lisière d'un continent qui l'avait rarement vécu et redonne de l'espoir à toute une population de paysans et d'ouvriers. Jamais, depuis le triomphe de la révolution castriste, un pays d'Amérique latine (une expérience de Front populaire avait eu lieu dans les années 30, au Chili précisément) ne s'était retrouvé dans une telle situation et cette fois sans effusion de sang. Dans la légalité la plus totale et la plus légitime, au nez et à la barbe de ceux que le peuple appelle « les exploiteurs ».

Cette expérience socialo-communiste dans la zone d'influence des Etats-Unis et en pleine guerre froide étonne, passionne et attire les progressistes du monde entier, comme ce fut le cas quatorze ans plus tôt, en 1959, après le triomphe de la révolution castriste. A cette époque-là, Salvador Allende admiratif s'était précipité à La Havane rencontrer les barbus révolutionnaires, notamment les frères Castro et Che Guevara avec lesquels il se lia d'amitié. Allende fit de nombreuses fois le voyage de Cuba pour mieux appréhender la réalité du nouveau régime cubain et même s'en inspirer.

A la parution de son ouvrage intitulé *La Guerre de guérilla*, le Che lui offrit son livre, avec cette dédicace : « A Salvador Allende qui, par d'autres moyens, essaye d'obtenir la même chose que nous. » Pour sa part, Fidel Castro ne semblait pas accorder beaucoup de crédit à ce médecin chilien qu'il considérait comme un bourgeois irrécupérable, le jugeant incapable de modifier le destin de son pays.

En ce début des années 60, Juan Vivés voyait souvent Salvador Allende qui arpentait le hall de l'hôtel Habana Libre, l'ancien Hilton, où il avait l'habitude de séjourner. Les deux hommes jouaient aux échecs et s'entretenaient des heures durant de la situation internationale et de l'évolution du Chili.

« Fidel faisait attendre Allende des jours avant de le recevoir, annulait les rendez-vous et parfois même refusait de le voir, ce qui l'attristait beaucoup, témoigne Juan Vivés. Je me rappelle la dernière fois que Salvador Allende est venu à Cuba avant sa victoire électorale, Fidel l'amena dans la Sierra Maestra, c'est là qu'il lui offrit la fameuse mitraillette AK-47. Il lui dit aussi que c'était la dernière fois qu'il l'aiderait économiquement pour une campagne électorale et que, si par hasard il se rendait à Paris, il devait demander à Christian Dior de lui tailler sur mesure un costume de guérillero. Ce dernier détail, c'est "Chicho" (surnom amical que nous lui donnions tous, y compris Fidel) lui-même qui me l'a raconté. »

A la fin de l'année 1971, François Mitterrand, devenu le patron du nouveau Parti socialiste suite au congrès d'Epinay en juin, entreprend le voyage au Chili en compagnie de Gaston Defferre et de Claude Estier. Objectif du déplacement : prendre le pouls de cette nouvelle aventure chilienne, en comprendre les mécanismes et en évaluer les possibilités de succès.

Les socialistes français veulent rencontrer le leader chilien, lui parler, échanger des idées. Mais après un déjeuner officiel et un entretien avec Allende, le 12 novembre, les rendez-vous sont déplacés, remis, reportés à plus tard. C'est qu'au même moment un poids lourd du communisme international a entrepris le voyage de Santiago, et celui-là, Salvador Allende ne peut le faire attendre. Il sait ce qu'il lui doit depuis des années, il sait combien son aide matérielle (plus de 80 millions de dollars) et morale lui a été précieuse, il sait que sa campagne fut en grande partie payée par celui qu'il estime et qu'il considère comme son ami. Fidel Castro est, en effet, lui aussi sur le sol chilien et il a bien l'intention d'accaparer totalement son hôte.

Le révolutionnaire cubain estime que la victoire d'Allende doit devenir une façon pour le socialisme de s'installer durablement dans cette partie du sous-continent latino-américain et d'en devenir une nouvelle base. La délégation française, qui côtoie accidentellement le responsable cubain au cours d'une réception, devra donc faire antichambre.

Pendant ce temps, dans les coulisses, se profile un duel sans merci entre les services secrets castristes et la CIA pour phagocyter l'expérience populaire chilienne. Un duel qui durera de 1970 à 1973.

Les Américains, sous la présidence de Richard Nixon, assisté du secrétaire d'Etat Henry Kissinger, vont investir près de 13 millions de dollars dans des opérations de déstabilisation du régime et dans des échafaudages de plans contre Salvador Allende et son gouvernement.

La brigade d'extrême droite Rolando Matus et les groupes de Patrie et Liberté dirigée par Roberto Thieme, subventionnés et soutenus par la CIA, développaient parallèlement une violente campagne de propagande contre l'Unité populaire. Moins de deux semaines après l'élection d'Allende, Nixon avait demandé à Richard Helms, patron de la CIA, de tout faire pour renverser le président chilien. Une information qui devait rester secrète. Il ne manquait qu'une étincelle pour embraser la situation.

Les Cubains de la Direction générale d'Intelligence (DGI) et du département Amérique n'étaient pas en reste : ils introduisirent plus de quinze mille hommes en territoire chilien et tentèrent de décrédibiliser l'armée jusqu'alors loyaliste et de réduire le rôle des syndicats, du Congrès et de l'Eglise. Deux hommes en particulier, Miguel Enríquez et Andrés Pascal Allende (neveu du président), vont renforcer l'armement des groupes du MIR (Mouvement de la gauche révolutionnaire) dans le dos de Salvador Allende. Celui-ci se verra encadré d'une soixantaine d'hommes, le GAP (Groupe des amis du président), chargés de sa sécurité rapprochée, la plupart de nationalité cubaine et dirigés par un membre du MIR, un certain « Ariel Fontana », de son vrai nom Max Marambio, un Chilien très lié, jusqu'à aujourd'hui encore, aux intérêts cubains. Miria Contreras, dite *la Payita*, l'influente secrétaire personnelle et maîtresse d'Allende, est aussi embrigadée dans le réseau cubain. Ainsi se crée une sorte de groupe d'influence cubain entraîné par « Tati » (surnom de Beatriz), l'une des filles de Salvador Allende, Marambio et *la Payita*. Grâce à eux, l'ambassade de Cuba obtenait toutes sortes de renseignements en provenance directe de la Moneda. Une ambassade qui a pu compter jusqu'à cinquante diplomates dont près de la moitié appartenaient aux services de renseignements. En mars 1972, un document secret de la CIA indique qu'une centaine de militaires d'élite ont été envoyés par La Havane comme force d'action rapide pour veiller sur Allende et sur les intérêts que représentait le gouvernement progressiste chilien pour la révolution cubaine.

Beaucoup d'entre eux devinrent, des années plus tard, de hauts gradés en remerciement de leur action au Chili. Quant à Max Marambio et *la Payita*, ils s'exilèrent à Cuba quelques jours après le coup d'Etat. Marambio fit fortune, *la Payita*, pour sa part, travailla longtemps comme représentante de l'agence de tourisme Havanatur en France.

En cette année 1971, dans la capitale, Santiago, comme dans le port de Valparaíso, commencent à affluer des vagues d'exilés latino-américains qui sont enrôlés, armés par le MIR et entraînés par les Cubains. Ceux-ci font arriver dans les soutes des appareils de la compagnie aérienne Cubana de Aviación et des navires marchands de très nombreuses armes d'origines tchécoslovaque et soviétique.

Les hommes des troupes spéciales sont les premiers à débarquer sur le sol chilien, commandés par les jumeaux Patricio et Tony de La Guardia, secondés par Ulises Estrada, responsable de la sécurité de l'ambassade cubaine. Tony s'occupe de faire toutes sortes d'affaires, de l'achat de vin chilien aux cigarettes de contrebande. Patricio est spécialement chargé de l'armement. Il s'organise, dans les premières semaines, pour que dans chacune des six à sept valises diplomatiques par vol en provenance de Cuba soient embarqués des fusils AK-47. La rotation se fait deux fois par semaine. Plus tard, ce sont des Iliouchine 64 bourrés d'armes qui atterriront sur l'aéroport international de Santiago du Chili.

Tout le personnel diplomatique cubain s'organise au service de l'objectif décrété par Castro : mettre la gauche chilienne en ordre de bataille.

Au palais de la Moneda, c'est Luis Fernández de Oña, un officier cubain devenu en 1971 l'époux de Beatriz Allende, qui s'occupe directement du système de communication extérieure du palais. La mission à long terme pour les services secrets cubains est, à partir du sol chilien, de lancer toutes sortes d'actions subversives en direction des pays d'Amérique latine. Mais pour l'heure il s'agit de radicaliser le gouvernement d'Unité populaire pour mieux le contrôler. Manuel Piñeiro, le chef du département Amérique, se rend à plusieurs reprises au Chili et charge son homme de confiance, Juan Carretero, de suivre le bon déroulement des opérations.

L'un des frères La Guardia, Patricio, est missionné par Fidel Castro en personne pour suivre en permanence Allende et pour le tenir au courant de ses moindres faits et gestes. Le *Líder Máximo* veut tout savoir, tout connaître de ce qui se passe au palais de la Moneda. D'ailleurs une ligne directe relie le siège de la présidence chilienne à La Havane et Patricio de La Guardia n'hésite jamais à s'en servir.

Fidel Castro, qui n'a cru dans les chances d'Allende qu'une semaine à peine avant son élection, est venu féliciter son poulain qui l'a invité, mais son intention inavouée est de faire dévier l'expérience au profit d'une révolution armée. Pour le *Líder Máximo*, il est en effet impossible que la révolution triomphe par les urnes, seules les armes assurent la victoire. Sans compter que l'expérience chilienne si elle réussissait pacifiquement inciterait d'autres nations du sous-continent latino-américain à la suivre, et c'en serait fini des soulèvements armés tels que les théorise et les organise Fidel Castro. Il lui faut donc du temps sur place afin d'évaluer la situation et de mettre au point une sorte de corset de sécurité qui devait finir par étouffer le bon docteur Allende.

Dans l'après-midi du 10 novembre 1971, un quadrimoteur soviétique atterrit sur le tarmac de l'aéroport Pudahuel de Santiago. En gage d'une amitié fraternelle, le président Allende gratifie son homologue cubain d'une forte accolade. Celui-ci avait désigné quelques mois plus tôt, en août, Tony de La Guardia pour étudier le périple qu'il devait réaliser au Chili. Le dirigeant cubain invité pour dix jours restera près d'un mois en visite officielle, du jamais vu pour un hôte d'Etat. Il avait auparavant réalisé une longue visite, un peu moins longue toutefois, dans le Pérou « révolutionnaire » du général progressiste Juan Velasco Alvarado.

Comme l'attestent plusieurs photos, il est souvent escorté par le chef de la garnison de Santiago du Chili : le général Augusto Pinochet, un militaire de haut rang apprécié par le président Allende qui le considère comme un militaire loyaliste au-dessus de tout soupçon.

Une visite qui se transforme en tournée personnelle pour Castro, qui ne rate pas une occasion de s'adresser au peuple chilien et de se faire ovationner par lui. Salvador Allende, lorsqu'il est présent, fait office de « vedette américaine ». En coulisses, Castro ne reste pas les bras croisés. Il multiplie les rencontres avec des responsables du Mouvement de la gauche révolutionnaire, le MIR, qu'il pousse à la lutte armée. « Au cours de l'interminable séjour de Fidel au Chili, se souvient Juan Vivés, furent recrutés des milliers de Chiliens qui ne savaient pas où ils mettaient les pieds. Moi-même j'avais entraîné avant la prise du pouvoir par Allende plusieurs Chiliens à l'espionnage photographique. Certains avaient pour mission de photographier jusqu'au dernier centimètre des bases militaires chiliennes, d'autres d'espionner les habitudes de vie des chefs militaires. Fidel préparait les bases de la prochaine guerre civile. »

Quelques mois plus tôt, Salvador Allende avait rétabli les relations diplomatiques avec Cuba en défiant les Etats-Unis qui avaient imposé aux gouvernements d'Amérique latine, à l'exception du Mexique, la rupture des relations avec l'île castriste, et avait accordé sous l'amicale pression de Fidel Castro une large amnistie aux prisonniers politiques. La mesure profita surtout aux militants gauchistes du MIR. Aussitôt libérés ils étaient pris en main par les agents cubains.

Lorsqu'il s'entretient avec eux, Fidel Castro leur fait croire que l'expérience de l'Unité populaire ne sera que de courte durée et que la seule solution face au danger de la réaction bourgeoise est de s'armer et d'armer la population en attendant le grand soir. Il cache à peine son scepticisme dans ses discours populaires.

« Les révolutions ne se votent pas, dit-il en substance, elles se font. Et elles se font les armes à la main car l'ennemi ne se laisse pas faire, et des armes il en a et n'hésitera pas à s'en servir. » Il enfonce le clou lors de son discours d'adieu prononcé dans le stade national de Santiago où trente mille personnes agitent des drapeaux rouge et noir aux couleurs du MIR et brandissent des banderoles aux slogans partisans : « Cuba n'est pas seule. En avant, Commandant ! » Mais Fidel Castro est déçu et même dépité : il espérait au moins cent mille sympathisants, un stade comble. Les Chiliens de gauche sans doute fatigués de sa présence quasi quotidienne sur les ondes radiophoniques et télévisuelles ont boudé la cérémonie. Salvador Allende lui non plus n'est pas venu, quelque peu agacé par l'omniprésence de son hôte à qui il lança avec ironie quelques jours plus tôt, comme pour répondre aux critiques des mouvements d'extrême gauche : « En un an nous en avons fait plus que la révolution cubaine dans le même laps de temps », ajoutant toutefois : « Il ne s'agit pas d'une remarque désobligeante à l'égard de Fidel Castro ! »

Contrarié, le *Líder Máximo* suggère au gouvernement chilien de prendre l'exemple des « comités de vigilance de chaque quartier » comme une démonstration efficace pour pousser le maximum de gens à un meeting.

« Les réformes radicales du gouvernement de l'Unité populaire ont déchaîné la colère et la résistance, hurle-t-il, comme dans tous les processus sociaux de changement, de la part des exploiteurs et des réactionnaires. Nous avons dit qu'il n'y a pas un seul cas dans l'histoire où les réactionnaires et les privilégiés d'un système social se résignent pacifiquement aux changements. »

Castro met donc en garde contre un coup d'Etat qui ne manquera pas d'arriver. N'ont-ils pas, lui et les siens, défendu les armes à la main le socialisme qu'ils venaient d'instaurer à Cuba ? Les prédateurs sont les mêmes, il les désigne d'un doigt accusateur, il les connaît, il a combattu l'invasion, l'infiltration, les actes terroristes. Lui sait, sous-entendu : pas Allende. Il faut donc que les Chiliens lui fassent confiance. En lui donnant cette tribune, Salvador Allende a l'air de se comporter comme un vassal à l'égard du numéro un cubain. Il a laissé, en tout cas, son invité tisser sa toile.

Dès son retour à La Havane, au cours d'un dîner de fin d'année où a été conviée l'élite politique cubaine, Fidel Castro commente la nature du régime chilien, le caractère de Salvador Allende et les perspectives d'un tel imbroglio. José Luis Llovio, un ancien agent du régime, rapporte ainsi ses paroles dans son ouvrage *Insider*[1] : « La consolidation du processus révolutionnaire chilien, dit-il, signifie aussi que le Chili sera un tremplin pour infiltrer nos idées en Argentine, au Brésil. Nos "amis" les *Yankees* le savent bien et ils feront tout, bien sûr, pour l'empêcher. Mais ils réussiront difficile-

---

1. José Luis Llovio Menéndez : *Insider : My Hidden Life as a Revolutionary in Cuba.* Toronto et New York, Bentham books, 1988.

ment. La révolution au Chili est irréversible et si le moment de combattre arrive nous lutterons avec le peuple chilien, nous encouragerons la guerre civile si nécessaire et nous parviendrons ainsi à notre but. Dans cette perspective notre pénétration du MIR est vitale. »

Fidel Castro quitte le Chili le 4 décembre 1971. Quelques années plus tard, Tony de La Guardia, en racontant le périple chilien de Castro à des amis, se mit à rire et dit : « Là-bas, il était comme un témoin de Jéhovah annonçant l'Apocalypse. »

En quelques semaines plusieurs agents de la Sécurité cubaine arrivent au Chili. Leur mission : infiltrer les organisations politiques comme le Mouvement d'action populaire unifiée, le MAPU, scission d'extrême gauche de la Démocratie chrétienne, et continuer de noyauter le MIR et les syndicats. La CIA, prévenue par l'un de ses agents à Cuba, tente d'avertir l'état-major de l'armée chilienne d'une opération organisée par les Cubains afin d'infiltrer tous les niveaux des forces armées, en donnant comme preuve que le corps d'investigation des carabiniers était déjà noyauté par la DGI cubaine afin d'accumuler des informations contre le haut commandement militaire.

En réalité, La Havane attendait le moment propice pour créer une crise interne au Chili afin de contraindre Allende à rompre avec la ligne constitutionnelle et proclamer un régime communiste *de facto* avec l'appui des forces paramilitaires du MIR et des groupes d'action chiliens procastristes. Cuba durant de nombreux mois tenta de persuader le gouvernement de l'Unité populaire de durcir ses positions et d'éliminer tous les éléments modérés qui en faisaient partie. « On estimait à vingt mille le nombre de travailleurs en armes en octobre 1972, ou en état de porter des armes ou en état d'en trouver, écrivait Régis Debray, c'est dire qu'il y a eu mobilisation et même militarisation[1]. » Au cours de nombreuses perquisitions opérées par l'armée, celle-ci découvre notamment dans les usines des stocks d'armes, des pistolets et des fusils-mitrailleurs d'origines russe, tchèque et hongroise.

Le *Líder Máximo* est un pragmatique en matière d'idéologie et de pratique politique. Il s'appuie sur ceux qui lui sont inconditionnellement fidèles. Il avait d'ailleurs une certaine expérience en la matière. La « révolution » nationaliste impulsée au même moment au Pérou par le général Juan Velasco Alvarado, qui était arrivé au

---

1. *Le Monde*, 22 septembre 1973.

pouvoir en 1968 par un coup d'Etat contre le gouvernement démocratique de Fernando Belaunde Terry, lui était entièrement dévouée et prenait un chemin anti-impérialiste. De même, le coup d'Etat effectué au Panama à la même période par le général Omar Torrijos contre le président Arnulfo Arias suivait un cours semblable. Malheureusement pour Castro, Velasco Alvarado fut renversé lui-même par un putsch, mené par une autre fraction de l'armée qui préféra ne pas aller plus avant dans l'affrontement avec les Etats-Unis, tandis qu'Omar Torrijos disparaissait dans un accident d'avion.

Plus tard, Hugo Chávez au Venezuela empruntera la même voie, revendiquant ouvertement l'exemple de ses aînés. Autrement dit, toute option était acceptable, sauf la voie pacifique au socialisme, trop timorée et surtout trop démocratique, que représentait Salvador Allende.

Au cours de ces années-là, d'ailleurs, tous les observateurs étaient conscients du fait que l'Unité populaire se trouvait en porte à faux face aux théories développées par le castrisme sur la nécessité de la lutte armée. Celui qui, dans son livre *Révolution dans la révolution ?*, avait systématisé le point de vue de la révolution cubaine, appelant au développement de la guérilla à travers l'établissement de *focos*, des foyers de guérilla rurale, Régis Debray, posait ouvertement le problème à Salvador Allende dès 1971 :

« Vous savez combien, dans le cadre de l'Amérique latine, votre image est utilisée pour l'opposer à celle de Fidel et à celle du Che[1]. »

Conscient de cette opposition, qui remettait en cause toute la stratégie élaborée par le castrisme sur la nécessité de la lutte armée en Amérique latine, Allende tentait d'atténuer les différences avec ses protecteurs cubains en élargissant le champ des possibilités révolutionnaires :

« La lutte révolutionnaire peut être le foyer guérillero, ce peut être la lutte insurrectionnelle urbaine, elle peut être la guerre du peuple, l'insurrection tout comme la voie électorale. Tout dépend du contenu que l'on donne à celle-ci[2]. »

Salvador Allende se rend en visite officielle en URSS en décembre 1972, dans l'intention de demander une aide économique aux Soviétiques afin de réorganiser les forces armées chiliennes. L'idée du président est de former, avec l'aide de Cuba, une alliance politique avec d'autres pays d'Amérique latine, et pouvoir en cas

---

1. Régis Debray : *Entretiens avec Allende sur la situation au Chili*. Paris, François Maspero, 1971, p. 147.
2. *Ibid.*

de nécessité affronter les Etats-Unis. Bien sûr, les Soviétiques n'auraient pas été mécontents d'étendre leur influence et de parrainer la coalition victorieuse qu'Allende avait réussi à forger entre les organisations de gauche pour la présenter comme un modèle de révolution marxiste parvenue au pouvoir par la voie non violente. Mais l'expérience était encore trop fragile et l'URSS, qui appuyait essentiellement le PC de Luis Corvalán, ne voyait pas d'un très bon œil l'influence des gauchistes du MIR auprès d'Allende. Celui-ci rentra pratiquement bredouille de son voyage en URSS. Au cours d'une escale à La Havane sur le chemin du retour, le président chilien garantit que les services secrets cubains pourraient utiliser le Chili comme base pour armer et entraîner les divers mouvements révolutionnaires du continent. Mais la dégradation de l'économie et l'incapacité du gouvernement à rétablir les équilibres, la pression des Cubains pour dissoudre le Parlement débouchent sur la désobéissance civile et des grèves à répétition, notamment chez les camionneurs, qui désorganisent tout le ravitaillement du pays.

Les Etats-Unis coupent les crédits au Chili, sauf ceux destinés à l'armée, tout en offrant des stages à ses officiers.

Salvador Allende, pressé par Fidel Castro pour qui une victoire par les urnes est un premier pas, non une fin, songe un moment au recours à l'insurrection pour aider son gouvernement. Mais ses réticences sont trop grandes, il préfère procéder par la voie légale.

Au cours des élections législatives de mars 1973, les partis de gauche ne font pourtant que limiter les dégâts. Ils obtiennent un peu plus de 43 % des sièges. Une simple bouffée d'oxygène qui prouvait, cependant, que l'expérience d'Allende était encore soutenue par une grande partie des Chiliens. La Démocratie chrétienne et la droite restaient largement majoritaires, mais elles n'avaient pas réussi à obtenir les deux tiers des députés, chiffre nécessaire pour pouvoir destituer le président Allende. Pourtant l'expérience de l'Unité populaire était de plus en plus contestée, au Parlement, dans la rue et surtout au sein même des forces armées. Il lui fallait, pour se maintenir au pouvoir et dominer son opposition, faire une pause dans les réformes sociales tout en continuant à donner au peuple des gages de son engagement à ses côtés, et surtout mettre les forces armées définitivement dans son camp. Mais les événements se précipitent : le signal d'alerte est la tentative de putsch du 29 juin 1973. Ce jour-là le régiment blindé numéro 2 se soulève et marche sur le palais présidentiel, provoquant ce que l'on a appelé le *tancazo*.

L'opération échoue grâce à l'habileté et la loyauté du général

Carlos Prats, commandant en chef de l'armée de terre. Salvador Allende associe alors les militaires loyalistes à la marche du gouvernement afin d'éviter toute nouvelle tentative de rébellion militaire.

Après ce premier coup d'Etat raté, la situation politique au Chili s'est, en effet, considérablement tendue. Chacun se prépare à l'affrontement. Pourtant, Salvador Allende n'entend pas se laisser détourner de la voie légale qu'il a choisie dès avant son accession au pouvoir, en dépit des critiques des mouvements d'extrême gauche soutenus par Cuba. Il effectue diverses tentatives de rapprochement avec la Démocratie chrétienne pour parvenir à une sorte d'unité nationale afin de faire face à la gravité de la situation.

Salvador Allende est pris entre deux tendances radicalement opposées et les Cubains sont contre toute tentative de conciliation. C'est alors qu'ils élaborent le « plan Z ». L'historien Emilio de la Cruz Hermosilla décrit longuement le « plan Z », qui avait pour but, selon lui, de « décapiter l'armée » au cours du traditionnel déjeuner offert à une cinquantaine d'officiers par le président de la République, tous les 19 septembre, jour des « gloires de la Patrie », dans son palais de la Moneda. Parallèlement, les « forces populaires », au cri de « Les fascistes au poteau ! », devaient se charger de neutraliser tous ceux qui étaient considérés comme des « ennemis du peuple »[1].

« Je considère qu'Allende a été davantage victime des Cubains que des Américains. » En langage à peine crypté, suffisamment clair pour qui voulait bien faire l'effort de le comprendre, Dariel Alarcón Ramírez (« Benigno »), l'ancien compagnon de Che Guevara, ami intime de la famille Allende, notamment du président et de sa fille aînée Beatriz, soulignait en 1997, dans son livre *Memorias de un soldado cubano. Vida y muerte de la revolución*[2], la participation décisive et trouble des services secrets cubains tout au long de l'expérience chilienne de l'Unité populaire. « Benigno » poursuivait :

« ... Dans le Chili d'Allende ceux qui commandaient, c'était de

---

1. Emilio de la Cruz Hermosilla : *El día que ardió la Moneda*. Madrid, Dyrsa, 1983, p. 17-23.
2. Bizarrement, dans la première édition du livre, paru en français en avril 1996 aux éditions Fayard, le témoignage de « Benigno » sur le Chili de l'Unité populaire est tout simplement inexistant. Il nous a fallu attendre la publication de l'édition espagnole (Barcelone, Tusquets, 1997) pour connaître ses réflexions sur ces faits. Nous traduisons donc à partir de cette version réalisée avec la collaboration d'Elizabeth Burgos.

fait les Cubains. Le département Amérique et une grande partie des Troupes spéciales se trouvaient au Chili à cette époque-là. Il y avait là les frères La Guardia, le noir Ulises Estrada, Juan Carretero. Cela ressemblait à une provocation. Les Américains, en voyant que la fille d'Allende s'était mariée avec un lieutenant de la DGI chargé des communications radio, qui était en même temps le deuxième responsable au sein de l'ambassade (le premier en réalité, car c'était un officier du ministère de l'Intérieur), devaient évidemment réagir.

« Au Chili, une bonne partie de l'appareil de sécurité d'Allende était cubaine, et là aussi le département Amérique et tous les autres ont tenté de prendre possession du pays. »

Ce furent là les prémices d'un coup d'Etat qui, plus de trente ans après sa réalisation, n'a pas fini de livrer tous ses secrets.

Les émissaires de Castro

C'est dans ce contexte qu'un mois après le *tancazo*, première tentative de putsch, Fidel Castro envoie une lettre à Allende. Il y écrit ceci :

« La Havane, 29 juillet 1973.
Cher Salvador,
Sous le prétexte de parler avec toi des questions relatives à la réunion des pays non-alignés, Carlos et Piñeiro effectuent un voyage à "celle-là". Leur véritable objectif est de s'informer de la situation auprès de toi et de t'offrir, comme toujours, notre entière coopération face aux difficultés et aux dangers qui font obstacle au processus et le menacent. Leur séjour sera très bref car ils ont ici de nombreuses obligations qu'ils ont laissées en suspens et, non sans sacrifier une partie de leur travail, nous avons décidé de leur faire faire ce voyage... »

Qui sont Carlos et Piñeiro ? Carlos, c'est Carlos Rafael Rodríguez, le numéro trois du régime après les frères Castro, ancien dirigeant du Parti socialiste populaire (PSP), le « vieux » parti communiste, ministre à la fois sous Batista (au cours du mandat démocratique de celui-ci, entre 1940 et 1944) et sous Castro. Manuel Piñeiro, quant à lui, n'est autre que le redoutable « Barbarroja », chef du département Amérique, la structure chargée de superviser les interventions cubaines, sous forme de guérillas ou de tentatives d'insurrection, dans l'ensemble de l'Amérique latine. La tête et le bras armé en quelque sorte, au plus haut niveau. Tous deux se rendent à « celle-là », la ville non désignée pour cause de langage codé, mais qui n'est autre que Santiago du Chili, avec une délégation d'une douzaine de personnes, Carlos Rafael Rodríguez, qui n'en était pas à son premier voyage, en qualité de « conseiller » politique, Piñeiro pour traiter des questions de sécurité.

Fidel Castro sent néanmoins qu'une délégation cubaine d'un si haut niveau peut éveiller des soupçons au sein d'une population qui se méfie, depuis son voyage-marathon, de la mainmise des Cubains sur l'Unité populaire, et surtout au sein des forces armées, jusque-là considérées comme une exception légaliste au sein d'un sous-continent en proie à des coups d'Etat militaires récurrents. Il lui faut donc trouver un « prétexte » qu'il énonce clairement : une réunion des pays non-alignés. Mais il définit le but de leur mission : la coopération sur tous les plans, y compris militaire (c'est le sens de la présence de Piñeiro).

Fidel Castro poursuit dans sa lettre :
« Je vois que vous vous trouvez maintenant confronté à la délicate question du dialogue avec la Démocratie chrétienne au milieu d'événements graves comme le brutal assassinat de ton aide de camp naval et la nouvelle grève des camionneurs. C'est pourquoi j'imagine la grande tension existante et tes désirs de gagner du temps, d'améliorer le rapport de forces au cas où la lutte éclaterait et, si c'est possible, de trouver un moyen qui permette de poursuivre le processus révolutionnaire sans guerre civile, tout en préservant ta responsabilité historique dans ce qui pourrait survenir. Ce sont là des propos louables... »

C'est ainsi que Castro analyse la situation au Chili après le sursis obtenu par l'Unité populaire aux élections législatives du mois de mars, et la détérioration accélérée de la situation qui allait aboutir au soulèvement militaire du 29 juin. Pour disposer d'une majorité politique, l'Unité populaire devait trouver un moyen d'entente avec la Démocratie chrétienne, dont seule la division avait permis l'élection à la présidence de Salvador Allende. C'était là la volonté de Salvador Allende, non seulement pour « gagner du temps » mais aussi pour réaliser effectivement sa doctrine de la voie pacifique au socialisme, à laquelle Castro ne croyait pas et qu'il avait tout fait pour saboter, car elle remettait en cause ses thèses sur la nécessité de la violence révolutionnaire et sa prédominance en Amérique latine.

Le premier août 1973, une réunion se tient au palais de la Moneda en présence des envoyés cubains et des principaux dirigeants de la gauche chilienne, parmi lesquels Luis Corvalán, le secrétaire général du Parti communiste, Juan Seoane, officiellement responsable de l'escorte du président, et certains responsables du MIR (Mouvement de la gauche révolutionnaire, non intégré à l'Unité populaire), dont le neveu du président, Andrés Pascal Allende. Elle dure six heures. Les Cubains ont pour objectif de convaincre Salvador Allende d'accepter de distribuer des armes aux milices en formation dans les quartiers populaires de la périphérie des grandes villes, particulièrement de Santiago. Allende, pour sa part, résiste à cette idée car il craint, à juste titre, de perdre la confiance d'une fraction encore fidèle des forces armées. Les envoyés très spéciaux de Fidel Castro, avec l'aide de leurs alliés du MIR et de la gauche du Parti socialiste, réussissent à lui forcer la main.

Les Cubains se chargent, dès lors, de procéder le plus vite possible à l'armement des milices. Un bateau de la marine cubaine, *Batalla de Jigüe*, bourré d'armes, arrive dans le port de Valparaíso quelques jours avant le 11 septembre 1973. Les membres de la délégation cubaine restés au Chili après le départ de Carlos Rafael Rodríguez et de Piñeiro montent à bord du bateau en attendant l'autorisation de décharger leur cargaison. Cette autorisation n'arrivera pas et le bateau cubain se verra contraint de prendre la fuite pour échapper aux coups de canon de la marine de guerre chilienne ce matin du 11 septembre 1973.

Curieusement, les intérêts américains et cubains coïncidaient dans la volonté de faire pièce à ce gouvernement d'Unité populaire : les Etats-Unis voulaient empêcher une deuxième expérience sur le modèle cubain qui aurait pu faire « tache d'huile » et s'étendre à d'autres pays d'Amérique latine, comme le craignait le secrétaire d'Etat du président Nixon, Henry Kissinger, tandis que Cuba ne voulait pas d'une option divergente de sa conception révolutionnaire.

Castro prend certaines précautions de langage vis-à-vis d'Allende tout en lui dictant le chemin à suivre. « Ce sont là des propos louables », dit-il. Dans ces mots, il y a à la fois de la condescendance et une profonde incrédulité quant à la possibilité de la réalisation effective de ces convictions. Aussitôt après, il donne ses consignes :

« Mais au cas où l'autre partie, dont nous ne pouvons pas évaluer d'ici les intentions réelles, insisterait pour adopter une politique perfide et irresponsable, exigeant de l'Unité populaire et de la Révolution un prix impossible à payer, ce qui est même assez probable, n'oublie pas une seule seconde la formidable force de la classe ouvrière chilienne et l'appui énergique qu'elle t'a apporté dans tous les moments difficiles ; elle peut, à un simple appel de toi face à la Révolution en danger, maintenir l'adhésion des hésitants, imposer ses conditions et décider une bonne fois pour toutes, s'il le faut, du destin du Chili. L'ennemi doit savoir que cette force ouvrière est disposée et prête à entrer en action. Sa puissance et sa combativité peuvent faire pencher la balance dans la capitale en ta faveur même si d'autres circonstances sont défavorables. »

Castro fait une distinction entre l'Unité populaire et la « Révolution », c'est-à-dire les groupes comme le MIR, le MAPU ou la gauche du Parti socialiste, proche des communistes, qui ne sont pas partie prenante de la stratégie mise au point par Salvador Allende et dont l'objectif est la création d'un « pouvoir populaire » capable d'impulser une radicalisation politique et sociale à l'extérieur du gouvernement, en dehors des structures légales.

Alors que l'objectif d'Allende est de rétablir des relations de partenariat avec la Démocratie chrétienne et avec les secteurs légalistes de l'armée chilienne, Castro, pour sa part, qualifie la politique de l'opposition de « perfide et irresponsable », prévoyant l'impossibilité de parvenir à un accord avec elle car celle-ci exigerait de l'Unité populaire un « prix impossible à payer », à savoir des concessions que lui-même considère comme « inacceptables ». Cette attitude étant assez « probable », selon lui, Allende doit s'engager dans une autre voie, celle de la radicalisation.

Après avoir analysé à sa manière la délicate situation politique, Fidel Castro se réfère à l'attitude personnelle de Salvador Allende :

« Ta décision de défendre le processus avec fermeté et avec honneur jusqu'au prix de ta propre vie, décision dont tout le monde sait que tu es capable de l'accomplir, entraînera à tes côtés toutes les forces en mesure de combattre et tous les hommes et femmes dignes du Chili. Ton courage, ta sérénité et ton audace à cette heure historique pour ta patrie et, surtout, ton commandement ferme, exercé de manière résolue et héroïque, constituent la clé de la situation. »

Fidel Castro fait ici preuve d'une clairvoyance extrême et d'une capacité de prémonition étonnante. « Jusqu'au prix de ta propre vie » : Salvador Allende devra lutter jusqu'à la mort. Il n'est pas question de se rendre devant l'ennemi. Il n'y a aucun compromis possible. L'héroïsme du président est planifié d'avance. Il devra s'y tenir. Il ne s'agit plus là d'une décision personnelle prise en conscience mais d'un acte politique qui ne pouvait souffrir la moindre entorse.

« Fais savoir à Carlos et à Manuel en quoi nous, tes loyaux amis cubains, nous pouvons coopérer. Je te réitère la tendresse et la confiance illimitée de notre peuple.

Fraternellement,
Fidel Castro. »

Cette coopération dont parle Castro est en fait une mainmise totale sur le processus politique chilien. La voie pacifique au socialisme est, pour Castro, un échec. Il a d'ailleurs tout fait pour la torpiller.

Mais, pour l'heure, les pressions américaines se font plus fortes, de nouvelles grèves éclatent dans tout le pays, même au sein des professions libérales. Le général Prats est contraint à la démission et Salvador Allende nomme à sa place Augusto Pinochet, en qui il a une confiance absolue.

Les agents cubains préviennent La Havane qu'un soulèvement militaire est imminent.

De son côté Salvador Allende a préparé un discours pour le 11 septembre afin d'annoncer un projet de référendum sur la poursuite des réformes dans le cadre de la voie légale. Il n'aura pas le temps de le prononcer...

Un général chilien à La Havane

Les rapports de Fidel Castro avec le fossoyeur de l'Unité populaire, le général Augusto Pinochet, un dictateur qui a imposé son pouvoir pendant dix-sept ans et qui symbolise encore aujourd'hui la plus noire période de barbarie en Amérique latine, celle des années 70, sont tout aussi troubles que ceux qu'il a entretenus avec Salvador Allende. Le Commandant en chef domine l'art de jouer sur deux tableaux.

Augusto Pinochet est considéré comme un militaire sans reproche lorsqu'il succède en août 1973 au général Carlos Prats au poste de commandant en chef de l'armée de terre, à la suite du *tancazo*. Carlos Prats sera assassiné, ainsi que son épouse Sofia Cuthbert, le 30 septembre 1974 à Buenos Aires au cours de l'« opération Condor » déclenchée par Pinochet. Le crime fut perpétré par Michael Vernon-Townley, un agent au service de la DINA. Carlos Prats s'était exilé en Argentine quelques jours après le putsch du 11 septembre 1973. Au début de cette même année, Pinochet semblait être le type même de l'officier loyaliste au sein d'une institution qui, à la différence des autres forces militaires d'Amérique latine, n'avait pas l'habitude de participer à des soulèvements contre les autorités civiles. C'était une armée à la prussienne, habituée à respecter au pied de la lettre les ordres de sa hiérarchie, relativement indépendante, aussi, des Etats-Unis. De plus, les unités de l'armée de terre étaient plus dociles que les unités aériennes et navales qui disposaient d'un armement américain et dont les officiers, formés dans les écoles de guerre des Etats-Unis, semblaient plus disposés à mettre fin à une expérience socialiste qu'ils jugeaient néfaste.

Le principal idéologue, la tête pensante, du coup d'Etat fut, d'ailleurs, le chef du corps aérien, le général Gustavo Leigh. Celui-ci sera postérieurement écarté du pouvoir par Pinochet.

Durant la longue tournée au Chili qu'effectua Castro en 1971 des photos de cette visite montrent Castro et Pinochet côte à côte. L'une d'elles fut prise le 10 novembre 1971. Elles furent généralement occultées après le coup d'Etat. Les deux hommes, le premier dans son traditionnel treillis vert olive, l'autre en uniforme d'apparat, effectuent le salut militaire au pied de la statue de Bernardo O'Higgins, le *Libertador* du Chili[1]. Le général Pinochet, qui n'était encore que le chef de la garnison militaire de Santiago, effectua à son tour une visite à Cuba, en compagnie de Salvador Allende. Mais il eut l'occasion de s'entretenir à plusieurs reprises, seul à seul, avec Fidel Castro, avec Raúl Castro, avec le président de la République Osvaldo Dorticós, ainsi qu'avec le chef de la Direction générale d'Intelligence (DGI), Manuel Piñeiro.

Le commandant en chef des Forces armées révolutionnaires et le futur commandant en chef de l'armée de terre chilienne déposèrent à cette occasion une gerbe devant le monument à José Martí, le père des guerres d'indépendance cubaines.

« Cet honneur n'était réservé qu'aux hommes en qui Fidel Castro

---

1. Le cliché fut publié dans *Cuba-Chile* (La Havane, 1972) puis repris par Alain Jaubert dans son ouvrage *Le Commissariat aux Archives. Les photos qui falsifient l'histoire* (Paris, Bernard Barrault, 1986, p. 164). Tout comme l'Union soviétique autrefois, le régime castriste possède un département spécialement chargé de retoucher les photos dérangeantes et, pour certaines d'entre elles, de les faire purement et simplement disparaître.

avait une confiance absolue et aux plus hauts dignitaires internationaux, commente Juan Vivés. C'est dire la nature des relations entre le régime castriste et le général Pinochet. Moi-même, j'ai rencontré Pinochet dans le hall de l'hôtel Habana Libre. Nous sommes ensuite allés dans un salon privé où nous avons discuté de la qualité de l'armement dont disposaient les Forces armées révolutionnaires. Celles-ci, en effet, avaient organisé spécialement pour lui des manœuvres militaires dans la province de Pinar del Río, un égard qui n'était pas réservé à n'importe qui. Au cours de notre conversation, Pinochet se montra impressionné par les torpilleurs garde-côtes soviétiques Komsomol, capables de lancer des missiles mer-mer d'une efficacité redoutable, ainsi que par d'autres torpilleurs de fabrication chinoise, les Piti, moins efficaces toutefois. Pinochet jouissait déjà d'une grande estime de la part de Piñeiro et de Fidel Castro en personne. Ce sont eux qui, un an plus tard, ont imposé à Salvador Allende la nomination de ce général, qu'ils pensaient manipulable, à la tête de l'armée de terre chilienne. »

Pinochet, homme de La Havane au Chili ? Au vu de la tournure que prirent les événements à partir du coup d'Etat du 11 septembre, l'affirmation peut paraître incongrue. En effet, le général putschiste a toujours été considéré comme l'instrument des Américains pour mettre fin à l'expérience de l'Unité populaire. Et pourtant...

Le journaliste William Valdés, qui à l'époque couvrait pour la télévision cubaine la visite de Salvador Allende sur l'île, a été témoin des réunions privées entre Pinochet et les plus hautes autorités de la révolution castriste : « J'étais là en tant que journaliste cubain. Allende était accompagné de militaires chiliens, parmi lesquels Augusto Pinochet était le plus courtisé[1]. » « Benigno » a eu connaissance, lui aussi, de ces rapports pour le moins étranges entre le futur putschiste et les services secrets cubains.

« J'ai eu l'impression que Fidel Castro avait connaissance de ce que le général Pinochet était en train de préparer. C'était assez confus dans ma tête.

« J'étais invité à la réception d'Allende à l'aéroport puis au dîner que lui offrit Fidel. C'est là que Salvador Allende m'a dit que je pouvais me rendre au Chili quand je le voudrais. Quelques mois après cette visite, Pinochet a été nommé à la tête de l'armée au Chili. Il s'était donc bien conclu quelque chose entre Pinochet, Piñeiro et Fidel Castro. C'est de Cuba qu'est partie cette décision.

---

1. Entretien avec les auteurs, Miami, mai 2004.

La marine chilienne a exprimé ouvertement son désaccord avec cette nomination. Auparavant, les Forces armées révolutionnaires de Cuba avaient effectivement organisé des manœuvres militaires à Pinar del Río en l'honneur de Pinochet. Salvador Allende n'assista pas à ces exercices, supervisés par Raúl Castro. J'y étais allé en compagnie de Miguel Enríquez, le principal dirigeant du Mouvement de la gauche révolutionnaire, qui se trouvait lui aussi à Cuba.

« Pinochet était un homme ambitieux, intelligent mais lâche. Fidel Castro pensait pouvoir l'utiliser comme une marionnette. Il lui a échappé des mains. A cette époque, j'ai entendu une conversation à son propos entre Manuel Piñeiro et un agent de la DGI, dont le pseudonyme était "Humberto", dans les bureaux du département Amérique. Pinochet était l'homme que les services secrets cubains avaient choisi pour prendre l'armée chilienne en main et Fidel Castro a appuyé la démarche car il savait parfaitement qu'une simple insurrection populaire sans l'appui d'une partie significative de l'armée de terre était vouée à l'échec.

« Le général Pinochet n'était pas le seul militaire chilien à avoir des contacts avec les services secrets cubains. Il y eut au cours de cette période plusieurs délégations militaires venues de Santiago ou de Valparaíso. De nombreux officiers chiliens se rendaient aussi en vacances à Cuba avec leur famille. Moi-même j'avais recruté un capitaine chilien du nom de Hernán Manrique Fengor. Celui-ci a permis, après le coup d'Etat, alors qu'il était chargé de la surveillance des frontières, de faire sortir de nombreux combattants chiliens de gauche.

« ("Benigno" insiste :) Fidel Castro préparait un coup d'Etat au Chili, dirigé par les Cubains et dont Pinochet était une clef. C'est sûr. J'ai appris plus tard qu'il s'agissait d'une opération nommée "plan Z". Pinochet, en fait, à la dernière minute s'est retourné contre Fidel et l'a trahi[1]. »

Le « plan Z »

Le président de la République de Cuba, Osvaldo Dorticós, envoya à son tour, en juillet 1973, une lettre officielle dictée par Castro au futur chef des putschistes chiliens, lui rappelant notamment la teneur des conversations qu'il avait eues avec les plus hauts responsables de la révolution. Une manière de faire pression sur le

---

1. Entretien avec les auteurs, Paris, janvier 2005.

militaire dont toutes les conversations qu'il avait eues à Cuba avaient été filmées et enregistrées, comme c'est l'habitude dans les services secrets cubains.

Les émissaires chargés de la lui faire parvenir n'étaient autres que Manuel Piñeiro et Carlos Rafael Rodríguez, ceux-là mêmes qui avaient été mandatés pour remettre au président Allende une autre missive de Fidel Castro, lui prodiguant un nombre abondant de conseils afin de faire face au soulèvement militaire qui se profilait.

En fait, Piñeiro et ses agents avaient commis une erreur de jugement sur Pinochet dont les conséquences allaient être fatales. L'homme était moins manipulable qu'il ne le laissa croire aux Cubains. Il comprit assez vite la manœuvre dont il était le centre et l'intérêt qu'il pouvait en tirer : lui, Augusto Pinochet, simple officier sorti du rang, pouvait grâce à Fidel Castro jouer le premier rôle. Une aubaine que son apparente candeur et sa rouerie allaient lui permettre d'obtenir. Sa position de commandant en chef de l'armée de terre allait lui conférer, dans tous les cas de figure, une situation de premier plan.

Amené dans les valises qui accompagnaient Manuel Piñeiro et Carlos Rafael Rodríguez, le « plan Z » visait à armer aussi vite que possible les hommes du MIR qui ne l'étaient pas encore, certains secteurs du Parti communiste et les organismes de « pouvoir populaire » contrôlés par l'extrême gauche, surtout dans les faubourgs de Santiago. Le plan envisageait également de liquider physiquement les officiers, essentiellement ceux des forces navales et aériennes, soupçonnés de ne pas vouloir se joindre au processus révolutionnaire ou pire de le contrecarrer. Mais cela ne suffisait pas. Les militaires ou, du moins, une partie d'entre eux devaient se joindre au mouvement. Dans l'intervalle, quelques jours avant le 11 septembre, des marins appartenant au MIR, en pleine préparation d'une rébellion, furent arrêtés par leurs supérieurs hiérarchiques et torturés. Certains avouèrent qu'une insurrection était sur le point d'éclater et que la population finissait de s'armer dans ce but. Fort de ces aveux, une enquête militaire fut menée promptement, dévoilant le jeu trouble d'Augusto Pinochet. Le haut commandement militaire, sans en avertir les Américains, décida de prendre les devants. Les chefs de l'aviation, de la marine et des carabiniers avaient déjà résolu de se soulever contre le gouvernement constitutionnel et de mettre Pinochet au pied du mur. Ce n'est, en effet, que deux jours avant le putsch, autrement dit au dernier moment, devant l'insistance des chefs des autres armes décidés à ce que ce soit le commandant en chef de l'armée de terre lui-même qui prenne la direction du coup d'Etat, que Pinochet, comprenant qu'il n'avait pas d'autre choix, se résolut à apparaître comme le déclencheur suprême du soulèvement contre le président Allende, trahissant du même coup Fidel Castro et son « plan Z ».

SIXIÈME PARTIE

QUI A TUÉ SALVADOR ALLENDE ?

Le président et ses gardes à la Moneda

Vers six heures ce matin-là, des sections séditieuses de la marine chilienne s'emparent du port de Valparaíso, à l'ouest de la capitale Santiago. Les radios n'émettent plus et l'armée de terre en ordre de bataille est prête à donner l'assaut au palais présidentiel. Salvador Allende est déjà réveillé lorsqu'à six heures vingt retentit la sonnerie du téléphone rue Tomás Moro, lieu de sa résidence privée. Les nouvelles sont graves. On lui annonce le soulèvement de la marine et l'imminence du coup d'Etat militaire. A son tour il appelle son ministre des Affaires étrangères, Orlando Letelier, et lui demande d'obtenir confirmation de ce qu'on vient de lui apprendre. Celui-ci confirme aussitôt : un mouvement de troupes parcourt les rues de Santiago.

Le président décide de se rendre sans tarder au palais de la Moneda où il arrive à sept heures trente, accompagné de ses aides de camp et de dix-neuf membres du GAP chargés de sa sécurité, la plupart des Cubains. Dans ce laps de temps, Orlando Letelier, qui a rejoint son ministère, est aussitôt fait prisonnier[1].

Quelques minutes plus tard, une section de carabiniers loyalistes prend position devant le palais à bord de véhicules blindés. José María Sepúlveda Galindo, responsable des carabiniers, rejoint Salvador Allende dans son bureau. Celui-ci, visiblement accablé, tente

---

1. Orlando Letelier sera victime le 21 septembre 1976 d'un attentat à la voiture piégée à Washington, où il s'était exilé, en compagnie de sa secrétaire Ronnie Moffit, un sabotage exécuté par des exilés cubains et ordonné par le chef des services secrets chiliens, la DINA, Manuel Contreras. Les Etats-Unis demanderont l'extradition de ce dernier au général Pinochet qui refusera d'accéder à la demande américaine, mais il devra néanmoins purger au Chili plusieurs années de prison du fait de cet assassinat.

de joindre par téléphone quelques-uns des généraux impliqués dans la sédition afin qu'on lui dise la vérité, une vérité qu'il n'arrive pas à croire. « Personne ne répond, dit-il, je pense qu'à cette heure-ci ils ont tous intégré la rébellion. » Pourtant il reste, à cette heure-là, encore convaincu de la loyauté de celui qu'il a nommé le 23 août 1973 à la tête de l'armée de terre : le général Augusto Pinochet, un franc-maçon comme lui, qui a toujours fait acte de soumission au gouvernement civil. Salvador Allende lui a confié comme mission d'être un véritable rempart contre les mouvements militaires ou paramilitaires incontrôlés qui se multiplient depuis le milieu de cette année 1973. Quatre jours avant le coup d'Etat, Augusto Pinochet avait habilement adressé un courrier au général Carlos Prats, qu'il avait remplacé et qu'il fera assassiner le 30 septembre 1974 dans son refuge argentin : « Celui qui vous a succédé à la tête de l'Armée de terre reste de manière inconditionnelle à vos ordres, tant sur le plan professionnel que personnel. » Deux jours plus tard, Pinochet entérine pourtant, après avoir longuement hésité, le plan imaginé par le général d'aviation Gustavo Leigh et accepte la date du 11 septembre pour marcher sur la Moneda. « Cela pourrait, craint-il, nous coûter la vie. » En fait, comme il le reconnaîtra plus tard, mais sans dire comment ni avec qui..., Augusto Pinochet complotait depuis dix-sept mois.

Parlant de Salvador Allende après le putsch, il déclarera cyniquement à des officiers qui l'ont rapporté : « Ce con a eu confiance en moi jusqu'au bout. »

Salvador Allende n'a, en effet, jamais pensé que Pinochet aurait pu le trahir. Il l'exprime à haute voix devant son ministre de l'Agriculture, José Tohá, présent à la Moneda, puis le répète à sept heures cinquante-cinq sur les ondes de Radio Magallanes, la seule radio à laquelle il continue d'avoir accès. Le « plan silence », mis au point par les généraux félons, a fait taire toutes les autres, réduit à l'écran noir les chaînes de télévision proches du pouvoir et placé tous les moyens de communication du pays sous leur contrôle.

Le coup d'Etat, qui avait commencé dans la nuit, se déroulait selon un minutage strict. Dans une note adressée au National Security Council, trois semaines plus tard, Patrick Ryan, le lieutenant-colonel responsable des *marines* à l'ambassade américaine de Santiago, donne les détails suivants : « Le coup d'Etat fut proche de la perfection. Le plan d'origine prévoyait que le président Allende serait retenu chez lui sans possibilité de communiquer jusqu'à ce que le coup d'Etat soit un fait accompli. Un délai dans l'heure H à Santiago a permis à Allende d'être alerté et de se ruer à la Moneda où il a eu accès à des équipements de communication radio qui lui ont permis d'appeler personnellement les étudiants et ouvriers à venir au palais présidentiel défendre le gouvernement contre les forces armées. »

Il était huit heures trente. L'armée avait bloqué toutes les routes d'accès à Santiago. A l'intérieur de la capitale, les contrôles étaient très rigoureux. Ceux qui dans la rue ne portaient pas le pull de la couleur convenue par les militaires putschistes couraient un grand risque de se faire abattre sans sommation. Allende réussit à diffuser deux appels au secours. Le premier, à huit heures trente, donc, fut lancé d'une voix forte et confiante pour mobiliser étudiants et travailleurs : « Je suis ici pour défendre le gouvernement que je représente pour l'avenir du peuple. Je suis en alerte et vigilant (...). J'attends que les soldats du Chili répondent positivement pour défendre les lois et la Constitution. Les travailleurs doivent se rendre sur leurs lieux de travail et attendre de nouvelles instructions. » Peu après, Salvador Allende, installé au deuxième étage du palais, suit minute par minute le développement de la situation. Il appelle au téléphone Rolando Calderón, secrétaire général de la Centrale unitaire des travailleurs, la CUT, et Hernán del Canto, membre du Comité central du Parti socialiste, et leur dit : « Les leaders des partis doivent faire leur devoir, je ferai le mien[1] ! »

Mais le *black out* imposé aux médias empêchera ces hommes de lancer un appel à leurs militants. En revanche, vers huit heures quarante, la Junte militaire s'adresse aux Chiliens sur les ondes de la station Radio Agricultura, un message capté à la Moneda : « Considérant, premièrement, la grave crise sociale et morale que rencontre le pays, deuxièmement, l'incapacité du gouvernement à contrôler le chaos, troisièmement, le développement constant de groupes paramilitaires entraînés par les partis de l'Unité populaire qui conduira le peuple chilien vers une inévitable guerre civile, les Forces armées et les Carabiniers ont décidé : (...) que le président de la République du Chili devait quitter son poste immédiatement et le remettre entre les mains des Forces armées et des Carabiniers du Chili (...) Signé : Augusto Pinochet Ugarte, Commandant en chef de l'Armée de terre ; José Toribio Merino, Commandant en chef de la Marine ; Gustavo Leigh, Commandant en chef de l'Aviation, et César Mendoza Durán, Directeur général des Carabiniers. »

---

1. Óscar Soto : *El último día de Salvador Allende*. Madrid, El País Ediciones, 1998.

Le message fut largement diffusé d'un bout à l'autre du pays et parvint à toutes les unités des forces armées ainsi qu'aux écoles militaires. Dès la fin de ce message radiophonique, les véhicules blindés des carabiniers qui protégeaient le palais présidentiel abandonnèrent leurs positions.

Dans son bureau, Salvador Allende écoute ses trois aides de camp, Roberto Sánchez, Jorge Grez et Sergio Badiola, lui exposer la proposition de la Junte : celle-ci accepte de mettre à sa disposition un avion pour quitter le pays, lui et sa famille, après une reddition sans conditions. Il s'agit en réalité d'un piège tendu par les militaires et confirmé après la découverte des enregistrements des communications entre les putschistes Augusto Pinochet et l'amiral Patricio Carvajal. Ce dernier dit : « On le fait prisonnier sans conditions et on lui offre, disons, la vie sauve. » Réponse de Pinochet : « ...La vie sauve et son intégrité physique. Puis on l'emmène ailleurs immédiatement. Nous maintenons l'offre de lui faire quitter le pays. Mais, ajoute Pinochet en éclatant de rire, l'avion tombera en vol. » Allende refuse catégoriquement : « Les forces armées, dit-il, ont rompu avec leur tradition. Je ne me rendrai pas, je ne me résignerai pas ! » Aussitôt le président relève ses aides de camp de leurs fonctions et leur laisse le choix de retourner dans leur corps d'origine.

Vers neuf heures dix, Salvador Allende s'adresse une seconde fois sur Radio Magallanes à la nation chilienne : « C'est sûrement la dernière fois que je pourrai m'adresser à vous (...). Je ne vais pas renoncer. En ce moment historique, je paierai de ma vie la loyauté au peuple (...). Radio Magallanes sera bientôt réduite au silence et le ton de ma voix ne vous parviendra plus. Cela ne fait rien. Vous continuerez à m'entendre. Vous vous souviendrez de moi comme d'un homme digne qui fut loyal à sa patrie (...). Sachez que, tôt ou tard, s'ouvriront à nouveau les grandes avenues par où passera l'homme libre pour construire une société meilleure (...). J'ai la certitude que mon sacrifice ne sera pas vain. Je suis sûr qu'il y aura une sanction morale qui punira la félonie, la lâcheté et la trahison. »

Ce sera sa dernière intervention, devenue légendaire, son testament politique en quelque sorte. L'armée de l'air, qui avait repéré l'antenne, la fait sauter. Il est environ dix heures quinze.

Quelques instants plus tard, les tanks du 2e régiment blindé, sous le commandement du général Javier Palacios, prennent position autour de la place de la Constitution en pointant leurs canons sur le bâtiment présidentiel. Seuls demeurent aux côtés de Salvador Allende, à l'intérieur du palais, ses plus proches collaborateurs et les membres de sa garde personnelle, dont la plupart sont cubains.

Le président ne connaît de ceux-ci que leurs prénoms : Joel, Flavio, Arturo, Alejandro, Rogelio. Et encore... Car ce ne sont là que des pseudonymes de membres de la Sécurité de l'Etat spécialement destinés à la protection de personnalités « amies »[1]. Les allées et venues des membres de la sécurité du président, sous la direction de Patricio de La Guardia, entre le palais de la Moneda et l'ambassade de Cuba toute proche sont constantes jusqu'à environ onze heures du matin.

Avec sept autres membres du GAP, Manuel Cortés a, lui, pour mission d'être prêt à l'éventualité de l'évacuation du président. L'homme se tient à proximité de la Moneda, au ministère des Travaux publics, décidé avec ses hommes à organiser en trombe le départ en voiture de Salvador Allende au cas où celui-ci accepterait de quitter le palais pour organiser la résistance de l'extérieur.

« Il y eut un premier cessez-le-feu, se souvient Manuel Cortés. Le président avait d'abord accepté de partir, puis apparemment il s'est ravisé. Notre plan était de l'amener dans les quartiers populaires de la périphérie de Santiago. Là-bas, il y avait des armes et nous pensions que le président aurait pu organiser la résistance[2]. »

Pendant ce temps, dans le port de Valparaíso, le navire cubain *Batalla de Jigüe*, encore chargé d'armes destinées aux militants du MIR, vient d'appareiller précipitamment pour quitter le port. La marine chilienne tente de l'intercepter avant qu'il ne gagne la haute mer, mais les salves de ses canons ne l'atteignent pas.

Le rapport de forces est désormais très largement en faveur des putschistes.

A l'intérieur de la Moneda, il reste environ une centaine d'hommes, la plupart sont cubains. Ils disposent, en dehors de fusils légers M-16 et AK-47, de trois bazookas et de cinq mitraillettes de calibre 30. A l'extérieur, d'autres Cubains ont pris position sur les toits alentour.

Selon le général Sergio Arellano Stark, qui les surveille depuis le ministère de la Défense, les plus nombreux se trouvent sur les toits des immeubles d'Entel et de la State Bank, du journal *Clarín*, du building España et du Théâtre intercontinental. Les tanks Sherman les pilonnent sans cesse. Les soldats de l'Ecole des jeunes officiers se déploient à l'est du palais présidentiel, tandis que le régiment Tacna arrive par le sud, couvert par l'aviation et les hélicoptères.

---

1. Emilio de la Cruz Hermosilla : *op. cit.*, p. 143.
2. Entretien téléphonique avec les auteurs, depuis Santiago du Chili, avril 2004.

Il est presque midi. Les combats continuent de faire rage : des balles de tous calibres frappent la façade de la Moneda, faisant voler en éclats les vitres des fenêtres et détruisant tout le mobilier intérieur. Salvador Allende ordonne à ceux qui sont encore avec lui de se réfugier derrière les murs épais des bureaux. Aidé du feu nourri de la mitrailleuse d'un hélicoptère Puma, les troupes du général Palacios et leurs tanks brisent la résistance des francs-tireurs placés aux derniers étages des immeubles et sur les balcons.

Cependant, plusieurs cessez-le-feu eurent lieu ce matin-là autour du palais présidentiel. Vers onze heures, une délégation de fidèles de Salvador Allende se rendit, drapeau blanc en main, au ministère de la Défense pour, selon Manuel Cortés, demander la reddition des putschistes.

Les militaires hilares réitérèrent leurs exigences : l'abdication immédiate et sans conditions du président Allende. Mais ce dernier pensait qu'il lui restait peut-être une dernière carte à jouer : s'il acceptait de mettre fin à l'influence castriste au Chili en chassant les Cubains du pays, il pouvait satisfaire une vieille exigence de l'armée. Juan F. Benemelis, historien exilé, ancien membre des services secrets cubains, estime lui aussi que la « voie chilienne » était détournée de son sens : « Il y avait eu des critiques au sein du Parti socialiste contre Allende, en raison de la présence des Cubains. Son secrétaire général, Carlos Altamirano, n'était pas d'accord avec une telle présence qui ne correspondait pas à la psychologie des Chiliens, même si les aspirations politiques semblaient les mêmes. Salvador Allende était encore tributaire d'un marxisme romantique[1]. »

Cet espoir était vain, il était déjà trop tard.

Sur les ondes le général Leigh annonce que l'ordre a été donné aux avions Hawker-Hunter de bombarder la façade de la Moneda. De son côté, l'amiral Carvajal négocie au téléphone avec José Tohá. Celui-ci demande un délai supplémentaire afin de terminer l'évacuation de l'édifice assiégé, pour faire sortir les femmes encore présentes ainsi que Beatriz et Isabel, les deux filles de Salvador Allende.

Vers treize heures trente, les avions commencent à déverser leurs bombes sur le palais dans un bruit d'enfer durant près de vingt minutes. Lorsque les bombardements cessent enfin, la partie centrale de la Moneda est ravagée par les flammes. Depuis des hélicoptères, d'autres bombes chargées de gaz sont projetées à l'intérieur

---

1. Entretien avec les auteurs, Miami, mai 2004.

du bâtiment. L'atmosphère est irrespirable. Retranchés derrière les chenilles des tanks, les fantassins reprennent leur progression et parviennent assez vite devant la porte centrale du palais. Là, une vingtaine d'hommes la fracturent avant de la franchir.

Salvador Allende se trouve encore au deuxième étage avec quelques compagnons. Lorsqu'il comprend que le rez-de-chaussée est sur le point d'être investi par les putschistes, il donne ordre aux derniers présents de quitter les lieux sans perdre une seconde. « Abandonnez vos armes et partez ! » leur crie-t-il.

Mort au combat ou suicide ?

Jorge Timossi, correspondant de l'agence officielle cubaine Prensa Latina à Santiago, a assisté au coup d'Etat avant de rentrer, précipitamment, à La Havane deux jours plus tard. Son témoignage, publié dans de nombreux journaux, dont *Le Monde* daté du 22 septembre 1973, confirme l'idée que Salvador Allende, tout en exprimant à l'opinion sa volonté de se sacrifier, a tenté de négocier jusqu'au bout avec la direction de la Junte militaire.

« A treize heures cinquante-deux, écrit Timossi, je reçois un appel du palais. C'est Jaime Barrios, conseiller économique du président, qui se bat depuis une des fenêtres du devant de l'immeuble. Il me dit : "Nous irons jusqu'au bout. Allende est en train de tirer avec une mitraillette. Ici, c'est l'enfer et la fumée nous étouffe. Augusto Olivares (surnommé *el Perro*, journaliste proche de Salvador Allende) est mort. Le président a envoyé Fernando Flores (secrétaire général du gouvernement) et Daniel Vergara (sous-secrétaire à l'Intérieur) pour parlementer. Il exige une garantie pour la classe ouvrière et les conquêtes sociales, et décidera de ce qu'il fait, une fois cette garantie obtenue." »

Cela signifierait que les communications téléphoniques n'étaient pas coupées avec la Moneda et que, malgré l'évidence que tout était perdu, le président envisageait l'idée de se rendre aux militaires s'ils acceptaient ses conditions.

« C'est la dernière information que j'ai eue de Jaime Barrios, poursuit Jorge Timossi, Flores et Vergara ont été faits prisonniers par les militaires putschistes. » Peu de temps auparavant, le correspondant de Prensa Latina apprend par des agents cubains passés à la résistance qu'au moment de dire adieu au président, sa fille Beatriz, « une auxiliaire de première ligne », précise-t-il, refuse de quitter le palais. « Je sais qu'il a fallu la supplier et la forcer pour qu'elle accepte finalement de sortir avec trois autres collaboratrices, parmi lesquelles Frida Modak, directrice de presse de la présidence, et l'épouse de Jaime Barrios. Je sais également que Beatriz Allende, arrivée à soixante mètres de la Moneda, se cacha dans une cage d'escalier d'immeuble en attendant de pouvoir revenir au palais. » Beatriz ne put retourner à la Moneda rejoindre son père, l'assaut venait d'être donné. Elle fut obligée de se rendre au plus vite par des chemins détournés à l'ambassade de Cuba et d'attendre les nouvelles. « Parvenue à l'ambassade cubaine Beatriz demanda où se trouvait Patricio de La Guardia qui était censé protéger son père, rapporte Juan Vivés. On lui répondit qu'il devait se trouver devant l'ambassadeur de Suède qui avait accepté d'aider le président chilien et de lui octroyer, à sa demande, l'asile politique. Lorsqu'elle apprit que Patricio était seul, Beatriz comprit qu'il avait abandonné son père et piqua une crise de nerfs. Il fallut, me confia Ulises Estrada, chargé de défendre l'ambassade cubaine, qu'on lui injecte un calmant pour la maîtriser ! »

Selon une version aujourd'hui très répandue, le président Salvador Allende accablé pénètre dans son bureau, s'assoit sur le siège présidentiel, place son fusil-mitrailleur AK-47 entre ses jambes et se tire deux balles sous le menton. Deux balles qui mettent fin à la vie du président socialiste chilien. Suicide ? Les derniers hommes ont quitté le navire, la Moneda est déserte. Pourtant, l'un de ses médecins, Patricio Guijón, affirmera avoir vu le président se suicider. Malgré ce témoignage tardif, le doute est permis. Jorge Timossi donne des informations étonnamment précises sur l'heure exacte de la mort du président chilien :

« Salvador Allende, qui a combattu avec un fusil-mitrailleur et un casque en acier, baignait dans une mare de sang, étendu sur le tapis de son bureau. Il est mort entre treize heures cinquante et quatorze heures quinze. Ce temps est délimité avec précision : il est mort après avoir envoyé Flores et Vergara parlementer, après que ceux-ci eurent été faits prisonniers, et avant que les militaires n'occupent le palais, ou au moment où ils entrèrent. La Junte militaire n'a pas osé informer l'opinion publique immédiatement et attendit une journée. »

Timossi, cependant, semblerait suggérer dans son témoignage que Salvador Allende est mort au combat. D'autant que, toujours selon lui, d'autres collaborateurs du président seraient morts dans les mêmes conditions, notamment Augusto Olivares, *el Perro* – dont on dira plus tard qu'il s'est lui aussi suicidé –, Aníbal Palma, ancien secrétaire général du gouvernement, et aussi Miria Contreras, *la Payita*, la plus intime collaboratrice d'Allende.

A propos de celle-ci, il donne les détails suivants : « J'ajoute que lorsque les militaires entrèrent dans le palais, Miria Contreras, secrétaire du président, tomba grièvement blessée. Dans la nuit du mercredi, j'ai appris qu'elle était opérée en urgence dans un hôpital militaire. Elle pourrait être une clef pour savoir ce qui s'est passé lorsque les militaires fascistes envahirent les lieux. Et pour cette raison, il était facile de supposer qu'elle ne survivrait pas à ses blessures. »

La Payita est toujours en vie. Mais elle refuse de dire ce qu'elle sait sur les circonstances de la mort de Salvador Allende.

L'article de Timossi servira de base à toutes les versions diffusées depuis Cuba à travers le monde. A l'occasion du trentième anniversaire du coup d'Etat, en 2003, Timossi est revenu sur les circonstances de la fin du président chilien : il continue à défendre la thèse de la mort au combat.

Lorsque le général putschiste Palacios arrive sur les lieux avec quelques soldats, Salvador Allende est mort depuis déjà plusieurs minutes. Palacios le constate et ordonne que l'on bloque la porte du bureau où gît le corps du président. Il adresse ensuite un court message aux généraux rassemblés au ministère de la Défense : « Mission accomplie. La Moneda est prise. Le président est mort. »

Du palais présidentiel, des pompiers sortent sur un brancard un corps enveloppé dans une couverture traditionnelle colombienne. Depuis le ministère des Travaux publics, où il est toujours retranché, Manuel Cortés l'aperçoit. « J'ai tout de suite su que c'était lui. J'ai reconnu Salvador Allende aux semelles en caoutchouc de ses chaussures. A ce moment-là, j'ai compris que notre mission était terminée, et je me suis effondré. »

Le suicide selon la Junte

Le lendemain, un communiqué officiel de la Junte militaire chilienne annonce le suicide et l'inhumation du président Allende. Il est suivi d'un bref commentaire :

« 1/ Hier mardi, à 13h 09, Salvador Allende a offert sa reddition inconditionnelle aux forces militaires.

2/ A cet effet, une patrouille a été immédiatement envoyée au palais de la Moneda, d'où elle a été repoussée par des tirs de francs-tireurs, postés notamment au ministère des Travaux publics, qui prétendaient l'intercepter.

3/ En pénétrant dans le palais de la Moneda, cette patrouille y a trouvé le cadavre de M. Allende.

4/ Le corps a été transporté à l'hôpital militaire où une commission médicale composée des chefs des services sanitaires des Forces armées et des Carabiniers, assistés d'un médecin légiste, a constaté le décès et conclu au suicide.

Le 12 septembre à midi, des funérailles privées ont eu lieu en présence de la famille.

Signé : Junte de gouvernement militaire. »

Les dirigeants putschistes n'ont aucun intérêt à laisser se propager la version d'un président assassiné par les assaillants de la Moneda. Face à l'opinion publique mondiale, la version du suicide est la seule acceptable. Celle-ci n'est constatée, selon le communiqué, qu'une fois le corps d'Allende transporté à l'hôpital militaire. Un autre élément retient l'attention dans ce communiqué. La Junte y affirme que le président avait l'intention de négocier et de se rendre.

Les doutes de la presse

Dans son édition du 14 septembre 1973, *Le Monde* publie le commentaire suivant :

« Selon l'envoyée spéciale de l'AFP à Mendoza, à la frontière argentino-chilienne, on assurait, mercredi soir, selon des personnes actuellement dans la clandestinité à Santiago qui furent très proches de l'ex-chef de l'Etat chilien, que celui-ci avait été tué par les premiers militaires qui pénétrèrent dans le palais alors qu'il avait pris la tête de la résistance, casqué et une arme à la main. »

Une semaine plus tard *Le Monde*, daté du 21 septembre 1973, doute également de la version du suicide de Salvador Allende donnée par la Junte militaire, et reprend l'hypothèse de la mort au combat du président, ainsi que du *Perro* Olivares :

« On comprenait mal que l'ancien chef d'Etat ait mis fin à ses jours alors que la plupart de ses collaborateurs restés à ses côtés, à commencer par le journaliste Augusto Olivares, son conseiller de presse, avaient été, semble-t-il, tués par les premiers soldats entrés dans la Moneda en flammes le mardi 11 septembre. Une radio favorable à la junte avait, la semaine dernière, exalté le geste d'un capitaine nommé Garrido ou Gallardo, entré à la Moneda, et qui avait blessé, puis tué, le président Allende (...). Les déclarations faites à Mexico par la fille de Salvador Allende vont dans le même sens et contredisent sérieusement la thèse des militaires, dont il est encore difficile de dire s'ils ont donné l'ordre de tuer le président ou s'ils se sont contentés de "couvrir" l'initiative d'un officier. »

Le correspondant du *Monde* à Mexico reprenait en fait les déclarations de la fille cadette d'Allende, Isabel, qui affirmait : « Mon père ne s'est pas suicidé. Il est mort en combattant. (...) Ceux qui sont restés jusqu'au bout auprès de lui me l'ont dit. (...) Il est mort touché par une rafale de cinq balles. » Le journaliste poursuit : « La fille de Salvador Allende a ajouté que si sa mère avait d'abord accepté la version du suicide, c'est qu'elle n'était pas informée. » Isabel Allende conclut : « Mais maintenant elle sait la vérité. »

Le moins que l'on puisse dire, c'est que la confusion régnait au sein même de la famille du président. Les unes et les autres voudraient se convaincre mutuellement de la thèse de la mort au combat. Trente ans plus tard, Isabel Allende, devenue présidente du Sénat au Chili, déclara qu'elle pensait désormais que son père s'était suicidé. Dans un entretien au quotidien chilien *El Mercurio*, elle explique : « J'avoue que, jusqu'en 1990, je n'en étais pas sûre. »

La « vérité » a considérablement évolué avec le temps. Au lendemain du coup d'Etat Beatriz, la fille aînée d'Allende, partit pour Cuba. Elle défendit la thèse du suicide comme les autres membres de sa famille. Elle n'aura jamais l'occasion de revenir sur la question. Elle mourra à Cuba peu de temps après, au cours de l'été 1974.

Mais il existe une troisième version, donnée par plusieurs agences de presse, dont l'Agence France Presse, le 12 septembre 1973, reprise dans un simple paragraphe le lendemain par *Le Monde* :

« Selon des sources de la droite chilienne, le président Allende a été tué par sa garde personnelle au moment où il demandait cinq minutes de cessez-le-feu pour se rendre aux militaires alors sur le point d'entrer dans le palais de la Moneda. »

Cette hypothèse est immédiatement enterrée. Elle ne convient à personne : ni à l'entourage de Salvador Allende, ni à la gauche chilienne et ses amis à l'extérieur, ni même aux militaires, et surtout pas à Fidel Castro...

Le récit épique de Castro

C'est, bien sûr, la thèse de la mort au combat que défendra le 28 septembre de la même année Fidel Castro devant « un million » de Cubains massés place de la Révolution à La Havane, et en présence de Beatriz Allende, qui déclare :

« Le peuple cubain, bien sûr, connaît la réalité mais, dans beaucoup d'autres pays, la campagne de mensonges diffusés par la Junte fasciste et repris par les agences de l'impérialisme américain prétend dresser un rideau de fumée sur les faits survenus à la Moneda, la tranchée de combat du président Allende.

« Je viens vous confirmer que le président du Chili a combattu jusqu'à la fin les armes à la main. Qu'il a défendu jusqu'à son dernier souffle le mandat que son peuple lui avait confié, la cause de la révolution chilienne, la cause du socialisme.

« Le président Salvador Allende est tombé sous les balles ennemies comme un soldat de la Révolution, sans concessions d'aucune sorte (...). »

Après le discours de Beatriz Allende, à qui il avait courtoisement laissé la parole en première partie, le Commandant en chef conclut, comme à son habitude :

« C'est alors que se produit une des plus grandes prouesses du président. Tandis que le palais est en flammes, il rampe jusqu'à son cabinet qui se trouve face à la place de la Constitution, il s'empare, personnellement, d'un bazooka, le dirige contre un tank situé rue Morandé qui tire furieusement contre le palais et le met hors de combat d'un impact direct. »

Voilà déjà dix-sept jours que Salvador Allende est mort, dix-sept jours que la thèse du suicide est évoquée par les médias, mais Castro veut qu'Allende soit mort en combattant. Un suicide n'est pas un exemple à suivre. Pour que le révolutionnaire Allende devienne un mythe, un martyr, il faut qu'il soit mort en héros, les armes à la main contre les militaires fascistes. Est-il besoin de préciser qu'aucun tank de l'armée chilienne n'a été touché par un obus de bazooka ?

Castro fournit alors des détails d'un réalisme saisissant sur les derniers instants de Salvador Allende :

« Le président se trouvait, avec plusieurs de ses camarades, dans un coin du Salon rouge. Avançant vers l'endroit par où avaient pénétré les fascistes, il reçoit une balle dans l'estomac qui l'oblige à se tordre de douleur, mais il ne cesse de lutter, prenant appui sur un fauteuil, il continue à tirer sur les fascistes à quelques mètres de distance, jusqu'à ce qu'une deuxième balle le fasse s'écrouler et, une fois moribond, il est criblé de balles.

« Voyant tomber le président, des membres de sa garde personnelle contre-attaquent énergiquement et repoussent à nouveau les fascistes jusqu'à l'escalier principal. Il se produit, alors, en plein milieu du combat, un geste d'une insolite dignité : les membres de sa garde personnelle soulèvent le corps du président, l'assoient sur le fauteuil présidentiel et le recouvrent d'un drapeau chilien. »

Ce geste de « dignité » paraît pour le moins étrange en plein milieu d'une bataille qui fait rage, de la part d'hommes – Castro ne le dit pas – pratiquement tous cubains, aux ordres de Patricio de La Guardia, qui sont censés vendre chèrement leur peau. Cependant, il a bien eu lieu, mais pas dans les conditions décrites par le Commandant en chef...

Le récit de la mort d'Allende par Castro a été soigneusement élaboré, au cas où des esprits malintentionnés s'aviseraient de mettre en doute la version de la mort au combat ou celle du suicide.

A l'intention de ceux qui pourraient continuer à défendre cette seconde thèse, Castro ajoute à la fin de son discours :

« Mais même si Allende, grièvement blessé, pour ne pas tomber entre les mains ennemies, avait retourné son arme contre lui, ce ne serait pas un manque de témérité mais, au contraire, cela aurait constitué un geste d'un courage extraordinaire... »

Plus encore, le leader cubain s'invite dans la tragédie de Salvador Allende. C'est lui, Fidel Castro, qui lui avait offert le fusil avec lequel il a combattu :

« Combien il était juste et prémonitoire que nous ayons offert ce fusil au président. Jamais un fusil ne fut empoigné par des mains si héroïques, celles d'un président constitutionnel légitime de son peuple ! Et jamais un fusil ne défendit mieux la cause des humbles, la cause des travailleurs et des paysans chiliens. Si chaque travailleur et chaque paysan avaient tenu un fusil comme celui-ci dans leurs mains, il n'y aurait pas eu de coup d'Etat fasciste ! »

Ce discours du 28 septembre 1973 donnait le ton à tous les affidés du castrisme. Même approche dans l'article « La vraie mort d'un président » que publie Gabriel García Márquez, intime de Castro. Il s'agit de faire un sort à toutes les versions qui pourraient desservir la cause de la révolution et les actes du *Líder Máximo*.

Mais, à force de vouloir que les déclarations concordent, des détails les contredisent. García Márquez, par exemple, indique que c'est à quatre heures de l'après-midi que le général Palacios pénètre à la Moneda avec un groupe d'officiers, soit deux heures après la chronologie confirmée par l'ensemble des témoins.

Une photo du cadavre

Pendant près de dix ans, la thèse « héroïque » s'est imposée, d'autant que les putschistes se sont distingués par la brutalité de la répression menée contre l'ensemble du peuple chilien. Puis, devant l'accumulation des témoignages infirmant la possibilité de l'assassinat par les militaires, c'est la version du suicide qui refit surface. Pourtant, le doute persiste, surtout chez les partisans les plus fervents d'Allende. Manuel Cortés, pour sa part, rejette toujours cette hypothèse.

« Je n'ai jamais cru au suicide du président Allende, dit-il. Je ne crois pas non plus le docteur Patricio Guijón qui dit avoir vu le président se suicider, alors qu'il se trouvait seul au deuxième étage. Le président n'était jamais seul. Il était toujours accompagné par deux ou trois hommes... » Manuel Cortés martèle l'idée que les militaires l'ont assassiné et qu'ils ont déguisé le meurtre en suicide. Mais Cortés ne se trouvait pas à l'intérieur de la Moneda et il ne peut donc être formel.

« En même temps qu'ils attaquaient la Moneda, se souvient Manuel Cortés, les militaires encerclaient la *Casa de los Estanques*, le siège de l'ambassade de Cuba. » Les Cubains chargés de la protection du président furent les derniers à voir Allende en vie. Ils réussirent à fuir et à regagner leur ambassade, pourtant assiégée. Grâce à l'entremise de l'ambassadeur de Suède, ils purent quitter leur représentation diplomatique, sains et saufs, pour être immédiatement expulsés vers Cuba. Avec eux se trouvait Beatriz Allende, ainsi que les jumeaux La Guardia, reçus quelques jours plus tard en héros à l'aéroport de Rancho Boyeros, à La Havane, par Fidel Castro lui-même, qui leur donna une fraternelle accolade. Une photo conservée par Ileana, la fille de Tony de La Guardia, et publiée en médaillon sur la couverture de son livre, l'atteste [1].

Manuel Cortés est resté un militant socialiste convaincu. Il espère que la vérité éclatera un jour, tout comme ses camarades du GAP qui, pourtant, refusent encore de parler. « Nous ne saurons la vérité, disent-ils, que lorsque l'ensemble des photos sera publié par les militaires. »

---

1. Ileana de La Guardia : *Le Nom de mon père*. Paris, Denoël, 2001.

Mais de quelles photos s'agit-il ? Et que peuvent-elles révéler ?

La seule connue et publiée à ce jour montre un corps recroquevillé gisant sur un canapé du vestibule de la vaste salle à manger du palais présidentiel de la Moneda. Cette photo prise par Juan Enrique Lira, photographe du quotidien conservateur *El Mercurio*, est présentée comme étant la photo de la dépouille du président Salvador Allende.

Juan Vivés a pu voir, dans les locaux des services secrets à La Havane, un film d'un amateur anonyme d'environ une minute, montrant le cadavre. Le visage du président Allende est méconnaissable et son arme est posée en diagonale du corps pour arriver du poignet gauche jusqu'à l'avant-bras droit, comme si elle avait été posée là calmement, sans précipitation. Trente ans après, Juan Vivés a décidé de nous dire tout ce qu'il sait, ce qu'il a entendu et vu de l'intérieur des services secrets cubains, pour se débarrasser enfin d'un poids trop lourd à porter. De même, l'ancien compagnon du Che, Dariel Alarcón Ramírez, dit « Benigno », nous confirme le récit de Juan Vivés, donnant un autre éclairage depuis sa position particulière de responsable des « écoles » de guérilla à Cuba. Tous deux ont bien connu Salvador Allende, ainsi que sa famille. Ils ont séjourné dans le Chili de l'Unité populaire. Ils ont surtout, chacun de son côté, entendu les récits, à son retour à La Havane, du responsable de la sécurité personnelle du président : Patricio de La Guardia, le chef des troupes spéciales cubaines, présent jusqu'au dernier moment dans le palais de la Moneda en ce fatidique 11 septembre 1973.

Le récit de Patricio de La Guardia

A la mi-novembre 1973, Juan Vivés passait, comme d'habitude, le samedi après-midi à l'hôtel Habana Libre, où des membres des différents organes de la Sécurité de l'Etat se réunissaient au bar *Las Cañas*, situé à l'entresol, pour boire une bière et discuter de choses et d'autres. A l'époque ce bar séparé par des bambous géants du hall de l'hôtel était très prisé car il était à l'abri de la foule de passage.

« Lorsque je suis arrivé, se rappelle Vivés, se trouvaient déjà assis à la première table à droite de l'entrée quelques amis : Amado Padrón, qui appartenait à la DGI et qui sera fusillé plus tard à la suite de l'"affaire Ochoa" ; Patricio de La Guardia, qui faisait partie du même organe de la Sécurité de l'Etat et qui sera lui aussi inculpé dans l'"affaire Ochoa" ; José Luis Domínguez, chef de cabinet du directeur de l'Institut du tourisme et qui était issu de la Sécurité de l'Etat ; Nelson Guerra, chef de cabinet du ministre de la Justice, issu lui aussi des rangs de la Sécurité de l'Etat et qui avait travaillé avec moi à un certain moment au ministère des Relations extérieures. Etaient également présents *el Chino*, qui faisait partie de l'escorte de Fidel (je ne me souviens pas de son nom, on l'appelait *el Chino* car il s'agissait d'un mulâtre avec du sang chinois, et il avait la réputation d'être un tireur d'élite attaché à la protection de Fidel) ; Cachita Abrantes, capitaine au ministère de l'Intérieur, un grade assez rare pour une femme (elle était aussi la sœur de José Abrantes, qui deviendra plus tard ministre de l'Intérieur, lui aussi impliqué dans l'"affaire Ochoa", mort en prison dans d'étranges circonstances) ; un capitaine de la DGI qui travaillait aussi au département Amérique, appelé Oscar (je ne me souviens pas de son nom de famille, peut-être ne l'ai-je d'ailleurs jamais su, peut-être était-ce simplement un pseudonyme).

« Nous savions tous que Patricio de La Guardia avait été le responsable direct de la sécurité d'Allende avec, sous ses ordres, un groupe d'une vingtaine de Cubains appartenant à la DGI, tandis que son frère, Tony de La Guardia, était chargé de s'occuper du MIR. Il faut préciser que les gauchistes du MIR se trouvaient sous le contrôle total et absolu de la DGI cubaine, de même que le Groupe d'amis du président, le GAP.

« Puisque Fidel avait reçu comme des héros les deux frères La Guardia à leur retour du Chili, je trouvais logiquement intéressant d'entendre de la bouche même de son principal protagoniste ce qui s'était passé à l'intérieur du palais de la Moneda. Je connaissais les jumeaux Patricio et Tony de La Guardia depuis 1962, à la suite de la fondation du G2 (la Sécurité de l'Etat), lorsque tous deux en devinrent des collaborateurs au moment où furent découvertes les premières conspirations du mouvement contre-révolutionnaire *La Rosa Blanca* à La Havane. Plus tard, nous avions travaillé ensemble au cours de la lutte contre les guérillas anticommunistes qui luttaient jusque vers le milieu des années 60 dans la *sierra* de l'Escambray, dans le centre de Cuba.

« J'avais revu les frères La Guardia en Algérie, puis au moment de l'aventure du Che en Afrique en 1965. Ils étaient arrivés au port de Valparaíso avec un bateau rempli d'armes qui avait dû repartir sans pouvoir débarquer son chargement. Pour dire la vérité, les jumeaux ne faisaient pas partie de mon groupe d'amis, bien que nous nous connaissions depuis des années. Ils étaient méprisants et même dédaigneux. Leur goût pour l'exagération ne me convenait pas et je m'étais éloigné de ces personnages qui, de mon point de vue, avaient la langue trop bien pendue et dénonçaient constamment la conduite de leurs camarades devant les frères Castro. Mais je dois convenir qu'à force d'être de parfaits courtisans, ils avaient réussi à gravir les échelons de la hiérarchie avec une rapidité étonnante.

« En fin de compte, ces réunions informelles étaient devenues une sorte de Café du Commerce où l'on échangeait, dans la mesure du possible, les nouvelles concernant les différentes opérations qui n'étaient connues que des initiés au plus haut niveau de la Sécurité de l'Etat.

« Au beau milieu de la conversation, *el Chino* demanda à Patricio quelle avait été l'attitude de Juan Seoane à la Moneda. Celui-ci, devenu chef de l'escorte de Salvador Allende, avait été formé pour mener à bien ses fonctions avec un groupe de membres du Parti socialiste et de jeunes militants du MIR à Cuba, au sein de l'unité 49, qui s'occupait de la sécurité personnelle des dirigeants. *El Chino* avait été l'un des instructeurs de ce groupe qui, au Chili, se trouvait sous le commandement de Patricio de La Guardia, ce qui expliquait la raison pour laquelle il voulait savoir comment avaient agi ses élèves.

« Le silence se fit. Tous étaient évidemment impatients de savoir ce qui s'était réellement passé à la Moneda et, comme Patricio avait la réputation de parler beaucoup, nous allions être bien servis (...). »

Juan Vivés était intéressé non seulement par les événements à l'intérieur de la Moneda mais également par ce qui s'était passé au cours des mois précédant le coup d'Etat. Allende avait voulu effectuer un rapprochement avec la Démocratie chrétienne, mais le Parti socialiste, le Parti communiste, ainsi que les gauchistes du Mouvement de la gauche révolutionnaire, le MIR, et les chrétiens de gauche du Mouvement d'action populaire unitaire, le MAPU, s'y étaient opposés énergiquement, empêchant tout accord en ce sens.

« La Havane, qui contrôlait ces groupes, poursuit Vivés, ne voulait pas d'un tel rapprochement. Fidel avait déclaré que le socialisme en Amérique latine triompherait grâce aux fusils et non pas dans les urnes. Les dirigeants des organisations citées recevaient leurs ordres de La Havane par l'intermédiaire de la DGI et des hommes de Manuel Piñeiro au Chili. Il ne faut pas oublier qu'il y a eu jusqu'à douze mille Cubains au Chili, ainsi que plus de quinze mille étrangers, surtout des Latino-Américains, contrôlés pour la plupart par des agents cubains.

« Patricio affirma que, depuis le *tancazo*, la première tentative de putsch qui s'était produite le 29 juin, c'est-à-dire six semaines avant le coup d'Etat de la Moneda, c'était déjà la débâcle. Crises de nerfs, cris... Enfin, que tous ces Chiliens de l'entourage d'Allende avaient la trouille et que ce n'étaient que des putes...

« Il nous expliqua qu'à partir de cette date les gens du Groupe des amis du président, ainsi que des militants du MIR, avaient constitué un commando pour faire sortir Allende de la Moneda dans le cas où une attaque se produirait. Ce commando était dirigé par Manuel Cortés. Mais ses membres étaient tellement "trouillards" qu'ils n'ont même pas osé rentrer dans le palais au moment de l'assaut final du 11 septembre 1973, se contentant d'attendre une hypothétique sortie d'Allende par l'une des portes latérales de la rue Morandé.

« Lorsque La Havane fut informée de la piteuse attitude des Chiliens proches du président à la suite du *tancazo* du 29 juin, Fidel fit savoir qu'Allende ne pouvait ni se rendre ni demander l'asile dans une ambassade. S'il devait mourir, il devait mourir en héros. Toute autre attitude, lâche ou peu courageuse, aurait des répercussions graves pour la lutte en Amérique latine. C'est pourquoi Fidel Castro avait donné l'ordre à Patricio d'éliminer Allende si, au dernier moment, celui-ci prenait peur. Les propos de Patricio me laissèrent bouche bée, mais je savais déjà que Fidel considérait avec mépris Salvador Allende, qu'il le voyait comme un bourgeois qui n'avait pas assez de couilles pour modifier le destin du Chili.

« Patricio poursuivit son récit en insistant sur le fait que, durant ces six semaines écoulées entre la première tentative de coup d'Etat et le 11 septembre, ce fut un véritable "bordel", que tous les Chiliens qui avaient été entraînés à Cuba et jouaient les fiers-à-bras à La Havane chiaient dans leur froc une fois rentrés à Santiago, que l'attitude de Seoane, le chef de l'escorte d'Allende, faisait peine à voir et que, paradoxalement, le seul qui demeurait tranquille en apparence, c'était un civil, Arturo Girón, l'un des deux médecins personnels d'Allende présents à la Moneda (l'autre, Patricio Guijón, affirmera dans les années 80 qu'il avait vu Allende se suicider : il avait récupéré la mémoire des faits avec beaucoup de retard) ; que Max Marambio, du MIR, n'était qu'un salaud et que les mille six cents hommes de son organisation étaient peu disposés à affronter l'armée en cas de coup d'Etat.

« Fidel souhaitait une guerre civile au Chili et il est certain que, si le peuple avait été armé, cela se serait terminé d'une manière encore plus terrible qu'avec la sauvage répression de Pinochet, qui ne s'est rallié au coup d'Etat qu'au dernier moment et sous la pression des généraux félons.

« Patricio fit ensuite une analyse peu flatteuse des différents groupes qui composaient l'Unité populaire. Si aux yeux d'un professionnel de la déstabilisation et des opérations clandestines, les civils chiliens n'avaient pas été à la hauteur, il n'en est pas moins vrai que Cuba avait recruté, sous la houlette de la DGI, des milliers de Chiliens, jeunes et moins jeunes, afin d'accomplir des tâches subversives et d'espionnage, les uns bien avant le début officiel du mandat d'Allende, les autres après.

« Patricio continua sa litanie sur les erreurs et le manque de combativité des Chiliens jusqu'à la date tragique du 11 septembre. Il raconta les premières heures du coup d'Etat, ainsi que les différentes trêves, au cours desquelles purent sortir de la Moneda, par deux fois et à plusieurs heures d'intervalle, les collaborateurs d'Allende qui se trouvaient dans le palais, y compris ses deux filles : Beatriz et Isabel. A la demande des gens du MIR et de certains des plus proches conseillers d'Allende, à commencer par Joan Garcés, ceux qui abandonnaient leurs armes pouvaient quitter le bâtiment. Selon Patricio, ces salauds jetaient leurs armes et détalaient comme des lapins. Dans tout le palais, il y avait d'incroyables amoncellements d'armes partout. Lorsque les bombardements commencèrent, les Chiliens criaient qu'il fallait se rendre, qu'il fallait se rendre. Allende lui-même avait dit à Patricio qu'il fallait demander l'asile à l'ambassade de Suède. Celui qui avait été initialement chargé de cette démarche, c'était *el Perro* Olivares, ce journaliste recruté par la DGI. Il rapportait jusqu'aux moindres pensées d'Allende à Piñeiro qui, à son tour, en informait Fidel.

« Toujours selon Patricio, Olivares, qui se trouvait au rez-de-chaussée du bâtiment, piqua une crise de nerfs et commença à crier, lui aussi, qu'il fallait se rendre, qu'autrement ils allaient tous mourir. Les hommes de la Direction générale d'Intelligence durent l'éliminer, d'abord parce qu'il était en train de répandre un climat de terreur, ensuite parce que c'était un lâche et enfin parce qu'il ne fallait pas qu'il soit fait prisonnier : il en savait trop.

« A ce moment du récit, Patricio raconta les attaques successives des putschistes contre le palais présidentiel, ainsi que les bombardements. Selon lui, ceux qui étaient restés fidèles au gouvernement socialiste avaient très peur. Avec une petite contre-offensive pourtant, insista-t-il, ils s'en seraient sortis avec un minimum de dégâts. Il dit alors qu'Allende "pétait" de trouille, qu'il criait qu'il fallait se rendre et qu'il courait comme un fou le long du deuxième étage de la Moneda en hurlant : "Il faut se rendre !"

« Suivant les ordres de Fidel, Patricio de La Guardia avait attendu qu'Allende retourne dans son bureau et lui avait tiré une rafale de mitraillette dans la tête. Ensuite il rejoignit très vite son groupe de Cubains qui l'attendait au rez-de-chaussée et ils purent tous quitter la Moneda sans la moindre perte.

« J'étais comme sous hypnose. Je voulus partir mais je ne pouvais pas. Une fois le récit de Patricio terminé, je me suis levé, j'ai appelé le garçon pour payer ma tournée puis j'ai demandé à Amado Padrón s'il venait au sauna avec moi, comme nous avions l'habitude de le faire tous les samedis. Il me répondit comme à chaque fois : "OK ! même si je ne perds pas de poids, au moins cela me désintoxique."

« La confession de Patricio m'avait ébranlé. Je connaissais et j'appréciais Allende. Nous nous étions connus à l'hôtel Habana Libre où il avait séjourné à de multiples reprises. Je me rappelai alors nos interminables parties d'échecs, les conversations au cours desquelles nous évoquions les grands écrivains latino-américains, son amitié pour le président cubain Osvaldo Dorticós Torrado, mon oncle, et d'autres conversations qui duraient jusqu'au matin, pendant lesquelles ce médecin humaniste me racontait son Amérique à lui : celle des pauvres et des vagabonds.

« Une fois dans le sauna, je demandai à Padrón, qui appartenait à la DGI et qui faisait partie du groupe présent au Chili, si ce qu'avait raconté Patricio était vrai. Il acquiesça d'un mouvement de tête sans autre commentaire. Malgré la confirmation de Padrón, en raison du ton moqueur de Patricio lorsqu'il avait raconté l'histoire, je ne savais plus que penser. »

Quelques mois passèrent durant lesquels la nouvelle courut avec insistance parmi les cercles les plus élevés des services secrets : Patricio avait éliminé Allende à la Moneda. Juan Vivés et les sept autres qui, avec lui, avaient eu connaissance du récit se posaient une foule de questions.

« J'avais visionné un film sur Allende mort dans son bureau de la Moneda, reprend Juan Vivés, le suicide me semblait impossible : il était allongé avec, sur lui, le fusil-mitrailleur AK-47. Quiconque se tire une rafale de cette arme dans la bouche fait un saut en arrière de plusieurs mètres. En aucun cas, le fusil-mitrailleur ne peut rester posé sur le corps comme si la personne était tombée en arrière en laissant échapper l'arme de ses mains. J'avais déjà vu des cadavres de suicidés avec une AK, de deux personnes, l'une à Cuba, l'autre en Afrique : il ne restait pas grand-chose de leur boîte crânienne, il n'y avait plus rien à la hauteur de la bouche : un amas de dents et de morceaux de chair. Dans le cas d'Allende, la boîte crânienne avait explosé du côté droit à partir de l'œil, comme si un projectile ou plusieurs projectiles étaient entrés par la partie antérieure du visage. J'ai montré moi-même un cliché tiré du film à un expert en balistique du ministère de l'Intérieur à Cuba afin d'avoir son opinion et son analyse. Il a été formel : Allende n'avait pu se suicider en se tirant une rafale dans la bouche. Les balles ou la balle qui avaient détruit la partie inférieure du visage devaient venir sans aucun doute d'en face. Un médecin légiste qui avait vu la photo partageait la même opinion. »

Malgré tout, des doutes sur l'élimination d'Allende persistèrent dans l'esprit de Juan Vivés, tant que les autres hypothèses ne furent pas écartées.

« Piñeiro, le patron des services secrets, était un type machiavélique et l'on pouvait s'attendre à tout venant de lui, insiste Juan Vivés, à cause de son goût immodéré pour le secret et les opérations de désinformation pratiquées par la DGI. Le ministre de l'Intérieur lui-même n'était pas au courant des opérations. Seul Fidel connaissait le contenu des projets de la DGI. Je me demande même jusqu'à quel point Fidel en personne n'était pas désinformé sur certains sujets. La DGI était un pouvoir à l'intérieur du pouvoir, sans aucun mécanisme de contrôle. C'était une sorte de machine de déstabilisation, de conspiration et de terrorisme, lancée à toute allure et sans freins. Elle avait à sa disposition tous les moyens, avec un budget illimité en dollars, tandis que le reste des organismes, ministère de l'Intérieur inclus, manquaient de tout à tous les niveaux.

« Quant aux jumeaux La Guardia, après les événements survenus au Chili et l'accueil héroïque que leur fit Fidel, ils semblaient plus proches que jamais du pouvoir.

« Je ne savais pas comment déchiffrer le problème. Patricio ne se serait jamais permis de dire quelque chose d'aussi énorme pour blaguer. Dans une affaire aussi sensible, cela aurait pu lui coûter la vie si ses paroles étaient parvenues aux oreilles de Piñeiro ou à celles de Fidel. Si la nouvelle avait circulé à l'intérieur des plus hautes sphères, cela voulait dire soit que Patricio avait réellement assassiné Allende soit qu'il s'agissait d'un exemple de désinformation pratiquée par la DGI qui n'en était pas à sa première tentative dans ce genre de félonie. »

Un mois plus tard, en décembre 1973, Juan Vivés rend visite à son oncle, qui occupait toujours le poste honorifique de président de la République de Cuba : Osvaldo Dorticós.

« C'était une visite de courtoisie, Dorticós était membre de ma famille et, à plusieurs reprises, il m'avait sorti du pétrin. Les dernières fois que nous nous étions vus, il adoptait un ton de plus en plus critique vis-à-vis du système et il était très préoccupé par la voie incertaine que suivait la révolution.

« Comme à chaque fois qu'il voulait m'entretenir de choses importantes ou bien critiquer l'attitude de Fidel et du régime, il me prit par l'épaule et m'emmena vers l'arrière de la maison, qui donnait sur la mer. Le bruit du ressac couvrait nos conversations. Il était persuadé qu'il y avait des micros chez lui. Il me demanda ce que je savais à propos des insinuations qui circulaient au plus haut niveau de la DGI sur l'assassinat d'Allende. Il me précisa que Carlos Rafael Rodríguez, l'un des hommes les plus importants du régime, les lui avait rapportées quelques jours avant. Je lui confirmai que j'étais au courant et je lui racontai la façon dont je les avais entendues au bar *Las Cañas* sans savoir exactement si Patricio avait sorti une fanfaronnade, étant donné qu'il passait sa vie à se vanter de ses faits d'armes, réels ou fictifs. Cependant, de telles insinuations, de telles affirmations devant plusieurs personnes situées à un haut niveau de confiance dans la hiérarchie des services secrets auraient pu lui valoir une fin brutale si ce n'était pas vrai. Ou Patricio avait reçu l'ordre de son supérieur hiérarchique, c'est-à-dire Piñeiro, avec le consentement de Fidel, pour une raison d'ordre stratégique qui nous échappait, ou bien il avait éliminé Allende sur ordre direct de Fidel, comme il l'affirmait.

« En tout cas, jamais personne n'aurait osé dire des choses aussi énormes s'il n'avait pas été appuyé au plus haut niveau, c'est-à-dire par Fidel : on avait déjà fusillé pour moins que cela.

« En vingt-quatre heures, Patricio aurait été destitué de son poste, emprisonné et exécuté. C'est le contraire qui se produisit, les jumeaux avaient grimpé dans la hiérarchie depuis leur retour du Chili et semblaient intouchables. Ils ne discutaient plus qu'avec Piñeiro directement, ou avec Fidel. »

Juan Vivés affirme par ailleurs que si, à la conclusion du procès contre le général Ochoa et ses compagnons, Tony fut fusillé tandis que Patricio ne fut condamné qu'à une peine de trente ans de prison (il se trouve aujourd'hui en résidence surveillée), c'est parce que celui-ci avait déposé un document compromettant, décrivant entre autres l'assassinat d'Allende sur ordre de Castro, dans le coffre d'une banque au Panama, qui ne devrait être révélé que s'il lui arrivait malheur. Castro prit, semble-t-il, la menace au sérieux.

« Je me souviendrai toujours, renchérit Vivés, de la phrase prophétique prononcée par Osvaldo Dorticós : "Ce fou (Fidel) va finir par nous tuer tous." En 1983, Dorticós fut assassiné et son assassinat maquillé en suicide.

« Bien que le secret de l'exécution d'Allende n'ait été révélé qu'à des niveaux stratosphériques de la hiérarchie des services secrets, quelque chose doit bien avoir filtré dans les milieux chiliens. Les survivants du MIR qui faisaient partie du groupe de Seoane, le chef de l'escorte d'Allende, ainsi que Seoane lui-même, doivent bien soupçonner ce qui s'est passé. Seoane a d'abord affirmé qu'Allende était mort en combattant. A présent il se range à la thèse du suicide et il laisse même entendre qu'il a pratiquement vu Allende se suicider... Tous ceux qui se trouvaient autour d'Allende à la Moneda savent que l'équipe chargée de la sécurité d'Allende était composée de Cubains, qu'elle était dirigée par Patricio de La Guardia et que l'équipe de sécurité chilienne qui se trouvait aux ordres de Seoane n'était qu'une escorte d'opérette formée à Cuba et contrôlée par la DGI. »

Vivés poursuit : « Nombreux sont ceux qui se demanderont pourquoi je n'ai pas parlé avant. Il y a plusieurs raisons à cela. D'abord parce que, lorsque j'ai quitté Cuba en 1979, j'éprouvais de grandes difficultés à raconter la vérité sur Cuba et sa dictature communiste de fer. Beaucoup d'intellectuels, de droite comme de gauche, ne me considéraient pas comme un dissident mais comme un traître à la révolution. Pour ces gens, si Fidel était devenu communiste, c'était de la faute des Américains qui l'avaient poussé dans les bras de Moscou.

« Ensuite, si je n'ai pas parlé plus tôt, c'est parce qu'il est dangereux de raconter ce genre d'histoire. Et enfin, parce que aucun responsable de haut niveau des services secrets cubains susceptible de confirmer ces faits n'était encore sorti de Cuba. Je savais que mon témoignage n'était pas suffisant. Il devait y avoir en exil un autre ancien responsable cubain pour confirmer les faits. A présent, nous sommes deux à avoir eu accès aux plus hauts niveaux d'information des services secrets à Cuba, deux hors de l'île. »

La confirmation par un autre témoin : « Benigno », survivant de la guérilla du Che

Depuis avril 1996 Juan Vivés n'est, en effet, plus le seul Cubain exilé à avoir entendu la confession de Patricio de La Guardia et les commentaires qu'elle a provoqués, à l'époque, dans les sphères initiées. Dariel Alarcón Ramírez dit « Benigno », l'un des trois survivants de la guérilla du Che en Bolivie, avait été nommé, dès son retour de ce pays, directeur des prisons puis responsable des écoles spéciales chargées de l'entraînement militaire des étrangers. Son statut lui a permis durant de nombreuses années de circuler à l'intérieur des structures de la DGI et d'être le témoin privilégié de secrets d'Etat. Lui aussi a été un proche de Salvador Allende, qui lorsqu'il était sénateur avait organisé sa fuite et celle de ses compagnons de Bolivie. C'était Allende en personne qui les avait accueillis au Chili. Il était l'ami intime du président et de sa fille Beatriz, dite « Tati ». Du fait de ses activités, il fréquenta les dirigeants des Partis communiste et socialiste chiliens, ainsi que ceux du MIR et du MAPU, entre 1970 et 1973. Il se rendait souvent en visite au Chili pour quelques jours ou un week-end. « Je n'avais pas besoin de papiers ni de visa, comme tous les Cubains de notre groupe. Il suffisait que je dise à Piñeiro que j'allais là-bas et c'était tout. Sur place, je logeais chez "Tati" à Santiago ou à Viña del Mar, dans la maison qu'elle avait au bord de la mer. Lorsque nous allions au Chili, nous n'avions pas besoin d'argent, *la Payita*, la secrétaire d'Allende, nous en donnait largement. »

« Salvador Allende était déjà instrumentalisé par Castro à ce moment-là. Mais ce n'était pas l'homme que La Havane aurait aimé voir au pouvoir à Santiago.

« Ceux que Fidel et Piñeiro adoubaient, c'était Miguel Enríquez, le principal dirigeant du MIR, et aussi le numéro deux du MIR, Andrés Pascal Allende, de même que Beatriz qui appartenait elle aussi au MIR. Ces leaders avaient droit à tous les honneurs à Cuba. Lorsque les dirigeants de l'Unité populaire (le socialiste Carlos Altamirano, le communiste Luis Corvalán et d'autres) arrivaient à La Havane, ils étaient logés dans une suite de l'hôtel Habana Libre. Miguel Enríquez, lui, était reçu dans une maison du protocole. Il avait un service particulier à sa disposition vingt-quatre heures sur vingt-quatre. Piñeiro allait y déjeuner, dîner, boire un verre, s'amuser. »

A l'arrivée au pouvoir de l'Unité populaire au Chili, Cuba continuait à favoriser les membres du MIR et à les entraîner au combat de rues et à la guérilla. « Benigno » se souvient d'avoir compté plus de deux cent cinquante militants du MIR dans ses camps d'entraînement de la PETI (Préparation spéciale de troupes irrégulières) numéro 1. Personne parmi les dirigeants chiliens n'en était informé, pas même Salvador Allende. Ces militants rompus au combat rentraient au Chili sous de fausses identités et avec de faux papiers.

A La Havane, presque toutes les maisons vides étaient remplies de militants du MIR. Ils y recevaient des instructions des services de renseignements et de contre-espionnage. D'autres recevaient une préparation militaire spéciale à Punto Cero, près de Guanabo, à l'est de La Havane.

« Lorsqu'on sortait de Punto Cero, raconte "Benigno", on était un vrai *ranger*. On était prêt à tout. Il n'y avait que des gens du MIR qui s'entraînaient, et personne de l'Unité populaire. Les avions Iliouchine étaient toujours pleins de Cubains qui allaient au Chili et de Chiliens qui venaient à Cuba.

« On a toujours, toujours, considéré Allende comme un idiot, car on pensait que ceux qui pouvaient résoudre tous les problèmes du Chili étaient les gens du MIR.

« Lorsque nous allions au Chili, nous y étions les maîtres. Nous entrions à la Moneda sans aucune sorte de contrôle. Nous avions un sauf-conduit pour nous déplacer où nous voulions dans le pays. Je n'ai jamais compris pourquoi le Chili, qui a toujours eu une tradition minière tandis que Cuba n'en avait aucune, devait recevoir des conseillers techniques cubains pour l'économie minière. C'est ainsi que je me suis aperçu que le gouvernement échappait des mains du président Allende. Cuba contrôlait presque tout. »

Le 11 septembre 1973, la nouvelle de la mort tragique du président chilien secoua « Benigno », qui poursuivait l'entraînement de militants du MIR. Mais en apprenant la nouvelle, ceux-ci, loin d'en être horrifiés, semblaient plutôt joyeux.

« Lorsque j'ai eu l'information par le Comité central du Parti, je me suis précipité pour la communiquer aux Chiliens. Il s'en est fallu de peu qu'ils n'applaudissent. La nouvelle de la mort de leur président a déclenché comme une fête spontanée. J'étais indigné par cette attitude. Je suis rentré dans mon bureau. Vers dix heures du soir, celui qui remplissait la fonction de chef du groupe me dit : "Nous avons décidé de ne pas continuer le cours et de retourner à La Havane. Nous n'y voyons plus aucun intérêt." Je lui répondis :

"Mais c'est maintenant qu'il faut durcir l'entraînement. C'est maintenant qu'il faut préparer les Chiliens pour arracher le pouvoir des mains de ces gens-là." Mais je ne pouvais pas décider pour eux. J'ai demandé à Piñeiro ce qu'il fallait faire. Il m'a répondu : "Je vais t'envoyer deux bus." J'ai mis tous les hommes dans les bus et je les ai renvoyés en ville vers trois heures du matin.

« Un peu plus tard Patricio et Tony La Guardia ont débarqué à La Havane comme s'ils venaient, eux aussi, tout droit d'une fête, alors qu'il auraient dû être tristes, abattus, à cause des événements, des exécutions, des morts. Surtout à cause de la perte d'Allende, le grand ami. Rien de tout ça. Ils racontaient leurs histoires avec un total manque de respect envers l'attitude de Salvador Allende : "Il courait, disait Patricio, d'un bout à l'autre du palais. Il mettait son casque. Il prenait son fusil. Il s'asseyait sur le fauteuil présidentiel. Il courait dans tous les sens." Au cours d'une de ces conversations, j'entendis Patricio dire qu'il avait attrapé Allende au moment où celui-ci voulait quitter le palais, décidé, peut-être, à accepter les conditions que lui imposaient les putschistes. Il dit qu'il l'attrapa avec force, le fit asseoir sur le fauteuil présidentiel et lui dit : "Un président doit mourir à sa place !" Puis il nous a répété : "C'est là que 'Chicho' est mort. C'est là que 'Chicho' est mort, sur son fauteuil présidentiel. Je l'ai alors recouvert avec le drapeau." Il racontait cela comme s'il s'agissait du récit d'une fête. Il n'a pas dit "explicitement" qu'il l'avait tué, il a dit qu'il l'avait fait asseoir sur le fauteuil présidentiel et qu'il lui avait lancé : "Un président doit mourir à sa place !", et que c'est comme ça que "Chicho" était mort, et qu'il l'avait recouvert avec le drapeau.

« Ce que je n'arrive pas à m'expliquer, c'est comment les hommes les plus proches d'Allende, comme le journaliste Olivares, qui à ce moment-là était son porte-parole, ainsi que deux ou trois autres, sont morts eux aussi et comment ni Patricio ni aucun des Cubains qui étaient présents là-bas ne sont morts. Les Chiliens les plus proches d'Allende sont morts et aucun des Cubains.... »

Un jour où Patricio de La Guardia participait à un déjeuner au siège du département Amérique, chacun des convives lui demanda de reparler de son expérience au Chili.

« Il parlait avec une grande facilité, se souvient "Benigno", comme s'il avait accompli la mission qui lui avait été assignée. C'est l'impression que j'ai eue. Je me suis tu. Je l'ai regardé sans rien lui demander sur le sujet. Je lui ai simplement posé une question sur le sort d'Agustín, un Chilien chargé de la défense d'Allende. Il m'a répondu : "Agustín a été fusillé." C'était le frère d'un de mes amis, qui est encore vivant et qui habite à Cuba. Après quoi, on a dit que le président était mort en héros. Fidel a raconté ensuite la mort d'Allende après un long entretien avec Beatriz. Fidel en a tiré ses propres conclusions, mais celles-ci ne correspondaient pas à la manière dont Patricio s'était vanté devant nous. »

Au cours de notre enquête nous avons posé la question à l'ex-grand reporter de la télévision cubaine, aujourd'hui rédacteur en chef à TV Martí, William Valdés, qui fréquentait, avant son départ en exil en 1983, les plus hauts dignitaires du régime cubain et plus particulièrement Fidel Castro. Lui aussi a entendu parler de l'élimination d'Allende par les Cubains.

« La version publique, indique-t-il, c'est qu'il s'est suicidé. A l'intérieur des cercles du pouvoir à Cuba, la version qui a circulé largement, c'est qu'Allende avait été éliminé parce qu'il pouvait révéler des secrets concernant la mainmise de Cuba sur son gouvernement et sur les liens existant entre le Chili, Cuba et d'autres mouvements révolutionnaires en Amérique latine. On chuchotait que Salvador Allende avait été éliminé par un commando des services secrets cubains qui se trouvait près de lui à l'intérieur de la Moneda et qui a interprété ou simplement exécuté les ordres donnés par La Havane. Allende en savait trop et devenait, s'il était pris ou s'il se rendait, un vrai problème. J'ai entendu dire au cours d'une réunion du Parti à Camagüey qu'en aucune manière Allende ne pouvait tomber vivant entre les mains de Pinochet. Celui qui tenait ces propos est le général de brigade Rogelio Acevedo González. J'ai entendu les mêmes affirmations de la bouche du secrétaire du Parti communiste de la province de Matanzas. Il n'y avait que les proches de Piñeiro et de Fidel Castro qui pouvaient être au courant de cela. C'était en 1974[1]. »

Le chroniqueur du quotidien vénézuélien *El Universal*, Sammy Eppel, dans un article du 18 septembre 2003 n'hésite pas à établir une comparaison, à trente ans d'intervalle, entre l'attitude de Fidel Castro et celle de son allié vénézuélien dans l'usage que tous deux font de la mort de Salvador Allende : « Chávez, tout comme Castro, est excellent en matière de messages subliminaux, au point que cette année il consacra le 11 septembre à glorifier la mort de Salvador Allende en insistant sur le supposé assassinat par la CIA du président démocrate chilien alors qu'il est de notoriété publique que celui-ci, face à son échec, commit la plus grande lâcheté de se suicider ou d'être suicidé par les deux gardes cubains qui l'accom-

---

1. Entretien avec les auteurs, Miami, mai 2004.

pagnèrent jusqu'à son bureau, d'où l'on perçut peu après un coup de feu. »

« *Suicides* » *en cascade*

Les forces de la gauche chilienne n'ont aucun intérêt historique ou politique à modifier l'histoire qui leur a été présentée, celle d'un homme qui se serait suicidé car il ne voulait pas se rendre à l'ennemi. Dans cette hypothèse, Allende est mort dignement et les Cubains n'ont joué aucune partition dans l'Unité populaire. Accepter le rôle joué par ceux-ci pendant la période de l'Unité populaire, ce serait accepter qu'elles n'ont été que des marionnettes de Fidel Castro et avouer qu'elles ont laissé passer la dernière chance qu'avait Salvador Allende de continuer à exercer son mandat, en empêchant une alliance de dernière minute avec la Démocratie chrétienne.

Salvador Allende est mort. L'expérience socialiste au Chili a été écrasée par une répression sanglante : trois mille morts et disparus et un traumatisme que la nation chilienne va traîner durant de longues années. Mais si la façon dont le président Allende a tragiquement disparu pose question dès le 11 septembre 1973 et si la thèse du suicide finit par l'emporter, alors il faut croire qu'à cette époque, pour cette famille en particulier, le suicide est une maladie, une gangrène, un virus récurrent. Les suicides vont en effet se multiplier étrangement dans l'entourage de la famille Allende.

Beatriz Allende, la fille aînée du président, était mariée à Luis Fernández de Oña, un diplomate cubain en poste à l'ambassade à Santiago. « Comme la plupart des diplomates cubains, Oña était en réalité un agent de la DGI avec le grade de capitaine, à qui on avait donné l'ordre de divorcer de sa première femme afin de pouvoir épouser Beatriz, pour convenance de service, explique "Benigno". Beatriz connaissait mieux que quiconque ce qui se passait au Chili, ainsi que le travail d'espionnage massif effectué par les services secrets cubains. »

Elle fréquentait quotidiennement l'ambassade de Cuba où elle était considérée comme un élément vital par l'appareil de renseignements. C'était en effet une source d'information directe émanant de la présidence. Le 11 septembre 1973 au matin, Beatriz s'était rendue au palais de la Moneda mais, sur la demande insistante de son père, elle quitta le palais. Après avoir hésité, elle essaya d'y retourner mais finalement dut se rendre à l'ambassade de Cuba. Elle savait que la sécurité de son père était assurée par une équipe cubaine dirigée par Patricio de La Guardia. L'incapacité de Seoane et de l'équipe chilienne avait été une source de préoccupations constatée en diverses occasions pour l'appareil castriste.

Beatriz savait que c'était Castro en personne qui avait proposé à Allende une escorte cubaine, en insistant sur l'efficacité en la matière de ses services de sécurité.

Quand Patricio arriva précipitamment à l'ambassade avec plusieurs membres de la garde rapprochée de Salvador Allende, elle demanda après son père et on lui répondit qu'il était mort en combattant. Elle hurla et reprocha à Patricio de l'avoir lâchement abandonné. Comment expliquer qu'ils étaient vivants, eux, et son père mort ? Comment comprendre qu'ils n'avaient pas su le défendre ? Beatriz Allende connaissait bien son père. Ce n'était pas un guerrier, mais un intellectuel profondément attaché à la légalité constitutionnelle. Sa personnalité était bien éloignée de l'image qu'on avait voulu donner de lui, celle d'un homme combattant comme un soldat révolutionnaire, exposé en première ligne aux balles ennemies. Beatriz et son époux durent quitter précipitamment le Chili, de même que tous les diplomates cubains en poste.

Quelque temps après son arrivée à La Havane, Beatriz sollicita à plusieurs reprises un entretien avec Castro pour éclaircir les aspects obscurs des circonstances de la mort de son père. La version donnée par Fidel, qu'elle-même avait corroborée à la tribune de la place de la Révolution, autour des derniers moments de la vie d'Allende ne correspondait ni aux informations qui circulaient parmi les Chiliens exilés ni à la personnalité de son père.

A Cuba, Beatriz continuait à maintenir des contacts étroits avec les Chiliens réfugiés. Son statut avait changé : son père n'était plus président et elle ne représentait plus une source d'information de premier ordre pour les services secrets cubains. Avant, elle avait un accès direct à Castro et, à tout moment, Manuel Piñeiro était à sa disposition. Ses rapports avec son époux devenaient plus tendus. Elle exigeait un entretien avec Piñeiro ou avec Fidel, mais n'obtenait aucune réponse.

La hiérarchie cubaine ne lui donnait aucun signe de vie. Comme elle insistait, quinze jours avant son suicide, Piñeiro l'envoya voir Abrantes, qui occupera plus tard le poste de ministre de l'Intérieur. Celui-ci présentait à chaque fois différentes excuses. Beatriz entendait protester aussi contre les conditions de vie des Chiliens à Cuba et contre les pressions exercées à leur encontre par la DGI qui les avait recrutés. Ils étaient à présent menacés d'être renvoyés au Chili afin de former des groupes clandestins de lutte insurrectionnelle. La plupart d'entre eux y étaient hostiles et voulaient partir vers d'autres pays, mais le gouvernement cubain ne les a laissé quitter l'île qu'au compte-gouttes.

« Le mari de Beatriz, témoigne Juan Vivés, fut opportunément envoyé en mission dans la province orientale de Cuba pour monter un camp d'entraînement pour une future guérilla au Chili qui ne vit jamais le jour. Trois jours plus tard, Beatriz se suicida sans raison apparente. Tous ceux qui la fréquentaient sont demeurés perplexes, personne n'arrivait à comprendre son geste irrémédiable, personne ne s'attendait à cette issue fatale. Un jeune Chilien, ami de la famille Allende, qui fréquentait Beatriz à La Havane, fut fusillé peu de temps après et enterré dans le carré des indigents du cimetière de Colón à La Havane. Sa tombe porte le numéro 11 et elle est surmontée de l'inscription "Inconnu". Il s'appelait Carlos mais il était plus connu sous le surnom d'*el Morocho*. Personne ne se souvient de son nom de famille. Un autre ami de Beatriz se suicida à l'hôtel Presidente d'une balle dans la tête. Il s'appelait Alberto García. »

Luis Fernández de Oña se consola pour sa part assez vite de la disparition de sa femme Beatriz et de son beau-père Salvador Allende. Il se remaria avec son ancienne épouse, celle-là même dont il avait divorcé pour épouser la fille du président chilien.

Vivés n'était pas le seul à connaître ces détails ; Alina Fernández, la fille de Fidel Castro, à l'époque très au courant de ce qui se tramait dans les coulisses du pouvoir, confirme son témoignage :

« Je me souviens, explique-t-elle, que la famille Allende avait été totalement manipulée par les services secrets cubains. On a ordonné à Oña de divorcer pour épouser Beatriz, c'était sa mission. Ensuite, à la mort de Béatriz, il s'est remarié avec son ex-femme. »

Fidel Castro a été nommément accusé d'avoir ordonné la mort de Beatriz Allende par un homme bien informé, mais dont le témoignage est sujet à caution, car il s'agit de l'ancien chef des services secrets chiliens, la DINA, responsable de dizaines d'assassinats et de disparitions : Manuel Contreras[1]. Quant à la mère de Beatriz, Hortensia Bussi de Allende, la veuve du président, elle aurait, selon Manuel Contreras, contacté la DINA afin d'être rapatriée de Mexico où elle résidait car elle en avait assez de multiplier les meetings à travers le monde contre le régime militaire chilien, sur

---

1 Manuel Contreras : *La verdadera historia*, tome 2 : *¿Desapariciones?*

recommandation de Fidel Castro. Cette dernière information fut aussitôt démentie par l'intéressée dans les colonnes du journal *La Segunda*. Mais, en revanche, elle ne contesta pas la première, laissant penser que l'ancien chef de la DINA était, sur ce point, bien informé.

Le troisième « suicide » fut celui de la sœur de Salvador Allende, Laura. La mort de Laura constitue une autre énigme de la tragédie chilienne (et cubaine). Alors qu'elle logeait dans une suite de l'hôtel Riviera de La Havane, elle se suicida en se jetant par le balcon de sa chambre du onzième étage.

Ses amis chiliens, qui l'avaient vue au cours des journées précédant sa mort, n'avaient remarqué aucun signe de dépression ou de mal-être pouvant permettre de prévoir cette issue fatale. Quelques heures avant son suicide, deux officiers de la DGI étaient allés la voir à son hôtel à la suite d'une demande d'entrevue avec Piñeiro ou avec Castro qu'elle avait sollicitée. Personne ne sait de quoi les officiers de la DGI et Laura se sont entretenus. Le responsable de la surveillance de l'hôtel Riviera disparut peu de temps après. Il s'agissait de Luben *el Cojo*, « le Boiteux », un officier de la Sécurité de l'Etat qui appartenait à la Direction G, celle du contre-espionnage. Au sein des structures de la Sécurité de l'Etat à Cuba, c'était la Direction G qui s'occupait du tourisme et du contrôle des hôtels. Luben était une sorte de surveillant de l'hôtel Habana Libre et de l'hôtel Riviera. Ses fonctions incluaient la sécurité générale, le contrôle des employés, la préparation de missions d'espionnage des hôtes, qui étaient surveillés dans leurs chambres au moyen d'appareils électroniques (micros et caméras). Peu après avoir été retiré de la circulation, une rumeur le situa en Afrique en mission internationaliste.

« Je vois mal Luben dans ce genre de mission, s'étonne Juan Vivés. Il avait reçu une balle dans la jambe au cours des opérations de nettoyage contre les guérillas anticommunistes de l'Escambray en 1962. S'il occupait le poste de responsable de la surveillance des deux hôtels, c'était justement parce qu'il boitait énormément et qu'il ne pouvait occuper un autre poste actif. Il n'y a aucun doute sur le fait que sa disparition est liée au suicide de Laura Allende. Je n'ai plus jamais rien su de Luben à travers les amis communs que nous avions à Cuba et avec lesquels j'ai encore des contacts. Peut-être est-il encore vivant, je ne peux le savoir. Mais je suis certain que son retrait de la circulation est dû à ce suicide. »

Les centaines de Chiliens qui trouvèrent asile à Cuba comprirent vite le piège dans lequel ils étaient tombés. Ils demandèrent massivement à pouvoir quitter le pays, sollicitèrent l'asile dans d'autres pays, notamment la Suède. Ceux qui avaient été recrutés par les services secrets cubains avant le coup d'Etat étaient obligés de continuer à servir d'informateurs ou bien de réaliser des missions à l'étranger. Après l'énorme traumatisme qu'ils avaient enduré, ils n'avaient pas la moindre envie de continuer à tremper dans ce genre d'activités. Le gouvernement cubain entendait pourtant les y contraindre.

En quelques années, la quasi-totalité des Chiliens arrivés à Cuba juste après le putsch avaient abandonné l'île. Cet avatar de l'exil chilien à Cuba est généralement tu par les exilés eux-mêmes et par les anciens responsables de l'Unité populaire et du MIR. Ceux-ci ont leurs propres raisons, mais l'histoire ne peut se satisfaire ni de « légendes »[1] ni de demi-vérités.

Un véritable pacte de silence a été établi depuis plus de trente ans autour des rapports entretenus par la révolution cubaine avec l'Unité populaire chilienne et la mort du président Salvador Allende. Trop de versions contradictoires se succèdent sans que personne ne prenne la peine de vérifier ni les sources ni l'exactitude de ces sources. Au cours de notre enquête, nous nous sommes basés sur de nombreux témoignages et documents oraux ou écrits. Nous les avons confrontés les uns aux autres, exploré leurs contradictions internes, refusant toute évidence béate. Les témoignages des deux anciens responsables des services secrets cubains, Juan Vivés et Dariel Alarcón Ramírez (« Benigno »), nous ont permis d'orienter nos recherches. Mais nous les avons aussi confrontés à d'autres témoignages opposés, provenant de sources chiliennes. De nombreux acteurs de ce drame ne se sont jamais clairement exprimés sur ce sujet : les responsables chiliens du GAP dont certains se

---

1. Ces « légendes » sont rapportées dans plusieurs ouvrages. Dans *Castro l'infidèle*. Paris, Fayard, 2003, Serge Raffy insinue, p. 477-482, que les Cubains pourraient ne pas être totalement étrangers à la mort de Salvador Allende. Avant lui, Jean-François Fogel et Bertrand Rosenthal, dans leur livre *Fin de siècle à La Havane*. Paris, Seuil, 1993, p. 39-40, font état, en quelques lignes, d'allusions équivalentes : « Tony et Patricio sont les soldats de l'ultime confiance, ceux qu'une série de légendes accompagnent. (...) Les deux frères, chargés par Fidel de veiller sur la sécurité du président chilien Salvador Allende, sont à ses côtés dans le palais de la Moneda lors du coup d'Etat de 1973 et enveloppent sa dépouille dans un drapeau chilien avant de s'enfuir » (vrai et faux : pas de drapeau à la Moneda, mais les deux frères fuient le Chili de façon rocambolesque après la mort du leader).

trouvaient au palais de la Moneda ce jour-là, et même les membres encore vivants de la famille Allende. « La plupart des acteurs de ce drame se taisent de peur de représailles », reconnaît « Benigno ». D'autres témoins importants, Tony La Guardia et Amado Padrón, sont morts fusillés à la suite de l'« affaire Ochoa ». Il manque encore des pièces à ce puzzle diabolique qui dépasse l'imagination. Il manque surtout le témoignage du principal protagoniste de ce qui s'est passé à la Moneda ce 11 septembre 1973 entre treize et quatorze heures, de sinistre mémoire : Patricio de La Guardia. Lui aussi impliqué dans l'« affaire Ochoa », il a écopé de trente ans de prison. Une peine transformée en réclusion domiciliaire à La Havane, mais il est condamné à un silence absolu aussi longtemps que vivra Fidel Castro.

Trop de morts suspectes, dans cette affaire, trop de « suicides officiels », survenus à Cuba et au Chili, sur lesquels plane l'ombre de la Sécurité de l'Etat cubaine, la DGI, la Direction générale d'Intelligence, qui ne permettent pas de croire que la mort de Salvador Allende a été le simple geste d'un président désespéré qui n'avait d'autre solution que se donner la mort.

Assassiner Pinochet ?

La résistance au coup d'Etat ce 11 septembre 1973 avait été faible, presque inexistante. Les secteurs populaires et l'extrême gauche, pourtant idéologiquement préparés à faire face, ne l'étaient pas matériellement. Les armes qui leur parvenaient étaient essentiellement des armes légères mais surtout ils n'avaient reçu aucune formation ni instruction de ceux qui étaient censés les mener au combat, par manque de temps et d'organisation. Le « plan Z » avait échoué.

Dans ces conditions, toute tentative de lutte armée postérieure contre la dictature en place devenait quasiment impossible. Dans les premiers jours, les premières semaines après le putsch, Beatriz Allende tenta bien de développer des groupes armés, tant en Europe qu'à Cuba, mais elle ne jouissait d'aucun soutien. Plus tard, Punto Cero, le camp où les guérilleros chiliens étaient entraînés, sera fermé sur ordre de Castro.

Pendant de longues années, la dictature militaire chilienne se maintint au pouvoir. L'opposition se révélait impuissante à la renverser par la voie des armes.

Pourtant, en septembre 1986, un attentat fut organisé contre le dictateur, celui-ci n'en sortit vivant que par miracle. La tentative fut revendiquée par le Front patriotique Manuel Rodríguez, qui était une émanation du Parti communiste chilien et non de l'extrême gauche, que le régime castriste soutenait du bout des lèvres. Les priorités de Cuba étaient ailleurs, au Nicaragua, pour défendre les sandinistes contre les attaques incessantes des *contras*, et, bien sûr, en Angola.

Cela faisait d'ailleurs assez longtemps que les membres du MIR chilien avaient cessé de considérer l'île comme un sanctuaire ou comme une possible base d'opérations pour des actions armées dans leur propre pays. Le sentiment de déroute et la désagréable sensation d'avoir été abandonnés par les autorités cubaines étaient perceptibles chez tous ces Chiliens. « Pour les militants des partis qui avaient intégré le gouvernement de l'Unité populaire, principalement les socialistes et les communistes, Cuba ne fut jamais plus une terre d'élection, précise "Benigno", ils se réfugièrent en Espagne, encore sous le régime franquiste, ou de l'autre côté du rideau de fer. »

L'Union soviétique et, surtout, la République démocratique allemande, l'ex-RDA, leur ouvrirent généreusement leurs portes. Du même coup, ils tombaient sous l'emprise directe du KGB ou de la Stasi. Cela valait-il mieux que la DGI cubaine ? Beaucoup d'entre eux le pensaient.

Ce fut le cas de José Joaquín Valenzuela Levi (« commandant Ernesto »), le chef du commando qui allait réaliser un attentat manqué contre Pinochet. Dans les premiers mois de l'Unité populaire, Valenzuela Levi était allé faire des études de marxisme-léninisme, autrement dit d'endoctrinement et de préparation militaire (régulière et irrégulière), à l'école de Wilhelm Pieck, en Allemagne de l'Est. Jorge Gillies, ancien responsable de la formation de jeunes Chiliens en RDA, le confirme : « A Wilhelm Pieck il y avait des combattants du Nicaragua, du Salvador, du Vietnam et de Palestine. La plupart de ces organisations étaient des organisations combattantes. Cela a eu de l'influence sur la radicalisation de certains Chiliens[1]. » Par la suite, Valenzuela Levi se rendit en Bulgarie pour suivre un stage d'entraînement dans des conditions réelles de combat. De là il rejoignit le Nicaragua et ensuite le Chili.

Entre la Stasi et les services secrets cubains, existait une forte

---

1. « *La historia inédita de los años verde olivo* ». *La Tercera* (documents spéciaux). Santiago du Chili, 2001.

inimitié, même si les agents est-allemands et castristes étaient amenés à collaborer dans différents endroits du globe, notamment en Angola. Les Allemands de l'Est se méfiaient des Cubains, beaucoup trop irresponsables à leur goût, trop indisciplinés, et dont les agissements étaient soumis aux désirs imprévisibles du *Líder Máximo*. Eux, se considéraient comme l'image du stalinisme pur et dur, en confrontation constante avec leurs compatriotes et néanmoins ennemis de l'Ouest. Toutefois, la Stasi pouvait parfois donner un coup de main à des collègues castristes, par le biais de renseignements fournis aux services de la sécurité personnelle de Castro en cas de déplacement de celui-ci à l'étranger. Les Cubains, pour leur part, fournissaient des informations aux agents de la Stasi, par exemple sur les caches d'armes en Amérique latine.

José Joaquín Valenzuela Levi, dirigeant du Front patriotique Manuel Rodríguez au Chili, profita sans doute de ces renseignements pour préparer son opération contre le dictateur chilien Augusto Pinochet. Elle échoua d'un rien.

Le 7 septembre 1986, un commando fortement armé, à bord de plusieurs véhicules, coupa la route au convoi qui escortait Pinochet vers l'une de ses résidences, située au pied des Andes, et ouvrit le feu sur les six voitures et les deux motos qui composaient le cortège. Le général attendit la fin de l'embuscade à l'intérieur de sa voiture blindée, que les assaillants ne parvinrent pas à détruire. L'attentat avait failli atteindre son but.

Malgré cet échec, le simple fait d'avoir tenté d'éliminer Pinochet contribua à affaiblir la dictature.

Le général chilien dut se résoudre à démissionner après un référendum sur son maintien au pouvoir, organisé en 1989, qu'il perdit du fait du rejet par la population chilienne d'un régime qui n'avait que trop duré et en raison d'une forte pression internationale.

Dans les camps d'entraînement cubains, pourtant, une vidéo de l'attentat du 7 septembre 1986 contre Pinochet servait comme l'exemple type d'une attaque mal exécutée. Simple jugement « technique » ou expression d'une divergence politique ? Les hommes du Front patriotique Manuel Rodríguez n'étaient pas inféodés au castrisme. Aux yeux des responsables de la DGI, cela disqualifiait automatiquement cette action.

Pourtant, l'écrivain Norberto Fuentes, un ex-dignitaire du régime aujourd'hui exilé à Miami, confident occasionnel de Fidel Castro et de García Márquez, qui préfaça son livre *Hemingway à Cuba*, a raconté dans un entretien au quotidien chilien *La Tercera*, publié le 8 janvier 2005, que, juste après l'attentat, il avait assisté, au cours d'un voyage officiel à Belgrade, à une mystérieuse conversation entre le ministre de l'Intérieur de l'époque, José Abrantes, et Fidel Castro, à propos précisément de l'attentat manqué. Fuentes ajoute que Castro « était obsédé par l'idée de tuer Pinochet. Il le répétait sans cesse. C'était un sujet que l'on discutait beaucoup à l'intérieur des milieux des Renseignements cubains ». Il indiqua aussi que Fidel Castro lui aurait confié soixante caisses de documents ultra-secrets à propos de cet attentat pour qu'il en fasse le récit, tâche qui ne fut jamais menée à bien.

Juan Vivés affirme que Norberto Fuentes n'a jamais pu détenir de tels documents. « Rien, dit-il, n'est jamais sorti des archives personnelles de Fidel Castro en ce qui concerne les grandes opérations. Ces documents sont conservés dans une chambre secrète située derrière le bureau de Castro. C'est un véritable bunker construit par les Nord-Coréens, prêt à exploser en cas de conflit ou d'invasion ou pour éviter que ces papiers ne tombent entre des mains ennemies. Je vois mal comment Fidel Castro aurait pu fournir des informations sur un attentat qu'il n'avait pas lui-même commandité. Je ne comprends pas non plus pourquoi il aurait décidé de rendre publics de tels faits. »

Un autre chef d'État était, en revanche, au courant des tenants et aboutissants de cet attentat : Erich Honecker, l'ancien secrétaire général du Parti communiste est-allemand, qui fut balayé par Mikhaïl Gorbatchev et le souffle de la *perestroïka*. Après sa démission, en octobre 1989, et la chute du mur de Berlin, le 9 novembre, il fut accusé de corruption et d'abus de pouvoir. Il chercha aussitôt refuge dans une base militaire soviétique. Ses anciens protecteurs lui accordèrent l'asile, tout en cherchant à s'en débarrasser. En 1991, il put rejoindre Moscou mais, là, il pénétra à l'intérieur d'une ambassade, comme un vulgaire fugitif, comme beaucoup de ceux qu'il avait autrefois fait emprisonner ou fusiller lorsqu'ils tentaient de quitter illégalement la RDA. L'ambassade en question n'était autre que celle du Chili.

L'année suivante, il fut remis aux autorités de l'Allemagne réunifiée. Du fait de son âge et de son mauvais état de santé, du fait aussi qu'elles n'avaient aucune envie de le juger, mais plutôt de tourner la page le plus rapidement possible, les autorités allemandes le laissèrent finir ses jours dans ce Chili dont il rêvait et où résidaient plusieurs membres de sa famille, notamment sa fille qui avait épousé un Chilien.

Pinochet n'était plus au pouvoir depuis deux ans. Toutefois, l'ancien dictateur militaire, nommé sénateur à vie pour pouvoir jouir d'une immunité parlementaire qui allait se révéler illusoire, gardait encore un contrôle absolu sur les forces armées. Il pouvait faire sortir les blindés dans la rue si une décision du nouveau gouvernement démocratique de Patricio Aylwin lui déplaisait, ce qu'il ne se priva pas de faire. L'ancien dictateur communiste est-allemand se trouvait ainsi, de fait, sous la protection des autorités démocratiques et de l'ancien dictateur de droite, que les militants communistes, formés par ses propres services secrets, avaient tenté d'assassiner. Honecker ne pouvait pas arriver au Chili les mains vides. Il amenait avec lui certains dossiers de la Stasi, notamment ceux où étaient notés les noms des agents, leurs lieux de résidence, les caches d'armes des réseaux dormants du Front patriotique Manuel Rodríguez, que même le Chili démocratisé cherchait à éliminer.

De bien étranges alliances se sont nouées après la fin de la guerre froide. Le vernis idéologique disparu, les points communs entre dictateurs de tous bords ont pu enfin être exposés à la lumière. L'un des plus surprenants est celui qui lie depuis longtemps Fidel Castro et Augusto Pinochet.

L'étrange mansuétude de Fidel Castro

La suite des rapports entre les deux dictateurs, symbolisant l'un la barbarie de droite, l'autre une « révolution romantique » de gauche, ne fut qu'une longue série de non-dits, de secrets inavouables et d'affinités troublantes. L'armée chilienne, qui pourtant connaît la vérité, n'a jamais voulu révéler les circonstances exactes de la mort de Salvador Allende. Craint-elle, en accusant Castro de la mort du président Allende, que le *Líder Máximo* se rebiffe en publiant des secrets compromettants ?

Le 18 octobre 1998, l'ancien dictateur chilien, soigné dans une clinique privée à Londres, fut placé en état d'arrestation suite au mandat d'arrêt international délivré par le juge espagnol Baltasar Garzón. Curieusement, l'un des seuls dignitaires latino-américains à ne pas s'en réjouir ouvertement fut, à la stupéfaction générale, Fidel Castro. Dans un article publié en octobre 1998 dans le quotidien *El País* de Madrid, l'écrivain péruvien Mario Vargas Llosa, qui fut d'abord partisan de la révolution cubaine avant d'en devenir l'un des critiques les plus acerbes, écrivait :

« L'une des très rares personnes à avoir reçu l'arrestation de

Pinochet sans aucune manifestation de joie, et même avec une certaine gêne, ce fut – de manière surprenante – Fidel Castro. (...) Sa déclaration prudente traduisait-elle une secrète inquiétude ? Le septuagénaire *Jefe Máximo* a-t-il craint un instant de se retrouver dans une situation semblable à celle que doit affronter le soudard chilien ? Je crains fort que cette belle perspective n'arrive jamais à se matérialiser.

« Car, depuis tant d'années que j'écris contre les régimes autoritaires, j'en suis arrivé à l'amère conclusion que nous sommes seulement une minorité à éprouver une répugnance identique envers toutes les dictatures, sans exception. Pour beaucoup de gens, en revanche, il y en a de bonnes et de mauvaises, selon l'idéologie qui les légitime. Pinochet est le méchant dictateur par antonomase. Fidel Castro, par contre, est le bon dictateur, celui dont les crimes sont excusés non seulement par ses partisans mais aussi par ses adversaires, qui préfèrent regarder ailleurs. »

Le *Líder Máximo* se trouvait alors à l'étranger, à Porto, pour participer à l'une des grandes rencontres annuelles des sommets ibéro-américains. Interrogé par les journalistes sur le cas Pinochet, il s'accorda avec l'opinion du président démocrate chrétien Eduardo Frei, fils de l'ancien président, qui fut l'irréductible adversaire de Salvador Allende durant l'Unité populaire. Tous deux affirmèrent qu'il s'agissait d'un « cas d'ingérence judiciaire ».

Chez Frei, cette réaction prudente se comprenait : il craignait de raviver les tensions soigneusement enterrées depuis le départ de Pinochet en 1990 et l'instauration d'un processus de transition démocratique au Chili. L'argumentation de Fidel Castro était plus obscure. Comprenant que sa première réaction avait semé le trouble, même parmi ses partisans les plus fervents, il se reprit et déclara que c'était là un « succès du Droit ».

L'ancien avocat Fidel Castro allait encore se contredire deux jours plus tard, en Espagne, à Mérida, où il dut répondre à nouveau aux questions des journalistes. Ce n'était plus du tout un « succès du Droit » :

« Du point de vue moral, l'arrestation et la sanction sont justes. Du point de vue légal, l'action est discutable. Du point de vue politique, je pense que cela va créer une situation compliquée au Chili, si l'on considère la forme selon laquelle s'est déroulé le processus politique dans ce pays. »

Castro craignait-il les possibles révélations du général Pinochet devant un tribunal, si un procès devait avoir lieu, surtout en Espagne ? Avait-il peur d'être victime de la même mésaventure que le dictateur chilien ? D'autant que les demandes en provenance d'exilés cubains victimes de son régime s'accumulaient sur le bureau du juge Garzón et sur ceux d'autres juges, en France, au Venezuela et en Belgique notamment.

Sur ce plan-là, cependant, Castro n'avait pas grand-chose à craindre. Garzón reconnut son impuissance face à lui dans un entretien accordé trois ans plus tard, en 2001, au quotidien de Saint-Domingue *Listín Diario* : « On ne peut entamer aucune procédure contre des chefs d'Etat en activité pour aucune sorte de délit. (...) Seul un tribunal international pourrait le faire. »

Toujours est-il, selon Garzón, que Castro, malgré tout, préféra raccourcir la durée de son séjour en Espagne et prendre l'avion pour Cuba, annulant une réunion prévue de longue date.

Le Commandant en chef ne pouvait, cependant, supporter qu'un juge puisse l'accuser d'avoir fui. Il répondit aux déclarations de Garzón dans un article publié dans *Granma* le 28 avril 2001 :

« Il faisait déjà nuit. Sincèrement, ce qui m'ennuyait c'était toutes ces autoroutes, toutes ces files de voitures, tous ces embouteillages et tout ce gaspillage de lumière et d'énergie qui s'abattent sur la capitale espagnole. Aussi je n'ai senti aucun désir de me promener dans les rues congestionnées de Madrid. De l'aéroport (...) je suis parti vers Cuba dans mon cher vieux Il62, confiant dans la technologie soviétique. »

Fidel Castro conclut tout de même par un clair avertissement à quiconque aurait l'idée de le faire asseoir sur le banc des accusés pour répondre de ses crimes ou pour éclaircir les relations obscures entretenues avec certains dictateurs de par le monde, notamment Pinochet : « Si un juge ou une autorité quelconque d'Espagne ou d'un autre pays de l'OTAN tentaient un jour de m'arrêter, en faisant usage de facultés extraterritoriales arbitraires et en violant des droits qui pour moi sont sacrés, ils doivent savoir par avance qu'il y aura combat, quel que soit l'endroit où ils tenteraient de le faire. Je crois en l'extraterritorialité de l'honneur et en la dignité de l'homme. »

Le vieux révolutionnaire répondait ainsi à tout tribunal qui oserait tenter de le faire juger selon le principe de la « compétence universelle ». Pourtant, depuis cet épisode, il préféra voyager moins ou se rendre pour de courtes périodes seulement en territoire ami, au Venezuela notamment, où il sait qu'avec son disciple Hugo Chávez il ne risque rien.

Si la mansuétude de Castro pour le dictateur Pinochet pouvait surprendre ceux qui ne connaissaient pas leurs relations à l'époque de l'Unité populaire de Salvador Allende, l'indulgence du régime castriste face à la dictature militaire argentine, responsable entre 1976 et 1983 de milliers de disparus, d'assassinats et de tortures, entrait dans une même logique de solidarité entre gouvernements forts.

Au cours de ces années, Cuba et l'Union soviétique ont systématiquement empêché l'adoption par l'ONU de résolutions condamnant les Juntes militaires successives pour violations des droits de l'homme. Cuba a même apporté son soutien, en 1982, à l'action armée de la Junte argentine visant à reconquérir les îles Malouines, qui demeurent colonie britannique. Le CADAL (Centre pour l'ouverture et le développement en Amérique latine), une organisation pour la défense des droits de l'homme en Argentine, a demandé officiellement au président Néstor Kirchner, en juin 2005, l'ouverture d'une enquête sur les liens entre l'ancienne dictature argentine et Fidel Castro.

SEPTIÈME PARTIE

LES LÉGIONS DE CASTRO

Bien que les tentatives d'exportation de la révolution cubaine aient connu de nombreux échecs en Amérique latine comme en Afrique, Fidel Castro va maintenir son cap. Il transforme, au cours des années 70, les guérillas ou les appuis armés aux expériences « progressistes » de gouvernement en Amérique latine en une véritable armée régulière. Celle-ci va prendre le relais, sous d'autres latitudes, à des milliers de kilomètres de distance de la zone d'influence cubaine. Désormais l'aire de jeu de Fidel Castro, c'est le monde.

La plupart des Cubains n'avaient jamais entendu parler ni de Cabinda, ni de l'Ogaden, ni de l'Erythrée. Une enclave, un désert, une région, devenus, par force, familiers dans tous les foyers, ressassés dans tous les discours, déclinés sur tous les tons autour des cartes d'état-major exposées à la télévision et dans les quotidiens du Parti et de la Jeunesse communistes. Mais, surtout, ressentis dans leur chair par toutes les familles qui y ont perdu un fils, un mari, un père. Castro, lui, suivra tous ces conflits depuis son bureau du palais de la Révolution.

L'épreuve du feu dans le désert

Quelques mois à peine après l'entrée des forces rebelles à La Havane, le nouveau pouvoir, encore balbutiant, réalise pourtant sa première mission internationaliste. Au mois de septembre 1959 des avions C46, qui avaient appartenu aux forces aériennes de Batista, larguent des armes au-dessus d'un foyer révolutionnaire au Nicaragua, avant d'atterrir sur une piste clandestine au Honduras. Au cours de cette même année, deux tentatives d'invasion, l'une au Panama, l'autre à Saint-Domingue, mal préparées et mal organisées par deux commandants de l'armée rebelle, se soldent par des échecs.

Les révolutionnaires cubains intervinrent à cette époque dans pratiquement tous les pays d'Amérique latine pour entraîner, armer, financer ou commander les guérillas. Les relations entre la révolution cubaine et le gouvernement démocratique en place au Venezuela, qui avait succédé à la longue dictature militaire de Marcos Pérez Jiménez, furent placées sous le signe de la tension, alors que les autorités vénézuéliennes avaient fortement contribué à la guérilla contre Batista, par l'envoi d'armes et d'argent. Mais le nouveau président Rómulo Betancourt refusa de suivre Castro dans son projet de révolution continentale. Aussitôt, celui-ci appuya à la fois les différentes guérillas antigouvernementales et diverses tentatives de soulèvement militaire, tout en envoyant un fort contingent expéditionnaire. Un important débarquement de guérilleros cubains eut lieu, sous le commandement de Raúl Menendez Tomasevich, contre le régime démocratique. Il fut rapidement mis en déroute, mais les guérillas se maintinrent au Venezuela pendant de longues années. L'insurrection au Venezuela fut vaincue, du fait de la répression gouvernementale et de la division entre communistes officiels, partisans de la lutte politique, et procastristes, qui impulsaient la lutte armée dans toutes ses variantes, guérillas et coups d'Etat. Arnaldo Ochoa y fit ses premières armes de guérillero « internationaliste ». Il réussit à quitter *in extremis* le Venezuela.

Mais la première véritable intervention de soldats de l'armée régulière cubaine, en dehors de la création de foyers de guérilla en Amérique latine, a lieu dans le désert du Sahara. Une intervention à la demande de la République algérienne nouvellement indépendante et avec l'accord bienveillant des Soviétiques.

Avant même que l'Algérie n'accède à l'indépendance, des tensions avaient surgi avec le voisin marocain à propos d'une zone du Sahara occidental que le royaume chérifien considère comme sienne. En 1963, un an après la signature des accords d'Evian, le gouvernement du Front de libération nationale (FLN), sous la direction d'Ahmed Ben Bella, sollicite l'intervention de troupes cubaines pour l'assister dans une brouille territoriale qui risque de dégénérer en un conflit armé. Le jeune Etat ne se sent pas encore en mesure de défendre seul ses frontières. Le litige porte sur un territoire d'environ mille cinq cents kilomètres carrés.

L'ambassadeur cubain en Algérie s'appelait Jorge Serguera, dit « Papito ». Il jouera un rôle de contact avec les révolutionnaires africains dans les aventures cubaines de la région et notamment dans la guérilla du Che Guevara au Congo. Auparavant, dès les premiers jours du triomphe des *barbudos* à La Havane, il avait officié comme procureur au sein des Tribunaux révolutionnaires dans la forteresse de La Cabaña, placée sous le commandement d'Ernesto Che Guevara. « Papito » Serguera envoya devant le peloton d'exécution des centaines d'hommes considérés comme des « sbires de Batista ». En réalité, sa mission se limitait à exécuter les ordres de Fidel et de Raúl Castro, ainsi que ceux du Che. Eux seuls décidaient de fusiller les uns ou de condamner à vingt ou trente ans de prison d'autres qui semblaient avoir eu plus de chance.

Juan Vivés se trouvait lui aussi en Algérie, plus précisément dans le Sud-Est algérien, en tant qu'officier de liaison, car il parlait français et disposait de nombreux contacts au sein du FLN. Manœuvrant à l'intérieur d'un tank soviétique, Vivés avait à ses côtés le secrétaire personnel de Houari Boumediene, un certain Abdelaziz Bouteflika (l'actuel président algérien), lorsqu'il reçut un message radio de Jorge Serguera lui demandant de rentrer d'urgence à Alger. A son arrivée dans la capitale algérienne, Vivés rejoignit le diplomate cubain derrière les murs calfeutrés d'une chambre secrète de l'ambassade, qui n'avait aucune fenêtre donnant sur l'extérieur, où les membres des services secrets cubains se réunissaient souvent pour tuer le temps en jouant aux dominos.

« Après avoir analysé la situation, j'ai accompagné "Papito" Serguera au siège de la présidence algérienne, précise Juan Vivés. Ben Bella avait souhaité nous voir afin que nous transmettions, de sa part, une demande d'aide à Fidel. Il parlait d'un ton calme, soupesant soigneusement chacun de ses mots. Il nous a alors proposé de rencontrer des représentants du Sahara espagnol qui étaient en lutte contre la puissance coloniale. J'avoue que ni "Papito" ni moi ne connaissions l'existence de ce territoire. Devant notre perplexité, Ben Bella nous dit : "Si les Cubains nous aident, ils peuvent aussi aider les Sahraouis." Nous nous sommes mis aussitôt en contact avec La Havane. Fidel Castro nous confia le soin de rencontrer les représentants des Sahraouis avec comme consigne de ne prendre d'engagement d'aucune sorte. La réunion eut lieu à l'ambassade de Cuba. Les Sahraouis nous ont fait part de la longue lutte de leur peuple contre les différentes dominations étrangères depuis plus de cent ans. Ils nous ont également expliqué que, dans les années 1957 et 1958, l'Espagne franquiste (même si Franco était peu fréquentable en public, pour des raisons d'hypocrisie internationale, certains n'hésitaient pas, sous le manteau, à conclure des accords avec lui), la France et le Maroc avaient monté une campagne conjointe contre eux, l'opération "Ouragan". »

Très vite, la demande de Ben Bella fut exaucée par La Havane. En quelques semaines, les Cubains formèrent un bataillon blindé de tanks soviétiques T45 et T34 datant de la Seconde Guerre mondiale. Des engins vétustes mais dont l'efficacité dissuasive face aux troupes marocaines allait faire merveille. Le transport de ces tanks fut assuré par les Soviétiques jusqu'au port d'Alger où les Cubains en prirent livraison.

Mais le bataillon cubain, d'environ six cents hommes, n'eut pas à livrer, à l'occasion de cette « guerre des sables », de véritables combats. Ils se limitèrent à de simples escarmouches qui se prolongèrent durant sept mois, tout au long de la frontière sud de l'Algérie. A la tête de cette première mission « internationaliste » se trouvait l'un des principaux combattants révolutionnaires de la Sierra Maestra, le commandant Efigenio Ameijeiras qui, en 1966, tombera en disgrâce, pour corruption et « vie dissolue ».

Une intervention militaire aux côtés des Sahraouis n'était pas une affaire simple. Elle impliquait deux Etats d'Europe occidentale, et pas des moindres : l'Espagne, avec laquelle le gouvernement castriste a maintenu de bonnes relations politiques et commerciales malgré la dictature franquiste, et la France.

« Nos services de renseignement et d'intelligence étaient alors loin de posséder la capacité qu'ils ont acquise au cours des années, dit Juan Vivés. Nous avons donc consulté nos collègues du KGB, qui nous ont communiqué une grande quantité d'informations sur la situation. L'ordre est alors arrivé de nous atteler à la création du Mouvement de libération du Sahara, le MLS, qui n'avait au départ qu'une structure politique et non militaire. Le Che ordonna que soit envoyé à Cuba un groupe de dirigeants sahraouis dans le but de les former au marxisme afin qu'ils deviennent de véritables cadres révolutionnaires. Il n'y avait pas de problème de langue, tous parlaient parfaitement l'espagnol. En revanche, le fait qu'ils soient de confession musulmane provoquait des tensions avec l'athéisme officiel prôné par la révolution cubaine. Pour détendre le climat, on mit en avant la théorie du "socialisme arabe" impulsée par Nasser en Egypte. Je dois reconnaître que les cadres sahraouis qui vinrent se former à Cuba étaient d'une qualité que peu d'apprentis révolutionnaires que nous recevions, et nous en avons reçu des centaines, pouvaient se targuer de posséder. »

Lorsque la nouvelle de la disparition, puis de la mort de Mehdi Ben Barka[1] à Paris en 1965 fut connue, Fidel Castro voulut se venger du roi du Maroc, Hassan II, qu'il accusa de ce crime. Il piqua alors une colère monumentale devant des officiers des Forces armées révolutionnaires, en hurlant : « Le Maroc sera terre de vengeance ! » Les Sahraouis devinrent pour lui le principal instrument de cette vengeance.

A partir de 1969, des manifestations anticolonialistes organisées par le Mouvement de libération du Sahara se multiplient avec l'appui et les encouragements du gouvernement castriste. La réponse de l'Espagne est immédiate. Des centaines de militants sahraouis sont jetés en prison, tandis que d'autres se réfugient en Algérie, près de Tindouf, sur le Hamada du Draa. La répression s'accentue après une nouvelle manifestation de masse organisée en mars 1970 durant laquelle Castro teste la détermination des Espagnols. Les légionnaires franquistes tirent sur les manifestants. Bilan : plus d'une centaine de morts. Fidel Castro en conclut que la voie pacifique n'est pas la bonne et se met à préparer la guerre. De nombreux camps d'entraînement sont installés à la hâte sur le territoire algérien avec le concours d'instructeurs cubains, tandis que les meilleurs cadres du mouvement continuent leur formation à Cuba.

Pour marquer le changement de ligne politique, le MLS se transforme alors en Front de libération de Saguia el-Hamra et Río de Oro, plus connu sous le nom de Front Polisario. Celui-ci est créé clandestinement le 10 mai 1973. Formé de jeunes militants nationalistes venus du Sahara, d'étudiants de Rabat, d'ouvriers et techniciens de Zourate, de Bou Craa et de pasteurs nomades, il décide à son premier congrès « la lutte armée comme moyen pour que le peuple arabe sahraoui africain puisse recouvrer sa liberté totale et déjouer les manœuvres du colonialisme espagnol ». El Ouali Moustapha Sayed en devient le secrétaire général. Le 20 mai 1973, la première opération armée est lancée contre le poste militaire espagnol d'El Kanga sous le regard intéressé d'un Castro qui continue, en sous-main, à armer les rebelles du désert. Ceux-ci font, dès lors, de fréquents allers-retours à La Havane pour rencontrer Osmany

---

1. Mehdi Ben Barka fut enlevé à Paris le 29 octobre 1965, alors qu'il sortait de la brasserie Lipp. Dirigeant de l'Union nationale des forces populaires (UNFP), nationaliste, il fut le principal opposant à Hassan II après avoir été le précepteur de celui-ci.

Cienfuegos, l'un des principaux responsables de la Tricontinentale et proche de Castro. L'objectif des Cubains est à la fois d'être des alliés incontournables d'un mouvement qui a la sympathie des pays arabes « progressistes », de lorgner sur ses matières premières – les sous-sols du Sahara contiennent, outre d'énormes réserves de pétrole et de gaz, du manganèse, de l'uranium et du cuivre – et d'enfoncer un coin dans le flanc de l'OTAN.

Le Maroc et la Mauritanie concluent, en octobre 1974, un accord secret pour se partager le Sahara espagnol et ses fabuleuses richesses. Un an plus tard, le 6 novembre 1975, le roi Hassan II lance la « marche verte » : trois cent mille hommes envahissent le Sahara occidental, drapeau marocain et Coran à la main. L'Espagne, fragilisée par l'agonie de Franco, signe, en dépit de ses engagements à organiser un référendum d'autodétermination, les accords de Madrid et cède le nord et le centre de sa colonie au Maroc, le sud à la Mauritanie. L'ancienne métropole préfère laisser entre les mains du royaume alaouite son ancienne colonie en se réservant la possibilité d'en exploiter les richesses naturelles, plutôt que d'assumer ses responsabilités en menant à bien une indépendance ordonnée.

La guerre s'installe.

Après la légitimation du Front Polisario par les non-alignés à la demande de Fidel Castro, les contacts entre Cubains et Sahraouis deviennent permanents. L'aide que La Havane apporte aux rebelles du désert est d'ordre militaire (entraînement et armement) mais également humanitaire (médicaments et aliments). En juin 1977, Raúl Castro, entouré entre autres de l'amiral Aldo Santamaría et de plusieurs membres des services cubains de renseignements, rencontre pour une longue session de travail à Alger les dirigeants sahraouis Brahim Gal et Habib Hallah, en présence de représentants du ministère algérien de la Défense. Un accord privé de coopération militaire est signé entre les trois parties, accord qui prévoit un ravitaillement en matériel militaire par voie maritime, l'entraînement par les Cubains sur la base de Mers el-Kebir d'un millier de Sahraouis et l'utilisation de la 2e région militaire algérienne comme base centrale[1].

Plusieurs bâtiments de la flotte de pêche cubaine stationnent dans les ports des îles Canaries afin d'envoyer des armes et des hommes à la guérilla. Le 11 décembre 1980, des garde-côtes maro-

---

1. Juan F. Benemelis : *Las guerras secretas de Fidel Castro*. Miami, Fundación Elena Mederos, 2002, p. 239.

1971. La photo n'est pas banale. Augusto Pinochet, à la suite de cette rencontre, deviendra l'homme de La Havane au Chili. Quelques jours avant le putsch du 11 septembre 1973, il se retournera contre Castro qui lui avait permis de devenir commandant en chef de l'armée de terre chilienne. © D. Goldberg/Camera Press

Décembre 1971. Fidel Castro est au Chili pour faire comprendre au docteur Allende qu'il faut impérativement radicaliser son régime. © Keystone-France

Août 1973. Moins d'un mois avant le coup d'Etat tragique, Salvador Allende s'entretient avec le général Pinochet en qui il dit avoir une entière confiance. © AFP

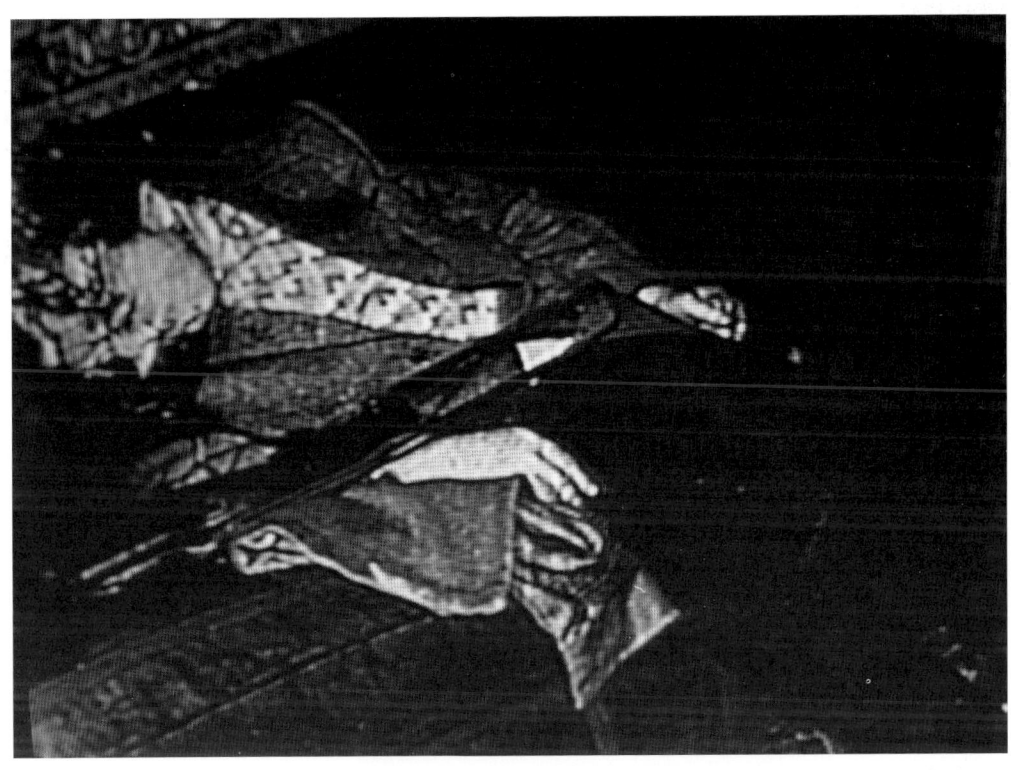

Le corps du président Allende le jour de sa mort, le 11 septembre 1973. Le fusil avec lequel il se serait tiré une rafale dans la tête… simplement posé sur lui. Une posture qui laisse planer de nombreux doutes concernant la thèse de son suicide. © IMA. Vu

Novembre 1974. Fidel Castro restera un inconditionnel de la cause palestinienne et de Yasser Arafat jusqu'à la mort de ce dernier. © AFP

En 1978, Fidel Castro tisse des liens avec Saddam Hussein dans le but de profiter du pétrole irakien, en échange d'un transfert de technologies de laboratoire. © Matar/Sipa

L'ex-président iranien Khatami en visite à Cuba, en 2001. Il est venu renforcer la coopération commerciale de Téhéran avec La Havane et connaître ses avancées en matière d'enrichissement d'uranium.
© Farnood/Sipa

Castro et son fils spirituel Hugo Chavez. Le président vénézuélien a mis les pas dans ceux de son aîné cubain dans le but de devenir le nouveau Bolivar de l'Amérique latine.
© P. Ruiz/Gamma

Cette photo du procès du général Ochoa est tirée du film d'actualités de la télévision cubaine. Avec Tony de La Guardia et Amado Padrón, Ochoa sera fusillé en juillet 1989 sans que le régime lui laisse la possibilité de faire la preuve de son innocence. © AFP

C'est à partir de cette base de Bejucal construite par les Chinois que le régime castriste capte les signaux électroniques du monde entier, et notamment des États-Unis. © Manuel Cereijo

Le temps paraît long pour Raúl Castro, l'impopulaire chef des Forces armées révolutionnaires et successeur officiel de son frère Fidel. Mais cinq ans, à peine, séparent les deux hommes.
© S. Creutzmann/Gamma

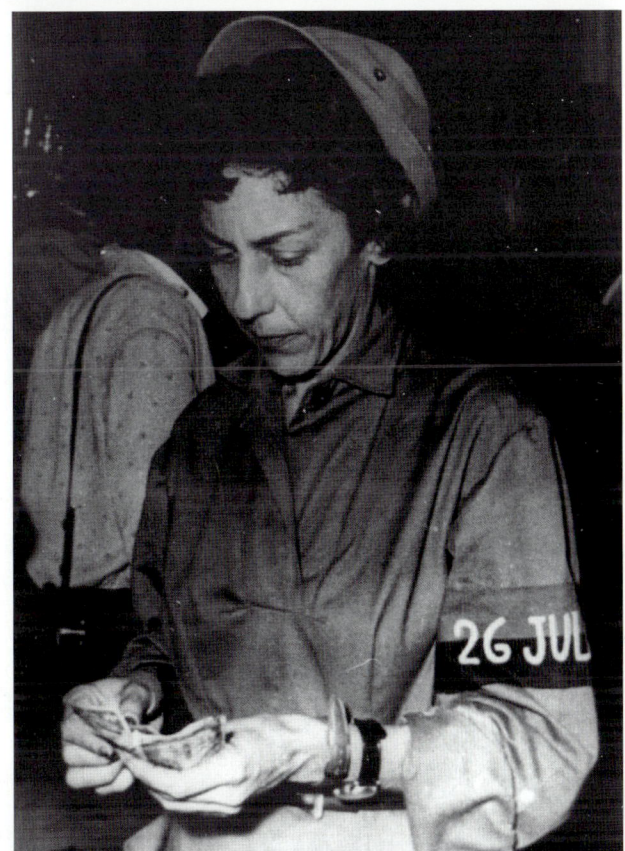

Celia Sanchez, la seule femme du régime qui fut jusqu'à sa mort, en 1980, capable de parler d'égale à égal avec Fidel Castro. C'est elle qui décide d'abattre le U2 américain en 1962. Sur cette photo, elle porte le brassard noir et rouge du Mouvement du 26 juillet. © coll. part.

L'ex-agent secret Juan Vivès, le véritable auteur de la photo du Che, le cliché le plus célèbre du monde. Il en a abandonné la paternité à Alberto Korda lorsque celui-ci se réfugia en France en 1979. © A. Ammar

cains arraisonnent à l'intérieur de leurs eaux territoriales le navire cubain *Golfo de Tonkín* en provenance de Guinée, transportant des équipements de communication qui suivaient à la trace les mouvements de troupes marocaines en campagne contre le Front Polisario.

L'Armée de libération populaire sahraouie, bras armé du Front Polisario, mène dès lors des raids rapides et de courte durée contre des objectifs limités au Maroc et en Mauritanie. Cette guérilla de harcèlement depuis les territoires algérien et libyen déstabilise le gouvernement mauritanien, qui renonce à la zone convoitée et signe un accord de paix avec les Sahraouis.

Le Maroc ne cède pas.

Le général Dlimi érige un mur fait de miradors, de tranchées et de champs de mines, destiné à protéger les Marocains des incursions du Polisario. Les Américains leur livrent des kilomètres de câble électrique de détection, des jeeps Toyota et des mitraillettes automatiques de marque Browning.

Fidel Castro, jouant aux apprentis sorciers, a fortement contribué à déclencher un conflit sans fin, tout comme il le fera en Angola quelques années plus tard. Son but, comme celui des Soviétiques, est de s'inviter dans des parties du monde où l'instabilité peut permettre l'introduction de mouvements révolutionnaires. Mais plus spécialement, dans le cas du Sahara, pour faire mordre la poussière au roi du Maroc, que Castro considérait comme un ennemi personnel.

Cuba a également marqué sa « solidarité » à l'égard des enfants sahraouis, en accueillant des centaines d'entre eux dans des écoles situées au centre de l'île de la Jeunesse, anciennement île des Pins. Un territoire expérimental où des milliers d'enfants et d'étudiants étrangers, principalement africains, sont accueillis dans d'immenses écoles, construites à quelques kilomètres l'une de l'autre. Ils y grandissent loin de leurs familles et doivent, en alternance, travailler dans des plantations d'agrumes et apprendre à devenir de bons révolutionnaires.

Un journaliste du quotidien suisse *La Tribune de Genève*, Antoine Maurice, rapporte dans l'un de ses articles en septembre 2003 le calvaire qu'ont enduré ces enfants, garçons et filles. Un calvaire souligné par le témoignage poignant de l'une d'entre elles : Fatima Mansour. Elle fut retirée à sa famille par les indépendantistes sahraouis à l'âge de 12 ans, pour être envoyée avec six cents autres enfants sahraouis à Cuba sur un vieux rafiot soviétique.

« Les autorités du Polisario qui organisent ce voyage, écrit le journaliste, racontent n'importe quoi aux enfants, qu'ils partent pour de grandes vacances, pour échapper au sort rude des combattants. On leur assure qu'ils reviendront régulièrement chez eux, mais à aucun moment on ne leur parle de séparation. »

En fait, Fatima va vivre douze ans avec ses camarades d'exil à Cuba dans un internat de l'île de la Jeunesse. Ils sont d'abord quelques centaines puis, au fil des années, ils deviendront des milliers, regroupés dans des établissements spéciaux. Fatima avait 25 ans lorsqu'elle a pu retourner à Tindouf avant de fuir au Maroc qui l'a accueillie comme une enfant perdue. Elle n'en veut pas à Cuba, dit-elle, mais elle enrage en pensant à tous ces jeunes, arrachés à leur terre.

Cette histoire a été occultée durant plus de vingt ans. Aujourd'hui les témoignages affluent :

« Lorsque je suis arrivée à Cuba, se souvient Maoulainine Saadani, il y avait plus de huit cents enfants venus du Sahara, mais aussi des petits Africains. On nous interdisait tout contact avec eux. Le matin nous poursuivions des études et le soir des responsables du Polisario nous faisaient travailler dans des champs. Celui qui rechignait au travail recevait des coups, il était châtié durement et devait s'acquitter de sa tâche même s'il devait y passer la nuit. Pour ma part, j'ai décroché un diplôme qui m'a été remis par Fidel Castro en personne en 1999. J'ai pu retourner à Tindouf, en 2002, en passant par Alger, afin de témoigner du sort subi par les enfants déportés à Cuba. Personne, là-bas, n'a voulu m'écouter. »

Des organismes internationaux ont également dénoncé l'envoi des enfants sahraouis vers Cuba. Le Haut comité pour les réfugiés de l'ONU en a dénombré plusieurs milliers ; Marie-Françoise Mirot et Francine Henrich au nom de l'UNESCO se sont rendues sur place, à Cuba, en 2003 : « Dès leur arrivée sur l'île, raconte Marie-Françoise Mirot, les frères et sœurs déportés sont séparés avant d'être envoyés sur l'île de la Jeunesse où ils se retrouvent dans des baraquements spécifiques. Outre l'endoctrinement et l'instruction militaire, ces enfants sont exploités par la "mafia cubaine" comme main-d'œuvre, dans les champs de canne à sucre et les fabriques de cigares[1]... »

Lors d'une réunion entre responsables cubains et marocains à Marrakech, en 1999, la délégation cubaine s'est justifiée en invo-

---

1. Cf. document rédigé pour l'UNESCO par Marie-Françoise Mirot, présidente du groupe « Petites filles », Paris, 2003.

quant un acte de solidarité et d'humanité, et a plaidé en faveur d'un rétablissement de ses liens diplomatiques, rompus depuis les années 70, avec Rabat. En fait les Cubains ont parfaitement conscience qu'ils ont aidé et participé à un chantage : pour maintenir les combattants dans les camps, les dirigeants du Front Polisario envoyaient leurs enfants à Cuba avec promesse de retour, à condition qu'ils restent sur place et continuent à se battre à leurs côtés.

Les Sahraouis n'ont toujours pas obtenu leur indépendance. Les tentatives de négociation ont toutes échoué, du fait de l'intransigeance du Maroc qui veille sur les richesses du désert, mais également de l'inflexibilité des indépendantistes, et ce malgré les efforts répétés de l'ancien secrétaire d'Etat de George Bush père, James Baker, principal négociateur du plan qui porte son nom, dont l'objectif est toujours de mener à bien l'autodétermination des populations du Sahara occidental.

L'arc intégriste du Sahara

Au début du mois d'avril 2004 Aymeric Chauprade[1], professeur de géopolitique à la Sorbonne, directeur des études à l'Ecole de guerre de Paris, surprend son auditoire de l'université de Genève. Il affirme que le Front Polisario serait en train de basculer dans l'islamisme radical et le terrorisme, sous la pression de l'arrivée dans ses rangs d'une nouvelle génération de militants imprégnés d'intégrisme. Le Polisario serait donc devenu une sorte de base arrière des réseaux islamistes dont cinq à six cents vétérans d'Afghanistan seraient installés dans ce qu'il est convenu d'appeler « les zones grises du Sahara ». Or le Polisario est un mouvement séparatiste dont l'origine remonte aux années 60. Un mouvement sur le berceau duquel le Che Guevara s'est penché, un mouvement initialement marxiste-léniniste, qui n'a jamais rompu ses liens avec La Havane malgré sa mutation vers l'intégrisme musulman. La preuve étant les milliers d'enfants sahraouis déplacés à Cuba sur l'île de la Jeunesse afin qu'ils soient élevés dans la foi et la ferveur révolutionnaires.

« Les Cubains ne sont pas des naïfs, insiste Aymeric Chauprade. En acceptant la responsabilité de maintenir sur leur territoire environ dix mille enfants sahraouis, ils aident leurs alliés du Front Poli-

---

1. Entretien avec l'un des auteurs, Paris, mai 2005. Aymeric Chauprade est également rédacteur en chef de la *Revue française de Géopolitique*.

sario. Une aide qui se poursuit jusqu'à aujourd'hui : jamais les liens entre La Havane et les rebelles sahraouis n'ont été rompus. Il y a une continuité qui a survécu à la guerre froide. Les rencontres entre des membres des Forces armées révolutionnaires et du Polisario sont permanentes et s'effectuent via l'Algérie dans les camps de Tindouf, à l'écart des regards indiscrets. Castro afin de briser son isolement international a conservé tous ses contacts avec ses anciens partenaires et continue notamment à aider le Front Polisario même si celui-ci s'est radicalisé en s'islamisant. La Havane, qui veut maintenir ses cartes et ses liens avec des "abcès de fixation" sur lesquels elle peut peser à tout moment, n'hésite pas à prodiguer des conseils logistiques, à fournir de l'armement et des instructeurs et à permettre à des hommes qui s'appuient sur le Front Polisario de profiter des réseaux cubains pour s'infiltrer et s'implanter en Europe ou aux Etats-Unis, selon des membres des services de renseignements français et marocains. Par ailleurs lorsqu'un rapport de l'organisation France-Libertés, dirigée par Danielle Mitterrand, a mentionné les maltraitances infligées aux prisonniers marocains, le Polisario a indiqué que quatre cents hommes entre 30 et 50 ans étaient encore incarcérés. Or le gouverneur du Sud marocain, Rachid Erghibi, affirme qu'il y a actuellement entre deux et trois mille combattants marocains disparus qui seraient en détention quelque part en dehors des camps de Tindouf. S'ils ne sont pas dans les geôles sahraouies, ni dans celles des Algériens, où sont-ils ? Pour des raisons diplomatiques et de stratégie politique les Marocains ne veulent pas aujourd'hui poser cette question aux responsables du régime castriste. »

A la mi-janvier 2004 un agent actif du Polisario, Baba Ould Mohamed Bakhili, est arrêté par les services de sécurité mauritaniens en flagrant délit de vol de grandes quantités d'explosifs dans les dépôts de la Société nationale mauritanienne de l'industrie minière (cent cinquante-trois bouteilles de produits très inflammables et douze kilomètres de fil que l'on utilise pour les explosions télécommandées).

Ce genre de matériel sert, selon les experts, à fabriquer des bombes à usage terroriste et n'est pas ou peu utilisé par les guérillas ou les forces militaires classiques. Le Polisario avait-il l'intention de passer à l'acte ou cherchait-il à vendre ces produits à des groupes radicaux islamistes présents dans les régions frontalières poreuses du Grand Sahara ? Aymeric Chauprade explique que depuis quelques années un certain nombre de mouvements identitaires locaux ou séparatistes, qui avaient du temps de la guerre froide adopté le marxisme-léninisme comme idéologie transnationale, changent de référence idéologique et optent pour l'islamisme radical. Un islamisme qui, en quelque sorte, constitue la nouvelle idéologie révolutionnaire transnationale contestant l'ordre mondial et l'hégémonie des grandes puissances capitalistes.

La mutation du Polisario s'inscrit dans ce cadre. En raison d'une impuissance politique et militaire croissante et surtout de l'arrivée de nouvelles générations imprégnées d'islamisme lors de leur passage dans les universités algériennes. « On peut parler, poursuit Aymeric Chauprade, d'une évidente complémentarité entre des franges du Polisario (la nouvelle génération intégriste), le Groupe salafiste pour la prière et le combat (GSPC) – la plus importante organisation islamiste radicale algérienne qui s'est illustrée dans des trafics d'armes et l'enlèvement de touristes européens – et des éléments islamistes radicaux, essentiellement des vétérans d'Afghanistan à la recherche de relais. Plusieurs centaines d'entre eux sont arrivés après la chute des Talibans dans cette zone que j'appelle l'arc intégriste du Sahara et qui s'étend du Sud marocain et algérien au nord du Tchad en passant par les confins du Mali, du Niger et de la Mauritanie. Certains faits attestent indirectement de l'existence de telles relations. Bien évidemment les Etats-Unis profitent de la lutte contre l'islamisme radical pour accroître leur influence dans cette région. Il y a donc le prétexte, mais la réalité est incontournable. Une réalité qui préoccupe tous les pays de la zone autant que la France et les Etats-Unis. »

La reconversion serait plutôt lente et progressive, du type de celle suivie par la ville de Tidal dans le nord du Mali, ancien fief du mouvement touareg de libération nationale. Cette cité est aujourd'hui la plaque tournante de trafics d'armes et de voitures volées, ainsi que de candidats à l'émigration clandestine, tout en étant un fief du prosélytisme islamiste radical. Des photos d'Oussama Ben Laden sont affichées aux quatre coins des rues et dans toutes les devantures de boutiques. Une évolution identique semble en cours au sein du Polisario. Il est impossible de dire si ce mouvement est entièrement devenu une filiale d'Al Qaïda, mais on peut imaginer que si le problème du Sahara occidental n'est pas réglé, il le deviendra implicitement. D'autant qu'il est d'ores et déjà assez facile, pour des réseaux islamistes radicaux qui possèdent de l'argent, d'acheter des complicités et de faire de ces zones leur base de repli.

En juillet 2003, le *New York Times* publiait les déclarations du général de l'armée de l'air Jeffrey B. Kohler : « Ce que nous ne voulons pas en Afrique, c'est un autre Afghanistan, un cancer se développant au milieu du désert. »

Quelques mois plus tôt, en février 2003, trente-deux touristes européens étaient enlevés par le Groupe salafiste pour la prédication et le combat, le GSPC.

Au milieu du mois de janvier 2004 l'étape du rallye Paris-Dakar qui devait passer au Mali est annulée en raison de risques terroristes. Risques signalés par les services français de renseignements.

Israël : de l'admiration à la haine

Après l'établissement des relations diplomatiques avec Israël en 1959, les relations entre Cuba et l'Etat hébreu s'étaient développées dans un esprit de confiance. Castro avait même décrété un deuil officiel de trois jours dans l'île à la mort du président israélien Yitzhak Ben Zvi en 1963, ce qui avait provoqué une protestation du président algérien Ahmed Ben Bella. Celui-ci avait du coup annulé la visite prévue de Castro en Algérie. La coopération entre Cuba et Israël était importante dans le domaine économique. La production d'agrumes, favorisée par des méthodes d'irrigation éprouvées, et de poulets s'était développée grâce au travail des ingénieurs agronomes israéliens, pour la plupart issus des kibboutz, qui allèrent travailler dans l'île, envoyés par l'Association d'amitié Israël-Cuba, créée en 1964.

Les deux pays partageaient aussi le sentiment d'être en « état de siège » et une volonté résolue de peser, malgré leur taille réduite et leur faible population, sur le destin du monde.

C'est au cours de la conférence de création de la Tricontinentale, célébrée en janvier 1966[1], que la position castriste commence à évoluer dans un sens hostile à Israël. Plus tard, dans son message apocalyptique à la Tricontinentale (publié alors que lui-même se trouve déjà en Bolivie) au cours duquel il appelle à la création « de deux, trois, de nombreux Vietnam », Che Guevara prend parti en faveur des « pays progressistes de la zone » du Moyen-Orient contre Israël, « appuyé par les impérialistes ».

L'armée et les services secrets cubains avaient pourtant une grande admiration pour le Mossad et Tsahal, notamment après la victoire éclair dans la guerre des Six-Jours de juin 1967. Le principal porte-parole du régime à l'époque (et l'un des possibles succes-

---

1. Edouard Sablier : *Le Fil rouge, op. cit.*, p. 166-167.

seurs des frères Castro aujourd'hui, ce qui démontre sa longévité politique et sa capacité d'adaptation à toutes les volte-face), Ricardo Alarcón, alors ambassadeur permanent à l'ONU, dénonce « l'agression armée contre les peuples arabes » et « l'attaque surprise à la manière nazie ». Mais Castro lui-même déclare à K. S. Karol, du *Nouvel Observateur*, en 1967 : « Les vrais révolutionnaires ne menacent jamais d'exterminer un pays entier. » En fait, Cuba hésite entre la position de généraux de l'armée, plutôt favorables à Israël, et les instances politiques, qui poussent à la rupture des relations diplomatiques à l'instar de l'Union soviétique et des « pays frères », ainsi qu'à un engagement croissant aux côtés des pays arabes. Malgré son admiration initiale, Fidel Castro finira par rentrer dans le rang et participera par tous les moyens, notamment la propagande et l'action militaire, au combat contre le « sionisme ».

A partir de 1973, Cuba officialise son soutien aux mouvements palestiniens, avec lesquels les responsables cubains maintenaient des contacts secrets depuis de longues années. Le point d'orgue de ce nouvel engagement, c'est la visite à Cuba de Yasser Arafat, reçu avec tous les honneurs en novembre 1974. C'est l'année où le chef de l'OLP commence à jouir d'une reconnaissance internationale, après son discours prononcé devant l'Assemblée générale des Nations unies à New York, au cours duquel il brandit un rameau d'olivier, pendant que dehors les manifestants, séparés par d'importants cordons de police, s'affrontent à coups de slogans entre partisans et adversaires du leader palestinien.

A Cuba, en revanche, la quasi-totalité des membres du Bureau politique du Parti et du gouvernement sont là pour accueillir, au pied de la passerelle, Yasser Arafat coiffé de son éternel *keffieh*. Le leader de l'OLP et Fidel Castro lèvent les bras en signe de victoire et se prennent par la main. Castro décore son hôte de la médaille de *Playa Girón* (la Baie des Cochons), l'une des plus importantes distinctions honorifiques de la révolution. Le pacte est scellé. D'autres responsables palestiniens, rivaux d'Arafat, tels George Habbache ou Nayef Hawatmeh, feront eux aussi le voyage de La Havane. Et, là aussi, les paroles seront suivies de gestes concrets, en matière d'entraînement, d'armement, d'envoi d'hommes, aussi bien à Cuba que dans l'ensemble du Moyen-Orient. Un échange fructueux : les Palestiniens s'entraînent à Cuba tandis que des Cubains sont présents dans les camps palestiniens, surtout au Liban. Des guérilleros latino-américains, des Nicaraguayens sandinistes, des Salvadoriens du Front Farabundo Martí de libération nationale et bien d'autres se mêlent à ces entraînements et participent ponctuellement à des opérations de guérilla ou de sabotage.

Cuba n'aura de cesse, désormais, de condamner Israël dans tous les forums internationaux, parrainant la résolution « Sionisme égal racisme » présentée à l'Assemblée générale des Nations unies en 1975. En 1977, Castro accuse même Israël de génocide envers les Palestiniens, « un génocide », dit-il, semblable à celui que « les nazis exercèrent contre les Juifs ». A l'intérieur de l'île, les journaux rivalisent en outrance propagandiste, présentent souvent des caricatures qui juxtaposent l'étoile de David et la croix gammée. C'est d'ailleurs le dessin de couverture d'un livre, publié en espagnol en 1988 par l'Organisation de libération de la Palestine par les soins des éditions de l'Etat cubain, et qui a pour titre *L'Autre Visage : La vérité sur les relations secrètes entre le nazisme et le sionisme*. Son auteur ? Le docteur Mahmoud Abbas (alias Abou Mazen), qui est devenu à la mort de Yasser Arafat en octobre 2004 le nouveau président, considéré comme « modéré », de l'Autorité palestinienne. Le livre sera distribué à grande échelle. Il s'agit de la thèse de doctorat de Mahmoud Abbas, soutenue dans une université soviétique. Son auteur en reniera, plus tard, aussi bien le contenu que le titre. D'autres ouvrages du même genre, tout aussi virulents, suivront, parmi lesquels celui de Domingo Amuchástegui, plus sobrement intitulé *Palestine : les dimensions d'un conflit*[1].

Nous avons rencontré Domingo Amuchástegui, ancien lieutenant-colonel des services cubains d'intelligence, très proche, aujourd'hui encore, des plus hautes sphères du pouvoir à Cuba, particulièrement du clan lié à Raúl Castro, bien qu'il ait quitté l'île en 1994 pour résider à Miami. Il revient ainsi sur la politique cubaine de l'époque, en tentant d'établir d'étranges points de convergence entre Cuba et Israël : « Les Cubains de l'intérieur, à l'époque, et les Israéliens, nous nous comprenions très bien sur le rôle que nous avions à jouer. Ils n'ont jamais créé de graves problèmes ni pour l'entraînement des forces palestiniennes dans les camps de Jordanie, ni pour l'aide apportée au Liban, ni pour l'entraînement de guérilleros latino-américains au Liban, ni pour la présence des forces régulières cubaines en Syrie[2]. »

En fait, le relatif silence du gouvernement israélien s'explique par

---

1. Robert M. Levine : *Tropical Diaspora. The Jewish Experience in Cuba*. Gainesville, University Press of Florida, 1993, p. 267-268 et note 116, p. 352.
2. Entretien avec les auteurs, Miami, mai 2004.

deux facteurs : des investissements importants, notamment dans le secteur touristique, et la volonté de faire émigrer en Israël ce qui reste de la communauté juive, forte de près de douze mille âmes avant la prise du pouvoir par Castro, réduite à quelques centaines de personnes aujourd'hui. Les autorités israéliennes organisent, à intervalles réguliers, en vertu d'un accord secret avec les autorités castristes, le départ de ces *Jewbans* – contraction des mots « Juifs » et « Cubains » – vers Eilat, sur les bords de la mer Rouge, avec escale à Paris. En même temps, les membres restants de la communauté juive de La Havane, avec l'aide des Juifs cubains émigrés pour la plupart à Miami ou à New York, restaurent la grande synagogue de la capitale de l'île[1] et supportent comme ils le peuvent ce déferlement de propagande.

Sur les hauteurs du Golan

Avant d'engager massivement ses troupes en Afrique, Castro a besoin d'un banc d'essai grandeur nature. Ce sera la Syrie. Une intervention masquée, presque anonyme. Personne n'est mis au courant de la nouvelle « épopée » des soldats cubains en terre étrangère, en cette fin d'année 1973.

Ce n'est que le 22 décembre 1975, dans son discours au premier congrès du Parti communiste de Cuba, que le *Líder Máximo* reconnaît publiquement l'intervention d'une armée régulière cubaine aux côtés de plusieurs centaines de conseillers soviétiques et des dizaines de milliers de fantassins de Hafez El Assad : « Ce n'est un secret pour personne que, à un moment de danger et de menaces pour la République de Syrie, nos hommes sont allés en Syrie. »

Il y fait allusion également dans un entretien accordé à l'hebdomadaire italien *Epoca* du 15 janvier 1978. Dans un autre discours prononcé le premier mai 2003, c'est-à-dire près de trente ans plus tard, il revient sur ce fait d'armes : « Le personnel complet d'une brigade de tanks monta la garde, à la demande de la nation arabe de Syrie, entre 1973 et 1975, face aux hauteurs du Golan, lorsque cette partie de son territoire fut injustement arrachée à ce pays. » Pourtant, cette aide militaire à la Syrie, officiellement accompagnée de l'envoi de deux autres brigades, de « médecins » cette fois, est demeurée peu connue, malgré les protestations officielles de Shi-

---

1. Cf. Richard Pava : *Les Juifs de Cuba 1492-2001*. Nantes, Editions du Petit Véhicule, 2002, p. 117-119.

mon Peres, alors ministre israélien de la Défense, comme si aucun des camps en présence n'avait eu intérêt à la divulguer.

En septembre 1973, au cours de la quatrième conférence à Alger des pays non-alignés, le colonel libyen Muammar Kadhafi demande que Cuba soit exclu du mouvement du fait de son soutien affirmé aux positions soviétiques. Piqué au vif, Fidel Castro réagit, à la grande surprise de ses propres diplomates, y compris de son ambassadeur à Tel-Aviv, en annonçant, une heure avant la clôture de la conférence, la rupture de ses relations diplomatiques avec Israël. Aussitôt, Kadhafi se précipite dans ses bras, suivi de près par le leader de l'Organisation de libération de la Palestine, Yasser Arafat. C'était la première rencontre entre Arafat et Castro.

Très vite, le Commandant en chef joint le geste à la parole. Les préparatifs d'une action militaire vont bon train à La Havane. Quelques jours plus tard, le 6 octobre, éclate la guerre du Kippour. Le quotidien du Parti, *Granma*, titre en première page : « La barbarie sioniste en Syrie ». Les troupes cubaines ne pourront pas être au rendez-vous de la guerre du Kippour mais elles seront présentes lors des affrontements d'arrière-garde.

Pendant des mois, au cours de l'automne 1973, des conseillers militaires cubains forment l'armée syrienne, dont les officiers n'avaient pas les connaissances requises, notamment en mathématiques et en géométrie, à l'usage du matériel d'artillerie fourni par les Soviétiques : canons automoteurs SAO100, tanks T34 et T55, mortiers de 120 mm, canons antitanks de 57 mm, canons de 156 mm, lance-rockets BM 22 (les redoutables Katiushkas ou « orgues de Staline ») et autres. « Il y a eu aussi, explique Juan F. Benemelis, un système de constructions défensives. Le Golan était, ou est encore, car tout cela est demeuré en l'état, percé de corridors souterrains. » Les conseillers soviétiques et cubains travaillent main dans la main. « Le squelette nécessaire à une intervention massive est alors formé. Il ne reste plus qu'à le recouvrir d'hommes [1]. »

Les troupes castristes, fortes d'environ quatre mille deux cents soldats, s'installent au pied des hauteurs du Golan, au cours de la « guerre d'usure » qui durera de février à mai 1974, tandis que l'une de leurs brigades est chargée d'assurer la défense de Damas. Ces hommes affrontent, dans des combats sporadiques, les troupes israéliennes qui constatent avec étonnement la précision des tirs et l'âpreté des affrontements, loin de l'amateurisme des armées arabes.

---

1. Juan F. Benemelis : *op. cit.*, p. 155-157.

Des interprètes palestiniens, formés militairement à Cuba, servent de relais entre l'armée syrienne et les Cubains. Les services de renseignements israéliens interceptent de nombreuses conversations en espagnol. Le général Moshe Dayan, aussitôt averti, dénonce, dans un message télévisé le 31 mars 1974, la présence des soldats cubains engagés sur le Golan[1].

Le ministre cubain de la Défense, Raúl Castro, entreprend, en septembre 1974, une tournée d'inspection de ses troupes en Syrie, accompagné par Hafez El Assad. Il remet des décorations aux troupes « internationalistes » présentes sur le sol syrien.

Juan Vivés a pu rendre visite à un certain nombre de brûlés graves, des conseillers militaires pour la plupart, soignés à l'hôpital Piti Fajardo de La Havane, en provenance de Syrie. « Il est très difficile d'évaluer les pertes cubaines, dit-il. Fidel pense qu'avouer ses pertes constitue un signe de faiblesse. C'est pour cela que, lorsqu'il s'avance à donner des chiffres, ils sont souvent fantaisistes. »

Parmi les actions les plus meurtrières pour les militaires cubains, Juan Vivés signale l'explosion, sur une mine antichar, d'un canon sur roues SAO100 sur lequel s'étaient entassés plusieurs soldats d'infanterie, ainsi que d'un camion chargé d'une vingtaine d'hommes. Deux tanks T55, qui étaient entrés dans la zone contrôlée par les Israéliens, furent bombardés par des hélicoptères de Tsahal. Il y eut près de cent quatre-vingts morts et deux cent cinquante blessés cubains, rien qu'autour du Golan.

Les Cubains deviennent ainsi les supplétifs idéaux, destinés à mourir au nom des objectifs « internationalistes » affichés par le Commandant en chef.

Le chiffre de victimes cubaines s'élèvera de manière exponentielle au cours des campagnes militaires qui suivront, toutes coordonnées ou plutôt ordonnées par l'Union soviétique, qui ne pouvait engager directement ses troupes sur les terrains d'opérations moyen-orientaux ou africains, sous peine de déclencher une riposte occidentale, notamment américaine.

La brigade blindée Antonio Maceo (du nom d'un général métis de la guerre d'indépendance contre les Espagnols) envoyée en Syrie n'était pas destinée à rester indéfiniment au Moyen-Orient. Son rôle était plutôt, dès lors que la « guerre d'usure » semblait terminée, de servir comme première expérience pour les actions à venir. Le général Arnaldo Ochoa, les jumeaux La Guardia et beaucoup d'autres

---

1. David J. Kopilow : *Cuba, Israel and the PLO, op. cit.*, p. 11.

hauts gradés sont passés, à cette époque, par le Liban et la Syrie. Cette brigade était commandée par le général Néstor López Cubas qui se suicidera, selon la version officielle, quelques années plus tard, à La Havane, après une violente altercation avec les frères Castro.

Le principal terrain de bataille de cette armée régulière destinée à combattre loin des frontières de Cuba se situera en Afrique. Les membres de cette armée sont d'abord dispersés en Libye, en Algérie, en Guinée-Bissau, à Madagascar, au Mozambique, en Tanzanie, au Burundi, au Congo, avant de se regrouper près de Huambo, dans le sud de l'Angola.

Afrique : les guerres coloniales d'une petite île des Caraïbes

Dans son discours du premier mai 2003, Fidel Castro énumère les pays où les Cubains ont apporté leur « esprit de solidarité internationale » : l'Algérie, la Syrie, le Congo, la Guinée et le Cap-Vert, l'Angola, le Viêt-nam, la Bolivie, le Nicaragua, la Grenade... Il ajoute : « Et je n'ai pas cité tous les exemples. » Ce serait en effet impossible, tant les interventions, souvent déguisées sous le prétexte d'envoi de « médecins » et de « maîtres d'école », ont été nombreuses. Et Cuba n'a pas le poids des Etats-Unis ni de l'Union soviétique. Ce n'est qu'un petit pays qui, en théorie, n'a pas les moyens d'une politique impérialiste. A la suite de toutes ces expéditions en terre étrangère et bien que certains avantages matériels aient pu être extorqués en Angola, l'île est exsangue. Les ressources nationales sont absorbées par les campagnes militaires sans que le peuple cubain n'ait son mot à dire, c'est pourtant lui qui en paie le prix en supportant des privations de toute sorte : nourriture, énergie, transports...

Pour calmer les esprits et démontrer la nécessité des sacrifices, Castro n'a de cesse de glorifier le « sang cubain » versé au cours de ces actions. Il avance un chiffre de victimes : « Plus de deux mille héroïques combattants internationalistes cubains ont donné leur vie pour accomplir le devoir sacré d'appui à la lutte de libération pour obtenir l'indépendance d'autres peuples frères. » Ce chiffre est bien en dessous de la réalité.

L'Angola, notamment, a été un gigantesque cimetière pour les Cubains, surtout pour les combattants noirs, qui pouvaient se fondre facilement dans la population locale, contrairement aux conseillers soviétiques, plus aisément repérables. Entre douze mille et vingt mille tués, en près de quatorze ans de guerre ininterrompue. Des linceuls sont débarqués à l'aéroport de La Havane, la plupart en pleine nuit, afin que la population n'entrevoie que le côté lumineux et « héroïque » de cette guerre coloniale inédite dans ses modalités, mais pourtant si proche de celle que mena le Portugal pendant près de quatorze ans. Avec une différence notable : les guerres dans les anciennes colonies africaines de l'empire lusitanien (Angola, Mozambique, Guinée-Bissau et Cap-Vert) provoquèrent la chute de l'une des plus vieilles dictatures d'Europe, tandis que les interventions « internationalistes » castristes ne firent que légitimer davantage l'inamovible Commandant en chef.

Les risques de déstabilisation du régime castriste sont pourtant réels, ils seront perceptibles en 1989 et viendront d'Angola sous les traits du général Ochoa.

Quinze ans plus tôt, le 25 avril 1974, des officiers portugais avaient renversé le régime de Marcelo Caetano, successeur du docteur Oliveira Salazar, qui avait gouverné le Portugal d'une main de fer pendant trente-cinq ans. Ces soldats, lassés des guerres coloniales, regroupés au sein du Mouvement des Forces armées (MFA), ont la fleur au fusil. C'est le début de la « révolution des œillets ». Ils sont reçus par une foule en liesse qui réclame l'instauration de la démocratie et la sortie du bourbier africain.

Les anciennes colonies sont abandonnées à leur sort, dans la précipitation. Les rênes des nouveaux pays indépendants sont confiées aux mouvements de libération. Ce sera le FRELIMO dans le cas du Mozambique, le PAIGC dans celui de la Guinée-Bissau et du Cap-Vert, tous deux appuyés par les Soviétiques et les Cubains. Mais le sort de l'Angola pose problème : trois mouvements, tous favorables à leur manière à la lutte anticolonialiste, s'opposent sur le devenir du pays : le Front national pour la libération de l'Angola (FNLA) dirigé par Holden Roberto, le plus ancien dans la lutte armée, appuyé à la fois par le Zaïre du général Mobutu et par la Chine, l'Union nationale pour la libération de l'Angola (UNITA) dirigée par Jonas Savimbi, aidée par la République sud-africaine, encore à l'époque sous le régime de l'apartheid, et le Mouvement populaire pour la libération de l'Angola dirigé par Agostinho Neto. Tous trois avaient eu des contacts avec Che Guevara en 1965, lors de sa tentative frustrée, au Congo, d'exportation de la révolution cubaine à l'ensemble du continent africain[1].

Entre les trois mouvements angolais, la principale différence sémantique tient au mot « populaire ». C'est le mouvement qui dans sa dénomination a choisi d'insérer ce vocable que les Soviétiques et les Cubains vont choisir de soutenir.

En principe, selon les accords d'Alvor signés dans cette localité de l'Algarve, au sud de la métropole, le 15 janvier 1975, le pouvoir devait être partagé entre ces trois organisations. Mais les plus radicaux des capitaines portugais ne l'entendent pas de cette oreille. Selon le témoignage de Holden Roberto, ancien leader du FNLA, aujourd'hui exilé à Paris et en retrait de la politique, l'amiral Rosa Coutinho, désigné par le Conseil de la Révolution portugais comme haut-commissaire chargé de préparer l'indépendance de l'Angola, et le colonel Otelo Saraiva de Carvalho, le principal organisateur du soulèvement du 25 avril, tous deux liés aux communistes et à l'extrême gauche, s'envolent vers La Havane, au cours d'un voyage tenu secret, pour aller chercher leurs consignes auprès de Fidel Castro[2].

Mais, bien plus que la révolution dans l'ancienne métropole désormais réduite au rang de petit pays européen, c'est l'Angola, riche en pétrole, surtout dans l'enclave de Cabinda, et en diamants, qui fera l'objet des convoitises de Castro. Le pays, dont l'indépendance est proclamée le 11 novembre 1975, devient l'un des principaux champs de bataille de la guerre froide.

Une guerre interminable, aux débuts « héroïques », chantée par le chroniqueur officiel de la révolution cubaine, Gabriel García Márquez, dans son texte « Opération Carlota », publié en 1977 : « Dans ce texte, écrit avec un talent indéniable, García Márquez parvient à mélanger de manière ingénieuse le fantastique et la réalité, sans que l'on arrive à déterminer où commence l'un et où ter-

---

1. En décembre 1964, Che Guevara était revenu d'une tournée de trois mois en Afrique avec la conviction que Cuba devait intervenir militairement dans la région. En février 1965 en Tanzanie, à Dar es-Salaam, il passa un accord avec les rebelles zaïrois et décida d'envoyer un groupe d'instructeurs cubains afin de les aider dans leur lutte. En avril, une colonne de cent vingt Cubains, noirs pour la plupart, sous les ordres du Che, entra au Zaïre. Mais l'expédition tourna à la débâcle face à des mercenaires contrôlés par la CIA. Les Cubains durent quitter le terrain.
2. Carlos Antonio Carrasco : *Los Cubanos en Angola. Bases para el estudio de una guerra olvidada (1975-1990)*. La Paz, Centro de Altos Estudios Internacionales, Universidad Andina, 1997, p. 93-94.

mine l'autre. Pourtant, ce bref récit constitua pendant des années la seule source d'information du côté cubain (...)[1]. » Ce sera pendant longtemps, d'ailleurs, le seul document de référence à Cuba. Une fable hyperbolique, pour ceux qui ne veulent voir que le talent de conteur de l'auteur de *Cent ans de solitude* qui obtiendra en 1981 le prix Nobel de littérature.

L'intervention cubaine paraît invraisemblable tant elle est disproportionnée face aux moyens d'action dont elle dispose. Transporter une armée complète, jusqu'à soixante mille hommes avec un matériel lourd et moderne, sur un autre continent tiendrait de l'impossible si une grande puissance, en l'occurrence l'Union soviétique, n'était derrière. Cuba devient, en effet, un « fidèle sous-traitant[2] ». Henry Kissinger, alors secrétaire d'Etat américain, affirme : « Les forces militaires cubaines se déplaçaient en tandem avec des milliers de conseillers militaires soviétiques, depuis l'Angola jusqu'en Ethiopie[3]. »

Mais les avis sur l'inféodation des Cubains à la stratégie militaire soviétique divergent. García Márquez, toujours lui, donne sa propre interprétation, dictée par le *Líder Máximo* : « Contrairement à tout ce qui a été dit, ce fut une action indépendante et souveraine de Cuba, et ce fut seulement après l'avoir décidée que l'on en donna la notification correspondante à l'Union soviétique. »

Comment justifier cette action menée aux antipodes ? C'est l'Afrique du Sud qui en fournira le prétexte. Le pays de l'apartheid s'est engagé lui aussi dans la guerre, aux côtés des mouvements rivaux du MPLA et, particulièrement, de l'UNITA, dans le sud du pays. Ce sera donc une guerre contre le racisme, menée en première ligne au nom de toutes les nations noires qui n'ont pas, elles, les moyens de mener leur propre combat contre une puissance nucléaire.

Mais les choses ne sont pas si simples. En effet, l'Afrique du Sud appuie aussi une force noire, l'UNITA de Jonas Savimbi, organisation anticommuniste tout autant représentative du peuple angolais que peut l'être le MPLA, présidé par Agostinho Neto, qui tient le gouvernement angolais entre ses mains. Faute d'un gouvernement d'union nationale, les deux groupes rivaux, le FNLA et l'UNITA, décident de prendre en tenaille Luanda, qui en principe doit tomber sans coup férir. Le FNLA de Holden Roberto organise une

---

1. Carlos Antonio Carrasco : *op.cit.*, p. 269.
2. Edouard Sablier : *op. cit.*, p. 167.
3. Henry Kissinger : *Diplomacy*. New York, Simon and Schuster, 1994, p. 757.

espèce de marche sur Luanda, où les civils se mêlent aux guérilleros. Ceux-ci vont tomber devant le barrage humain constitué par les Cubains assistés d'instructeurs soviétiques. Les troupes castristes ont, en effet, fraîchement débarqué après une longue traversée par bateau et avion en provenance directe de La Havane.

La boucherie « internationaliste »

Juan Vivés se trouvait dans la capitale angolaise depuis déjà plusieurs mois. Il était chargé de préparer l'arrivée des troupes spéciales cubaines afin d'assurer la totalité du pouvoir au MPLA, au moment où l'indépendance serait officiellement proclamée. Il raconte ainsi la bataille de Luanda. Cela ressemble davantage à une boucherie qu'à un véritable combat :

« (...) on fit la chasse à tous les sympathisants des mouvements FNLA et UNITA. Les troupes cubaines, composées des Troupes spéciales et de l'unité 3051, appuyèrent les hommes d'Agostinho Neto qui massacraient déjà tous les opposants à leur mouvement. Pendant plusieurs jours, les persécutions et les exécutions se poursuivirent, le caractère tribal des luttes africaines tournait à l'avantage de Neto qui appartenait à la tribu des Kimbundu de la région de Luanda, ce facteur lui assurait un avantage certain dans la capitale.

« Les Cubains restèrent plus ou moins en marge de ce premier conflit. Leur rôle se limitait à contrôler certains points stratégiques, ce qui permit au groupe majoritaire du MPLA d'assassiner impunément plus de dix-huit mille personnes. Une fois de plus, une tempête de haines ancestrales, stimulées par les désaccords tribaux, se déchaînait. L'orgie de sang dura presque une semaine [1]. »

Le combat des soldats « internationalistes » cubains n'a plus rien à voir avec les récits légendaires que les Cubains ont ingurgités depuis leur enfance concernant la guérilla des *barbudos* contre les troupes de Batista dans la Sierra Maestra. Ceci ne ressemble en rien à la lutte d'une petite troupe de guérilleros décidés face à une armée régulière. Ce sont les révolutionnaires qui se livrent à présent à un véritable massacre à des milliers de kilomètres de chez eux.

Juan Vivés rapporte de cette manière l'écrasement de la « marche sur Luanda » des troupes et des sympathisants de Holden Roberto du FNLA :

---

1. Juan Vivés : *Les Maîtres de Cuba, op. cit.*, p. 226-227.

« Les colonnes de Holden Roberto se trouvaient déjà à moins de trente kilomètres de Luanda. Partout sur leur passage, les guérilleros avaient entraîné une quantité impressionnante de civils. C'était une immense caravane qui avançait vers la capitale au milieu des coups de feu, de l'alcool et de la musique des tambours.

« Les ordres étaient formels : lorsque l'immense serpent humain qui marchait sur la route du Nord arriverait à cent mètres des canons K-30, on enlèverait le camouflage et on ouvrirait un feu croisé nourri. Une fois que la troupe aurait reculé de deux kilomètres, l'artillerie lourde, soutenue par les Mig 21, commencerait son bombardement jusqu'à une profondeur de vingt kilomètres.

« Les sympathisants du FNLA ne pouvaient rien faire. Le jour suivant, vers dix heures du matin, on commença à entendre la musique des tambours mêlée aux cris et aux coups de feu des avant-postes cubains. L'énorme foule parcourait sans le savoir les derniers mètres qui la séparaient d'une mort certaine. Sans qu'ils aient eu le temps de comprendre ce qui leur arrivait, une pluie de projectiles incendiaires décima cette foule, fauchant de grands espaces. En même temps, les tanks ouvraient le feu avec leurs canons crachant des projectiles à fragmentation.

« Les cadavres tombaient, déchiquetés, pratiquement coupés en deux par les balles incendiaires de 30 mm. Les tirs des chars soviétiques faisaient sauter les corps en l'air. Ce fut la débandade. Cette masse humaine fut prise de panique et recula comme elle pouvait, laissant la route jonchée de morts. Quand elle eut refoulé d'environ deux kilomètres, elle commença à percevoir les sifflements des rockets de 122 mm au-dessus d'elle, suivis d'interminables séries d'explosions qui l'accompagnèrent sur vingt kilomètres. Les avions de reconnaissance permettaient de régler les tirs indirects et, pour ajouter à l'horreur, les Mig 21 faisaient des piqués et tiraient sur les fugitifs comme sur des lapins.

« Ceux qui échappèrent à ce massacre furent peu nombreux. Même ceux qui essayèrent de se cacher dans la forêt furent poursuivis par les hélicoptères et mitraillés jusqu'au dernier. Les hommes du MPLA organisèrent des équipes pour ramasser et enterrer tous les cadavres. Pendant deux jours, les bulldozers ouvrirent des tranchées énormes qui servirent de fosses communes. Les membres de la tribu des Kimbundu firent preuve d'un comportement sanguinaire et d'une sauvagerie sans pareils à cette occasion. Ils tuaient tous les blessés et pillaient les cadavres. Les troupes africaines du MPLA se chargèrent de ce travail répugnant car aucun Cubain ne voulut y participer. La puanteur des cadavres se répandait jusqu'à une vingtaine de kilomètres aux alentours. Les animaux sauvages et les oiseaux de proie disputaient les cadavres aux fossoyeurs [1]. »

Cette description est celle d'un homme qui, à cet instant de la guerre d'Angola, se trouve du côté des vainqueurs censés aider un peuple opprimé à combattre pour sa liberté et son indépendance. Elle démontre le dégoût de ces hommes, officiers, membres des services secrets ou simples soldats, se retrouvant dans la position d'une armée coloniale qui se livre à de véritables massacres, alors qu'ils viennent d'un petit pays qui proclame à tous vents sa détermination à combattre toute forme de néocolonialisme et qui dénonce dans les tribunes internationales les crimes commis par l'« impérialisme » lorsqu'il est américain ou sud-africain. Aujourd'hui encore, Juan Vivés a du mal à repenser à cette bataille, tant il en est marqué, comme des centaines de milliers de « volontaires » cubains, en fait enrôlés de force dans une guerre qui n'était pas la leur. Des milliers d'entre eux sont morts au combat, d'autres sont devenus fous, certains se sont suicidés.

Juan Vivés mènera sa logique jusqu'au bout. Au début des années 80, lorsqu'il aura définitivement rompu avec le régime castriste, il retournera en Afrique pour combattre, cette fois, aux côtés de ses anciens ennemis, en aidant notamment l'UNITA à comprendre les tactiques militaires cubaines pour mieux les contrarier.

Le massacre des innocents

Avec ce conflit l'Angola est devenu un pays littéralement miné. Il reste encore aujourd'hui huit millions de mines antipersonnel, au moins une par habitant, qui ont produit huit cent mille handicapés. Elles sont enterrées sur l'ensemble du territoire. Ce sont les vestiges et les témoins d'une guerre effroyable. Tous ceux qui y ont pris part et même les compagnies pétrolières (particulièrement Gulf Oil et Elf) préfèrent l'oublier.

« Les Cubains ont placé une bonne partie de ces mines pour pouvoir se protéger [2] », témoigne José Maria Henriques Chambassuku. Aujourd'hui représentant de l'UNITA en France, il n'avait que 14 ans, le 27 décembre 1975, lorsque les Cubains et les Soviétiques ont mis son village à feu et à sang.

---
1. *Ibid.*, p. 229-230.
2. Entretien avec l'un des auteurs, Paris, juillet 2004.

« Pour eux, tous ceux qui se trouvaient au Sud, c'étaient des ennemis. Ils ont tué deux de mes oncles, deux de mes tantes et un de mes cousins. Ils bombardaient d'abord puis tiraient sur tout ce qui bougeait. Ensuite ils regroupaient la population des villages et l'emmenaient en ville. Je n'ai plus revu aucun membre de ma famille depuis cette date. Je me suis alors enrôlé dans l'UNITA, non par anticommunisme (à l'époque je ne savais même pas ce que signifiait le communisme) mais pour combattre les étrangers qui avaient massacré les miens. »

Les Cubains, les Soviétiques et leurs alliés du MPLA avançaient rapidement en direction du principal bastion de l'UNITA au Sud, Huambo. Ils conquirent la ville le 8 février 1976. Ce fut une campagne rapide, brutale, extrêmement efficace. Il ne restait rien sur leur passage. Des massacres à répétition, en théorie pour libérer l'Angola. De qui ? L'ancien colonisateur portugais était déjà parti, en remettant le pouvoir aux mains du MPLA.

En fait, Leonid Brejnev et Fidel Castro avaient un double objectif : d'une part, établir une ligne allant de l'Angola jusqu'à l'Ethiopie, afin de contrôler l'Afrique australe et faire main basse sur les richesses minières et stratégiques de cette région, le pétrole bien sûr, mais aussi les diamants, l'uranium, le cobalt. Il était commode d'agiter l'épouvantail sud-africain, moralement rejeté au ban des nations. Il fallait aussi ériger l'intervention cubaine en une nouvelle forme de lutte contre l'esclavage en prenant comme symbole Carlota, esclave rebelle du XVIIIe siècle qui, affirme José Maria Henriques Chambassuku, « n'a jamais existé ». « C'est une pure invention », répète-t-il. Une figure née sans doute de l'imagination débordante de Gabriel García Márquez dans le seul but de justifier l'intervention cubaine.

« Ils ne sont pas venus nous libérer de qui que ce soit, mais défendre leurs intérêts stratégiques en appuyant le MPLA, qui n'avait aucune popularité dans le pays et qui était une simple émanation du Parti communiste portugais, dont Agostinho Neto, son principal dirigeant, était membre. C'est pourquoi ils ont chassé tous les autres partis de Luanda avant de proclamer l'indépendance. Ainsi, le MPLA pouvait apparaître comme la seule force pouvant être reconnue à l'extérieur. Les autres pouvaient ainsi être exterminés. »

Quel est donc le bilan de cette « guerre de libération » en vies humaines ? « Les Cubains ont massacré plus de quatre-vingt mille Angolais. Ils ont également liquidé les intellectuels qui avaient pris part, en 1977, à une révolte fomentée par Nito Alves, un dirigeant du MPLA, contre sa propre direction, et qui fut matée dans le sang. Toutes les industries abandonnées par les Portugais ont été détruites. Les richesses naturelles du pays ont été pillées. Cuba est même devenu exportateur de diamants, inexistants sur le sol cubain. Les filles angolaises ont été obligées de se livrer massivement à la prostitution, pour le seul plaisir des soldats soviétiques et cubains. Le bilan a été désastreux pour nous et pour les Cubains eux-mêmes. Nous avions l'impression que, pendant les combats, c'était l'infanterie qui protégeait les tanks et non le contraire.

« Les Cubains avançaient de chaque côté des blindés, servant de chair à canon, car ils étaient des cibles faciles pour notre guérilla. »

Les quelques officiers cubains faits prisonniers par l'UNITA puis libérés ont été exécutés dès leur retour dans l'île, parce qu'ils en savaient trop ou parce qu'ils avaient trop parlé. Le régime castriste ne recevait pas en héros ses propres combattants « internationalistes ».

Aujourd'hui, l'Angola se relève difficilement de cette guerre interminable, qui n'avait aucun sens. Les pourparlers de paix, qui avaient commencé avant même la proclamation de l'indépendance, le 11 novembre 1975, se sont multipliés. Mais, chaque fois, de nouveaux massacres ont fait échouer les accords laborieusement mis au point. Le pouvoir, toujours aux mains du MPLA, a intégré plusieurs de ses anciens adversaires de l'UNITA, en attendant des élections libres. Mais la guerre civile peut encore reprendre à tout moment.

Tel est le résultat le plus tangible de la « solidarité internationaliste » ordonnée par Castro aux antipodes de son île, avec pour corollaire une rancœur tenace de la part des populations. Elles durent subir le poids de l'occupation d'une armée qui n'a pas hésité un seul instant à rayer de la carte des villages et des ethnies dont le seul tort était de ne pas se trouver (géographiquement) dans le camp désigné, par les Soviétiques et les Cubains, comme étant celui de la révolution anticolonialiste.

Ceux qui ont perdu des membres de leur famille dans les massacres perpétrés par les Soviétiques et les Cubains auront beaucoup de mal à pardonner les exactions commises contre eux et leurs proches par ceux qui se proclamaient leurs « libérateurs ».

« Un jour, conclut José Maria Henriques Chambassuku, il faudra entamer un dialogue franc entre les deux peuples, mais il faudra aussi faire le procès du régime de Fidel Castro pour les atrocités perpétrées par ces troupes d'occupation, qui n'avaient rien à faire en Angola. »

Trafics en tous genres

Dès la signature des accords d'Alvor, le marché entre les Soviétiques, les Cubains et le gouvernement du MPLA était clair. Le président Agostinho Neto, placé là par le gouvernement révolutionnaire portugais, devrait payer un dollar et demi par jour et par soldat aux troupes cubaines. Les Soviétiques, pour leur part, mettraient à leur disposition la totalité de l'armement et des munitions. La seule façon pour le gouvernement angolais de payer, c'était de mettre à contribution les richesses pétrolières de l'enclave de Cabinda, située à la frontière avec le Zaïre et sur laquelle le président Mobutu avait des visées d'annexion. Celui-ci appuyait un mouvement de libération sécessionniste, le Front de libération de l'enclave de Cabinda, le FLEC, qui ne disposait que d'une force militaire réduite.

Pour les Cubains comme pour les Soviétiques, Cabinda était d'une importance stratégique vitale. La possession de ses richesses pétrolières était l'un des objectifs secrets de l'intervention étrangère. Mais il n'était pas question de s'en prendre aux contrats signés par les principales compagnies américaines, anglaises ou françaises, à la tête desquelles se trouvait la Gulf Oil, avec les autorités en place, d'abord celles de la puissance coloniale portugaise, ensuite celles du MPLA. On assista alors à une alliance insolite : dix-huit mille soldats cubains furent chargés de garantir la sécurité des installations pétrolières de l'enclave.

Les militants du FLEC furent massacrés, tandis que Mobutu assistait à la multiplication des incursions sur le territoire du Zaïre d'ex-gendarmes katangais, encouragés par les Cubains, afin de le dissuader de toute velléité d'annexion.

Ainsi les autorités du MPLA devaient assurer le ravitaillement des occupants « internationalistes ». L'argent en provenance de Cabinda n'était cependant pas destiné aux troupes cubaines installées en Angola. L'essentiel était transféré à Cuba. « Il faut dire que, dans l'enclave de Cabinda, l'argent que les compagnies pétrolières Gulf Oil, Total et Elf payaient à l'Etat angolais comme royalties était employé pour régler les Cubains, précise Juan Vivés. Une partie de ces fonds était perçue directement à Cuba par les frères Castro. Les troupes n'en recevaient en fait que les miettes, alors que la totalité des royalties pétrolières était, à priori, destinée à l'armée d'occupation. » Le Commandant en chef se chargeait ensuite lui-même de la répartition à ses troupes. Fidel Castro s'occupait, en effet, personnellement du bien-être de ses soldats. « Il ne se passait pas un jour, déclarait-il au Conseil d'Etat en conclusion du "procès Ochoa" en 1989, sans que je demande à l'état-major combien de tonnes de bonbons, de petits gâteaux, de chocolat avaient été envoyées aux soldats, comment étaient-ils, quel genre de nylon utilisaient-ils, comment dormaient-ils, de quels matelas disposaient-ils, de quelle nourriture, et si tout ce que possédait ce pays était à leur disposition[1]. » Une attention digne d'éloges...

« En réalité, explique Juan Vivés, les soldats cubains en Angola ne voyaient pas la couleur de l'argent qui leur était, en principe, destiné. Ils mouraient littéralement de faim. Aux pétitions insistantes des généraux cubains, le ministre de la Défense, Raúl Castro, répondait : "Arrangez-vous comme vous pouvez." Les généraux Ochoa et López Cubas furent alors autorisés à trafiquer de l'ivoire et des diamants, abondants dans le pays, afin de pouvoir les échanger contre de la nourriture. Telle est l'origine d'un trafic international de grande ampleur, réparti sur presque tous les continents. »

Des unités spéciales furent alors créées afin d'effectuer un troc d'un genre particulier. L'armée cubaine affrétait des camions entiers de nourriture (bien maigre, d'ailleurs : des boîtes de sardines, du lait) et l'échangeait contre des diamants auprès de la population locale, après avoir pris les aliments nécessaires pour la troupe. Quiconque refusait pouvait être exécuté sur-le-champ. De même, quiconque tentait de se livrer à ce trafic en dehors du circuit mis en place par les Cubains était immédiatement fusillé.

Le pillage des diamants d'Angola se transforma en une industrie à grande échelle. Dans certaines rues de la Vieille Havane, s'ouvrirent des ateliers de taille des diamants, une activité artisanale qui avait complètement disparu avec l'« offensive révolutionnaire » de 1968, qui supprimait tout type de petits commerces et d'artisanat indépendants, et qui succédait à la fermeture des joailleries spécialisées, après l'exil d'une grande partie de la communauté juive de La Havane au début des années 60. Mais la taille des diamants les plus importants ne pouvant plus se faire à Cuba par manque de joailliers, celle-ci passa par la place-forte d'Anvers.

Quant au trafic d'ivoire, les voies d'exportation étaient plus compliquées, son commerce impliquait des tueries massives d'éléphants, activité internationalement interdite mais pratiquée au vu et au su de tous. Une triade mafieuse chinoise appelée « Bambu »

---

1. *Vindicación de Cuba*. La Havane, Editora Politica, 1989, p. 240.

avait passé un accord avec des généraux cubains. Ceux-ci échangeaient des diamants et de l'ivoire contre de l'héroïne que la triade se procurait auprès du général Kung Sa, le roi du « Triangle d'or » qui disposait d'une véritable armée à ses ordres. La route suivie par l'ivoire d'Angola aboutissait donc à Hong-Kong.

Pour Cuba ce troc s'avérait très avantageux : les bateaux de la mafia asiatique transportaient l'héroïne en Angola, d'où ils repartaient avec les cales pleines d'ivoire et de diamants. L'héroïne prenait alors la direction de Cuba puis du Panama où, par le biais du département MC (initiales signifiant « Monnaie convertible » ou encore « Marijuana et cocaïne » ou encore « Mission Castro »), s'organisait le réseau de trafic de drogue.

José Abrantes et Tony de La Guardia contrôlaient le département MC, dépendant du ministère de l'Intérieur et dont le rôle était d'acheter des produits américains ou européens par l'intermédiaire d'autres pays, notamment le Panama, mais également grâce à un réseau de contrebande établi à Key West, en Floride.

A sa création en 1964, ce département MC n'avait pas pour but des opérations de trafic de stupéfiants mais l'achat de toutes sortes de produits ou denrées dont Cuba avait besoin et que l'URSS n'était pas en mesure de lui fournir : pièces de rechange pour les machines agricoles ou l'industrie sucrière mais aussi pour les voitures américaines qui formaient l'essentiel du parc des ministères. Ces achats se faisaient en cash par l'intermédiaire de mafieux canadiens qui transportaient la marchandise à bord de frégates jusque dans les eaux internationales. Là, des bateaux de commerce cubains battant pavillon libérien ou mauritanien prenaient en charge les marchandises, notamment les grosses pièces, et les débarquaient dans des ports cubains, au nez et à la barbe des garde-côtes américains. Ces opérations étaient menées sous la responsabilité de la Junte centrale de planification (JUCEPLAN), dirigée par Osvaldo Dorticós, à l'époque président de la République.

« J'ai fait partie de ce groupe à la création de ce département, confesse Juan Vivés. Notre principal interlocuteur était un Canadien d'origine italienne du nom de Joe Lego. Mais dès que j'ai vu les sommes faramineuses qui transitaient par mes mains sans aucun contrôle, j'ai demandé à Dorticós de me retirer de ce groupe car j'aurais eu, tôt ou tard, des problèmes. Lorsque, des années plus tard, Tony de La Guardia reprit le contrôle du département MC, il en fit une officine de contrebande de drogue. Les contrebandiers, pour la plupart des exilés cubains, acheminaient vers l'île toutes sortes de produits : des téléviseurs ou des ordinateurs, jusqu'à des flacons de parfum français – Fidel Castro les offrait à ses admiratrices –, payés en liquide ou en cocaïne, que les contrebandiers à leur tour rapportaient aux Etats-Unis. »

Ce trafic de drogue servit de prétexte au déclenchement de l'« affaire Ochoa ». Tout cela, naturellement, à la discrétion des plus hautes autorités du régime castriste. La volonté du général Ochoa d'alimenter ses troupes allait se retourner contre lui.

La désobéissance d'un général

La guerre d'Angola se révéla beaucoup plus longue que prévu. Dans sa phase internationale, elle allait durer jusqu'en 1988, avec un point culminant en 1987 : la bataille de Cuito Cuarnavale.

Il s'agit de la plus importante bataille rangée sur le continent africain depuis la Seconde Guerre mondiale. C'est aussi le point culminant de l'internationalisation du conflit. Cubains et Soviétiques ont envoyé leurs combattants avec, comme fantassins de première ligne, les troupes gouvernementales du MPLA. En face : les Sud-Africains et les rebelles de l'UNITA. Côté cubain, c'est le général Ochoa qui mène la bataille en appliquant les tactiques apprises dans les académies de guerre soviétiques, et qu'il a déjà pratiquées avec succès, en 1977-1978, en Ogaden, aux côtés des Ethiopiens menés par le colonel (et tyran particulièrement sanguinaire) Mengistu Haïlé Mariam contre les Somaliens de Syad Barré, autrefois allié aux Soviétiques, considéré ensuite comme l'ennemi à abattre. Côté rebelle, c'est Jonas Savimbi, l'éternel guérillero (contre les Portugais, puis contre les Soviétiques et les Cubains, protecteurs du MPLA, puis enfin, jusqu'à sa mort, contre le seul MPLA), qui tente de reprendre cette position stratégique du sud du pays aux troupes gouvernementales. Il compte à présent sur un conseiller inattendu et précieux : Juan Vivés, passé à l'ennemi en 1982. Celui-ci connaît parfaitement la tactique et les manières d'agir des forces adverses, aussi bien les ruses employées que les hommes, pour les avoir côtoyés et menés au combat pendant de longues années.

Juan Vivés prend part à des combats d'une extraordinaire férocité et perd beaucoup de ses combattants. Ce sont les frères de ceux qu'il avait tués autrefois.

Comme d'habitude c'est Fidel Castro lui-même qui dirige les opérations, à des milliers de kilomètres de distance, à partir de cartes d'état-major dépliées en permanence sur les bureaux du palais de la Révolution à La Havane. Il déplace ses hommes comme de simples soldats de plomb avec une précision surprenante mais totalement irréelle, car il s'agit d'une véritable bataille, avec des milliers de morts et de blessés, et non d'un simple jeu de stratégie.

« Voici quelques idées sur la défense de Cuito que vous devez analyser et tenter de faire appliquer, comme nous les proposons ou avec les modifications que vous voudrez bien suggérer.

« A l'aide du groupe tactique et de la 10e brigade (une brigade angolaise déployée avec notre groupe tactique depuis Menongue jusqu'à Cuito), nous ne pensons pas traverser le fleuve Cuito vers l'est. Il faut réduire le périmètre de défense à l'est du fleuve, en repliant la 59e et la 25e brigade vers des positions bien fortifiées plus proches du fleuve. Ces deux brigades doivent couvrir la direction est, de telle sorte que la 8e brigade puisse reprendre sa mission, qui est de transporter l'approvisionnement (la 8e brigade est angolaise)[1]. »

Telle est la teneur de l'un de ses messages adressés au général Ochoa, en pleine bataille. Son contenu est révélé par Castro en 1989 lors des délibérations du Conseil d'Etat chargé de voter en faveur de la peine de mort contre ce même général Ochoa.

Ces instructions sont d'une précision impossible à appliquer sur le terrain. Elles ne tiennent compte ni de la topographie réelle, ni de la capacité des hommes à les réaliser, ni des conditions climatiques et encore moins des forces adverses. Les autorités gouvernementales angolaises, représentées par le président José Eduardo dos Santos, dirigeant suprême du MPLA depuis la mort d'Agostinho Neto, sont à peine mises au courant. Quant aux rapports avec les Soviétiques, ils sont assez distants, empreints de méfiance et d'un certain mépris pour des troupes qui, de la même manière qu'en Afghanistan, n'ont aucune envie de combattre.

N'écoutant que son bon sens et ses capacités militaires éprouvées tant en Angola qu'en Ethiopie ou au Nicaragua, Arnaldo Ochoa ne daigna même pas répondre aux messages du Commandant en chef (« il n'était pas très enclin à rédiger des rapports, il était paresseux pour rédiger des rapports », martèle Castro) : il eut la mauvaise idée de passer outre les ordres du *Líder Máximo*. Peu de temps après son retour à La Havane, d'ailleurs, on lui fit comprendre son erreur.

---

1. *Vindicación de Cuba, op. cit.*, p. 389-447. Il s'agit du discours final de Fidel Castro, prononcé le 9 juillet 1989, à la fin duquel il demande aux membres du Conseil d'Etat de ratifier la sentence envers les accusés, particulièrement la peine de mort envers quatre d'entre eux. La mort est ratifiée, à main levée, à l'unanimité.

Avec la modestie et le sentiment d'humilité qui le caractérisent, Fidel Castro s'attribue à la fois les victoires et les défaites en Angola (« nous sommes les témoins exceptionnels de ces efforts, de ces mérites, car nous sommes restés, comme aujourd'hui, presque tout le temps à l'état-major, employant d'innombrables heures de travail pendant presque un an, c'est-à-dire toute la durée de cette dernière étape de la guerre d'Angola, jusqu'à la victoire »).

Il évalue ainsi son propre rôle et celui de ses généraux (sous-entendu Ochoa) dans la bataille de Cuito Cuanavale :

« C'est pourquoi je dis que toutes les missions en Angola, en Ethiopie et ailleurs ont été de la responsabilité, en premier lieu, de la direction du Parti et du haut commandement de nos Forces armées révolutionnaires. Si quelque chose tournait mal, c'était de notre responsabilité, de notre responsabilité absolue, et nous n'allions pas en rejeter la faute sur aucun chef, sur aucun dirigeant militaire ; c'était comme ça et ça ne pouvait pas être autrement.

« Aujourd'hui, il existe une tendance dans le monde à individualiser les succès ; les succès de la Révolution me sont souvent attribués à moi : ce sont les succès de Fidel Castro, lorsque, en réalité, ce sont les succès de l'ensemble du peuple et de la Direction. Je préfère, en vérité, que l'on me signale la responsabilité des échecs plutôt que des succès. »

Castro, là encore, veut montrer qu'il se préoccupe quotidiennement du sort de ses soldats :

« La vie des enfants de notre peuple, la vie de nos combattants, est quelque chose de si important que la plus grande protection leur est due en cas de guerre et que celle-ci ne peut être laissée entre les mains de personne ; cette haute responsabilité correspond à la Direction du Parti et au haut commandement de nos Forces armées révolutionnaires. »

Mais au fait, combien ont-ils été, les combattants cubains en Angola, au cours de ces longues années qu'a duré la guerre ? Impossible de le savoir avec précision. Fidel Castro donne un chiffre pour la seule bataille de Cuito Cuanavale : plus de cinquante mille hommes. Dans le même discours, il le baissera à quarante mille puis l'augmentera jusqu'à soixante mille. Vingt mille hommes de plus ou de moins, quelle importance ?

Pour mieux troubler les esprits, Fidel Castro tente, avec ce chiffre très « approximatif » de combattants, de démontrer l'extraordinaire implication d'un pays de onze millions d'individus face à ce que représente la population de grandes puissances comme les Etats-Unis ou l'URSS : « Si nous voulons nous faire une idée de ce que représentent cinquante mille hommes pour un petit pays comme Cuba et que nous multiplions ce chiffre par vingt-quatre, c'est-à-dire le nombre de fois par lequel il faut multiplier notre population pour parvenir à celle des Etats-Unis, c'est comme si les Etats-Unis avaient envoyé un million deux cent mille hommes sur un théâtre d'opérations ; ou bien comme si l'URSS, qui a une population vingt-huit fois plus importante que celle de Cuba, avait envoyé un million quatre cent mille hommes. »

Les efforts de Castro dans cette bataille sont couronnés de succès. L'affrontement de Cuito Cuanavale se solde par le retrait des troupes sud-africaines d'Angola, ce qui représente un pas considérable pour l'indépendance de la Namibie et la liquidation du régime de l'apartheid. C'est ainsi que l'analyse *a posteriori* l'emblématique premier président noir de la République sud-africaine, Nelson Mandela, encore en prison à l'époque : « Cuito Cuanavale marque un tournant dans la lutte pour libérer le continent et notre pays de la plaie de l'apartheid[1]. » Mais il n'en est pas de même pour l'Angola : le pays a été pendant encore de longues années, après le retrait définitif des troupes étrangères, sud-africaines, cubaines, soviétiques, déchiré par une terrible guerre civile entre le MPLA et l'UNITA, les ennemis irréductibles d'hier et encore d'aujourd'hui.

Car les négociations de paix qui se déroulaient parallèlement à la bataille de Cuito Cuanavale aboutirent à peu près aux mêmes résultats que les accords d'Alvor, signés en 1975 lors de la décolonisation, à savoir un partage du pouvoir entre les factions rivales. Ces pourparlers faillirent d'ailleurs ne jamais aboutir.

Juan F. Benemelis affirme que Fidel Castro entendait mener jusqu'au bout la poursuite de la guerre, malgré les consignes des Soviétiques qui entendaient se dégager du « bourbier » afghan à leurs portes, et de celui, plus lointain, d'Angola, tous deux considérés comme des séquelles de la guerre froide.

Ce fut là l'un des principaux éléments de friction entre le général Ochoa et le Commandant en chef. En fait, si Ochoa ne rédigeait guère de rapports, ce n'était pas seulement par « paresse », comme le prétendait Castro, mais aussi et surtout parce qu'il n'entendait pas donner suite aux ordres venant de La Havane.

« Ochoa développait une critique ouverte sur la manière dont le régime cubain menait la guerre, précise Benemelis. Il estimait qu'il

---

1. Nelson Mandela-Fidel Castro : *¡Que lejos hemos llegado los esclavos!*, New York, Pathfinder, 1991, p. 21. Cité par Carlos Antonio Carrasco : *op. cit.*, p. 291.

fallait conclure un arrangement pour aboutir à la paix avec l'Afrique du Sud. Lorsqu'il fut nommé chef des armées cubaines en Angola, il était déjà convaincu qu'il s'agissait d'une guerre impossible à gagner. Il fut le premier à le dire et à poser le problème devant l'état-major cubain. Au moment le plus intense des tractations de paix au sein du Groupe des quatre, c'est-à-dire les Etats-Unis, l'Union soviétique, l'Afrique du Sud et l'Angola, Cuba ayant un statut d'observateur, il y eut des pressions de Fidel Castro pour qu'Ochoa bombarde le complexe hydroélectrique de Ruacana, situé à la frontière entre la Namibie et l'Angola. Si les unités cubaines avaient bombardé le barrage de Ruacana, les pourparlers de paix auraient été rompus. Ochoa n'a pas exécuté cet ordre, favorisant ainsi le déroulement des négociations. C'est pourquoi il sera absent à la signature des accords de paix à New York. Il sera remplacé par d'autres généraux qui étaient ses subordonnés. Quant à lui, il devra rentrer à Cuba. Sa sentence de mort était déjà signée alors qu'il n'avait pas quitté le sol angolais[1]. »

Fidel Castro lui-même avoua, en juillet 1989, lorsqu'il prononça son discours au Conseil d'Etat exigeant la peine capitale pour Ochoa, que tels étaient ses objectifs. Il ne croyait pas une seconde à l'efficacité des pourparlers de paix, qu'il balayait d'un revers de main. Il écrivait, le 10 octobre 1988, dans un message à ses généraux qui poursuivaient les combats en Angola :

« Les négociations sont bloquées, les exigences sud-africaines sont inacceptables. Comme déjà à Brazzaville nous avions fait le maximum de concessions, à New York nous avons maintenu des positions inflexibles.

« Même si l'on parle de nouvelles réunions à Brazzaville, il ne faut pas donner trop d'importance à cette affaire ; il faut se préparer à une impasse. »

Craignant une riposte des Etats-Unis, qui avaient averti clairement qu'ils ne toléreraient pas la destruction d'une des plus importantes constructions de génie civil en Afrique, l'URSS s'opposait résolument à l'attaque contre le barrage de Ruacana, qui apparaissait pourtant comme la solution décidée par Castro :

« Le complexe hydroélectrique de Ruacana ne peut bouger de là où il se trouve, ce sera donc son tour avant ou après (...). Il faut nous préparer à détruire complètement les barrages de Calueque et de Ruacana si l'ennemi attaque nos détachements avancés[2]. »

---
1. Entretien avec les auteurs, Miami, mai 2004.
2. *Vindicación de Cuba*, *op.cit.*

Contrairement aux prévisions et aux souhaits de Castro, les accords de paix sont signés le 22 décembre 1988 à New York. Aux termes de ceux-ci, les troupes cubaines vont se retirer d'Angola en avril 1989. La paix effective ne sera qu'un leurre mais l'intervention étrangère a définitivement cessé, laissant libre le champ de bataille aux seuls Angolais de l'UNITA et du MPLA, et ce, pendant encore de longues années. Cuito Cuanavale sera de nouveau occupé par l'UNITA quelque temps plus tard. Quelle importance ? L'Angola n'est plus qu'un amas de ruines.

Pour Castro, la guerre d'Angola fut un exploit des troupes « internationalistes » cubaines contre l'apartheid et contre « une puissance nucléaire ». Pour « Benigno » ainsi que pour Juan Vivés, il ne s'agissait que d'une « victoire à la Pyrrhus ».

Juan Vivés raconte ainsi sa vision de la bataille de Cuito Cuanavale :

« Lorsque les Soviétiques et les Cubains, avec l'appui de milliers d'hommes enrôlés de force par le MPLA, dont la plupart jetaient leurs armes et désertaient à la première occasion, lancèrent leur offensive, ce sont les Sud-Africains qui durent supporter, les premiers, le choc. Puis ce fut le tour de l'UNITA. Ce mouvement a perdu près de mille hommes. Mais du côté des troupes castristes, il y eut près de deux mille cinq cents tués. La tactique employée par Ochoa, apprise à l'académie Frounzé, l'une des principales écoles de guerre soviétiques, était toujours la même. Il y avait moyen de la déjouer. La bataille de Cuito Cuanavale n'a jamais été la geste épique décrite par Castro et par Mandela. Si le régime de l'apartheid s'est écroulé, c'est plus du fait des pressions internationales que des combats auxquels durent faire face les troupes sud-africaines. Celles-ci se retirèrent progressivement, mais en bon ordre. Elles ne voulaient en aucun cas d'une guerre d'usure. Les forces de l'UNITA se regroupèrent par la suite à Huambo, leur capitale traditionnelle dans le sud de l'Angola, tout en continuant à attaquer les campements du MPLA la nuit, empêchant les soldats gouvernementaux de dormir. Cela avait pour but de miner définitivement leur moral déjà largement entamé. Quelques années plus tard, elles parvinrent à reprendre Cuito Cuanavale aux troupes gouvernementales.

« Aujourd'hui, les principaux soutiens du gouvernement du MPLA, ce sont essentiellement des Sud-Africains, souvent d'anciens mercenaires, qui avaient auparavant combattu les troupes de ce même MPLA. Ce sont eux qui contrôlent les principales entreprises angolaises, exerçant un quasi-monopole sur les investissements étrangers. La morale de cette histoire, c'est précisément qu'il n'y a aucune morale. »

Les Cubains sont retournés sur leur île. Officiellement, ils y ont été accueillis comme des héros. Pas tous. Ochoa est marginalisé et placé sous surveillance permanente car il pourrait se révéler dangereux. Il est devenu le félon qui a osé désobéir aux ordres, un homme à abattre. Le retour de celui que le peuple cubain considère comme le vainqueur de l'Ogaden et de Cuito Cuanavale coïncide avec la visite d'un personnage tout aussi dangereux, sinon plus, aux yeux du régime castriste : le secrétaire général du Parti communiste d'Union soviétique, Mikhaïl Gorbatchev. Lui aussi est un traître aux dogmes du communisme, l'autre homme à abattre.

Le coup d'arrêt : l'intervention militaire à la Grenade

Affaiblis par leur défaite au Vietnam et l'extraordinaire traumatisme qui en a découlé à l'intérieur même de la société américaine, les élus de Washington ont, un moment, négligé toute stratégie offensive face au bloc communiste. Fidel Castro en profita pour manœuvrer selon son bon plaisir. Déplaçant, à nouveau, ses généraux et ses soldats d'un continent à un autre comme de simples pièces sur un jeu de stratégie universelle.

Le président démocrate Jimmy Carter était davantage préoccupé par un déferlement de réfugiés cubains sur les côtes de Floride, comme ce fut le cas des *marielitos* en 1980, que par les manœuvres des troupes castristes, qui avaient fait de l'Afrique et de l'Amérique centrale leur terrain d'entraînement favori.

Les rebondissements de la crise iranienne, notamment la séquestration de ses ressortissants à l'intérieur de l'ambassade américaine à Téhéran et l'échec du commando censé les libérer, tracassaient le président démocrate. D'autre part, à son arrivée au pouvoir en 1976, Carter avait souhaité rompre avec la politique de ses prédécesseurs, Richard Nixon et Gerald Ford, en Amérique latine, en imposant des sanctions aux dictatures qui violaient systématiquement les droits de l'homme.

Le seul frein imposé à Castro provenait, donc, de ses propres protecteurs et alliés, les Soviétiques, lorsque ceux-ci considéraient que le Commandant en chef devenait incontrôlable et menaçait le maintien de leurs intérêts stratégiques.

Mais bientôt le jeu allait changer. Le révolutionnaire trouvait soudain face à lui un adversaire d'une autre envergure, décidé à freiner et à saper l'influence soviétique : Ronald Reagan, un président sans complexes, débarrassé du syndrome vietnamien. « Il y eut des présidents américains dont Fidel Castro se méfiait et que même il craignait, affirme Manuel Cereijo. Ronald Reagan en faisait partie : Castro n'arrivait pas à cerner la psychologie du personnage. Il se méfie aussi de George W. Bush car il le sait incontrôlable et à l'écoute de ses conseillers les plus « jusqu'au-boutistes ». Mais il n'a craint ni Carter ni Clinton, ni même le père du président actuel. Le dirigeant cubain analyse, en effet, avec minutie la personnalité, les objectifs et le caractère de chaque locataire de la Maison-Blanche. »

Avec l'accession au pouvoir de Ronald Reagan, Castro se prépara à l'éventualité d'une attaque américaine contre son territoire. Celle-ci n'eut pas lieu, mais l'affrontement se déroula à distance, sur plusieurs terrains d'opérations.

Le champ de friction s'étale sur tous les fronts latino-américains : de la jungle nicaraguayenne jusqu'à un petit territoire des Caraïbes, la Grenade, un îlot minuscule que les Cubains, avec l'appui des Soviétiques, avaient décidé de faire entrer dans leur giron. Première étape d'un plan destiné à récupérer l'une après l'autre toutes les Antilles mais qui signera la première déroute cuisante de l'armée cubaine.

Cette opération baptisée *Rosario Rojo* (« Rosaire rouge »), destinée à rendre communiste chacune des îles, mit en alerte les Américains. Henry Kissinger dénonça aussitôt ce qu'il appelait la théorie des dominos. Il comprit qu'il fallait immédiatement réagir, intervenir militairement afin de stopper net toute possibilité de contagion.

L'administration Reagan bloqua toute nouvelle velléité d'expansion soviétique et toute aventure cubaine en déployant d'abord ses fusées face aux Soviétiques sur le territoire allemand puis en engageant la course aux armements à travers la menace d'un bouclier antinucléaire (la « guerre des étoiles »), obligeant l'URSS et ses satellites à réorienter une grande partie de leurs ressources pour contrer cette éventualité. Ainsi désorganisée, l'économie soviétique montra les limites de sa technologie militaire, et dut rapidement s'avouer vaincue.

Fidel Castro, plus modestement, transforma La Havane, au cours des années 80, en une sorte de vaste gruyère, creusant des dizaines de kilomètres de tunnels pour abriter des tanks, des avions, des hôpitaux de campagne et toutes sortes d'abris pour les principaux dirigeants du pays et, accessoirement, une partie de sa population.

Celle-ci était conviée à des exercices périodiques d'entraînement militaire qui faisaient de la capitale un terrain de bataille virtuel.

La vraie guerre se déroulera ailleurs, tout près de Cuba, sur la minuscule Grenade. Ce fut la première et unique confrontation directe entre l'armée américaine et les troupes castristes. Jusqu'alors, celles-ci s'étaient affrontées à distance, par l'intermédiaire d'autres armées ou de mouvements insurrectionnels ou contre-insurrectionnels.

Maurice Bishop prend le pouvoir à la Grenade en 1979 par un coup d'Etat contre le Premier ministre Eric Gairy. L'île n'avait obtenu son indépendance de la Grande-Bretagne que depuis cinq ans. Dès son accession au pouvoir, le marxiste Bishop entreprend de transformer l'un des confettis de l'ancien empire britannique en base avancée de la stratégie soviéto-cubaine dans l'arc des Caraïbes. Il accorde le droit aux avions militaires soviétiques et cubains d'atterrir et appuie la dictature sanglante du colonel Desi Bouterse au Surinam, l'ancienne Guyane hollandaise, menaçant ainsi la stabilité des Petites Antilles, dont font partie les départements français d'outre-mer, la Guadeloupe et la Martinique.

Dans les archives de la Grenade, la correspondance entre Bouterse et Bishop démontre que La Havane considérait Maurice Bishop comme une sorte de courroie de transmission pour incorporer le Surinam au bloc communiste. En décembre 1981 une réunion ultra-secrète se déroula au Surinam entre Bouterse, Bishop, le stalinien de la Jamaïque Trevor Munroe, le marxiste d'Antigua Tim Hector et Ralph Gonçalves de Saint-Vincent. Sur l'agenda est mentionné : « discuter avec les Cubains de tout ce qui concerne la subversion pan-Caraïbes... ».

Les services secrets français avaient eu vent de ce qui se tramait et découvert que les mouvements subversifs de Guadeloupe et de Martinique étaient orchestrés par des activistes cubains.

Plus les liens entre Cuba, l'Union soviétique et la Grenade se resserrent, plus l'inquiétude de la France et surtout des Etats-Unis grandit et plus ces derniers donnent priorité à la sécurité dans les Caraïbes.

A cette époque, sur la base militaire de Vieques à Porto-Rico, d'intenses manœuvres sont entreprises par des parachutistes américains qui s'entraînent à occuper des sites géographiques qui ressemblent à des positions stratégiques de la Grenade. Des engins amphibies d'assaut et des avions font partie des manœuvres. Les plans d'invasion de la petite île caraïbe sont prêts.

Sur place à la Grenade, les services secrets cubains, sous l'autorité de Manuel Piñeiro, encadrent les hommes de Bishop et y dépêchent leurs conseillers militaires, notamment le général Arnaldo Ochoa qui met sur pied l'infanterie de la future armée de la Grenade en l'entraînant avec les bataillons sandinistes dans les zones de guerre du Nicaragua et surtout dans la région des indiens Miskitos. Considéré comme le meilleur tacticien de l'armée cubaine, Arnaldo Ochoa est souvent passé d'un continent à l'autre pour établir des plans ou mettre au point une stratégie de combat qui devaient être validés par Raúl Castro. Entre deux combats au Nicaragua contre les *contras*, en Ethiopie contre les Somaliens et les Erythréens ou en Angola contre les guérilleros de l'UNITA et l'armée sud-africaine.

Ochoa s'efforce donc d'établir un plan d'instruction et d'organisation des forces armées de la Grenade et d'y construire un aéroport, destiné non pas à accueillir des touristes en mal de croisières ou de balades en yacht, mais plutôt pour servir de plate-forme à l'envoi de troupes cubaines en Angola. Un aéroport gigantesque, conçu par les Soviétiques pour recevoir des Mig 27 et 29, des Sukoi 19 et des bombardiers Iliouchine à ogives nucléaires. Un aéroport totalement surdimensionné pour la taille de l'île, construit par des ouvriers cubains qui, une fois leur labeur terminé, troquent leur tenue de travail pour le treillis militaire. L'URSS avait également l'intention de construire un port à Greenville, destiné au mouillage de la flotte soviétique dans les Caraïbes.

Malheureusement pour Maurice Bishop, son parti, le New Jewel, n'est pas un modèle de discipline communiste. Les tendances s'y affrontent entre partisans d'un rapprochement avec les Soviétiques et les Cubains et ceux qui craignent une trop grande dépendance. Difficile de savoir qui, entre Bishop et son rival au sein du parti, Bernard Coard, était davantage en grâce à La Havane ou à Moscou.

Les militaires cubains avaient pris pour habitude, dans les nombreux pays où ils débarquaient, de s'ingérer entre les différentes factions. Tout dépendait de leurs intérêts du moment et de la pression qu'ils savaient exercer sur tel ou tel potentat local. Ceci bien sûr avec l'aval de Castro qui jurait pourtant, publiquement, ses grands dieux de sa totale neutralité. Ce fut le cas en Angola, en Ethiopie et, justement, à la Grenade.

A l'automne 1983, les relations au sein du New Jewel entre Bishop et Coard s'enveniment. Un rapport rédigé par le général Ochoa met le feu aux poudres. Il fait part du manque de combativité des forces armées grenadines en cas d'un débarquement américain allié à des troupes des mini-Etats de la région. Ceux-ci sont, en effet, préoccupés par les risques de contamination des activités révolutionnaires qui se déroulent dans cet îlot de la Grenade faisant partie d'un archipel encore lié au Commonwealth.

Dans la nuit du 13 au 14 octobre, Maurice Bishop est placé en résidence surveillée par les marxistes radicaux de Bernard Coard, tandis que ses collaborateurs les plus proches sont, eux, emprisonnés. Quelques jours plus tard, ces derniers sont libérés par une petite foule de partisans. Avec Bishop à nouveau à leur tête, ils marchent vers le lieu de détention d'autres compagnons, un fort construit pour faire face aux attaques de pirates. Mais les adversaires du Premier ministre, dirigés par un militaire, le général Hudson Austin, envoient les blindés fournis par les Soviétiques pour disperser la manifestation. Celle-ci est écrasée dans le sang. Bishop, sa maîtresse et ses plus proches collaborateurs sont pris et égorgés sur-le-champ.

Cette barbarie sanglante et les règlements de comptes entre révolutionnaires qui s'ensuivent donnent une occasion parfaite aux Américains, en coordination étroite avec les voisins caribéens de la Grenade, pour intervenir militairement.

Les agents anglais du MI 5 suivent heure par heure les événements à la Grenade et en avisent régulièrement leurs alliés américains.

Castro ne doute pas une seconde de l'issue de la bataille. Les Cubains, selon lui, vont triompher. Peu importe qui se trouve au pouvoir à la Grenade, qu'il s'agisse d'un civil ou d'un militaire, pourvu qu'il soit disposé à assumer jusqu'au bout les conséquences les plus tragiques de cette révolution en herbe. Peu importe aussi l'image peu reluisante du nouveau Conseil national révolutionnaire, qui n'a pas hésité un seul instant à massacrer comme un animal son ancien dirigeant. Castro ne voit qu'une chose : il va enfin pouvoir en découdre avec les *marines* de l'armée américaine.

Il intime l'ordre aux combattants « internationalistes » cubains, sous l'autorité du colonel Pedro Tortoló, de combattre avec acharnement jusqu'au dernier, de ne se rendre sous aucun prétexte et, si nécessaire, de s'immoler face aux troupes d'invasion, une sorte de suicide collectif au nom de l'idéal révolutionnaire castriste.

A l'aube du 25 octobre, les parachutistes américains sautent sur la Grenade. Les batteries anti-aériennes tchèques à quatre tubes, qui se trouvent aux mains des soldats cubains, ouvrent le feu. Mais, en quelques heures, leurs positions sont réduites par les mille neuf cents *marines*, aidés de trois cents soldats et policiers caribéens. A mesure que les heures passent, les forces américaines soutenues officieusement par des unités d'élite du SAS britannique, qui connaissent parfaitement le terrain, augmentent en nombre pour atteindre vingt mille hommes. C'est la plus grande opération militaire du Pentagone depuis la débâcle vietnamienne.

Loin de s'immoler face à l'ennemi, comme l'avait exigé Fidel Castro, les Cubains, munis de fusils d'assaut AK-47, de mortiers de 120 mm, de quelques canons de 57 mm et de vieilles armes de petit calibre, beaucoup moins nombreux et mal préparés pour soutenir un pareil combat, se rendent en masse.

Face à ce désastre, Castro exige du colonel Tortoló qu'il séquestre les étudiants américains de la faculté de Médecine de la Grenade. Sans doute pour les utiliser comme monnaie d'échange, mais le militaire ignore ces ordres.

Sur les sept cent quatre-vingt-quatre Cubains présents sur l'île, près de sept cents sont capturés. Vingt-quatre d'entre eux meurent durant l'assaut. D'autres, parmi lesquels le colonel Tortoló, ainsi que des conseillers militaires libyens, nord-coréens et bulgares, se réfugient à l'intérieur de l'ambassade soviétique de Saint George.

Iouri Andropov, ancien patron du KGB, venait de succéder à Leonid Brejnev à la tête de l'URSS. Contrairement à son prédécesseur, il connaissait parfaitement l'état des forces sur le terrain et savait que son pays n'était nullement en mesure de poursuivre une politique aventuriste face à une administration américaine déterminée à stopper net ses campagnes militaires menées conjointement avec ses alliés. Et puis, les Soviétiques étaient englués depuis 1979 dans le marécage afghan. Au vu de cette situation, le chef du Kremlin soupesait avec méfiance les initiatives guerrières tous azimuts de Fidel Castro, qu'il était bien disposé à abandonner lorsque l'occasion s'en présenterait.

Pour le moment, il concède l'asile à Tortoló mais refuse catégoriquement de bouger le petit doigt pour défendre un îlot bien trop éloigné et trop insignifiant pour devenir l'objet d'une confrontation directe avec les Américains.

L'invasion américaine est condamnée par les Nations unies. La Grande-Bretagne, qui n'a pas été avertie officiellement, feint de percevoir l'opération comme un camouflet. Le 15 décembre, les troupes américaines se retirent de la Grenade, laissant seulement des policiers sur place.

Les Cubains ont eux abandonné un arsenal imposant et de nombreux documents confidentiels, dont la correspondance entre les anciens dirigeants révolutionnaires grenadins et le général Ochoa, en vue d'organiser une défense efficace face à l'« impérialisme »[1]. Ce sera la déroute la plus spectaculaire des légions cubaines à l'étranger, à quelques centaines de milles de leurs propres côtes.

Les circonstances avaient placé le colonel Tortoló devant un terrible choix : être responsable d'un carnage inévitable en cas de poursuite des combats ou se rendre avec des pertes minimales. Il choisit de désobéir aux ordres de son Commandant en chef qui exigeait l'immolation, commettant en cela le pire des crimes de lèse-majesté aux yeux d'un Castro fou de rage.

Tortoló était, comme Ochoa, un homme formé dans les meilleures académies de guerre soviétiques et il savait que toute résistance face à un tel rouleau compresseur était inutile. Il ne se voyait pas, non plus, organiser une guérilla sur cette île des Caraïbes à la superficie réduite. En somme, il n'avait pas l'âme d'un martyr, et n'avait fait preuve que de bon sens en refusant de combattre « jusqu'au dernier homme », selon la consigne donnée par Fidel Castro en personne, les vingt mille soldats de la 82e division héliportée renforcée américaine.

Une faute impardonnable, mais elle démontrait que les ordres du *Líder Máximo* pouvaient être transgressés, surtout si, comme c'était le cas, ils devaient déboucher sur un massacre.

Le Commandant en chef, hors de lui, expliquera plus tard à la télévision que les militaires « internationalistes », sous l'autorité du colonel Tortoló, avaient l'ordre de tenir coûte que coûte l'aéroport stratégique que les « ouvriers » cubains étaient en train de construire.

En réalité, en choisissant de demander l'asile à l'ambassade soviétique, Tortoló évitait de devoir répondre aux questions gênantes des Américains à propos de l'usage qui devait être fait de cet aéroport. Il évitait aussi de devoir dévoiler les plans de Castro consistant à faire passer l'ensemble de l'archipel des Caraïbes dans l'escarcelle révolutionnaire.

Tortoló paiera très cher son indiscipline.

Le présentateur du journal télévisé de la télévision cubaine Canal 6, Manolo Ortega, avait décrit ainsi le combat des huit derniers Cubains : « Serrant contre leur cœur le drapeau dans leur dernier réduit, alors qu'ils n'avaient plus aucune communication, ils ont préféré mourir plutôt que de se rendre à l'ennemi. »

---

1. Archives de la Grenade, citées par Juan F. Benemelis : *op. cit.*, pp. 275-290.

Ce fut dès lors la version officielle. Les héros, c'étaient eux. Tortoló n'était qu'un traître. Un jour de deuil national fut décrété.

« Fidel Castro a toujours aimé disposer de la vie d'autrui, précise Florentino Azpillaga, ancien officier du ministère de l'Intérieur[1]. A la Grenade, il désirait l'immolation collective, à la fois pour obtenir une condamnation forte et unanime de la communauté internationale, à travers l'ONU, contre les Américains, plus spécialement contre le gouvernement de Ronald Reagan, mais aussi pour creuser un fossé infranchissable entre Cubains et Américains et mettre ainsi la haine de son côté.

« Personne n'a su comment étaient morts les Cubains qui ont combattu à la Grenade. Selon la version officielle, ils ont péri en embrassant théâtralement le drapeau cubain. Cette histoire a été inventée de toutes pièces par Castro. C'est un fantasme sorti tout droit de son esprit. »

Ce n'était pas la première fois que Castro sortait de son chapeau une histoire de ce genre : sur la place de Révolution, dix ans plus tôt, il avait raconté à des centaines de milliers de Cubains que Salvador Allende était mort après avoir été recouvert du drapeau chilien.

La presse américaine considéra l'invasion de la Grenade comme une victoire plus politique que militaire, tant il était clair que les forces en présence étaient inégales.

Envoyé à La Havane par son journal à l'occasion du retour des soldats cubains, un journaliste américain demanda au colonel Tortoló s'il pensait obtenir un grade de général pour son action menée à la Grenade dans un combat aussi disproportionné. Raúl Castro répondit indirectement à travers une vidéo adressée aux militants du Parti où il donnait son opinion : « Tortoló aurait dû se mettre une balle dans la tête ! »

Dans le processus destiné à détourner les culpabilités et à faire payer la désobéissance, le colonel Tortoló, appelé par dérision *el coronel Pendejo* (« le colonel Trouillard »), fut qualifié d'incapable, et les preuves fabriquées n'allaient pas manquer. La machine de propagande du régime lui tira dessus à boulets rouges et fit de cet homme l'objet de tous les lazzis et quolibets de la population. On inventa toutes sortes de fantaisies et d'anecdotes humiliantes à son égard dans le seul but de le salir, lui et sa famille.

Après un procès manipulé et bâclé, Pedro Tortoló fut dégradé et moralement détruit. Il ne fut pas fusillé par crainte qu'une telle

---

1. Cité par Miguel Cabrera Peña : « *La mordida del tigre* », publié par *Cubaencuentro*, 27 janvier 2004.

mise à mort ne mette l'accent sur les véritables conditions de la débâcle.

Tortoló fut, ensuite, envoyé comme simple soldat de première ligne en Angola. Sur place, il voulut faire partie des missions les plus périlleuses, les plus dangereuses à exécuter, même pour des militaires chevronnés.

« De passage en Angola, j'ai pu me rendre compte que c'était la vérité, confirme le journaliste Miguel Cabrera Peña. Un des chefs de l'ATS – *Agrupación de Tropas del Sur* –, les forces cubaines sur place, me confessa que Tortoló voulait être tué au combat, que son unique désir était de mourir[1]. »

Finalement l'ex-colonel, commandant des troupes cubaines à la Grenade, devint sergent et sortit vivant, mais malade du paludisme, du bourbier angolais. Il cessa de croire en un régime qui l'avait broyé, sans toutefois pouvoir en faire état publiquement.

Avec la débâcle de la Grenade, le mythe de l'invincibilité de Castro fut enterré.

La détermination de l'administration Reagan constituait désormais un obstacle de poids à l'expansion de ses idées. Et, surtout, le *Líder Máximo* savait désormais qu'il ne pouvait plus compter inconditionnellement sur les Soviétiques pour le défendre en toutes circonstances. Ceux-ci l'avaient lâché une première fois lors de la crise des fusées en 1962, une seconde fois à la Grenade.

Nicaragua : vingt-six commandants pour le 26 juillet

Ce 26 juillet 1979 n'est pas un jour de commémoration nationale comme les autres. Célébré tous les ans dans une ville différente, le discours pour ce vingt-sixième anniversaire de l'attaque de la caserne Moncada de Santiago de Cuba par Fidel Castro et ses hommes se déroule, cette année-là, à Holguín, près de l'endroit où a été déclenché le premier épisode de la « geste » révolutionnaire.

Fidel Castro est accompagné (chose extrêmement rare pour raisons de sécurité) de son frère Raúl et, aussi, de vingt-six commandants nicaraguayens. Tous occupent le devant de la tribune.

« Vingt-six commandants pour le 26 juillet. » Tel est le slogan révolutionnaire du jour. Une semaine auparavant, le 19 juillet, la

---

1. Miguel Cabrera Peña : « *La mordida del tigre* », art. cit.

guérilla sandiniste avait contraint le dictateur Anastasio Somoza à abandonner le pouvoir et à se réfugier au Paraguay où, quelques années plus tard, il mourra assassiné. Les commandants du mouvement sandiniste, plus quelques civils de l'appareil politique du FSLN (Front sandiniste de libération nationale), viennent rendre tribut à leur inspirateur et à leur principal soutien politique : Fidel Castro. Ils viennent en même temps faire acte d'allégeance. Une manière, pour les dirigeants cubains, de maintenir sous tutelle les hommes dès qu'ils accèdent au pouvoir, prenant ainsi les devants face à d'éventuelles désertions qui pourraient se produire.

Les frères Ortega, Daniel et Humberto, sont presque la copie conforme des frères Castro, jusque dans leurs attributions : le premier sera président, le second ministre de la Défense.

La plupart des sandinistes ont été formés militairement et politiquement à Cuba, beaucoup d'entre eux sous la houlette de « Benigno », dont l'une des tâches principales dans l'île, lorsqu'il ne se trouvait pas en mission « internationaliste » au Congo, au Chili, en Bolivie ou en Angola, était d'entraîner les révolutionnaires du monde entier dans les PETI, camps de préparation spéciale pour les troupes irrégulières. Tous les sandinistes, cependant, ne se rangeront pas sous la bannière cubaine.

Le plus populaire d'entre eux, Edèn Pastora, alias « Commandant Zéro », est l'un des seuls à n'avoir pas été formés par les Cubains. Edèn Pastora avait pris en otages l'ensemble des députés du Congrès nicaraguayen, avant de les relâcher en échange de la libération de tous les prisonniers sandinistes et leur transfert vers Cuba. Pastora, réfugié plus tard au Costa Rica, prendra la tête d'une guérilla dans le sud du pays. Mais il devra mettre en sourdine ses activités contre ses anciens compagnons de lutte à la suite d'un attentat, organisé par les services secrets cubains au cours d'une conférence de presse, dans lequel plusieurs journalistes perdirent la vie.

Le gouvernement sandiniste et ses milices, dont les membres sont recrutés de force, auront aussi et surtout à faire face à l'offensive des *contras* au Nord et à la rébellion des indiens Miskitos. Des indiens de la côte atlantique qui entendaient conserver leur mode de vie sans devoir se soumettre aux tentatives d'uniformisation révolutionnaire.

De même, les secteurs démocratiques de l'opposition à Somoza, regroupés autour du quotidien *La Prensa*, dirigé par une partie de la famille Chamorro[1], se battront résolument contre les sandinistes et leurs inspirateurs castristes.

Le modèle cubain, que reproduisaient les sandinistes, révolutionnaires ou non, était rejeté par une grande partie de la population nicaraguayenne, notamment dans leur volonté de mise au pas de la population par les Comités de défense sandinistes (CDS), quasiment identiques dans leurs fonctions et leurs attributions aux Comités de défense de la révolution (CDR) cubains, plus communément appelés « comités de mouchards ».

Au cours de l'hommage rendu aux sandinistes à Holguín, les Cubains, eux, ne sont pas tous au rendez-vous. La place Calixto García, un gigantesque terre-plein sans aménagements, est clairsemée d'espaces visibles à l'œil nu. Le public a été soigneusement sélectionné.

Toutes les personnes présentes sont membres du syndicat unique, la Centrale des travailleurs cubains (CTC), des Comités de défense de la révolution (CDR), des « brigades » artistiques Hermanos Saíz, de la Fédération des femmes cubaines (FMC), de l'Association nationale des petits paysans (ANAP), de la Jeunesse communiste (UJC), du Parti, et aussi de la brigade *Venceremos*, composée de jeunes volontaires américains venus travailler à Cuba. Les membres de la brigade Antonio Maceo, qui réunit de jeunes Cubains résidant en exil, autorisés à visiter leur famille et leur pays, sont là, aussi, aux places qui leur ont été assignées, avec les drapeaux qui leur ont été distribués, avec un petit papier où sont écrites les consignes à respecter : ne pas boire, ne pas manger, ne pas se déplacer, crier et applaudir seulement lorsque le signal est donné depuis la tribune. L'enthousiasme « spontané » laisse à désirer. Raúl Castro lui-même doit souvent se pencher vers les premiers rangs pour les encourager à reprendre les consignes.

Pourtant, la victoire d'une révolution dans un autre pays d'Amérique latine, après tant d'échecs, aurait dû soulever la ferveur des foules. Ce n'est pas le cas.

Les toits de toutes les maisons, pour la plupart à un étage, d'Holguín sont occupés par des soldats, le doigt sur la gâchette, tandis que des hélicoptères tournoient dans le ciel, en prévision de l'éventuelle attaque d'un ennemi invisible.

La ville semble en état de siège, pas vraiment en fête. C'est qu'au même moment une partie de l'île est prise d'une frénésie de départ.

---

1. Le patriarche de la famille Chamorro, Pedro Joaquín, avait été assassiné par les hommes du dictateur Somoza. Ce meurtre provoqua l'insurrection populaire.

En effet, après des tractations avec la Communauté cubaine de l'extérieur, c'est-à-dire une partie de l'exil, quelques centaines de prisonniers politiques sont libérés et autorisés à quitter le pays pour se rendre aux États-Unis. Ils pourront partir avec les membres de leurs familles les plus proches et avec leur conjoint.

Nombreuses sont, alors, les jeunes femmes qui tentent de se marier avec ces hommes qui ont passé la majeure partie de leur vie en prison. La seule chose qui compte : quitter le pays. Quelques mois plus tard, au printemps 1980, se produira l'occupation de l'ambassade du Pérou à La Havane par plus de dix mille personnes, suivie du départ vers la Floride, depuis le port de Mariel, de cent vingt-cinq mille citoyens.

Le cœur de Cuba ne bat plus depuis longtemps au rythme de la révolution latino-américaine. D'autant que les Cubains ont été échaudés par les aventures africaines, angolaise et éthiopienne, et que la solidarité « internationaliste » a ses limites. Pas pour Castro. Les vétérans des guerres africaines, particulièrement le général Ochoa, seront appelés en renfort lorsque les choses se gâteront pour la révolution sandiniste. Les frères La Guardia, pour leur part, étaient déjà sur place. Hommes de l'ombre, véritables *globe-trotters* révolutionnaires, que l'on retrouvait toujours aux avant-postes, sur tous les continents, ils avaient participé à l'entrée de la guérilla sandiniste à Managua, se laissant complaisamment prendre en photo dans l'enceinte même du palais présidentiel, allongés sur le lit du tyran déchu, selon le témoignage de Lissette Bustamante, ancienne journaliste vedette de la télévision cubaine, très proche de Fidel et de Raúl Castro jusqu'à son départ de Cuba en 1991[1]. Les légionnaires de Castro sont capables de se déplacer d'un continent à un autre, effectuant des sauts de puce d'un pays à un autre au gré des avatars d'une révolution que le dirigeant de La Havane souhaite mondiale.

Avant la chute de Somoza, les guérilleros sandinistes étaient déjà flanqués de cinquante conseillers cubains, renforcés plus tard par l'envoi de trois cents hommes des troupes spéciales, juste avant la prise de Managua.

L'intervention au Nicaragua était cependant plus facile à justifier auprès de la population de l'île que les aventures africaines. L'Amérique centrale est le terrain naturel d'extension de la révolution cubaine. Mais Castro va retrouver face à lui son intraitable adversaire, le républicain Ronald Reagan, qui assume ses fonctions depuis 1980.

---

1. Entretien avec l'un des auteurs, Madrid, mai 2004.

Le président américain sait montrer ses muscles et il n'est nullement disposé à permettre une mainmise soviéto-cubaine sur la région.

Les Américains fournissent alors tout le soutien logistique aux *contras*, dirigés par d'anciens militaires de l'armée de Somoza. Ils sont entraînés, d'abord en Floride puis dans les camps du Honduras et du Guatemala, par des mercenaires argentins. Ces mercenaires sont ensuite remplacés par des *snipers*, c'est-à-dire (dans le langage des services secrets) non pas des tireurs isolés mais des spécialistes payés par la CIA n'appartenant pas directement à son organigramme. La mission de ces *snipers* : réaliser des tâches spécifiques, tel le parachutage d'armes, dans des régions d'accès difficile, destinées à la *contra*.

« L'argent coulait à flots, raconte Juan Vivés, ainsi que l'armement. Pour affronter les Cubains et leurs protégés de l'armée sandiniste, les Américains envoyèrent près de cent cinquante instructeurs appartenant aux "bérets verts", spécialistes en contre-guérilla basés dans la zone du canal de Panama, et qui participaient parfois aux incursions en territoire nicaraguayen aux côtés des *contras*. »

Cela provoquera d'ailleurs l'un des plus grands scandales auxquels eut à faire face une administration américaine, à savoir l'*Irangate* : le gouvernement de Ronald Reagan et ses principaux chefs militaires vendirent des armes aux mollahs iraniens contre l'avis du Congrès et malgré l'embargo. L'argent ainsi obtenu servit de fonds qui finissaient entre les mains des combattants antisandinistes, les *contras*.

De leur côté, les chefs suprêmes de la direction sandiniste, Daniel et Humberto Ortega, ainsi que le redouté ministre de l'Intérieur, Tomás Borge, rejetaient avec indignation les accusations américaines portant sur l'intervention cubaine au Nicaragua.

Le quotidien *Barricada*, organe officiel des sandinistes, rapportait que, dans une lettre de novembre 1981 au département d'Etat américain, le gouvernement nicaraguayen démentait les informations sur « la présence de soldats cubains au Nicaragua » et pressait le Département d'Etat de « clarifier la fausse accusation concernant les troupes cubaines ». Pourtant, à différentes reprises, les responsables gouvernementaux se rendirent à l'aéroport de Managua, le plus officiellement du monde, accompagner des contingents d'« instituteurs » (dont le commandant José Ramón Fernández, ministre de l'Education, disait : « Chaque instituteur cubain est prêt à échanger son crayon contre un fusil ») et de conseillers cubains rentrant à La Havane une fois leur tâche accomplie [1].

---

1. Cf. Roberto L. Fonseca : « La "conexión Cuba" preocupó a Estados Unidos », *La Prensa*, Managua, 10 juin 2001.

Les frères Ortega, pour leur part, passaient pratiquement autant de temps à Cuba que dans leur propre pays, dans des « maisons du protocole » que les autorités cubaines mettaient à leur disposition afin qu'ils puissent se divertir mais aussi prendre des instructions auprès des autorités cubaines.

Un jour de 1983, Lissette Bustamante apprit qu'Humberto Ortega, le ministre de la Défense, se trouvait à Cuba, où il jouissait régulièrement de la *dolce vita* entouré de prostituées et de danseuses qu'il rencontrait au cabaret *Tropicana*, « le paradis sous les étoiles ». Une vie bien plus dissolue qu'au Nicaragua, pays à la tradition puritaine plus marquée.

La journaliste était à ce moment-là dans le saint des saints : les bureaux du Comité central du Parti. Il était tard, très tard. Tout d'un coup, elle vit le *Líder Máximo* sortir de son QG, de ce centre névralgique d'où il avait l'habitude de diriger les opérations extérieures, en piquant une de ces colères dont il a le secret. Les *contras* venaient de lancer une offensive d'envergure contre les défenses des troupes sandinistes à la frontière nord, celle du Honduras, sur le río Coco. Il s'agissait d'une frontière assez longue, très difficile à contrôler, et les *contras* disposaient de bateaux à moteur extrêmement rapides pour traverser le fleuve. La situation était difficile.

Le Commandant en chef hurla : « Où est Humberto ? Sortez-le du *Tropicana* ou des bras de la pute avec laquelle il est et amenez-le immédiatement ici ! »

Le ministre de la Défense nicaraguayen, lorsqu'il fut mis au courant de la colère de son hôte, fila tout droit prendre ses ordres auprès du leader cubain. Il assista alors à la manœuvre militaire dirigée depuis son bureau par Fidel Castro. Humberto Ortega n'était plus qu'un petit soldat, un assistant aux ordres du chef suprême de la révolution latino-américaine.

Cette fois-là, Fidel Castro décida d'envoyer au Nicaragua des milliers d'hommes, entre dix et douze mille. Officiellement, il s'agissait d'enseignants volontaires, de médecins et de techniciens. Mais ceux-ci pouvaient aisément devenir de parfaits combattants, du fait de la préparation militaire obligatoire pour chaque Cubain au moins une fois par an.

En première ligne, on dénombrait au moins mille « combattants internationalistes » chargés de résister aux offensives des *contras*. Face à une situation qu'il jugea critique, Fidel Castro décida d'y expédier ses meilleurs officiers dont le général Arnaldo Ochoa.

« Cela devenait mission impossible, raconte Juan Vivés, du fait de la topographie du terrain et face à une guérilla irrégulière les officiers cubains devaient se contenter de stabiliser le front sans pouvoir compter sur une victoire décisive. Les *contras*, parfaitement informés de l'emplacement des troupes sandinistes grâce aux photos satellite qui leur étaient transmises par les Américains, frappaient celles-ci avec une redoutable précision. »

Les Cubains et leurs alliés sandinistes étaient peu préparés à une guerre d'usure, d'autant que Moscou en ce milieu des années 80 découvrait la *perestroïka* et se désintéressait complètement de ce petit pays d'Amérique centrale. La puissance soviétique, minée par la course aux armements engagée par l'administration de Ronald Reagan puis celle de George Bush père, ne pouvait plus faire face à un effort de guerre démultiplié et entendait se désengager de tous les champs de bataille planétaires, trop occupée à faire face aux changements au sein de son environnement immédiat. L'URSS et les Etats-Unis conviendront d'un accord de paix sur l'ensemble de l'Amérique centrale, comprenant le désarmement des *contras* mais aussi l'arrêt de la guérilla du Front Farabundo Martí de libération nationale (FMLN) au Salvador.

La démoralisation des troupes sandinistes, pour la plupart composées de jeunes auxquels les autorités avaient imposé le service militaire en dépit des protestations et des désertions en masse, touchait l'ensemble de la société. La *calle Ocho* de Miami, épicentre de l'exil cubain, voyait ses rues se remplir d'exilés nicaraguayens appartenant à toutes les classes sociales, fuyant la guerre civile et la mainmise castriste sur leur pays.

Les pressions contre les sandinistes restés au gouvernement viendront de tous les côtés, provoquant une situation économique catastrophique et un mécontentement généralisé de la population. Il devint désormais impossible de maintenir une économie de guerre et une répression contre tous les opposants, d'autant que les sandinistes, voulant conserver une façade démocratique, n'avaient jamais réussi à faire taire leurs plus virulents opposants, notamment la famille Chamorro, qui disposait toujours des colonnes du quotidien *La Prensa* pour mener le combat contre un régime jugé monolithique. Censuré à de multiples reprises, le quotidien ne fut jamais complètement interdit de publication, car il symbolisait aussi le combat de la démocratie mené contre la dictature de Somoza.

Avec la fin de la guerre froide et les vents de liberté soufflant non seulement sur les anciens pays du bloc communiste mais aussi sur l'ensemble de l'Amérique latine et de l'Afrique, les dirigeants sandinistes décident de jouer le jeu des élections démocratiques, qu'ils semblent sûrs de remporter car ils ont fini par croire eux-mêmes à leur popularité. L'échec est cuisant.

En mars 1990, Violeta Chamorro, veuve de Pedro Joaquín, emporte le scrutin, à la grande surprise des frères Ortega.

Voulant mettre un terme à un affrontement fratricide vieux de plus d'une décennie, celle-ci fait un geste désarmant pour les sandinistes défaits. Elle salue Daniel Ortega en l'embrassant sur la joue et en lui demandant simplement : « Comment vas-tu, Daniel ? »

Les sandinistes, à la demande de Fidel Castro, réussissent à imposer le maintien d'Humberto Ortega à la tête du ministère de la Défense. Mais plus jamais, à la faveur des scrutins suivants, ils ne réussiront à revenir à la direction du pays.

Pour Fidel Castro qui sait que le pouvoir est bien plus difficile à garder qu'à conquérir, le recours aux urnes décidé par les frères Ortega a été stupide. Jamais lui n'aurait risqué son bien le plus chèrement acquis en acceptant des élections libres, auxquelles il n'a jamais cru.

HUITIÈME PARTIE

LE GÉNÉRAL IMMOLÉ

Fidel Castro rencontre pour la première Mikhaïl Gorbatchev, en 1984, dans un Kremlin en deuil, à l'occasion des obsèques du successeur de Brejnev, Iouri Andropov. Gorbatchev est alors seulement membre du Bureau politique du Parti communiste de l'Union soviétique (PCUS) en charge de l'agriculture et de la lutte contre la corruption dans l'appareil de l'Etat.

Le successeur d'Andropov, le très orthodoxe Constantin Tchernenko, ne reste au pouvoir qu'un an. Les vieux dinosaures du Parti disparaissent les uns après les autres. Le changement viendra d'un homme beaucoup plus jeune : Mikhaïl Gorbatchev.

Au moment de sa nomination comme secrétaire général du Parti communiste, Castro, qui se méfie de lui et s'interroge sur ses intentions, lui adresse froidement ses félicitations par téléphone.

En mars 1985, Castro perçoit la nécessité de retourner à Moscou pour rencontrer à nouveau le numéro un soviétique et ainsi mieux évaluer ses projets. Le *Líder Máximo* est d'autant plus inquiet que plus de 80 % du commerce de l'île se font avec les Soviétiques et leurs satellites du COMECON, le Marché commun des pays socialistes, qui lui fournissent presque tout : des pneus aux pièces de rechange des machines agricoles, en passant par les matières premières et énergétiques, tout cela à un prix « préférentiel » et à crédit. Ils lui achètent chaque année, en retour, la quasi-totalité de sa production de sucre à un taux surévalué. Toute réorientation économique pouvait signifier une catastrophe pour Cuba.

Fidel Castro observait donc avec inquiétude la volonté de Gorbatchev de réformer l'URSS avant qu'elle n'implose. Le leader soviétique défendait la nécessité de réformes de fond afin de sauver un Etat en pleine décomposition. Timidement d'abord, Gorbatchev essaya de convaincre les plus radicaux parmi ceux qui l'entouraient puis s'enhardit, persuadé de la justesse de sa tâche et poussé par des données économiques alarmantes. Les Américains, de leur côté, lui avaient adressé plusieurs signes encourageants. La *perestroïka* était lancée, doublée d'une *glasnost* qui surprit les plus téméraires des partisans de l'ouverture.

Mais Fidel Castro ne pouvait accepter l'introduction de cette *perestroïka*, car elle risquait d'entraîner l'affaiblissement du pouvoir absolu qu'il exerçait sur l'île depuis 1959. Lui-même avait façonné en 1986 un processus de « rectification des erreurs » qui signifiait, en fait, le contraire des réformes installées chez le « grand frère » : une plus grande centralisation de l'économie et une répression accrue contre toute velléité de critique au sein du Parti communiste.

Il fera connaître officiellement ses réticences au cours d'une réunion du COMECON à Moscou en novembre 1985, en marge des cérémonies annuelles de commémoration de la révolution d'Octobre. Son discours sera remarqué.

Il explique, en substance, que l'ouverture économique amorcée est une aberration et conduit tout droit au capitalisme. Pour lui, le communisme n'a nullement besoin de béquilles et l'urgence des réformes économiques prônées par Gorbatchev constitue un non-sens historique, une abdication honteuse et indigne.

Castro est d'autant plus en colère qu'il entend Gorbatchev expliquer devant les représentants des pays socialistes que pour résister et avancer, il faut changer de méthodes et même reconsidérer les termes des échanges avec les pays frères. Depuis trente ans qu'il s'évertue à démontrer que le modèle soviétique n'est pas l'idéal, que le socialisme qu'il incarne a peut-être vocation à un meilleur avenir, voilà qu'en cette année 1985 c'est lui qui condamne contre vents et marées une ouverture qu'il considère comme funeste.

C'est que Cuba a un besoin vital de l'URSS, Castro l'avoue : « Si le prix du sucre n'est pas soutenu et payé par les pays du COMECON, le peuple cubain est condamné à la famine[1]. »

Tandis qu'il mène un jeu serré contre Gorbatchev qu'il commence à détester, Fidel Castro doit également faire face à un ennemi de l'intérieur : auréolé des victoires africaines en Angola et en Ethiopie, le général de division Arnaldo Ochoa est de retour au début de 1989 sur le sol cubain.

---

1. Cité par Volker Skierka : *Fidel Castro « El Comandante »*. Paris, Alvik, 2004.

Décoré et fêté comme un héros national, ce militaire de haut rang (qui a participé alors qu'il n'avait pas encore 16 ans aux combats de la Sierra Maestra aux côtés de Camilo Cienfuegos et des frères Castro) n'est plus d'accord avec la politique menée par Fidel Castro. Au cours de ces interminables années de guerre en Afrique, il a vu le prix exorbitant que les Cubains ont dû payer du seul fait du Prince. Entre douze et quinze mille morts, pour rien. Forcer les accords de paix contre l'avis de Fidel Castro ne lui a pas suffi. Arnaldo Ochoa voudrait aller plus loin : changer la donne à Cuba grâce au vent nouveau qui souffle depuis Moscou. Ce n'est pas la première fois que cette idée traverse l'esprit du militaire. A la fin des années 70, lors d'une session de cours d'officiers dans la capitale soviétique à l'Académie militaire Vorochilov puis à l'Ecole supérieure de guerre Frounzé, il comprend que la guerre froide ne peut plus durer longtemps. Lorsqu'il se retrouve en Afrique en 1985 Arnaldo Ochoa qui parle parfaitement le russe côtoie des responsables militaires soviétiques gorbatchéviens qui arrivent facilement à le convaincre de l'intérêt de la *perestroïka*.

Arnaldo Ochoa voudrait qu'elle soit transposée à Cuba. Puisque c'est possible à Moscou, pourquoi ne le serait-ce pas à La Havane ? Il en débat au sein de son cercle d'intimes, des militaires de haut niveau comme lui, qui ont la confiance de l'armée et qui pensent qu'Ochoa est promis à un brillant avenir. Fidel Castro ne l'a-t-il pas lui-même désigné comme chef de l'armée d'Occident (Cuba est partagée en trois armées : occidentale, centrale et orientale) qui comprend La Havane ?

« La maison d'Arnaldo Ochoa, confirme Juan F. Benemelis, se transforma en un centre de réunions de vétérans militaires des guerres africaines, malheureux et inquiets de leur situation personnelle et du mauvais état économique et social du pays[1]. »

Toutefois, Juan Vivés, qui ne partage pas l'admiration de beaucoup de Cubains pour Ochoa dont le mythe est, pour lui, injustifié, nuance ces propos.

« Ce n'était que des réunions d'anciens combattants fatigués qui se retrouvaient pour se saouler et se taper des filles. Bien sûr il y était question de *perestroïka*, c'était le sujet à la mode, bien sûr des critiques fusaient et des commentaires pas très aimables sur les frères Castro, des blagues de vieux soudards sans illusions faisaient hurler de rire les participants, mais ceux-ci n'avaient ni le pouvoir ni même l'intention de déstabiliser le pays. Contrairement à ce qui

---

1. Entretien avec les auteurs, Miami, mai 2004.

a été souvent dit, Ochoa n'avait qu'une autorité limitée sur l'armée. Castro l'a maintenu chef d'état-major ou chef des opérations parce qu'il était l'homme qui supervisait toutes les opérations de trafic de diamants, d'ivoire ou de bois précieux. Son subordonné, le général Néstor López Cubas, avec une brigade spéciale se chargeait d'échanger des diamants contre de la nourriture et les Angolais qui refusaient d'y participer étaient liquidés. Même chose pour l'ivoire que le général López Cubas récupérait à la frontière angolaise des mains d'une mafia asiatique. Du point de vue militaire, ce sont d'autres officiers qu'Ochoa qui menaient les batailles sous les ordres directs de Raúl et de Fidel, notamment le général de division Leopoldo Cintra Frías, un homme du sérail, que Raúl Castro appelle avec affection "Polito". Le 2 janvier 1979, le jour du défilé pour le vingtième anniversaire de la révolution, c'est lui qui figurait à la tête des troupes qui allaient partir pour l'Angola. On y voit aussi Ulises Rosales del Toro et, dans une moindre mesure, Abelardo Colomé Ibarra. Il faut reconnaître que Fidel Castro suivait tout, pas à pas, bataille après bataille, et jonglait avec ses cartes d'état-major depuis La Havane afin d'orienter les opérations, parfois judicieusement, parfois contre toute logique militaire.

« Mais dans les derniers mois, le général Rosales del Toro décidait autrement sur le terrain sans rien avouer à Fidel afin de ne pas le contredire. Celui-ci devait rester officiellement le patron des opérations.

« Ochoa était écœuré par la guerre en Angola. Il avait eu de graves problèmes d'alcoolisme à Moscou à la fin de ses études à l'école de guerre Frounzé, mais ce fut pire en Afrique. Il a recommencé à boire, plus que de mesure. Son cas était même considéré comme très préoccupant par la hiérarchie militaire cubaine qui n'avait plus confiance en lui. Il s'adonnait plus que de mesure à l'alcool et aux femmes. En plein conflit il avait fait venir en Afrique, pour son plaisir, plusieurs femmes de Cuba, dont certaines revêtues d'uniformes militaires.

« J'étais à ses côtés en 1975 en Angola, puis en Ethiopie en 1979, quelques mois avant de quitter Cuba pour la France, et il était déjà comme ça. »

Selon Juan Vivés, un autre point avait fort déplu à Castro : au cours d'une visite d'Aleidita Guevara, la fille aînée du Che, en Angola, en 1978, celle-ci aurait eu des relations intimes avec Arnaldo Ochoa au cours de bacchanales dont le général avait le secret.

« Si sur le papier, du point de vue tactique et stratégique, Ochoa paraissait brillant, il a beaucoup déçu les frères Castro sur le terrain. Ils ont peu à peu perdu confiance en lui.

« Il est d'ailleurs arrivé, au Nicaragua notamment, que des officiers supérieurs relèvent Arnaldo Ochoa de ses fonctions durant plusieurs mois. Il se comporta de la même manière en Ethiopie au cours de la campagne de l'Ogaden. C'est d'ailleurs Raúl Castro en personne, qui était présent sur le terrain et qui participa directement aux combats, ainsi que les officiers d'état-major, qui finirent par diriger les opérations armées. »

Vivés insiste sur le fait qu'Arnaldo Ochoa, s'il a, parfois, renâclé à informer La Havane sur certaines données ou événements militaires, « le fit moins par esprit de rébellion que par désintérêt. Il négligeait ses responsabiliés. Mais étant au cœur de tous les trafics lucratifs et indispensables pour maintenir économiquement les troupes, il se pensait en effet intouchable. A cette époque s'il avait une certaine popularité parmi la troupe, c'était justement parce qu'il parvenait à résoudre les problèmes d'intendance et réussissait à trouver de quoi manger aux soldats cubains ».

Au cours du voyage officiel de Mikhaïl Gorbatchev à Cuba en avril 1989, le *Líder Máximo*, même s'il est intrigué de voir son général parler en aparté avec le numéro un soviétique, en russe, lui qui n'en comprend pas un traître mot, s'irrite mais n'en prend pas vraiment ombrage.

Ce qui agace surtout Castro, c'est l'indiscipline, l'irrévérence, la familiarité et même la désinvolture avec lesquelles le traite Ochoa, ce petit *guajiro*, ce paysan qu'il a vu grandir sous son aile protectrice. Ses railleries, son insolence, sa façon de lui parler et même de le critiquer, et surtout son cercle d'amis, parmi lesquels quelques anciens de la Sierra Maestra dont il sait qu'ils sont amers à son égard, tout cela le préoccupe. D'ailleurs tous sont étroitement épiés et mis sur écoutes par la Contre-intelligence militaire (CIM).

Arnaldo Ochoa et son entourage représentent la nouvelle génération des généraux cubains, ceux qui ont combattu sur tous les fronts aux quatre coins du globe depuis près de vingt ans. Beaucoup avaient à peine ou pas du tout connu les combats de la Sierra Maestra, qu'ils jugeaient comme une guerre du passé, eux qui avaient été élevés militairement dans les écoles soviétiques et avaient risqué leur peau dans des batailles autrement plus meurtrières que celles que glorifiait encore le Commandant en chef. Et même si Ochoa n'avait pas toujours été à la hauteur de sa réputation, même s'il avait été protégé par les Soviétiques et que sa nomination au rang de héros national était davantage, pour eux, une récompense collective en hommage aux troupes d'Angola, ils lui étaient reconnaissants de ses bravades et de ses rébellions contre l'omnipotence des frères Castro. Volontairement ou non, Arnaldo Ochoa devenait un personnage gênant pour le clan Castro.

« C'est vrai, raconte Juan Vivés, qu'Arnaldo Ochoa, que j'ai connu en décembre 1958 au moment de la prise de contrôle de Santa Clara, a été plus tard envoyé dans les meilleures académies militaires soviétiques et qu'il en est sorti avec la médaille d'or du meilleur élève étranger. Grâce à cela, il a commencé à grimper dans la hiérarchie militaire cubaine jusqu'à devenir commandant puis général. Mais personne n'était dupe, surtout pas la vieille garde militaire, qui a vu d'un mauvais œil son ascension fulgurante, qu'elle considérait non méritée et visiblement souhaitée par les Soviétiques. »

Mais les anciens combattants d'Afrique de retour chez eux, laissés sans assistance médicale, sans argent ni aide d'aucune sorte, ruminaient d'innombrables rancœurs. Arnaldo Ochoa ne pouvait plus subvenir à leurs besoins en échange de diamants ou d'ivoire comme il l'avait fait sur le continent africain. A Cuba les frères Castro décidaient de tout et les vétérans étaient le cadet de leurs soucis.

« Arnaldo Ochoa, confirme Juan F. Benemelis, était devenu, un peu malgré lui, l'homme autour duquel gravitaient toutes les protestations de la troupe. Il était très lié à Diocles Torralba, général et ministre des Transports qui, sur le plan civil, s'était fait remarquer comme un bon administrateur et un homme ouvert aux réformes. Ce dernier avait prévenu Ochoa, dès son arrivée sur le sol cubain en janvier 1989, qu'il courait un danger. Son attitude rebelle en Angola avait fortement déplu. »

D'autant que la fuite spectaculaire à bord d'un avion qui atterrit en Floride, le 28 mai 1987, du général Rafael Del Pino, suivie de celle de Florentino Azpillaga, officier du ministère de l'Intérieur, l'année suivante, avait fortement agacé Castro, qui avait mis en garde tout l'état-major contre de telles désertions, préjudiciables pour l'image de la révolution cubaine.

C'était la première fois que des officiers d'un si haut rang fuyaient Cuba, avec dans leurs bagages de nombreuses informations. Del Pino est depuis l'un des plus farouches adversaires de Castro. Il collabore depuis sa fuite de Cuba vers les Etats-Unis avec le général américain Erneido Oliva, aujourd'hui à la retraite. D'origine cubaine, Oliva fut l'un des responsables chargés de l'invasion de la Baie des Cochons en 1961. Il a actuellement pour mission spéciale de recruter les ex-militaires cubains et les ex-agents secrets qui ont fui le régime mais également des militaires de l'intérieur en activité, dans le but de réaliser une transition sans effusion de sang à Cuba.

Début 1989, personne ne savait comment la situation allait évoluer en Union soviétique. Fidel Castro restait très lié aux orthodoxes au sein du Parti communiste soviétique, qui étaient persuadés que Gorbatchev n'allait pas se maintenir au pouvoir. Mais rien n'était moins sûr et cela le mettait très mal à l'aise.

La seule chose certaine, c'était que ses objectifs initiaux, sa politique extérieure, ainsi que la présence des militaires cubains dans le tiers monde n'avaient plus l'aval du Kremlin. Ainsi fragilisé, Fidel Castro voyait dans la personne d'Ochoa un danger supplémentaire.

Au cours du conflit angolais, les Sud-Africains avaient intercepté des communications entre l'état-major cubain et La Havane. En les écoutant, il était patent que de fortes divergences existaient entre Fidel Castro et le général Ochoa. Les Sud-Africains le firent savoir à leurs alliés occidentaux. Mais l'information parvint également à l'oreille des frères Castro.

« C'est à ce moment-là qu'Ochoa, selon Juan F. Benemelis, aurait eu l'intention d'agir, avec l'objectif de fomenter un putsch à son retour : il se trouvait alors à la tête d'un régiment de quarante ou cinquante mille hommes avec de l'artillerie lourde et l'essentiel de l'aviation cubaine. Mais il n'aurait pas pu convaincre les cadres de cette armée usée et méfiante, qui avaient peur d'affronter les frères Castro. »

L'entreprise paraissait d'autant plus irréaliste que 90 % de la troupe étaient composés de réservistes et de cadres militaires triés sur le volet par Raúl Castro en personne.

L'aventure était trop hasardeuse et sans doute matériellement trop lourde à organiser. Ochoa ne s'est pas senti assez fort pour la tenter : ses propres officiers d'état-major ne lui faisaient pas confiance et pouvaient le trahir à tout moment.

« Des responsables militaires affirment que l'idée lui en a pourtant traversé l'esprit, explique Juan F. Benemelis. Son erreur fut de ne rien entreprendre, il n'en a pas eu la force. Il était miné par tant d'années de guerre. Il était conscient de la réticence de ses troupes et surtout il se méfiait de la violence de la réaction de Fidel en cas d'insuccès ou de semi-échec. Il n'a donc rien fait. »

Le procès truqué

Pendant la visite officielle du numéro un soviétique dans l'île, Fidel Castro ne rate pas une occasion de contredire son interlocuteur ou de tenter de lui démontrer le bien-fondé de son argumentation. Le *Líder Máximo* est soucieux, irritable, mais Gorbatchev ne demande pas l'impossible à son hôte. Il se montre même arrangeant : l'avant-poste stratégique que constitue Cuba dans les Caraïbes ne doit pas être négligé, le secrétaire général du Parti communiste soviétique le sait.

Youri Pavlov, un conseiller réformateur de Gorbatchev, a préparé le voyage. Cet ancien ambassadeur critique le responsable cubain qu'il juge trop stalinien. Spécialiste des questions d'Amérique latine, il revient sur cette rencontre dans les mémoires qu'il publie plusieurs années plus tard et souligne que Castro pensait que l'hôte du Kremlin allait faire pression sur lui. Castro était nerveux, anxieux, mais très vite Gorbatchev le mit à l'aise : « Je ne vous imposerai pas mon modèle, dit-il. Vous pouvez faire ce qui vous semble juste[1]. » Castro sourit et se mit à plaisanter, il savait désormais qu'il pouvait poursuivre dans sa voie, celle qu'il défendait encore quelques mois plus tôt, en janvier 1989, lors de son discours pour le trentième anniversaire du triomphe de la révolution. « Je crois que le secret de cette révolution est qu'elle est restée loyale envers ses principes, pendant plus de trente ans, et qu'elle est décidée à suivre cette voie pendant trente ou cent ans de plus. »

Fidel Castro est libre de son choix mais Cuba devra trouver de nouveaux moyens pour ne pas sombrer dans le chaos économique dans lequel va le laisser l'ancien protecteur soviétique. A partir de ce moment, il fallut réactiver le département MC (Monnaie convertible), dirigé par Tony de La Guardia : des dizaines d'entreprises commerciales furent créées sous label étranger, principalement panaméen, dans le but d'opérer dans la zone franche de Colón, à Panama, et ainsi servir de couverture à des activités illégales. L'une de ces entreprises s'appelait Merbar. Elle achetait des lots de marchandises volées sur des marchés noirs de pays d'Amérique latine, notamment du matériel électronique, et les revendait dix fois leur prix dans les pays d'Afrique.

Une autre tâche urgente attend le vieux révolutionnaire. Un juge

---

1. Youri Pavlov : *Soviet-Cuban Alliance*. Miami, North-South Center, Transaction Publishers, 1994. Cité par Volker Skierka : *op. cit.*

américain accuse ouvertement Cuba d'être depuis plusieurs années la plaque tournante du narcotrafic dans le monde et même d'aider le cartel de Medellín dans l'écoulement de sa production de drogue. Le 6 mars 1989, une dépêche d'agence est déposée sur le bureau de Castro.

Le texte relate le procès des frères Ruíz, deux Cubains exilés, jugés à Miami pour trafic de drogue et qui, dans de longues confessions enregistrées par les Américains, détaillent les complicités dont ils bénéficient à Cuba. Selon Fred Schwartz, procureur du procès des frères Ruíz, une fuite au moment d'un interrogatoire permit de prévenir le gouvernement cubain et de faire avorter une possible accusation de Fidel et Raúl Castro dans le trafic de drogue. Le 21 août 1989, Reinaldo Ruíz fut condamné à dix-sept ans d'emprisonnement. Il mourut seize mois plus tard d'une attaque cardiaque à l'intérieur de sa prison fédérale. Des noms sont cependant livrés : Tony de La Guardia, Amado Padrón et Miguel Ruíz Poo. Tous sont membres du ministère de l'Intérieur cubain.

A deux reprises, les frères Ruíz affirment avoir fait escale sur l'aéroport de Varadero, à Cuba, où des soldats de l'armée cubaine auraient déchargé puis entreposé, à chaque fois, une demi-tonne de cocaïne, avant de la transborder sur des bateaux à destination de Miami, escortés par la flotte cubaine jusqu'à la limite des eaux territoriales. Cette dépêche est un premier avertissement avant les révélations que s'apprêtent à faire les services antidrogue américains, la Drug Enforcement Agency (DEA), prouvant de manière irréfutable l'implication d'officiels cubains dans le nacotrafic.

En tête de liste se trouvent Raúl Castro, ministre de la Défense, et Aldo Santamaría, à l'époque chef de la marine de guerre cubaine.

Grâce à des agents infiltrés dans les différents cartels de la drogue, à des photos satellite, aux témoignages de plusieurs prisonniers qui échangent des informations contre des réductions de peine, mais surtout grâce aux écoutes radio très sophistiquées dont dispose la National Security Agency (NSA), des centaines de conversations téléphoniques entre les narcotrafiquants et les services de la Marine de guerre cubaine sont ainsi analysées.

Parmi ces appels, les services américains reconnaissent la voix d'Aldo Santamaría ordonnant en personne à ses garde-côtes d'accompagner les bateaux des trafiquants qui passent par les eaux territoriales cubaines et, dans la mesure du possible, de leur indiquer la position des radars américains dans le détroit de Floride. Des conversations compromettantes codées entre Aldo Santamaría et Raúl Castro sont interceptées et déchiffrées.

Deux ans plus tôt, en avril 1987, l'hebdomadaire *US News and World Report* avait publié un reportage qui indiquait que le gouvernement cubain avait procédé à un trafic de drogue par l'intermédiaire du délinquant colombien Carlos Lehder, extradé plus tard aux Etats-Unis.

Au cours de son procès à Jacksonville, celui-ci dénonça avec persistance les relations commerciales de Castro avec le narcotrafiquant américain Robert Vesco, qui résidait paisiblement à Cuba. Les confessions de Lehder mirent en évidence le rôle de hautes personnalités cubaines dans le narcotrafic et l'implication tacite des frères Castro dans ces activités.

Sur ces entrefaites, pour répondre à l'assassinat du candidat à la présidence Luis Carlos Galán, les autorités colombiennes lancèrent une vaste opération à Medellín contre les trafiquants de drogue jugés responsables de l'acte criminel. Au cours de cette rafle, vingt-sept Cubains portant de faux passeports du Costa Rica furent arrêtés. D'autre part, grâce au travail réalisé par un agent double travaillant pour les Américains, de nouvelles photos satellite montraient l'implication des garde-côtes et de l'aviation militaire cubains dans des opérations de transfert de drogue. Des documents bancaires saisis prouvaient également l'intense participation du gouvernement castriste à la contrebande de stupéfiants.

David Urso, un simple agent des douanes de Floride, surprend quelques semaines plus tard un transbordement de drogue et reconnaît, parmi les membres du commando, des Cubains. Il en avise son supérieur hiérarchique William von Raab qui, après avoir informé le Sénat américain, reçoit le feu vert pour mettre au point un plan nommé « Opération Greyhound ». Ce plan devait permettre aux Américains d'infiltrer un réseau de trafiquants sous la tutelle directe de Tony de La Guardia et du ministre de l'Intérieur en personne, José Abrantes.

L'opération consistait à attirer ce dernier dans les eaux internationales sous prétexte de lui fournir des informations concernant des satellites américains espionnant Cuba avec un système à infrarouges qui pouvait percer les brouillages et du matériel technologique de très grande valeur. Un commando des forces spéciales américaines aurait alors surgi d'un sous-marin pour s'emparer du ministre pendant que des avions de chasse F16 ainsi que des E3 Awac devaient être prêts en cas d'attaque frontale des MIG cubains.

L'« opération Greyhound » reposait sur les épaules d'un homme qui purgeait cinquante ans de prison dans les geôles américaines pour trafic de marijuana. Gustavo Fernández, dit « Papito », avait été sorti de cellule pour infiltrer le réseau de contrebandiers dirigé par... son propre fils Pablo. Il collabora efficacement avec les douanes américaines les premiers jours, puis disparut subitement le 12 juin 1989, quelques heures avant l'annonce par La Havane de l'arrestation de quatorze hauts gradés des FAR (Forces armées révolutionnaires) et du MININT (ministère de l'Intérieur). José Abrantes, quant à lui, échappa de justesse à l'opération ourdie par les Américains, pour être amené quelques semaines plus tard devant un tribunal cubain sur ordre direct de Fidel Castro. Gustavo Fernández, qui n'avait pas touché le moindre sou pour son travail, avait préféré vendre la mèche et rester à Cuba à l'abri des cachots américains.

Pour le gouvernement castriste, il n'y a pas une minute à perdre. Il est urgent de montrer que les accusations de Washington ne sont pas fondées. Il y va de la réputation internationale de Cuba et même des relations avec l'allié soviétique dont le numéro un, au cours de sa tournée cubaine, a averti les dirigeants de La Havane que l'île devait faire un sort à ces rumeurs persistantes.

Il faut donc frapper fort, à la mesure du scandale qui se profile. Comme à son habitude, Fidel Castro va faire d'une pierre deux coups. Le moment est tout à fait propice pour laver le gouvernement cubain de tout soupçon de narcotrafic et par la même occasion se débarrasser des cadres grognons de l'armée, embarrassants et potentiellement dangereux.

En réalité, le piège est tendu depuis déjà plusieurs semaines. Raúl Castro a fait placer par la Sécurité de l'Etat des micros à l'intérieur des maisons et des appartements de tous les hauts responsables dont il se méfiait, notamment depuis le retour du général Ochoa.

« Il ne faut pas oublier, explique Juan Vivés, qu'au cours des différents trafics de drogue, extorsions de fonds, blanchiment d'argent et autres... qui rapportaient des dizaines de millions de dollars, les jumeaux La Guardia et Abrantes se servaient largement en détournant des sommes colossales sur leurs comptes personnels. A mesure que les années passaient, les trafics en tous genres s'intensifiaient et les jumeaux gagnaient en autonomie. Raúl pouvait contrôler les dépôts de drogue dans les entrepôts à Cuba mais il ne pouvait pas savoir à quel prix les frères La Guardia avaient négocié les tonnes de cocaïne d'Amérique du Sud ou l'héroïne de Hong-Kong. A ma connaissance ils ont détourné près de 50 millions de dollars. L'un de leurs comptes dans une banque suisse, qui contenait 2 millions de dollars, était connu des frères Castro, mais ils ne pouvaient récupérer ces sommes car la DEA américaine surveillait particulièrement ce compte. Pour sa part, José Abrantes a dû mettre à l'ombre 15 à 20 millions de dollars au Panama, dans la zone franche de Colón, dans des banques sur l'île de Gran Caïman et en Suisse, jusqu'au moment ou Raúl Castro s'aperçut de l'entourloupe, notamment lorsqu'il découvrit qu'Abrantes, à la suite d'une opération menée depuis Acapulco, avait détourné la quasi-totalité des sommes récoltées. Raúl en informa immédiatement son frère. »

Amado Padrón, membre de la Direction générale d'Intelligence (DGI) et ancien consul au Panama, avait lui aussi détourné des fonds mais en plus faible quantité. C'est son train de vie luxueux, ses motos, ses collections d'armes et les cadeaux fastueux qu'il offrait à ses maîtresses, quand il venait à Cuba, qui le rendirent suspect.

Il nia obstinément, durant son procès, les charges qu'on voulait faire peser sur lui. Il expliqua avec insistance que c'était sur ses frais de représentation qu'il réglait ses dépenses jugées somptuaires et il n'en démordit pas, réfutant point par point les accusations et repoussant fermement les propositions d'arrangement des frères Castro.

Ces détournements de fonds furent utilisés comme une preuve supplémentaire du complot et de la trahison des jumeaux et d'Abrantes, d'autant que le *Líder Máximo* se les fit confirmer par d'autres sources : les dirigeants du cartel de Medellín, mais également par des proches du commandant en chef des forces armées du Panama, Manuel Antonio Noriega, avec lesquels Fidel et Raúl Castro entretenaient de discrètes relations. Notons que quelques jours avant le déclenchement de l'« affaire Ochoa », le président en fonction du Panama, Solís Palma, qui n'occupait qu'une charge honorifique, se trouvait en visite à Cuba, où il s'entretint avec les frères Castro.

Le dimanche 28 mai 1989 au soir, Diocles Torralba, général très respecté, ministre des Transports et vice-président du Conseil des ministres, avait réuni chez lui, comme il le faisait souvent, plusieurs de ses amis intimes, parmi lesquels le colonel Tony de La Guardia [1], son gendre (il avait épousé sa fille María Elena), ainsi que son

---

1. Durant le dernier week-end de mai 1989, Tony de La Guardia se confia à José-Luis Llovio-Menendez, l'un de ses beaux-frères. Celui-ci se souvient que La Guardia lui parla du trafic de drogue que lui avait ordonné de mener le ministre de l'Intérieur, José Abrantes, sur l'ordre de Fidel Castro lui-même.

jumeau, le général Patricio de La Guardia, le commandant Amado Padrón et le général Arnaldo Ochoa. Comme toujours dans la *nomenklatura*, les mets sont abondants et le rhum coule à flots. Torralba avait la réputation d'adorer ce genre d'agapes (que beaucoup surnommèrent par dérision les « Dioclésiennes ») mais, ce soir-là, l'atmosphère était plutôt bizarre.

Après les blagues d'usage, les « désertions » de Rafael Del Pino et de Florentino Azpillaga sont évoquées et largement approuvées. C'est ensuite autour des critiques contre les frères Castro que se focalisent les discussions. Des insultes sont proférées contre le *Líder Máximo* que tous considèrent comme vieux, dépassé, trop rigide pour continuer à gouverner. Certains affirment même qu'il faudrait le destituer et, s'il le fallait, le faire disparaître. La réunion se finit tard dans la nuit. La veille, un groupe d'agents de surveillance mené par un homme répondant au pseudonyme de « Rodolfo » avait truffé la maison de micros. Peu de temps après « Rodolfo » écrira dans une lettre qu'il avait rempli cette mission à contrecœur.

Toute la conversation fut donc enregistrée et aussitôt transmise aux cercles dirigeants, place de la Révolution. « Le plus extraordinaire c'est que Diocles Torralba avait permis la pose de micros et de caméras chez lui, révèle Juan Vivés. En échange de cette collaboration avec la Contre-intelligence militaire, il sauva sa tête. » Il fut néanmoins condamné à vingt ans de prison au cours d'un procès distinct de celui de l'« affaire Ochoa » et ensuite relâché.

Le lendemain matin, lundi 29 mai, Arnaldo Ochoa est convoqué par Raúl Castro au ministère des Forces armées. Le général Abelardo Colomé Ibarra (futur ministre de l'Intérieur) ainsi que le chef d'état-major Ulises Rosales del Toro, tous deux anciens d'Angola, sont également présents. Ils sont aperçus sortant du bureau de Raúl.

La réunion n'a d'autre but que de prévenir Ochoa que, contrairement à la promesse faite, il ne sera pas nommé commandant de l'armée d'Occident. Cette annonce surprise et maladroite est un premier avertissement.

Diocles Torralba, Amado Padrón, les frères La Guardia et tout l'entourage d'Arnaldo Ochoa comprennent que la haute hiérarchie est au courant de leurs désirs de changement. Tous commencent alors à se méfier, mais c'est trop tard, ils sont suivis pas à pas, surveillés nuit et jour.

Le vendredi 2 juin, Raúl convoque à nouveau Ochoa dans son

bureau. Cette fois la rencontre à lieu en tête à tête entre deux hommes qui se sont toujours méprisés.

Le ministre de la Défense demande au général d'assumer l'accusation de trafic de drogue pour sauver la révolution. Il est nécessaire, selon lui, de juger les plus hauts gradés impliqués afin de calmer les suspicions de l'opinion publique internationale et montrer que Cuba réprime au plus haut niveau le trafic de drogue. D'après les témoignages d'officiers du bataillon de sécurité de Raúl Castro présents ce jour-là dans la pièce d'à côté, Ochoa exultant lança au visage de Raúl qu'il le méprisait de s'être toujours caché dans les jupes de son frère. Que Raúl et Fidel étaient des « pédés ». Dans sa colère Ochoa accusa les frères Castro d'avoir ordonné le trafic de drogue, et de vouloir, par un tour de passe-passe, lui faire endosser l'entière responsabilité en l'accusant publiquement. Les hurlements d'Ochoa franchissaient les murs du bureau. A entendre les vociférations, il s'en fallut de peu que les deux hommes ne s'empoignent.

Le calme revint et Raúl essaya alors de faire comprendre à son interlocuteur qu'il avait tout intérêt à coopérer. En le raccompagnant à la porte de son bureau, Raúl Castro donna l'accolade à Ochoa, histoire de faire bonne mesure vis-à-vis de ceux qui se trouvaient là et qui, bien sûr, avaient dû entendre l'algarade. Plus tard, il dira même devant un groupe de militaires : « J'ai été profondément sincère et je lui ai dit que quoi qu'il arrive nous resterions des frères. »

En fait, il fait conduire Ochoa sous escorte dans une maison de la Sécurité de l'Etat située dans le quartier de Siboney, où se trouvent les autres principaux accusés. Il s'agit, pour l'heure, d'une mesure de prévention afin de ne pas éveiller les soupçons. L'affaire n'étant pas encore totalement verrouillée et Ochoa faisant partie du Comité central du Parti communiste, elle devait être menée avec diplomatie. Pour éviter aussi que l'un ou l'autre des suspects ne réussisse à s'enfuir de l'autre côté de la mer des Caraïbes, se transformant, comme aimait à le dire Raúl, en « perroquet qui répète tout ce que les impérialistes veulent entendre ».

Raúl Castro n'a pas obtenu de confession spontanée d'Ochoa, il ne fallait donc pas relâcher la pression. A ce moment, Mayda González, la compagne du général Ochoa, déclare à la presse étrangère, notamment à l'Agence France Presse : « Je suis certaine qu'ils vont le fusiller. »

Les seules personnes autorisées à rencontrer Arnaldo Ochoa, les jumeaux La Guardia et Amado Padrón furent les généraux Abelardo Colomé Ibarra, Ulises Rosales del Toro et Juan Escalona Reguera, qui deviendra bientôt le procureur de l'« affaire ». Sur ordre de Raúl ils rendirent visite à Ochoa dans le but de l'amadouer. Celui-ci les insulta et refusa de les entendre. Fidel Castro décida alors d'intervenir personnellement.

Près de dix-huit heures durant, selon Mayda González, il parlementa, usant tour à tour d'autorité, de charme, d'humour, de persuasion afin de convaincre Ochoa d'accepter son inculpation. Finalement son ascendant sur l'ex-général triompha et, presque forcé, Arnaldo Ochoa accepta de collaborer contre la promesse de Fidel Castro que, s'il était condamné à mort, ce serait seulement pour l'exemple, que sa peine serait commuée en trente ans de prison mais qu'il ne resterait qu'un an dans une maison de la Sécurité de l'Etat et qu'ensuite il serait libéré pour bonne conduite.

Arnaldo Ochoa, à contrecœur, voulut croire en la promesse, jugeant peut-être qu'il jouait là sa dernière carte, sa dernière chance, espérant qu'il pouvait s'en tirer. Mais il lui restait des doutes. Grâce à des complicités il réussit à faire sortir de Cuba sa compagne et son jeune fils.

Parmi les suspects encore en liberté, la peur s'installa. Le plus lucide d'entre eux, le commandant Amado Padrón, fit parvenir le lendemain au Panama une lettre d'alerte à un ami dont il tait le nom. Dans cette lettre Padrón confesse son malaise : « Je pense que je vais être arrêté, dans peu de temps, avec un groupe important de camarades avec lesquels nous avons parlé de l'avenir de Cuba. Face à l'énorme crise économique, politique et sociale que connaît le pays, nous pensions que la seule issue était que les frères Castro renoncent à leurs positions. »

Cette lettre contient aussi d'étonnantes affirmations. Padrón explique que le groupe avait eu l'intention de déposer un projet devant l'Assemblée nationale du Pouvoir populaire réclamant la destitution des frères Castro, accompagnée d'un soulèvement dans des unités militaires stratégiques sur l'ensemble du pays.

Ce fut ensuite au tour de Tony de La Guardia d'être convoqué. A lui aussi, on fit comprendre que s'il disait tout ce qu'il savait et s'il avouait des actes qu'il n'avait pas commis, pour son bien et le bien de la révolution, il serait condamné à mort mais serait libéré après deux ou trois ans de prison.

Sa fille, Ileana de La Guardia, exilée depuis 1991 à Paris, écrit : « Raúl Castro dit à mon père de tout prendre sur lui, qu'il ne lui arriverait rien. Il fallait monter un show pour couper l'herbe sous le pied des *gringos*. Tout ça resterait, lui a-t-il confirmé, dans la famille révolutionnaire. Jusqu'au bout, Ochoa et mon père ont cru qu'ils ne seraient pas fusillés[1]. » Tony de La Guardia s'estimait, lui aussi, intouchable. Son frère Patricio et lui-même avaient depuis trente ans rendu tellement de services à la révolution, mis au point tant de coups tordus, participé à tant de trafics illicites en tous genres, couvert tant de délits et de crimes... Les frères Castro ne pouvaient pas les éliminer.

Tony reste persuadé que ce n'est qu'un mauvais rêve. Patricio confronté au même dilemme réagit différemment. Il sent que la partie n'est pas un jeu et que sa vie est vraiment en danger. Au cours de conversations serrées, il réussit à négocier une issue de secours.

« Il accepta de donner les numéros secrets des comptes où se trouvait l'argent détourné des différents trafics, affirme Juan Vivés, contre la vie sauve. Mais une fois qu'il communiqua ces informations et que Fidel lui promit que tout s'arrangerait au mieux, vingt-quatre heures avant le verdict il comprit qu'on l'avait berné. Patricio se décida à jouer sa dernière carte : il mentionna l'existence d'un document testamentaire qui serait enfermé dans le coffre d'une banque au Panama avec l'ordre de le publier à sa mort. Dans ce document, seraient notées avec détails les preuves de l'implication des frères Castro dans le trafic de drogue et, aussi, d'autres détails sur l'assassinat de Salvador Allende sur ordre de Fidel Castro. Arrivé à ce stade, il refusa obstinément de préciser le nom de la banque et du notaire panaméens. C'est pour cela qu'il est encore en vie mais pas son frère. »

Raúl ne crut pas à l'existence de cette lettre et dit à Patricio qu'il serait fusillé. Mais après mûre réflexion, Fidel Castro préféra le laisser en vie en le maintenant en prison et sous haute surveillance. Patricio fut en tout cas le seul de ceux qui étaient destinés à la mort à s'en sortir avec une peine de trente ans de prison. Il vit aujourd'hui chez lui, en résidence hautement surveillée, une sorte de cordon sanitaire l'empêche d'avoir des contacts à l'extérieur. Le peu de visites qu'il reçoit se font en présence d'officiers de la Sécurité de l'Etat et les thèmes qu'il peut aborder sont décidés à l'avance.

En cette matinée de juin 1989, les réunions se succèdent dans le bureau du *Líder Máximo*. Le temps presse. Les frères Castro veulent verrouiller le dispositif, démontrer que des hommes au-dessus

---

1. Ileana de La Guardia : *Le Nom de mon père, op. cit.*

de tout soupçon ont trahi le peuple, la nation, la révolution, qu'en trafiquant d'énormes quantités de drogue à l'insu de leurs dirigeants, ils ont souillé l'honneur de Cuba.

Ils ne sont que de vulgaires trafiquants, les seuls coupables. Mais il ne s'agit pas d'une conspiration politique, personne dans l'île ne peut prétendre conspirer contre le Commandant en chef. Il n'y aura donc pas un mais deux procès, celui d'Ochoa, de son aide de camp le capitaine Jorge Martínez, des frères La Guardia, d'Amado Padrón et de plusieurs autres officiers supérieurs, appelé « Cause 1/89 », et un autre procès où sera jugé le ministre de l'Intérieur José Abrantes, appelé « Cause 2/89 ».

Fidel et Raúl Castro passent une nuit entière à mettre au point leur stratégie avec le ministre de la Justice, le général Juan Escalona, à qui ils demandent de devenir le procureur d'un procès digne des heures les plus sombres du stalinisme. Dariel Alarcón Ramírez (« Benigno ») se souvient qu'après une rencontre secrète où Escalona est prié de retourner à son poste de général de brigade afin de pouvoir devenir procureur, celui-ci est à nouveau convoqué par les frères Castro. Durant une quinzaine d'heures, il prendra ses ordres pour mener le procès.

« (...) Et puis tout au long des débats, Escalona courait chez Fidel et Raúl pour prendre les consignes[1]. »

En fait, la machination a été montée entre le 10 et le 12 juin. Au cours d'une perquisition inopinée au domicile du capitaine Martínez, l'aide de camp d'Ochoa, sont découverts une carte d'un hôtel à Medellín, un livre sur la mafia et, selon les agents chargés de la perquisition, un faux passeport accordé à Martínez pour se rendre en Colombie, des numéros de comptes bancaires au Panama et, surtout, une série de numéros de téléphone démontrant les liens avec Pablo Escobar, le chef du cartel de Medellín. Tout surgit au grand jour selon un scénario tracé à l'avance et qui va déboucher sur l'arrestation des principaux suspects, dont le général Ochoa, les jumeaux La Guardia, Amado Padrón, ainsi que onze membres des forces armées et du ministère de l'Intérieur. Ce ne sera qu'en mai 2005 que les aveux, du fond de sa prison de Cómbita (Colombie), de John Jairo Velasquez, l'ancien bras droit et tueur d'Escobar, surnommé « Popeye », mirent en lumière les véritables liens de Cuba avec le cartel colombien de la drogue. « Raúl Castro connais-

---

1. Dariel Alarcón Ramírez (« Benigno ») : *Vie et mort de la révolution cubaine*. Paris, Fayard, 1996, et entretien avec les auteurs, Paris, octobre 2003 et mars 2004.

sait le trafic de drogue, affirme-t-il lors d'un entretien télévisé avec un journaliste de la télévision espagnole TVE, c'était notre contact direct. » Selon « Popeye », la drogue était acheminée à Cuba « parfois en passant par l'Amérique centrale ou directement à Cuba par avion et ensuite partait en bateau pour Miami ». « Le capitaine cubain Jorge Martínez, poursuit-il, était l'homme du réseau qui venait en Colombie pour négocier les cargaisons de drogue à destination de Cuba. Il tenait toujours informé Raúl Castro. Lorsque Martínez rencontra pour la première fois Pablo Escobar, celui-ci lui dit que le cartel de Medellín commerçait déjà avec les Cubains. » Jairo Velasquez, condamné à vingt ans de prison, confesse également que « lorsque Pablo était réfugié au Nicaragua, il avait obtenu l'autorisation des sandinistes de faire transiter par leur pays la drogue envoyée à Cuba[1] ».

Cuba traversait une crise grave. Les réactions au sein de la population et de certains militaires, après l'annonce de l'arrestation de ces hommes qui passaient du rang de héros de la nation à celui de traîtres à la révolution, risquaient de créer des remous. Par souci de mettre au pas les éventuels récalcitrants au sein de l'armée d'Occident et surtout des vétérans d'Angola, « tout ce que l'armée comptait comme commandants et même généraux ont été convoqués à La Havane, explique Juan F. Benemelis, et maintenus sur place jusqu'à la fin du procès. Les militaires proches de Raúl ont même désarmé les Troupes spéciales du ministère de l'Intérieur commandées par le général Pascual Martínez Gil. Même chose pour les colonels, les lieutenants-colonels et les capitaines dont certains ont été contraints, par manque de place, de camper dans une ferme du sud de la capitale cubaine en attendant qu'Arnaldo Ochoa soit exécuté ».

Afin qu'ils sachent, une fois pour toutes, qui dirige le pays, ces hauts gradés de l'armée avaient l'ordre d'assister au procès. Mais comme la salle ne pouvait tous les accueillir, beaucoup furent installés dans des casernes militaires pour suivre le procès à la télévision. La plupart d'entre eux avaient combattu en Angola. Ils avaient vu et même participé aux différents trafics de diamants, d'ivoire, de bois précieux. Mais la hiérarchie leur avait dit que c'était un mal nécessaire pour entretenir et nourrir la troupe. Un mal nécessaire pour que vive la révolution !

L'armée désormais sous contrôle, les frères Castro jouent une

---

1. Dépêche de l'Agence France Presse du 14 mai 2005.

partie difficile : il faut prouver au peuple que tout ceci n'est qu'une simple affaire de corruption. Il est donc décidé de juger à part le ministre des Transports Diocles Torralba, de le dissocier de ce que l'on appelle déjà l'« affaire » Ochoa, alors qu'il est un proche de l'ex-général.

« Diocles a été manipulé par Raúl Castro, précise Juan Vivés. Il a été contraint d'accepter que l'on pose des micros chez lui en échange de sa vie sauve. Il a vendu les autres pour sauver sa peau. » Mais il bénéficiait aussi d'un statut privilégié parce qu'il est très lié à un autre grand personnage du régime, un commandant de la Sierra Maestra qui fait partie de la stratosphère révolutionnaire cubaine : le seul Noir membre du Bureau politique, Juan Almeida, frère d'armes des Castro dans la guérilla, qui jouit d'un grand capital de sympathie et qui n'hésitera pas à s'opposer au Commandant en chef quelques mois plus tard au moment de la préparation de la « période spéciale ». En 1990, « Benigno », à l'époque chef du bataillon de sécurité de Fidel Castro, rapporte que, au cours d'une réunion au sommet, un affrontement sévère eut lieu entre Fidel Castro et Juan Almeida, ce dernier accusant le Commandant en chef d'être responsable des difficultés que traversait le pays : « Nous sommes en train de gouverner sur la base d'un caprice et ce caprice c'est le tien ! » assena Almeida à la figure d'un Castro médusé qui, sans l'ombre d'une hésitation, le fit arrêter et l'assigna à résidence sans possibilité de communiquer avec l'extérieur. Pourtant, quelques heures plus tard, Radio Martí, la radio contrôlée par le gouvernement américain qui émet en direction de l'île, annonça la nouvelle. Castro fut alors obligé de faire machine arrière, car Almeida jouissait d'une certaine popularité et de soutiens importants au sein des forces armées. Il le fit libérer et exhiber en uniforme de gala avec toutes ses décorations sur tous les podiums de l'île[1].

Sacrifier Arnaldo Ochoa, Tony de La Guardia, Amado Padrón et Jorge Martínez était donc moins risqué et tout aussi efficace.

Le 13 juin 1989, le quotidien *Granma*, l'organe officiel du Parti, annonce l'arrestation des « félons » en quelques lignes sans aucun commentaire.

Le lendemain 14 juin au soir, la mise en scène a été verrouillée et le décor planté : Raúl Castro, poussé par son frère, s'adresse, en direct devant les caméras de télévision, à la hiérarchie militaire rassemblée à La Havane. Raúl, mal à l'aise et visiblement éméché,

---

1. Dariel Alarcón Ramírez (« Benigno ») : *op. cit.*

parle devant un parterre d'un millier d'officiers et les prévient que rien ne sera toléré. Il invite même les plus réfractaires à partir pour la Pologne, la Hongrie ou même l'Arménie.

Les militaires ne bronchent pas, Raúl prononce alors des mots très durs à l'encontre d'Ochoa à qui il reproche ses mensonges, son incapacité à démêler le vrai du faux, avant de le traiter de « plaisantin » et de « charlatan ».

Une sorte de procès avant la lettre. Le prévenu était condamné avant même d'être jugé. Les officiers présents et tous les Cubains comprennent ce jour-là que l'affaire est hautement politique et que le supposé délit de trafic de drogue n'est qu'un grossier prétexte des frères Castro pour purger l'appareil d'Etat, les forces armées et le ministère de l'Intérieur. Ils comprennent aussi que si l'Union soviétique, l'allié de trente ans, a amorcé une ouverture, celle-ci n'aura jamais lieu à Cuba tant que Fidel Castro en sera le maître. Ils en sont définitivement convaincus lorsqu'ils entendent Raúl Castro dire : « Que s'est-il passé avec Ochoa, que s'est-il passé avec Diocles ? Un jour on saura probablement ce qu'ils ont fait ! », avant d'ajouter : « Il faut en finir avec le bordel dans ce pays ! »

Pour boucler l'opération et dénoncer le scandale, Fidel Castro monte lui-même au créneau deux jours après. Le 16 juin, dans un éditorial non signé (mais de toute évidence de sa plume) publié par *Granma*, il annonce le motif officiel des arrestations : trafic de drogue et corruption.

Derrière les barreaux de *Villa Marista*, le siège de la Sécurité de l'Etat, les prévenus sont malmenés. On les empêche de dormir et leur nourriture est droguée. En quelques jours ils sont pareils à des zombies. Lorsque le général Ochoa comparaît d'abord devant ses pairs, un tribunal militaire dit « d'honneur », il semble ailleurs, totalement indifférent à ce qui lui arrive. Ironie du sort, parmi les militaires qui le jugent se trouve l'amiral Aldo Santamaría, reconnu par les Etats-Unis comme trafiquant de drogue notoire depuis 1982.

Ochoa est officiellement dégradé, rabaissé au rang de simple citoyen. Pourtant il déclare que, s'il doit mourir, « sa dernière pensée sera pour Fidel ».

Ce 30 juin, alors que le peuple de Cuba va pouvoir suivre jour après jour à la télévision, en léger différé, le feuilleton de l'« affaire Ochoa », pour les Castro c'est déjà de l'histoire ancienne. En l'occurrence, il s'agit seulement de mimer pour la galerie un script écrit à l'avance par deux auteurs qui n'ont rien laissé au hasard. L'occasion, en effet, était trop belle pour en finir avec des jumeaux encombrants et incontrôlables, un général insolent et dangereux qui se dressait en concurrent et toute une série d'officiers et de militaires fatigués et ingrats. Ils ne peuvent avoir droit qu'au mépris, eux qui ne sont que de vulgaires trafiquants de drogue, des voleurs de peu d'envergure. « Benigno » se souvient qu'au moment où l'affaire éclata, Fidel Castro demanda : « Mais qui sont donc ces frères La Guardia ? »

Il posa la même question à propos d'autres de ses anciens compagnons. Cela voulait dire : « Maintenant que vous ne me servez plus à rien, pourquoi voulez-vous que je vous garde ? »[1].

Au cours des dix jours que dura le procès aucun des accusés ne put s'éloigner des sentiers tracés par les vrais procureurs, Fidel et Raúl Castro, ou citer les noms de personnages de la haute hiérarchie.

Arnaldo Ochoa, à présent de plus en plus lucide, répondait avec mordant et ironie aux questions qu'on lui posait. N'hésitant jamais à procéder à l'insinuation ou à l'allusion narquoise, un sourire moqueur aux lèvres.

Une attitude qui faisait sortir de ses gonds Fidel Castro, mais comblait d'aise les millions de téléspectateurs cubains qui avaient pris fait et cause pour l'ancien héros national qu'ils voyaient livré en pâture à un système qui les accablait. Même si n'étaient diffusés que des extraits choisis du procès.

Jamais, durant les débats, Arnaldo Ochoa n'a été accusé de trafic de drogue. Le procureur Escalona lui reprochait de vagues « projets obsessionnels » et de la contrebande de diamants et d'ivoire. Jamais non plus ne fut mentionné où se trouvaient ni à quoi servaient les énormes sommes d'argent engendrées par le trafic de drogue qu'avait perçues l'Etat cubain. Sur ce point, Juan Vivés précise que les autorités cubaines avaient pris pour habitude de blanchir l'argent sale de la drogue qui atterrissait en petites et moyennes coupures sur des comptes numérotés dans des paradis fiscaux ou dans des banques de Zurich, Genève ou Madrid.

Le 7 juillet 1989 cette parodie de justice se termine par quatre condamnations à mort : celles d'Arnaldo Ochoa, Jorge Martínez, Tony de La Guardia et Amado Padrón. Les autres accusés seront jetés en prison, condamnés à des peines allant jusqu'à trente ans d'incarcération pour Patricio de La Guardia.

A aucun moment, ces hommes n'ont été présumés innocents.

Dans un discours prononcé deux jours plus tard devant le

---

1. Dariel Alarcón Ramírez (« Benigno ») : *op. cit.*

Conseil d'Etat, Fidel Castro dira que jamais l'Histoire ne connut un procès aussi honnête. « Et quand je dis l'Histoire, je parle de l'Histoire en général. Quant à notre pays, je dis pareil : on n'a jamais vu un procès si limpide et avec une telle participation [1]. »

« En fin de compte, précise Juan Vivés, quiconque s'oppose aux volontés de Fidel Castro est condamné d'avance qu'il ait raison ou non. Pour l'"affaire Ochoa", les frères Castro ne pouvaient pas permettre que leur autorité soit ainsi raillée, moquée. Ce qui, dans n'importe quel autre pays du monde, n'aurait eu qu'une importance secondaire, devient une affaire d'Etat dans un régime stalinien comme l'est le régime cubain. »

La nuit du 13 juillet, quelques jours à peine après le verdict, sous l'éclairage blafard d'une caserne de Baracoa à moins d'une demi-heure de La Havane, un peloton formé de sept militaires pointent leurs fusils sur les condamnés. Une caméra filme la scène comme l'a exigé le *Líder Máximo* venu assister en personne à la mise à mort. Avant que les balles ne le fassent taire, Arnaldo Ochoa lance aux hommes qui lui font face : « Je vous aime comme mes fils. »

Après cet électrochoc, vécu comme un traumatisme par les Cubains, vient la « Cause 2/89 » : le jugement de José Abrantes, l'ex-ministre de l'Intérieur, limogé le 29 juin et condamné à vingt ans de prison, le premier septembre, pour « abus d'autorité et négligence », ne fit l'objet que d'une brève dans *Granma*. Quelques lignes qui tombèrent dans l'indifférence générale, pourtant il avait été un intime du Commandant en chef. Abrantes avait aussi eu le mauvais goût de s'enrichir au passage, en prenant de confortables commissions et en vivant de manière somptueuse, ce que n'a pu supporter Fidel Castro. Il aurait eu, aussi, le tort d'avoir rêvé de devenir un jour le patron de l'armée à la place de Raúl.

Lorsque ce dernier apprit qu'Abrantes avait écouté ses conversations, notamment celles avec Ochoa et d'autres avec son frère Fidel depuis ses bureaux, il fit fouiller ceux-ci de fond en comble pendant quatre jours à la recherche de bandes sonores ou de films.

« Tout l'état-major de Raúl participa aux recherches, confirme Juan F. Benemelis. Au cours de ces fouilles, certains ont dit avoir découvert dans le placard d'Abrantes un cintre sur lequel était accroché un uniforme militaire avec toutes les décorations d'un chef

---

[1]. Les minutes du procès, ainsi que l'intervention de Fidel Castro devant le Conseil d'Etat, ont été publiées dans *Granma* et reprises dans *Vindicación de Cuba*, op. cit.

des armées. De toute façon son sort était scellé[1]. » Cette anecdote, qu'elle soit vraie ou inventée de toutes pièces afin de provoquer la perte de José Abrantes, fit le tour des forces armées et ancra dans la tête de tous que des rêves de cette nature devaient rester secrets.

Abrantes ne fut pas immédiatement fusillé car cela risquait d'entraîner d'autres exécutions au sein de l'armée et d'aggraver une situation déjà explosive. Il fut donc emprisonné et mourut le 21 janvier 1991, durant un transfert de la prison à l'hôpital, d'un infarctus provoqué par... une injection massive de digitaline.

La purge se poursuivit pendant plusieurs semaines, menée par les généraux Abelardo Colomé Ibarra et Fernández Gondín. Plus d'une trentaine d'officiers supérieurs jugés mollassons et ivrognes furent mis à la retraite d'office, d'autres directement impliqués dans l'affaire furent jetés en prison mais n'y restèrent pas très longtemps. Après avoir juré une obéissance absolue au Commandant en chef et à son frère, la plupart furent absous et réintégrèrent leur corps d'origine et leurs prébendes. Certains sont redevenus des castristes purs et durs et travaillent désormais au développement du tourisme dans des sociétés comme Gaviota ou Cubanacán, propriétaires sur l'île de dizaines d'hôtels de luxe, de sociétés de location de voitures et de restaurants pour étrangers.

L'ordre est désormais rétabli dans la maison Castro : Raúl, ministre des Forces armées, dauphin désigné de son frère, a vu ses pouvoirs renforcés. Des hommes à lui, les généraux Senén Casas Regueiro et Abelardo Colomé Ibarra, ont été respectivement nommés ministre des Transports et ministre de l'Intérieur. Quant aux commandos spéciaux chargés de la sécurité de Fidel Castro, ils dépendent directement des forces armées inféodées à Raúl.

Le 11 octobre 1991, le quotidien espagnol *El Mundo* publia un entretien avec la veuve du général Arnaldo Ochoa, Mayda González, qui vivait à Madrid. Elle y confie son désarroi et affirme que son époux a été exécuté pour avoir fortement critiqué le maintien des forces cubaines en Angola. Elle ajoute qu'Arnaldo Ochoa n'a jamais participé au trafic de drogue mais qu'en revanche Fidel Castro et son frère Raúl avaient encouragé ce trafic pour procurer des devises à la révolution. Cette interview confirmait ce que le peuple de Cuba a toujours su. Mais Arnaldo Ochoa était mort et les Cubains avaient désormais d'autres soucis : remplir leur estomac et celui de leurs enfants.

---

1. Entretien avec les auteurs. Cf. également Dariel Alarcón Ramírez (« Benigno ») : *op. cit.*, p. 275.

Quelque temps après le procès, Fidel Castro fit savoir que le cas de Tony de La Guardia était le premier et le dernier qui impliquait Cuba dans un trafic de drogue. Pourtant les garde-côtes américains ont observé de nouveaux largages de ballots de cocaïne dans les eaux territoriales cubaines, à peine quelques semaines après la fin du procès Ochoa. Selon ces garde-côtes, des avions survolant Cuba ont été détectés de nuit poursuivant leur largage juste au-dessus de vedettes rapides, mais lorsqu'ils tentèrent d'intercepter les bateaux, des hélicoptères de l'armée cubaine les ont contraints à stopper la chasse.

Le trafic de drogue n'a, en fait, jamais cessé. Il est devenu plus sophistiqué et réalisé en relation directe avec la guérilla colombienne. Une source, restée confidentielle, recueillie au début de l'année 1998, indiquait que le régime castriste était engagé dans un trafic de cocaïne qui transitait à travers de petits aéroports de la jungle colombienne. Des « *Aerotaxi* » transportent de petites mallettes de voyage pleines de drogue quasi indétectable jusqu'à des aéroports internationaux où la drogue est transbordée sur des vols réguliers de Cubana de Aviación.

Castro et les putschistes de Moscou

La chute du mur de Berlin le 9 novembre 1989 et la décomposition du bloc soviétique supplantèrent dans l'esprit des Cubains l'amertume et le dégoût que leur avait inspirés l'« affaire Ochoa ». L'heure était à la survie, le peuple devait se serrer la ceinture. Comme d'habitude les événements volaient au secours de l'incontournable despote qui fit interdire la diffusion de deux revues soviétiques, *Spoutnik* et *Nouvelles de Moscou*, que lisaient avidement les jeunes Cubains friands du souffle de la *perestroïka* que distillaient à longueur de colonnes ces publications. La chasse aux dissidents fut à nouveau ouverte et ceux qui avaient osé critiquer la façon dont avait été jugé et condamné Ochoa furent arrêtés et emprisonnés.

La reprise en main fut totale, tandis qu'à l'Est des dictatures communistes sombraient : Pologne, Tchécoslovaquie, Allemagne de l'Est, Roumanie. Le capitalisme partout triomphait mais Fidel Castro avait, une fois pour toutes, décidé de ne pas céder, convaincu que le bloc communiste allait se ressaisir, que le dessein funeste de Gorbatchev allait s'effondrer.

Il était d'ailleurs resté en contact avec le général communiste

Nikolaï Leonov, ainsi qu'avec le responsable du KGB Vladimir Pugo et son cercle d'amis, qui voulaient un retour aux dogmes de l'Union soviétique et détestaient Gorbatchev. Selon des informations tenues secrètes par la CIA, la plupart des généraux de l'Armée rouge qui allaient fomenter un putsch en URSS sont passés plusieurs fois à Cuba entre les mois de mars et de juin 1989, avant le déclenchement des hostilités. Plus la date du coup d'Etat militaire approchait, plus les visites se multipliaient. Certaines réunions se déroulaient à La Havane afin d'échapper au contrôle du KGB. Même si plusieurs hauts gradés des services secrets soviétiques faisaient partie du complot, tous n'étaient pas fiables et des informations pouvaient filtrer.

Fidel Castro fut informé de l'imminence des opérations et les putschistes lui demandèrent de faire de Cuba une base de repli en cas d'échec.

Le *Líder Máximo* n'avait rien à y perdre. A cette époque, l'URSS avait coupé les crédits et l'aide massive accordés à La Havane. Si le coup d'Etat militaire triomphait à Moscou, les nouveaux hommes forts de l'URSS auraient eu une dette envers Castro et l'auraient payée d'un nouveau rapprochement avec l'île caraïbe et de nouvelles aides économiques. En cas d'insuccès, Cuba serait devenu le dernier asile, le gardien de l'orthodoxie marxiste, rêve que Fidel Castro n'a pas abandonné.

« Castro et son entourage étaient parfaitement au courant de la conspiration contre Gorbatchev, confirme le journaliste Alvaro Alba[1]. Les principaux putschistes étaient tous étroitement liés à Castro depuis la crise des missiles d'octobre-novembre 1962. Quelques mois avant la tentative de coup d'Etat, le maréchal Dimitri T. Iazov recevait une importante délégation militaire cubaine dirigée par le colonel Alfonso Borges. En mai 1990, Oleg D. Baklanov, l'un des responsables du Conseil de la Défense nationale, responsable de l'approvisionnement en armes de la plupart des pays socialistes, fut reçu à La Havane par Fidel Castro en personne. A la suite de cette visite, il insista dans la presse soviétique sur la nécessité d'assurer la défense de Cuba en lui fournissant d'importants moyens militaires.

« En octobre 1990, le général d'armée Mikhaïl Moïseev, chef d'état-major, se rend à La Havane pour y rencontrer l'ancien

---

1. Entretien téléphonique avec les auteurs, Miami, décembre 2004. Alvaro Alba travaillait à l'époque comme traducteur avec un journaliste espagnol en poste à Moscou. Il a pu suivre les événements de près.

ministre de la Défense limogé par Gorbatchev en 1987 : le général Serguei L. Sokolov. Moïseev deviendra en août 1991 ministre de la Défense au sein de la Junte militaire, poste qu'il n'occupera que vingt-quatre heures. En novembre de la même année, Oleg S. Shenine, membre du bureau politique du Parti communiste de l'Union soviétique, fait lui aussi le voyage de La Havane. Il sera arrêté et emprisonné à la suite de la tentative de putsch. »

Difficile de croire que tous ces voyages n'étaient que des déplacements de routine, que ces dirigeants soviétiques ne se rendaient à Cuba que pour passer quelques jours de repos sous les tropiques, surtout à un moment où les relations entre Mikhaïl Gorbatchev et Fidel Castro n'étaient pas précisément au beau fixe.

Castro manifestait ouvertement cette opinion dans des déclarations à l'agence espagnole EFE en 1990 :

« Je ne crois pas que le processus politique entamé par Gorbatchev soit irréversible... Pour le moment on n'a pas dit le dernier mot sur ce qui est en train de se passer en URSS. »

Le Commandant en chef ne perdait pas tout espoir d'influencer dans un sens plus favorable à ses idées la politique du « grand frère ».

Les responsables cubains faisaient eux aussi le voyage de Moscou. Le général Juan Escalona, président de l'Assemblée nationale du Pouvoir populaire et ex-procureur de l'« affaire Ochoa », fut reçu par Anatoly I. Loukianov et put exposer sa vision du socialisme à Cuba dans la *Pravda*, qui lui consacra une page entière. De même, l'idéologue du Parti communiste, Carlos Aldana, limogé un an plus tard, eut droit à un entretien avec Mikhaïl Gorbatchev mais aussi avec le futur chef de la Junte, Guennadi I. Ianaev.

Ces visites mutuelles se sont intensifiées pendant la préparation du putsch. L'un des comploteurs, le dirigeant du KGB Vladimir A. Krioutchkov, se trouvait à La Havane entre le 27 mai et le premier juin 1991, ce qui est assez inhabituel pour l'ancien chef des services secrets soviétiques. Motif officiel : le réexamen des relations économiques entre les deux pays. Avec lui se trouvait un vieil ami des frères Castro, de Raúl particulièrement : Nikolaï Leonov, qui avait été expulsé du Mexique en 1956 en raison de ses étroites relations avec les révolutionnaires cubains qui préparaient un débarquement sur l'île à bord du yacht *Granma*.

Ainsi, les généraux et dirigeants opposés à la *perestroïka* purent-ils compter sur le soutien du *Líder Máximo* pour la préparation de leur coup d'Etat manqué qui, paradoxalement, accéléra la décomposition de l'Union soviétique. En cas de réussite, Castro n'aurait pas manqué d'user de son influence auprès des pays du tiers monde afin d'obtenir la reconnaissance diplomatique de la Junte militaire par un nombre important de nations, contrairement aux pays occidentaux qui, pour la plupart, se refusèrent à donner leur aval aux nostalgiques du stalinisme [1].

C'est donc avec intérêt et espoir que le Commandant en chef voit les chars soviétiques du général Kourkov avancer, ce 19 août 1991, dans les rues de Moscou en direction de la Douma. Mikhaïl Gorbatchev est maintenu au secret dans sa datcha de Foros tandis que le Parlement russe est bombardé.

Des chefs d'Etat, des responsables de gouvernement protestèrent contre ce coup de force mené pour abattre l'inventeur de la *perestroïka*. En France, en revanche, François Mitterrand s'accommoda de l'événement. Dans les premières heures, le président français ira même jusqu'à reconnaître les putschistes avant de se raviser, *in extremis*, et de demander le rétablissement au pouvoir de « son ami » Gorbatchev. Fidel Castro ne bronche pas, ne fait aucune déclaration. Il attend de savoir de quel côté le vent va tourner. Cette attitude n'est pas sans rappeler celle qu'il avait eue en août 1968, au moment de l'invasion soviétique en Tchécoslovaquie, lorsque, après quelques jours, il appuya l'entrée des tanks soviétiques à Prague.

Entre-temps, dans un sursaut de résistance, Boris Eltsine grimpe sur un char et harangue la foule afin d'inciter les Russes à venir au secours de la politique d'ouverture aux changements. Le putsch a fait long feu, les comploteurs sont rapidement jugés et mis derrière les barreaux. Fidel Castro enrage et s'abstient de féliciter Gorbatchev après sa sortie de trois jours de captivité.

« Nous savions tous, affirme "Benigno", qu'à la place des putschistes Fidel n'aurait pas hésité à donner l'ordre de tirer sur la foule ! »

Après ce naufrage et la libération, quelques mois plus tard, des huit principaux responsables du coup d'État manqué, ceux-ci se rendirent à Cuba où ils furent reçus comme des héros et logés dans les luxueuses maisons du protocole. Certains retournent encore dans l'île y passer des vacances. Fidel Castro les considère comme les derniers combattants du communisme, qui ont tenté de sauver l'Union soviétique avant que le capitalisme ne détruise totalement le système.

---

1. Cf. Alvaro Alba : « *La complicidad en el delito* ». *Díario Las Américas*, Miami, 18 et 25 juin 2005.

NEUVIÈME PARTIE

DANS LA GUEULE DU CAÏMAN

Un peuple au garde-à-vous

Comprendre les mécanismes du système castriste, c'est comprendre la raison de sa survie malgré l'effondrement du bloc soviétique auquel il était intimement lié.

Le régime qui se met en place à Cuba le premier janvier 1959 n'a qu'un objectif : garder le pouvoir quoi qu'il en coûte. Pour la façon et les moyens d'y parvenir, les *barbudos* et leur chef en particulier vont s'inspirer de l'univers militaire, là où règnent la discipline et le dévouement. Là où les ordres ne sont pas discutés. Là encore où l'individu se sacrifie au bénéfice du groupe.

L'armée est donc l'exemple idéal : le Commandant en chef peut décider de la vie ou de la mort de chacun ou de tous ses soldats sans que personne ne trouve à y redire. La révolution, qui a vaincu les armes à la main, en est une preuve indiscutable. Fidel Castro sur le Pico Turquiño, le plus haut sommet de la Sierra Maestra (et de Cuba), a eu le temps de ruminer son affaire, de se convaincre que, pour durer, il faut être incontesté, incontestable.

Fort d'une soif inextinguible de pouvoir, Fidel Castro va donc s'ingénier à faire de chaque Cubain un soldat de la révolution. Et du peuple de Cuba, une nation au garde-à-vous. Ceux qui ne voudront pas s'y soumettre devront partir et ils seront des centaines de milliers à s'exiler après la victoire des révolutionnaires.

Dans cette perspective d'un peuple en armes, les structures d'un vaste maillage à l'échelle de toute une nation se mettent en place. Des millions de Cubains, réservistes malgré eux, vont désormais apprendre à obéir, à répondre aux demandes, aux exigences, aux nécessités d'un système qui écrase les récalcitrants : la militarisation de la nation est en marche et personne ne pourra s'y soustraire.

Tout y contribuera, de la propagande à l'éducation des enfants et des adolescents jusqu'au langage courant qui s'enrichit de formules comme « Commandant en chef, ordonnez ! » ou de mots à consonance militaire du style « brigade » de travailleurs.

« Dans les médias, rapporte Angel Tomás González, correspondant du quotidien espagnol *El Mundo*, la récolte de pommes de terre devient la "bataille pour la pomme de terre" et le programme d'éradication des moustiques vecteurs de la dengue a pour nom "campagne pour liquider l'ennemi". » Quelques exemples choisis parmi cent autres.

Cette débauche de phraséologie belliqueuse a donc pour objectif de maintenir les Cubains dans un état de vigilance permanent face à l'ennemi voisin. A Cuba le mot « paix » est tombé en désuétude.

L'état de guerre permanent est entretenu, la psychose régulièrement réactivée. Il s'agit, comme pour une armée en guerre, de rester en éveil, pour ne pas être surpris par l'ennemi qui peut surgir à tout moment. Une version moderne du *Désert des Tartares* de Dino Buzzati.

La nation cubaine ne fera donc qu'une, pas une tête ne sortira du rang. Une discipline de fer issue de l'exemple soviétique.

Ironie du sort, avec l'embargo économique de l'île, le débarquement désastreux de la Baie des Cochons[1], les diverses tentatives d'assassinat du leader révolutionnaire ou les sabotages réels ou imaginaires, les Américains vont aider, sans le comprendre, le modèle castriste à trouver une certaine légitimité aux yeux des Cubains, mais aussi aux yeux d'autres hommes à travers le monde qui assimilent la politique castriste à une résistance héroïque à l'hégémonie américaine.

Fidel Castro se vantait, au début des années 80, de pouvoir en vingt-quatre heures mobiliser un demi-million d'hommes prêts au combat. Lorsque l'appel est lancé, en effet, chacun doit s'y plier, sous peine d'être marginalisé, de perdre son emploi ou de subir vexations, humiliations, privations et même emprisonnement.

---

1. Le 17 avril 1961, la CIA arme mille six cents opposants anticastristes et les largue face à la Baie des Cochons dans le but de renverser le régime de Fidel Castro. C'est l'une des plus grosses opérations montées par la CIA sur la décision du président Eisenhower mais que John Kennedy ne cautionnera que du bout des doigts. L'échec est retentissant pour les anticastristes, en soixante-douze heures les troupes de Castro font mille cinq cents prisonniers. Le leader révolutionnaire grâce à cet immense succès est conforté au pouvoir.

Depuis l'avènement du castrisme sur l'île en forme de caïman, le peuple est condamné à une marche forcée.

Pourtant, contrairement à ce qu'insinue l'histoire officielle, les troupes castristes, selon les calculs de Juan Vivés, guérillero de la première heure, ne comptaient pas plus de huit cents hommes lors de leur entrée triomphale à La Havane, dont moins de la moitié avaient réellement combattu. Fidel Castro ne voulait plus d'une armée rebelle composée de paysans analphabètes, incapable de se hisser au niveau d'une armée moderne.

En 1960, il la congédie et renvoie la plupart de ses membres en pleine Sierra Maestra, au Caney de las Mercedes, pour y construire un centre scolaire, le centre Camilo Cienfuegos, et y subir un apprentissage en règle. Ces hommes refusèrent ce qu'ils considéraient comme une humiliation et les désertions furent massives. Le nouveau régime ne conserva que les plus aptes aux nouvelles techniques militaires et les hommes jugés d'une valeur suffisante.

« A notre entrée à La Havane, raconte Juan Vivés, la situation était tellement confuse qu'il a fallu garder, pendant un an et demi, les officiers d'intendance de l'armée de Batista ainsi que tous les techniciens de communication, notamment les télégraphistes militaires. Sans cela, il n'y aurait plus eu de communication entre les différentes régions de l'île. »

Très vite, les Soviétiques prirent les choses en main. Ils conseillèrent aux nouveaux dirigeants cubains de créer une armée populaire calquée sur les structures de l'Armée rouge. Les premiers hommes forts qui formèrent l'embryon de cette nouvelle armée sortirent des rangs des militants communistes du Parti socialiste populaire. Quelques mois plus tard, les services de la Sécurité de l'Etat, le redoutable G2, furent mis en place sous la tutelle du ministère de l'Intérieur, et compteront jusqu'à deux cent mille membres. Dans le même temps, les contre-révolutionnaires se rassemblaient en masse sur les contreforts de l'Escambray, une chaîne de montagnes située dans le centre du pays. A partir du mois de mai 1960, ils seront plus de deux mille cinq cents hommes à mener une guérilla de harcèlement qui prit par moments des allures de guerre ouverte contre le régime castriste.

Pour l'éradiquer, le nouveau pouvoir envoya les milices paysannes, les milices ouvrières et même des groupes d'étudiants dans l'Escambray, plus de deux cent cinquante mille individus partis faire la chasse aux anticastristes. Cela forgea l'ossature de la nouvelle armée régulière cubaine, à partir d'une sélection naturelle née d'affrontements sanglants, une sorte d'épreuve du feu.

La majorité des hommes qui participèrent à ces campagnes de *limpia* (« nettoyage ») de l'Escambray de 1960 à 1965 entrèrent dans l'armée régulière. D'autres formèrent les unités spéciales du ministère de l'Intérieur. Les unités de la LCB, *Lucha contra bandidos*, « Lutte contre les bandits », patrouillaient dans les zones montagneuses, tandis que celles de la LCP, *Lucha contra piratas*, « Lutte contre les pirates », servaient de garde-frontières. Dans l'école d'officiers de Matanzas, des centaines de chefs de milices étaient formés chaque année. Parallèlement, l'Association des jeunes rebelles avait pour objectif d'encadrer militairement les plus jeunes et d'en repérer les plus vaillants.

Ceux qui parvenaient à gravir cinq fois le Pico Turquiño étaient directement incorporés au sein du ministère de l'Intérieur ou des forces armées. Cette épreuve initiatique s'appelait *Los cincos picos*, « l'épreuve des cinq pics ». Le gouvernement fit venir des milliers de jeunes paysans à La Havane en leur octroyant des bourses à la condition qu'ils acceptent une stricte discipline militaire. Quant aux enfants, ils furent regroupés en classes de « pionniers » réglementées comme des bataillons de l'armée.

Afin de parfaire le dispositif de militarisation de la société, le régime castriste instaura en 1964 un service militaire obligatoire de trois ans pour tous les hommes, sans exception, âgés de 16 à 45 ans. Ceux qui étaient recrutés pour la récolte de canne à sucre, la *zafra*, devaient partir couper la canne durant six à sept mois de l'année, le reste du temps étant consacré aux entraînements militaires. Les miliciens qui rejoignirent volontairement les rangs des rebelles, au début de la révolution, furent considérés comme des réservistes, comme d'ailleurs tous les Cubains, avec ou sans leur accord. Ils pouvaient être appelés tous les week-ends, trente jours par an, pour entraînement.

Les recrues passaient en réalité quatre ans sous les drapeaux, sauf rares exceptions comme les techniciens qui se tenaient à la disposition du MINFAR, le ministère des Forces armées, durant un temps indéfini, travaillant, souvent sans compter les heures, pour ne toucher qu'une rétribution de sept pesos par mois.

Tandis que Raúl Castro mettait sur pied un organisme paramilitaire appelé Défense civile dans tous les ministères et les organismes d'Etat, son frère Fidel imposait des gradés de confiance. Beaucoup n'avaient pas les compétences requises pour les diriger, mais le Commandant en chef expliquait qu'il préférait un révolutionnaire, même s'il était incompétent, aux postes de direction, qu'un non-révolutionnaire qualifié.

Il faudra attendre octobre-novembre 1962 pour que le verrouillage de la nation cubaine soit peaufiné. C'est à cette date que Nikita Khrouchtchev s'entend avec Kennedy pour mettre un terme à la crise des missiles. Le numéro un soviétique sait qu'il doit trouver un moyen pour calmer Fidel Castro, son allié cubain, qui a la désagréable impression que l'entente s'est faite sur son dos. Le locataire du Kremlin propose alors au jeune révolutionnaire de maintenir sur l'île un effectif important de militaires soviétiques, dispositif allégé après la crise. Ceci afin de parer à l'éventualité d'une hypothétique invasion américaine, mais surtout dans l'optique de contrer un possible soulèvement populaire destiné à renverser une révolution encore fragile.

Moscou imaginait Fidel Castro et son régime comme son cheval de Troie à l'intérieur de la zone d'influence américaine et avait décidé de le maintenir au pouvoir, par la force s'il le fallait. Fidel Castro considérait, lui, ces troupes soviétiques comme un frein de sécurité, utiles dans un premier temps, mais dont il avait l'intention de se débarrasser le plus tôt possible.

Une division de dix mille soldats soviétiques stationnait à Torrens, près de La Havane, renforçant ainsi l'idée que l'île pouvait être envahie à tout moment.

Fidel Castro y trouva finalement un triple intérêt : cela signifiait un *mea culpa* de Moscou après la tension provoquée par la crise des missiles. Les liens avec l'URSS, un moment mis à mal, étaient officiellement réaffirmés. Enfin les Etats-Unis et l'embargo imposé à Cuba depuis 1960 étaient brandis comme un épouvantail, le bouc émissaire idéal pour mobiliser le peuple, afin de rendre les Américains responsables de tous les échecs, de tous les maux, de toutes les misères présents et à venir.

Le *Líder Máximo* grâce à l'embargo tient son alibi, son paratonnerre, son exutoire, il va en user et en abuser pendant des décennies dans tous les forums, sur toutes les tribunes, face à des foules au début crédules et convaincues, et aujourd'hui lasses et endormies.

Le système a néanmoins fonctionné avec efficacité grâce à des services secrets d'espionnage et de contre-espionnage ultra-performants, des directions de renseignement disposant d'agents zélés, voués corps et âme à la révolution et à ses chefs. Le G2 et la DGI constituent toujours pour le régime castriste des armes d'une impressionnante efficacité qui expliquent pour une grande part son exceptionnelle longévité.

Les Forces armées révolutionnaires (FAR)

Depuis leur création en 1959, les Forces armées révolutionnaires (FAR), l'armée de Fidel Castro, ont constitué la garantie indispensable à la permanence de son régime et l'institution la plus puissante, la plus influente et la plus compétente de Cuba. Les principaux généraux des FAR, aux ordres de Raúl Castro (qui a occupé pendant de longues années le poste de ministre de la Défense), joueront un rôle crucial dans tous les scénarios possibles de succession. Lorsque Fidel Castro sera mort ou qu'il ne sera plus capable d'exercer le pouvoir, les généraux devraient prendre le contrôle d'un régime prétorien de succession.

Au cours des dernières années, sous l'impulsion de Fidel Castro, les officiers supérieurs se sont ouvertement préparés afin d'assumer le contrôle de la transition après sa mort. Au début tout du moins, ils compteront probablement sur l'appui d'une majorité au sein de la direction officielle du pays. Ils pourraient confier le nouveau régime à un certain nombre de civils qui occupent actuellement de hautes fonctions au sein du gouvernement et du Parti communiste. Ceux-ci devraient ainsi contribuer à renforcer la légitimité d'un gouvernement prétorien tant sur le plan national qu'international, tandis que quelques-uns parmi les civils exerceraient une influence considérable, surtout en ce qui concerne les questions économiques et financières. Aucun dirigeant d'une quelconque institution, même du Parti, de l'Etat, du gouvernement ou des organisations de masses, ne pourra prétendre rivaliser avec les chefs militaires ni tenter d'imposer une politique opposée à celle d'une direction unie et en uniforme. Les facteurs qui expliquent cette suprématie de l'armée sont les suivants [1] :

Le ministère des Forces armées (MINFAR) a commencé à fonctionner, au moins cinq ans avant la création du Parti communiste en 1965, comme organisme « précurseur », totalement fiable pour le régime. Les deux tiers des membres du Comité central étaient, à l'origine, des officiers de l'armée ou des vétérans de la guérilla. Aujourd'hui, Raúl Castro et cinq autres généraux sont membres du Bureau politique, qui comprend vingt-trois

---

[1]. Cf. l'étude réalisée par Brian Latell, chercheur au Centre d'études stratégiques et internationales de Washington : « *El ejército cubano y la dinámica de la transición* », art. cité.

membres. Contrairement à ce qui s'est passé dans la plupart des autres pays communistes, les forces armées cubaines ont été l'élément fondateur du Parti, dont l'influence n'a jamais pu rivaliser avec celle de l'armée.

Depuis 1989, année où les services de police, de sécurité et de renseignement du ministère de l'Intérieur (MININT) ont été placés sous le contrôle des FAR, celles-ci ont exercé le monopole absolu des forces de répression dans l'île. Les trois grandes armées du pays sont entre les mains des vétérans des guerres africaines : le général Ramón Espinoza dirige l'armée orientale, le général Joaquín Quintas Solá l'armée centrale, quant à l'armée occidentale elle est tenue par le général Leopoldo Cintra Frías. A La Havane, une garnison comprenant trois divisions et une brigade de blindés répond aux ordres du général César Lara Roselló, lui-même sous l'autorité directe de Fidel Castro qui dispose d'une garde personnelle d'environ deux mille hommes.

Le personnel militaire de l'armée régulière comprend entre cinquante et soixante mille personnes. Le MININT, pour sa part, en compte aussi plusieurs milliers. En additionnant les forces auxiliaires, les réservistes et les miliciens, le nombre de Cubains susceptibles de porter l'uniforme dépasse les deux millions.

« L'organisation et la structure militaires décentralisées en trois corps d'armée indépendants avec un double commandement, celui du ministère des Forces armées et celui du Commandant en chef, permettent à Fidel Castro de contrôler toute tentative de soulèvement militaire en jouant du contrepoids d'une force par rapport à l'autre », explique Juan F. Benemelis[1].

Historiquement un pourcentage considérable de la population a participé à des tâches d'ordre militaire.

Contrairement à d'autres institutions dans l'île, les Forces armées révolutionnaires ont fonctionné pendant plus de quatre décennies dans la continuité. Elles ont connu peu de purges, peu de désertions et de rébellions internes, jusqu'à l'affaire du général Ochoa.

La stratégie militaire a, toutefois, été modifiée lorsque Andropov, le secrétaire général du Parti communiste soviétique, informa Raúl Castro que l'URSS ne pourrait protéger Cuba en cas d'hostilités ouvertes avec les Etats-Unis.

Cuba créa alors une importante force défensive, les Milices de troupes territoriales, regroupées sous la doctrine de « la guerre de

---

1. Juan F. Benemelis : « *Cuba, el día después* », *Los Militares : La transición plausible. Revista Hispano-Cubana* N° 18, Madrid, 2004, p. 33-42.

tout le peuple »[1]. En 1993, les Milices étaient devenues une force irrégulière de près de deux millions de membres entraînés de manière irrégulière. Leur mission n'a pas changé depuis : il s'agit de proportionner aux unités régulières et à la réserve des FAR une énorme capacité afin de pratiquer la guerre de guérilla dans le cas d'une attaque militaire importante. Leur fonction est de donner un appui tactique et logistique aux forces armées régulières et d'agir comme un bouclier face à toute possible agression. L'élément clé a été la construction de grands complexes souterrains extrêmement coûteux, fortifiés par des bunkers et reliés par des tunnels.

Un général américain à la retraite a pu en visiter un en 1995. Il raconta que « le quart de la production de ciment à Cuba et vingt mille hommes furent destinés à creuser des trous dans la terre ». La priorité donnée à l'autosuffisance militaire, au sacrifice individuel et à la mobilisation des masses est toujours à la base de la doctrine de défense du pays, surtout après la disparition de l'Union soviétique.

Depuis le milieu des années 90, Fidel Castro ainsi que son frère Raúl ont chargé les FAR d'administrer des secteurs clés de l'économie. Ainsi leur influence dans les hautes sphères politiques a considérablement augmenté. Une source bien informée (un ex-officier de renseignement et de relations extérieures de Cuba) a mis l'accent sur le fait que les FAR exercent « une centralisation absolue dans tous les secteurs en rapport avec la définition des politiques économiques ».

A la même époque, un ex-officier soviétique, qui connaît bien le milieu des Forces armées révolutionnaires, a fait observer que malgré la disparition du bloc communiste, celles-ci ont continué à jouir d'un « statut spécial à Cuba ».

Aujourd'hui les FAR restent l'organisme le mieux contrôlé dans l'île. Pour beaucoup de Cubains (les intellectuels, la communauté des dissidents, d'autres éléments non-conformistes et les jeunes apolitiques), les forces armées font peur. Une peur fondée sur le fait, connu de tous, que Fidel Castro considère l'armée comme sa meilleure défense face à toute sorte d'opposition ou d'ennemi, y compris la population civile cubaine.

« L'armée cubaine est un cas *sui generis* parmi les différents pro-

---

1. Alcibiades Hidalgo : *« Cuba, el dia despúes », El partido comunista de Cuba despúes de Fidel Castro. Solos en el bosque. Revista Hispano-Cubana* N° 18, Madrid, 2004, p. 54.

cessus des Etats communistes, indique Juan F. Benemelis. L'accession au pouvoir du *caudillo* fondateur de l'Etat totalitaire cubain s'est produite par la force, la guérilla et un pacte avec l'armée de la République. A Cuba l'armée n'a jamais été inféodée au Parti communiste, lui-même gouvernant sous la protection des blindés soviétiques[1]. »

Si au cours des trente ans durant lesquels les FAR ont reçu un appui matériel massif de l'Union soviétique, ses chefs ont pu jouir d'une autonomie opérationnelle interne, c'est que Cuba n'a jamais fait partie du Pacte de Varsovie ni n'a été subordonné au haut commandement des forces armées soviétiques, même si elles ont suivi un schéma tracé par Moscou mais toujours supervisé par les frères Castro qui ont gardé la main sur leurs stratégies et leurs tactiques militaires.

La cohésion de l'élite militaire cubaine est donc liée à la personnalité et à l'autorité de Fidel Castro. Ainsi la légitimité du pouvoir ne réside pas dans le parti, l'idéologie marxiste ou les institutions de l'Etat, le vrai pouvoir est concentré dans l'armée, ses corps de répression et ses représentations dans chacune des provinces de l'île. Les individus et leurs affidés regroupés autour du *Líder Máximo* sont les vrais détenteurs de ce pouvoir.

Les guérilleros aux commandes des rouages de fonctionnement ont militarisé la société et accaparé les postes au sommet de l'Etat. Le Parti communiste, les firmes, les organismes d'Etat, les syndicats, la technocratie ont été des instruments entre les mains d'une caste militaire intouchable. L'unique organisation qui a pu s'institutionnaliser fut l'armée, à travers son élite militaire. Elle a reçu tout le pouvoir et a scellé son sort à celui du *caudillo*. C'est la raison pour laquelle la domination de Fidel Castro n'a subi aucun dommage après la chute du mur de Berlin.

La prééminence des FAR après la mort de Fidel Castro dépendra, cependant, de la capacité de leurs chefs à maintenir leur unité et leur discipline dans une situation instable qui évoluera rapidement. Par conséquent, la principale inconnue de la transition, indépendamment des circonstances concrètes dans lesquelles se produira la disparition de Fidel Castro, sera la cohésion et la confiance déposée dans le haut commandement, et sa capacité de contrôle des forces militaires. L'intégrité institutionnelle, de son côté, sera déterminée par le degré de professionnalisme, par l'appui populaire, par la discipline, le moral et la convergence de vues au

---

1. Juan F. Benemelis : art. cité.

sein du personnel en uniforme, ainsi que par la capacité de *leadership* et l'habileté politique de ses officiers. Si ceux-ci parviennent à conserver leur sens de l'identité de leur corporation et si la structure hiérarchique n'en ressort pas gravement affectée, les forces militaires continueront à être l'institution dominante à Cuba après la disparition du *Líder Máximo*. Il existe cependant de nombreuses raisons de penser que la cohésion militaire s'est considérablement détériorée au cours de ces dernières années.

L'institution militaire a été durement mise à l'épreuve deux fois dans le passé. Dans ces deux occasions, les frères Castro ont réussi à en conserver le commandement et le contrôle, de même qu'à imposer leur autorité. Au cours du procès célébré à la fin de l'année 1959 contre le commandant révolutionnaire Huber Matos, qui jouissait d'une grande popularité, et trente ans plus tard, lorsque le général plusieurs fois décoré Arnaldo Ochoa fut jugé avec d'autres militaires puis exécuté, les frères Castro furent capables d'agir rapidement pour liquider les défis politiques qui pouvaient affecter leur pouvoir. Dans les deux cas, ils réussirent à conserver leur capacité de commandement, même si cela provoqua une certaine animosité parmi les officiers des forces armées et dans d'autres sphères de l'élite gouvernementale. Le moral et le professionnalisme des FAR souffrent encore probablement des tensions provoquées par l'« affaire Ochoa » qui a laissé l'amère impression que le véritable crime de cette affaire résidait dans le désir de certains militaires de réformer le système et de trouver une alternatitive à l'omnipotence des frères Castro. Une rancœur tenace dans le corps des troupes.

Durant la dernière décennie, d'autres erreurs graves ont miné l'intégrité de l'institution.

« Dans l'éventualité d'un déclenchement de violence populaire qui menace le régime, de nombreux observateurs des FAR pensent que plusieurs officiers refuseront d'ouvrir le feu pour restaurer l'ordre, insiste Brian Latell, par conséquent, de hauts gradés récalcitrants se convertiront en complices volontaires de la mise à mort de la révolution castriste. »

Les entreprises prétoriennes des FAR

Raúl Castro a toujours voulu faire assumer aux FAR un rôle éminent dans l'économie, tout en permettant que leur personnel puisse devenir autosubsistant et en ramenant des devises fortes dont le régime avait désespérément besoin. Au début du processus, les plus dogmatiques dans la hiérarchie adoptèrent la ligne dure et Fidel Castro les appuya ou resta neutre dans le débat qui avait cours. Mais au fur et à mesure que les discours s'envenimaient, il se produisit des tensions aiguës et des chocs sérieux entre les frères Castro eux-mêmes[1].

Finalement, après les émeutes du 5 août 1994 à La Havane, qui constituèrent le début de la « crise des *balseros* », la fuite de dizaines de milliers de Cubains vers la Floride, Fidel Castro confia à son frère et aux FAR une autorité considérable pour commencer à étendre, au-delà des entreprises strictement militaires, les expériences pratiquées au sein du Système de perfectionnement des entreprises (SPE), créé au milieu des années 80 pour contourner le système de planification hérité des Soviétiques.

Le SPE obéissait à trois objectifs essentiels :

— créer une plus grande autosuffisance au sein des FAR et réduire leur dépendance vis-à-vis de l'URSS ;

— augmenter l'efficacité et la productivité dans des usines militaires, regroupées au sein de l'Union des entreprises militaires, l'UEM, qui produisaient des uniformes, des armes de petit calibre et des biens de consommation ;

— créer un modèle susceptible d'être appliqué à d'autres secteurs de l'économie.

Le projet pilote du SPE était de créer un grand secteur militaire. Ce furent des officiers de haut rang proches de Raúl Castro qui furent chargés de mener à bien ce nouvel effort. Plus de deux cent trente entreprises furent incorporées au système. De nombreux officiers reçurent une formation spéciale à l'étranger, tandis que de nombreuses entreprises adoptaient de nouveaux procédés comptables. La décentralisation fut stimulée, ainsi qu'une plus grande compétitivité. Certaines entreprises réduisirent leur personnel. Les responsables justifièrent ces mesures en expliquant qu'il ne s'agissait pas d'un premier pas vers une économie capitaliste mais seulement d'une « méthode de direction » qui consistait à rendre plus efficaces et plus productives les entreprises d'Etat.

Avec la prise en charge de la direction d'activités économiques diverses, a donc surgi un nouveau type d'officier : le « soldat-entrepreneur ». Ces soldats-là se consacrent à des activités à but lucratif

---

1. Domingo Amuchástegui-Humberto León : « *The Military Chiefs – Biographic Information* ». *International Research*, mars 2000.

qui ont pour objet d'obtenir des devises pour le régime. Ils travaillent dans des entreprises qui sont propriété de l'Etat, mais administrées par des personnes privées, dans des entreprises mixtes, ainsi que dans de nouveaux projets, dans le but avoué de réaliser des affaires avec des investisseurs étrangers et de traiter avec le monde capitaliste.

Selon une étude universitaire basée sur des informations fournies par des dissidents cubains, ces entreprises produisent « 89 % des exportations, 59 % des revenus dus au tourisme, 24 % des revenus des services, 60 % des transactions pour les ventes en gros de devises, 66 % des transactions pour les ventes au détail de devises, et emploient 20 % des travailleurs de l'Etat ». Ces chiffres sont soumis à différentes interrogations, mais il est clair désormais que les FAR génèrent une partie considérable, et apparemment en augmentation, de la production économique nationale.

Ce n'était pas la première fois que le régime castriste assignait aux militaires un rôle central et exemplaire dans la production économique. Au cours de la campagne pour produire dix millions de tonnes de sucre en 1970, le personnel des FAR s'était déployé à grande échelle pour participer aux labeurs agricoles. Les soldats eurent un rôle d'avant-garde, suivant en cela l'esprit dit du « soldat-citoyen », aussi bien sur le plan civil que militaire. Les FAR abandonnèrent plus tard ce genre de missions. Avec le SPE, la dynamique assignée aux militaires devint de plus en plus compliquée. L'ancien « soldat-citoyen » avait désormais un nouveau compagnon : le « soldat-technocrate ». La création du SPE de même que la mise sur pied des Milices de troupes territoriales contribuèrent à amortir le choc produit par l'effondrement du bloc soviétique. Le budget des FAR fut alors réduit de moitié.

Administrer sur le modèle occidental en s'ouvrant au marché libre était le concept de base du SPE. Au début des années 90, Raúl Castro penchait pour le modèle chinois, notamment pour les entreprises à but lucratif directement administrées par l'armée, qui obtenaient de grands succès économiques, et dont il pensait qu'elles fonctionneraient parfaitement à Cuba.

Malgré de nombreuses réticences Fidel Castro accepta ses postulats, tout en demeurant obstinément opposé au modèle économique chinois. En dépit des risques que ces nouvelles responsabilités supposaient pour l'unité et le professionnalisme des forces armées, Castro permit aux FAR de les assumer.

Il comprit qu'en permettant aux officiers d'avoir de meilleurs revenus et d'accéder à un niveau de vie plus important, il s'attirait de leur part une plus grande loyauté tout en les compromettant dans le futur régime que dirigerait son frère.

Avec la proclamation de la « période spéciale en temps de paix » en 1991, le budget en équipement et en personnel militaires fut considérablement réduit. En 1996, le personnel des FAR avait été amputé de cent mille personnes. La capacité militaire de l'île, surtout aérienne et navale, a considérablement diminué.

Les entreprises prétoriennes fonctionnent donc comme des monopoles protégés, concédés aux favoris du régime à des fins politiques et économiques. Il n'y a que les *raúlistas* jouissant de la confiance de leurs chefs pour avoir accès à des activités économiques qui dépendent des capitaux étrangers. Le régime accepte que la plupart de ces officiers soient impliqués dans certaines malversations peu importantes afin d'améliorer leur train de vie. Il existe un accord tacite pour qu'ils puissent constituer quelques économies en prévision de ce qui adviendra dans l'après-Fidel Castro.

Il n'est donc pas étonnant que les entreprises prétoriennes soient des nids de corruption, le régime ayant décidé de fermer les yeux sur certains cas connus de corruption et de ne pas lancer de campagne contre ce fléau au sein des forces armées. Il serait alors difficile de déterminer jusqu'à quel degré la corruption est acceptable. Il existe, en tout cas, des rancœurs, une méfiance et une grande jalousie entre les dirigeants des entreprises prétoriennes et les commandants sur le terrain, parmi lesquels les commandants des trois régions militaires que comprend Cuba (orientale, centrale et occidentale) qui doivent leur position à Fidel Castro plutôt qu'à son frère Raúl. Ces militaires-là n'ont pas étudié les systèmes d'administration d'entreprises à l'étranger. Ils ne participent pas au SPE et on ne leur connaît pas de comptes en dollars à l'étranger. De même que leurs officiers d'état-major, ils ont une vision plus traditionnelle du rôle des FAR et se méfient des technocrates « dollarisés ». Les commandants « historiques » quant à eux se sont progressivement éloignés des officiers *raúlistas* considérés comme des spéculateurs et des profiteurs sans scrupules.

Contrairement aux fonctionnaires civils, les officiers demeurent astreints aux rigueurs de la discipline militaire. Ils se doivent de répondre au haut commandement et ils ont démontré leur loyauté à travers leurs états de service et, souvent, à travers les privations auxquelles ils ont été astreints.

Il est possible d'offrir une sinécure bien rémunérée à des officiers à la retraite ou sur le point d'y être, pourvu qu'ils proclament leur loyauté envers le régime. Dans le même temps, le coût des pensions gouvernementales s'en trouve réduit. Castro craignait que, si elles étaient administrées par du personnel civil, des réformes décentralisatrices, même limitées, puissent échapper à son contrôle et provoquer des « attentes » populaires en vue de plus grands changements. Il est donc réticent au fait que des fonctionnaires civils soient à la tête des tentatives de réforme économique car ils pourraient devenir les catalyseurs d'une opposition populaire organisée contre le régime et, plus tard, des rivaux potentiels pour son frère dans le processus de succession. Fidel Castro pensa qu'il fallait faire confiance à des officiers *raúlistas* afin que ceux-ci ne succombent pas aux valeurs et aux tentations capitalistes dès lors que se mettraient en place des mécanismes propres au marché au sein de l'administration de l'économie. Ils seraient moins prédisposés, pensait-il, à succomber à la corruption ou à la tentation de « déserter ».

Au cours du cinquième congrès du Parti communiste, célébré en octobre 1997, les forces armées acceptèrent l'adoption du Système de perfectionnement des entreprises sur l'ensemble de l'économie. En deux ans, près de neuf cents entreprises (environ 30 % de la totalité) avaient mis en pratique les programmes du SPE. Des officiers de confiance des FAR administrent à présent la quasi-totalité de l'économie. Ce groupe de *raúlistas* est mené par Julio Casas, Abelardo Colomé Ibarra, José Machado Ventura. Appuyé sur le Bureau politique du Parti communiste, il s'est auto-érigé en comité exécutif et se prépare à récupérer le pouvoir après la mort de Fidel Castro.

Les troupes spéciales

Fondées en 1962 sous le nom d' « Armée de la solidarité », les troupes spéciales dépendent sur le plan administratif du ministère de l'Intérieur, mais ne répondent, elles encore, qu'aux ordres de Fidel et de Raúl Castro.

Leurs effectifs ne dépassent pas les cinq mille hommes qui se rendent sur tous les fronts des campagnes « internationalistes ». Actuellement, quatre mille cinq cents d'entre eux servent de force d'appui à Hugo Chávez au Venezuela. Ils agissent en tant qu'instructeurs et composent également sa garde prétorienne.

Un simple soldat des troupes spéciales gagne un salaire confortable. Son logement lui est fourni par l'Etat dès qu'il rejoint le corps d'élite. Il a droit à des surplus à la ration alimentaire de sa famille. Il fait partie de la caste des privilégiés, sans être au même rang que les hauts dirigeants du régime, mais tout de même très au-dessus du simple citoyen cubain.

L'entraînement est intensif. Les arts martiaux y occupent une place prédominante, aussi bien le *sambo*, une technique mise au point par l'ex-KGB, que le karaté ou le *kitsul*, une spécialité coréenne.

La récompense la plus convoitée par les membres des troupes spéciales est d'être affecté dans les services de sécurité des ambassades à l'étranger. Toutes les représentations diplomatiques cubaines abritent derrière leurs murs un véritable arsenal aux mains des effectifs des troupes spéciales qui assurent leur sécurité.

Leur camp d'entraînement à Cuba est installé, dans une région appelée El Cacho, à Los Palacios tout près de la ville de Pinar del Río. Dans une grande vallée composée de vastes étendues et de lacs artificiels, les hommes des troupes spéciales fréquentent l'école Baraguá fondée par les frères La Guardia. Ces troupes spéciales sont sous le commandement de l'ex-ministre des Transports, le général de division Antonio Enrique Lusson, en prise directe avec Raúl Castro. Elle furent longtemps dirigées par le général José Luis Mesa, un anglophone, vétéran du Vietnam et des guerres en Afrique, qui connaissait parfaitement les habitudes militaires américaines. Son second était le colonel Ramírez, lui aussi un ancien des guerres d'Afrique et du Vietnam, un homme qui assista les troupes nord-vietnamiennes. Aujourd'hui, elles se trouvent sous le commandement du ministre de l'Intérieur, Abelardo Colomé Ibarra.

Ces membres des troupes spéciales ont été formés à la guerre cybernétique et savent parfaitement se servir d'armes très sophistiquées dans toutes les conditions et sous tous les climats possibles.

DIXIÈME PARTIE

RADIOSCOPIE DES UNITÉS SECRÈTES

Une caste dévouée au régime

A Cuba *Big Brother* est partout. Son empreinte marque la vie quotidienne comme nulle part ailleurs en dehors de la Corée du Nord. Les agents des services secrets sont intimement liés aux corps militaires dont ils sont généralement issus. De ce fait, ils forment une pyramide sur le sommet de laquelle trône de façon indéfectible le *Líder Máximo* secondé de son frère Raúl.

Calqués sur le modèle stalinien, le KGB, les services secrets cubains en ont plagié les manières d'agir. Juan Vivés, qui en a fait partie durant plus de vingt ans en tant que lieutenant-colonel, détaille avec précision les différents organes qui composent, dit-il, des services secrets terrifiants.

« La révolution communiste devait avancer à pas de géant afin de ne pas laisser le temps aux Etats-Unis de réagir et au peuple cubain de comprendre le virage qu'empruntaient les nouveaux dirigeants. Les deux axes de cette mutation radicale quasi forcée furent la propagande intensive et la répression brutale des services secrets hantés par la période stalinienne en URSS. Staline disait : "La sécurité totale, c'est la méfiance totale", et cette pensée à Cuba s'enracina en profondeur avec le triomphe de la révolution. »

Avec une rapidité incroyable, les Cubains ont créé un réseau d'espionnage d'une extraordinaire efficacité. Un réseau connu sous le nom de DGI (Direction générale d'Intelligence), devenu le troisième de la planète après le KGB et la CIA.

Les services secrets cubains sont parvenus avec succès à dominer et à multiplier les opérations secrètes mais aussi à se rendre maîtres dans la falsification de documents, l'entraînement d'agents et la collecte d'informations. Ils ont démontré également une extraordinaire aptitude dans l'infiltration de gouvernements, de corps d'armées ou d'institutions civiles.

Poursuivant sa logique de contrer la politique des nations liées aux Etats-Unis, le régime cubain a perfectionné l'organisation d'attaques terroristes foudroyantes, de guérillas, de coups d'Etat, d'exécutions, de campagnes de désinformation, de réseaux pour le trafic de drogue, le transfert de technologie, le blanchiment d'argent, le commerce illégal et aussi le démantèlement de sa propre opposition politique.

Fidel Castro a reconnu la multiplication des opérations subversives menées depuis plus de quatre décennies par la DGI lors d'un séminaire économique à La Havane en 1998 : « Le seul endroit, dit-il, où nous n'avons pas tenté de promouvoir la révolution ce fut au Mexique. Ailleurs, dans tous les pays en Amérique latine, sans exception nous avons essayé de la faire[1]. »

Ses services, avec la souplesse d'un félin, ont pénétré les cibles stratégiques du monde arabe et asiatique, du Maroc jusqu'au Vanuatu[2] en passant par la Nouvelle-Calédonie, la Guyane et les Antilles françaises qui furent un moment dans l'optique révolutionnaire cubaine[3].

La préoccupation essentielle des assesseurs soviétiques a été, dans un premier temps, de créer un corps de contre-espionnage et de répression capable d'endiguer toutes velléité ou aspiration de liberté du peuple cubain. Des milliers de militants communistes ont contribué à créer ce qui s'appellera les services du G2, qui auront comme objectif de déterminer le degré de dangerosité de ceux qui commençaient à critiquer ouvertement le système. Une armée de mouchards, une machine à dénoncer son voisin, son prochain, son frère.

---

1. Cf. article de Javier Ortega dans *La Tercera*. Santiago du Chili, 22 avril 2001.
2. Cf. Andrew Conteh : *Africa's Elites Perception of Cuba*. Washington D.C., 1987. Communication citée dans Juan F. Benemelis : *Las guerras secretas de Fidel Castro*, op. cit., 2002, p. 411.
3. Cf. Roland Jacquard : *Les Dossiers secrets du terrorisme*, op. cit., p. 213-215.

Le G2

Le G2 reste le véritable pilier sur lequel s'appuie le régime communiste à Cuba. Il est chargé de la sécurité intérieure et de la répression. Pas un seul secteur n'échappe à sa surveillance. Il est omniprésent. « Il compte encore, précise Juan Vivés, plus de cinquante mille agents répartis dans différents départements qui ont chacun une mission spécifique. »

Un département spécial est chargé des contacts avec les CDR, les Comités de défense de la révolution, qui surveillent chaque pâté de maisons et que Fidel Castro a désignés comme étant l'apport des Cubains au socialisme. Les habitants adhèrent massivement à cette organisation « populaire » pour ne pas être repérés, mais en réalité il s'agit seulement de sauver les apparences. Chaque semaine, le membre désigné comme responsable de la surveillance au sein du Comité doit rendre un rapport complet sur tous les habitants de son secteur. S'il considère qu'un fait anormal a eu lieu, il peut appeler à tout moment un officier traitant du G2. Des milliers d'agents du G2 sont affectés à ces tâches, chacun d'entre eux s'occupant de plusieurs Comités. En cas d'alerte ou de tension interne les rapports sont adressés à la direction du G2, qui établit une liste de personnes à incarcérer si nécessaire. Cette liste est systématiquement archivée au Bureau politique du Parti afin de surveiller d'éventuels futurs « fauteurs de troubles ».

Lorsqu'un individu tombe aux mains du G2, pour délit présumé contre la sécurité de l'Etat, il est immédiatement enfermé dans un centre de détention, où se déroulent les interrogatoires et d'où quasiment personne ne sort sans une condamnation.

Dans chacune des capitales de province existe un centre de détention du G2 dont la seule existence terrorise la population. Celui de *Villa Marista* à La Havane reste le plus connu. Des milliers de Cubains y ont séjourné et subi des tortures physiques et morales. Certaines personnes incarcérées durant des années dans ces centres ont été contraintes d'accuser, sous la pression, d'autres personnes. Peu importe qu'elles soient innocentes ou non. Lorsqu'elles sont déférées devant un tribunal, elles sont déjà jugées et condamnées. « Celui qui entre à *Villa Marista* perd toute espérance », explique Jorge Valls, qui passa vingt ans dans les prisons castristes. Des centaines d'agents sont formés pour s'infiltrer dans toute organisation supposée constituer une opposition au régime. Ils peuvent y rester dans l'ombre pendant des années.

Au cours du « printemps noir » 2003, les seules preuves présentées à l'encontre des soixante-quinze dissidents arrêtés furent les témoignages d'agents infiltrés qui avaient abusé de la confiance des accusés et qui dénoncèrent devant le tribunal des délits imaginaires.

« Mercenaires au service du gouvernement des Etats-Unis, dont le but est de miner l'indépendance et la souveraineté de Cuba », « agents de la subversion » et « traîtres à la patrie » : voilà certains des qualificatifs qui ont émaillé les réquisitoires des procureurs dans les procès sommaires les 3, 4 et 5 avril 2003. Les mêmes termes exactement avaient été employés en 1961, lors du procès contre les membres de la Brigade 2506 qui avaient participé aux combats de la Baie des Cochons.

Le G2 contrôle également, au moyen d'un bureau spécial, l'ensemble du tissu industriel du pays. Toutes les usines, grandes ou petites, tous les centres de travail ont en leur sein un correspondant du G2, qui rencontre son officier traitant à intervalles réguliers. En général, c'est un membre du Parti désigné pour rapporter à la Sécurité de l'Etat tout ce qui s'y passe. Les directeurs du personnel d'une entreprise ne peuvent jamais octroyer une promotion à quiconque ou changer quelqu'un de poste sans l'aval du G2. Même chose dans le secteur de l'éducation, où le comportement de l'élève, depuis l'école primaire jusqu'à l'université, se trouve soumis à la vigilance de la Sécurité de l'Etat, qui transmet ses informations, si nécessaire, au Bureau politique.

C'est une gigantesque toile d'araignée, dans laquelle chacun des fils conduit à l'araignée fixée en son centre. Rien ne lui échappe.

Le G2 couvre aussi le département de la « Mondaine » qui, à Cuba, contrairement à la plupart des pays, est contrôlé par les services secrets. La surveillance du secteur de la prostitution a dû être restructurée en même temps que le ministère de l'Intérieur en 1965, à partir de l'arrivée de conseillers du KGB qui modifièrent la méthodologie et les protocoles de fonctionnement du MININT.

Au départ, la vieille garde des services secrets considérait avec mépris ce nouveau département : comment des agents qui avaient lutté contre les ennemis de la révolution allaient-ils s'occuper de « putes » et de « pédés » ? Mais bien vite tous comprirent qu'il s'agissait de quelque chose de sérieux. Trois organismes de travail furent ainsi créés : celui des « putes diplomatiques », qui opérait dans le secteur des représentations étrangères et qui avait pour but de compromettre les diplomates en poste à La Havane au moyen des chantages les plus divers ; celui des « putes marinières », qui exerçaient leurs fonctions particulières avec les marins étrangers qui faisaient escale dans les ports de l'île, et enfin celui des « putes techniques », qui s'occupait des techniciens étrangers travaillant à Cuba.

Le G2 a constitué une réserve de prostituées de haut vol qui, dans leur grande majorité, sont les maîtresses d'importants fonctionnaires de la Sécurité de l'Etat, et qui ne sont employées que dans des affaires de la plus grande importance.

Depuis l'explosion du tourisme sexuel et la recrudescence de la pédophilie, il devient difficile d'exploiter de manière exclusive la prostitution au profit de l'Etat. Le chantage sexuel contre les étrangers s'exerce souvent, cependant, avec l'aide de prostituées. Certaines d'entre elles se voient obligées de collaborer avec les autorités. En cas de rébellion, elles sont interdites de sortie du territoire. A l'étranger, elles doivent respecter à la lettre les consignes du G2, sous peine de ne pas se voir délivrer l'autorisation de visite à leur famille restée à Cuba.

Pour réaliser ses missions, le G2 dispose d'un imposant service technique, le département K, qui s'occupe de tout ce qui concerne la photo, les films, les enregistrements, etc. Le matériel qu'il utilise est du dernier cri : caméras à infrarouges ultra-sensibles, systèmes d'enregistrement perfectionnés utilisés dans l'espionnage industriel. Ces équipements sont achetés soit de manière légale au Japon, soit sous le manteau dans d'autres pays d'Asie.

La Contre-intelligence militaire se sert aussi de ces équipements, qui ne sont pas l'apanage exclusif du G2, car le ministre des Forces armées, Raúl Castro, se méfie du G2, préférant parfois utiliser ses propres agents. La CIM compte un département de quatre cents hommes, répartis dans chaque Division militaire. Ce département échappe à tout autre contrôle.

Le département K du G2 a aussi en charge la formation des futurs espions. A la demande de la DGI, ils conditionnent, en y plaçant leurs équipements, les « maisons du protocole », ainsi que certaines chambres des hôtels de tourisme.

Le centre névralgique de ce département se trouve dans le quartier résidentiel de Siboney, à La Havane, dans la zone dite « congelée », vide de tout autre habitant. Il est connu sous le nom de « la Grande Maison », une gigantesque bâtisse de trois étages.

La Direction du contre-espionnage possède une équipe de contrôle des véhicules. Toutes les voitures appartenant au corps diplomatique, ainsi que celles des responsables d'entreprises mixtes vivant sur le sol cubain, peuvent être suivies à la trace. Cet organisme peut compter sur une équipe de trois cents personnes, mobilisables jour et nuit.

La Contre-intelligence est chargée de contrôler les activités de la presse étrangère. Lorsqu'un journaliste arrive sur le sol cubain muni d'un visa obligatoire de travail, il doit soumettre les thèmes de ses articles au centre de la presse étrangère qui lui délivre une accréditation au prix de soixante dollars. Son passé est en général minutieusement fouillé et ses préférences politiques prises en compte. Deux organismes sont chargés de la surveillance des journalistes étrangers. L'un, Publicitur, adopte la couverture d'une agence touristique. L'autre est constitué par les attachés de presse du ministère des Relations extérieures, le MINREX, lorsque les journalistes ont une certaine notoriété.

Avec la massification du tourisme, il est devenu difficile de surveiller les mouvements de tous les visiteurs. Le bureau chargé de cette surveillance a vu ses effectifs croître de façon exponentielle et les visiteurs sont désormais fichés sur ordinateur. Si l'un d'eux est signalé comme anticastriste ou s'il est avéré que des actes ou des propos malveillants ont été manifestés à un moment ou un autre à l'égard du régime, il peut être réexpédié vers son pays d'origine.

Dans les grands hôtels de Varadero ou de Cayo Coco, là où la présence des Cubains, en dehors des travailleurs accrédités, est strictement interdite, un officier de la Sécurité de l'Etat centralise les informations collectées par les guides et le personnel des hôtels. Les touristes qui résident chez l'habitant sont sous la surveillance étroite de leurs hôtes qui doivent rendre compte de leur comportement à des officiers du G2.

Le G2 dispose aussi d'un bureau diplomatique, dont la mission consiste à localiser, dans l'instant, tous les représentants des nations étrangères. Leur domicile est surveillé en permanence et il n'est pas rare que ces représentants étrangers soient compromis dans des affaires louches montées de toutes pièces, des traquenards, dans le but d'obtenir de leur part des informations confidentielles. Aucun secteur d'activité à Cuba n'échappe à l'œil vigilant de la Sécurité de l'Etat.

Les « Guêpes noires » et le secteur 40

Les Brigades territoriales sont la plus récente création du ministère de l'Intérieur. Les membres sont surnommés par la population *Avispas negras*, les « Guêpes noires », un surnom dû à la couleur noire de leurs uniformes et de leurs gilets pare-balles.

Ces unités spéciales ont été créées à la suite du *maleconazo*, la manifestation spontanée qui eut lieu sur l'avenue du bord de mer de La Havane, le Malecón, le 5 août 1994, et qui constitua le coup d'envoi de la crise des *balseros*. Elles parcourent les rues de la capitale, notamment les zones touristiques, vingt-quatre heures sur vingt-quatre, par rotation de trois équipes par jour, et disposent d'un effectif de plusieurs centaines d'hommes.

Le secteur 40, antérieurement dénommé « Groupe d'action », a toujours été placé sous le signe de la violence et de la terreur. Au moment de l'invasion de la Baie des Cochons, en 1961, ses membres participèrent à l'arrestation de cent cinquante mille personnes. Trente mille d'entre elles furent détenues sans jugement pendant des mois. Le secteur 40 fut également responsable de la déportation de vingt mille personnes au moment de l'insurrection paysanne de l'Escambray, jusqu'au milieu des années 60.

Le secteur 40, dont le siège se trouve à *Villa Marista* dans les dépendances de la Sécurité de l'Etat, comprend une cinquantaine de patrouilles circulant dans les rues des principales agglomérations. La plupart des véhicules ne sont pas signalés du sigle du G2. Ce sont des voitures banalisées.

C'est le groupe répressif le plus actif du régime communiste cubain. Ses tâches principales sont l'arrestation des éléments contre-révolutionnaires, ainsi que leur transfert d'une prison à une autre pour y être interrogés.

Les Brigades de réaction rapide, réserve du haut commandement

Créées par Raúl Castro, les Brigades de réaction rapide virent le jour en 1980, lorsque près de dix mille Cubains se réfugièrent à l'intérieur de l'ambassade du Pérou. Cet événement précipita le départ de Cuba de quelque cent vingt-cinq mille personnes, surnommées *marielitos*, car elles abandonnèrent l'île depuis le port de Mariel.

Les BRR furent formées en toute hâte pour empêcher la population d'affluer vers l'ambassade du Pérou, située dans le quartier de Miramar. Sous la direction du commandant de la révolution Juan Almeida et du commandant Armando Acosta, les hommes de la brigade avaient pour ordre de maltraiter les candidats à l'exil, de les lapider, de démolir leurs domiciles et de créer la terreur parmi la population tout entière.

Lors du *maleconazo* de 1994, les Brigades de réaction rapide furent mises en état d'alerte, mais n'intervinrent pas, Fidel Castro préférant éviter un affrontement direct qui aurait entraîné un bain de sang. Même si la répression fut brutale, la police ne chargea pas la population. Toutefois ce nouveau désordre incita Raúl Castro à restructurer ces forces pour en faire un corps d'élite sur le modèle des *Spetznats* de l'ancien KGB. Ses membres doivent s'entraîner six heures par jour à l'utilisation des armes à feu et aux arts martiaux. Ils sont actuellement sous le commandement des généraux Lino Carreras et Leopoldo Cintra Frías et cantonnés dans les casernes de Managua, de La Cabaña et d'El Príncipe. Un simple soldat appartenant à ces unités d'élite reçoit un salaire d'officier ordinaire et, qui plus est, en dollars ou en euros. Il a droit à des rations spéciales de nourriture et il est logé dans des baraquements tout à fait confortables.

Ces troupes d'élite, au nombre de deux mille cinq cents hommes, disposent d'une compagnie de blindés T73 et T75, ainsi que de tanks plus légers, des escadrons de lance-flammes et de mitrailleuses lourdes. Tout un arsenal destiné à réprimer un éventuel soulèvement populaire. Fidel Castro conçoit également ces unités comme une force de réserve face à une hypothétique invasion américaine. Elles constituent une sorte de *nomenklatura* militaire au service de la famille Castro. Elles seraient également déterminantes dans un processus de succession, pour appuyer si besoin s'en faisait sentir l'accession au pouvoir de Raúl Castro.

L'Unité 49 (Sécurité personnelle des dirigeants)

Au début de la révolution, l'escorte personnelle des dirigeants, celle de Fidel Castro en particulier, fonctionnait comme une garde renforcée divisée en plusieurs unités sous le commandement d'un ancien de la Sierra Maestra, Emilio Aragonés.

A partir de 1964, Castro demanda aux Soviétiques du KGB d'organiser et de former des troupes spécialisées. Une école, regroupant des vétérans de la Sierra Maestra, d'anciens militants communistes du Parti socialiste populaire et des éléments de confiance de la nouvelle génération, fut créée : l'Unité 49, dont l'état-major était situé dans la rue 49 du quartier de Playa. A sa tête, Enio Leyva, vieux communiste de toute confiance, combattant de la colonne numéro 1 dans la Sierra.

Cette unité spécialisée comptait à ses débuts quatre mille hommes, pratiquement tous au service de Fidel Castro pour l'accompagner dans ses déplacements. Sa sécurité personnelle rapprochée est formée par trois véhicules Mercedes Benz, tous identiques. Il n'emprunte jamais le même.

Raúl Castro, quant à lui, possède une véritable garde prétorienne à son service, constituée d'une centaine d'hommes qui n'obéissent qu'à ses ordres et qui sont stationnés devant sa résidence privée.

Tel un empereur romain, Fidel Castro dispose d'une personne spécialement chargée de goûter la nourriture qui lui est destinée, lorsque celui-ci ne peut se faire apporter celle que lui mijotent les cuisiniers de l'Unité 49. Des techniciens de laboratoire vérifient et analysent les cadeaux qui lui sont envoyés, la santé du chef est sous haute surveillance. C'est pourquoi sont écartés de sa consommation tous les produits présentant la moindre trace chimique ou de pesticides. Les produits agricoles consommés par Fidel et Raúl Castro proviennent de la propriété agricole qu'administre leur frère aîné, Ramón, dans la vallée de Picadura, aux alentours de La Havane.

Les frères Castro font profiter leurs amis de leur savoir-faire en la matière. Ainsi, Hugo Chávez a-t-il, autour de lui, deux cents hommes appartenant à l'Unité 49, autant comme gardes du corps attachés à la présidence que comme formateurs de gardes du corps de l'entourage du numéro un vénézuélien.

Le bureau 15 et l'Unité 21

Ce petit groupe est le plus secret des services cubains. Il ne répond qu'aux ordres directs de Fidel et de Raúl Castro et n'apparaît dans aucun des organigrammes officiels du ministère de l'Intérieur. A l'origine, il était dénommé 5ᵉ Bureau et était dirigé par le communiste Osvaldo Sánchez, l'homme qui mit au point la disparition de Camilo Cienfuegos[1].

Les effectifs du groupe ne dépassent pas les vingt-cinq agents. Son rôle principal à sa création fut l'élimination physique de plusieurs dirigeants de la contre-révolution à Miami, en faisant croire que ceux-ci avaient été victimes d'une lutte pour le pouvoir entre factions rivales d'exilés.

La moitié des hommes du bureau 15 est installée aux Etats-Unis, tandis que l'autre moitié demeure à l'intérieur de Cuba. Au sein des services secrets, ce groupe spécial n'est évoqué qu'à voix basse et avec d'infinies précautions. Innombrables sont les cas de personnalités mortes par suicide, accident de circulation, infarctus ou empoisonnement, dans lesquels on retrouve sa signature. Parmi les décès brutaux qui impliquent ce groupe, celui de l'ancien président de la République, Osvaldo Dorticós, dont la position devenait trop critique vis-à-vis de Fidel Castro, et celui de l'ancien ministre de l'Intérieur, José Abrantes, impliqué dans l'« affaire Ochoa ».

La plus récente création des services secrets s'appelle l'Unité 21, unité chargée de surveiller la dissidence interne et les agences de presse indépendantes qui se sont créées depuis la fin des années 90. Huit cents hommes ont été affectés à La Havane pour mettre leurs pas dans ceux des dissidents et museler les plus activistes d'entre eux, et mille deux cents dans le reste de l'île. Cette unité a été particulièrement active au moment de l'arrestation des soixante-quinze dissidents au printemps 2003 et en juillet 2005 pour disperser la manifestation des membres de l'Assemblée pour la promotion de la société civile (APSC) et mettre trente-deux personnes sous les verrous.

---

1. Membre de l'Internationale communiste, il fut un personnage très actif des groupes clandestins de Fabio Grobart, responsable de ces groupes en Amérique latine et mentor de Fidel Castro depuis 1947. Osvaldo Sánchez fut chargé par les frères Castro de mettre au point la disparition de Camilo Cienfuegos en la déguisant en accident. Quelques mois plus tard, c'est lui, Osvaldo Sánchez, qui disparaissait dans l'explosion en vol de l'avion dans lequel il se trouvait. Il était devenu encombrant, il en savait trop mais se croyait intouchable. Comme d'autres, Osvaldo Sánchez fut intronisé au panthéon des martyrs de la révolution et son image exploitée par le régime.

La Direction générale d'Intelligence

Depuis sa création, la DGI a été l'organisme au sein du ministère de l'Intérieur qui disposait des ressources les plus importantes et d'un budget illimité. Elle s'occupe de tout ce qui a trait à l'espionnage et aux activités secrètes à l'étranger. La DGI a eu pour dirigeant historique Manuel Piñeiro (« Barbarroja »), mais elle a toujours été sous le contrôle direct de Fidel et de Raúl Castro. Avec les années la DGI est devenue un véritable Etat dans l'Etat, d'une puissance phénoménale, en se diversifiant avec la création du département « Libération », rebaptisé en juin 1973 département « Amérique », censé appuyer les mouvements rebelles et terroristes sur le continent américain mais aussi au Moyen-Orient et en Afrique.

Sa colonne vertébrale, ce sont les PETI (Préparation spéciale de troupes irrégulières). Ces camps d'entraînement, par lesquels sont passés presque tous les dirigeants des guérillas d'Amérique latine, d'Afrique et du Moyen-Orient, ont poussé comme des champignons à Cuba. Il y en a eu plus de trente dans l'île. Chacun avait sa spécialité. Dans certains, la pratique est l'entraînement à la guerre, dans d'autres l'apprentissage de la fabrique des explosifs, le montage d'attentats contre des personnalités, la préparation des guérillas urbaines, l'espionnage dans différents pays.

Il y a eu des PETI de taille réduite ainsi que des PETI plus importantes, où se sont entraînés et s'entraînent encore des centaines de futurs guérilleros. Dans le camp de Punto Cero, situé près de Guanabo, à l'est de La Havane, se regroupèrent trois cents vingt réfugiés arrivés à Cuba après la chute de Salvador Allende au Chili.

Les apprentis espions et les apprentis guérilleros ne peuvent avoir aucun contact entre eux. Ils sont totalement cloisonnés pour des questions de sécurité. Les camps d'entraînement sont séparés selon les différentes nationalités qui s'y trouvent. Jusque dans les années 80, les élèves qui assistaient à ces cours étaient logés dans les hôtels les plus luxueux de La Havane. Un officier de la DGI allait les chercher et les ramenait à leur hôtel une fois leur journée d'apprentissage terminée. Lorsqu'un espion cubain est réellement bien infiltré dans les sphères souhaitées, un officier traitant sous couverture diplomatique y est dépêché afin de renforcer les liens de fidélité avec lui. Les agents au service de Cuba, qu'ils soient agents d'influence ou simples agents d'information, sont soumis à une sélection draconienne. Certains sont recrutés par le chantage, d'autres adhèrent par conviction idéologique, curiosité ou même intérêt pécuniaire, car les agents cubains font partie de l'élite économique du pays. Leur manies, travers, hobbies, habitudes sont passés au peigne fin. Tout est noté et surveillé, comme par exemple le fait qu'ils soient alcooliques ou homosexuels, si leur épouse ou leur mari les trompent, s'ils ont des maîtresses ou des amants, si ce sont des joueurs invétérés. Tout cela sert à maintenir sous contrôle les agents en question. Sur le plan matériel, ils disposent de tout ce qui est nécessaire pour satisfaire leurs envies et leurs besoins.

Les agents de la DGI, présents dans toutes les ambassades cubaines, reçoivent la dénomination de « résidents ». Ils disposent de passeports diplomatiques et peuvent occuper n'importe quelle fonction subalterne : chauffeur, personnel de nettoyage, standardiste... En réalité ce sont les véritables responsables des missions diplomatiques. Même les ambassadeurs reçoivent leurs ordres de ces agents, après consultation avec La Havane. Près de 80 % du personnel des ambassades de Cuba dans les pays occidentaux appartiennent à l'Intelligence ou à la Contre-intelligence. Le reste des employés sont des locaux liés à des organismes qui ont la confiance de La Havane. Cuba n'a fait qu'hériter du système soviétique où le KGB constituait l'axe central de la diplomatie. Les services secrets et diplomatiques y étaient intimement mêlés.

Les « résidents » sont les responsables d'antenne des services secrets. Ils sont secondés par des agents de la Contre-intelligence, qui ont pour fonction de surveiller le personnel de l'ambassade, d'assurer la sécurité de la mission diplomatique et des fonctionnaires de haut rang. Au moindre doute sur une personne, celle-ci est renvoyée d'urgence à Cuba afin d'éviter qu'elle puisse demander l'asile politique.

Les personnes chargées de transporter le courrier diplomatique à l'intérieur des valises sont elles aussi des agents de la DGI. En aucun cas, ils ne transmettent des documents en clair. Tout est codé. Dans chaque ambassade un opérateur est chargé de chiffrer et de déchiffrer les messages importants. Cet agent ne peut sortir de l'ambassade sous aucun prétexte. Il sait que, pendant ses années de service, il ne verra quasiment pas la lumière du jour. Il restera au secret à l'intérieur du bâtiment, afin d'éviter tout risque de mauvaise rencontre pouvant le contraindre à révéler les codes de cryptage en cours.

La DGI compte aussi des agents « dormants », infiltrés notamment aux Etats-Unis et qui s'introduisent aussi bien au sein de l'armée américaine que dans les organisations anticastristes de l'exil.

En privé, Raúl Castro se vante en expliquant qu'il n'existe aucune organisation contre-révolutionnaire dont il ne connaisse les moindres faits et gestes au jour le jour.

Il y a entre deux cent cinquante et trois cents agents « dormants » sur le territoire américain. Entre 15 et 20 % de ces agents ont pour mission de réaliser des sabotages de grande envergure à l'intérieur des Etats-Unis si un conflit direct avec Cuba venait à éclater. Dans ce cas-là, ils seraient « réveillés » (c'est le terme employé par les services d'Intelligence pour activer leurs agents) et leurs missions actualisées.

Ces opérations ont commencé en 1960. Certains des agents « dormants » sont rentrés à Cuba, d'autres sont morts aux Etats-Unis. Chacun d'eux possède un pseudonyme. Leurs véritables patronymes sont consignés dans les archives personnelles des frères Castro qui sont les seuls à pouvoir les activer et leur ordonner d'infiltrer les organisations de l'exil. Lorsque les services américains découvrent et retournent certains de ces agents en leur promettant l'indulgence des tribunaux, ils ne le dévoilent pas publiquement afin de désinformer les services cubains. Parfois, ils n'arrêtent même pas les agents qu'ils découvrent afin de mieux les contrôler, sachant pertinemment qu'en cas contraire la DGI enverrait immédiatement des remplaçants. C'est une espèce de double jeu entre services secrets où tous les coups et astuces sont permis.

L'infiltration dans les universités

Les services de renseignement castristes ont toujours considéré comme un travail prioritaire leurs actions d'infiltration des universités américaines et d'autres pays occidentaux. Les universités restent pour eux des centres à partir desquels ils peuvent influer sur la politique menée par la Maison-Blanche et recruter des agents capables de rédiger des rapports favorables au régime cubain ou qui puissent influencer des hommes politiques ou des fonctionnaires de l'administration sur des thèmes comme la levée de l'embargo ou les menaces que pourrait représenter Cuba pour les Etats-Unis.

L'organe d'infiltration est formé de départements, divisés eux-mêmes en sections, qui incluent les différents secteurs mis au point pour recueillir un maximum d'informations.

« Le département M-I, qui occupe les septième, huitième et neuvième étages des bureaux centraux de l'Intelligence, est situé dans le bâtiment qui fait le coin des rues Línea et A dans le quartier du Vedado à La Havane, indique José Cohen, ex-agent de la DGI[1], c'est ce département qui est chargé de diriger toutes les activités d'espionnage et de renseignements au Etats-Unis. Il comprend, avec les officiers du Centre principal (à Cuba) et ceux qui travaillent à l'extérieur (dans les ambassades et Centre d'intérêts cubains à l'étranger, où ils ont le statut diplomatique), entre quatre-vingts et cent officiers, un chiffre qui varie selon les événements. Son budget oscille entre 8 et 10 millions de dollars par an, sans compter l'enveloppe allouée aux opérations spéciales ou aux imprévus. »

C'est la section I de ce département qui a pour mission d'espionner les organismes gouvernementaux, dont la Maison-Blanche, le Congrès, le Sénat, le Département d'Etat et toutes les institutions en rapport avec les activités de la présidence ou de la politique étrangère américaines.

La section II se consacre à des activités visant à infiltrer les services spéciaux américains : le FBI, la CIA ou le Département de la Défense.

Ces deux sections sont censées influencer des universitaires américains ou cubano-américains, les recruter pour en faire des agents de renseignements. De même, nombre d'étudiants dans les universités sont travaillés et recrutés dans la perspective d'occuper des positions importantes au sein des entreprises privées ou du gouvernement.

Au fil du temps le régime castriste a peaufiné un travail d'incrustation en profondeur et à long terme, consistant à s'imposer durablement et de manière agressive dans les universités américaines. C'est le cas notamment à Miami, où les milieux universitaires sont considérés comme des objectifs fondamentaux de pénétration en raison de la forte présence de Cubano-Américains potentiellement influents en Floride.

Dans le cas de Berkeley et du Massachusets Institute of Technology (MIT), le travail est confié au département M-VI, spécialement chargé de l'espionnage industriel selon les vieilles et toujours efficaces méthodes soviétiques.

---

1. Cf. José Cohen : « *El servicio de Intelligencia castrista y la comunidad Académica Norteamericana* ». ICCAS, Université de Miami, janvier 2002. José Cohen a fait ses classes à l'Institut supérieur du MININT et à l'Ecole supérieure d'intelligence *Adriana Corcho* à La Havane. Il a travaillé au sein des départements M-VI et M-I de la DGI à Cuba. Il a fui Cuba en 1994 en compagnie d'un autre agent de la DGI.

L'information préliminaire est obtenue directement par des officiers de renseignements affectés dans les représentations diplomatiques auprès de l'ONU à New York et dans le Bureau des intérêts cubains à Washington.

A travers des programmes d'échanges interuniversitaires entre les Etats-Unis et Cuba, les officiers de renseignements entrent en contact direct avec le personnel dirigeant et les professeurs de ces universités dans le but de développer des relations d'étude et d'influence et afin de repérer les personnes présentant le plus d'intérêt.

Une « personne à l'étude », c'est la qualification donnée à quiconque entre en contact avec les officiers de l'Intelligence cubaine, qui commencent par l'étudier en détail, en déchiffrant son nom, ses numéros de téléphone, son adresse, son allure physique, sa formation professionnelle, sa situation familiale, ainsi que des renseignements précis sur sa femme et ses enfants. L'individu en question devient un objet d'observation minutieuse, à son insu, naturellement. Cette « personne d'intérêt » est une personne identifiée comme potentiellement intéressante. Elle ne change de statut que lorsque le département qui a dirigé l'étude l'y autorise explicitement.

Un « candidat » est une « personne d'intérêt » dont les capacités de donner des informations ont été soigneusement soupesées, de même que ses motivations, qu'elles soient économiques ou politico-idéologiques.

Ces trois catégories d'individus constituent la base de prospection des services secrets cubains auprès des universitaires américains ou cubano-américains.

Tous les professeurs et étudiants des universités cubaines sont suivis par la Contre-intelligence, qui dispose d'un dossier personnel sur eux. Ils pourront par conséquent être utilisés pour commencer le travail qui leur est assigné en direction de « personnes d'intérêt » faisant partie de centres d'études aux Etats-Unis.

Ces personnes, professeurs ou étudiants, reçoivent une lettre d'un agent de renseignements cubain soi-disant intéressé par leurs travaux et une invitation à les rencontrer. C'est là que commence le travail d'influence et de recrutement. Les rencontres deviennent de plus en plus fréquentes : des invitations au restaurant, une invitation personnelle à Cuba tous frais payés ou bien une proposition de visite par le biais de plans d'échanges académiques.

Lorsqu'il s'agit de voyages collectifs, par exemple de brigades d'étudiants étrangers, de différents pays, ou bien d'une université américaine, comme ce fut le cas pour ceux de l'université de Pennsylvanie, tous deviennent automatiquement des « personnes d'intérêt » pour la DGI cubaine.

Ce sont les officiers du département M-VIII, sous couvert de fonctions au ministère des Relations extérieures ou au sein d'autres organismes gouvernementaux, tels l'Institut cubain d'amitié entre les peuples (l'ICAP), l'institution culturelle *Casa de las Américas* ou le Comité d'Etat pour la collaboration économique (le CECE), qui s'occupent d'eux, logeant au même endroit que les étudiants étrangers et participant à toutes leurs activités.

A la fin de ces visites, les agents du M-VIII rédigent un rapport sur chacune des « personnes à l'étude ». Lorsqu'un étudiant ou un professeur est finalement recruté, il est orienté vers des objectifs précis, c'est-à-dire vers des études ou des postes donnant accès à des organismes gouvernementaux ou en rapport avec la défense, ainsi qu'au sein de compagnies telles ATT, IBM, INTEL, AMD..., ou vers des secteurs comme la biotechnologie, la robotique, l'industrie pharmaceutique...

Si les « personnes à l'étude » ne parviennent pas à avoir accès à des informations gouvernementales secrètes ni à celles de compagnies privées, leur travail est orienté par le département M-IX vers la formation de l'opinion publique, une autre activité prioritaire pour le gouvernement cubain. Les agents du département M-IX ont pour ordre d'utiliser les étudiants, les enseignants considérés comme des « cubanologues », des journalistes, des membres du Congrès ou du Sénat afin de développer des « éléments actifs » favorables au régime castriste. Ces individus ont alors pour objectif de pratiquer la désinformation afin de créer dans l'opinion un état d'esprit favorable au gouvernement cubain. Un objectif déterminant à l'heure de fixer la politique du gouvernement américain envers Cuba. Cela peut se faire au moyen de livres, d'articles écrits par des journalistes importants ou de commentaires à la radio et à la télévision.

Quelles motivations peuvent animer les personnes repérées par le gouvernement cubain ?

D'abord des motivations d'ordre politique. L'agent est recruté en fonction de sa sympathie envers la révolution cubaine et son admiration pour ses dirigeants, ce qui va de pair avec une profonde désinformation sur la réalité de Cuba. Ensuite, des motivations idéologiques. Dans ce cas, la personne à recruter a déjà une formation idéologique préalable, proche du communisme ou de l'extrême gauche.

Les motivations économiques peuvent aussi jouer un grand rôle. Dans ce cas-là, la personne est rétribuée en échange des informations fournies.

Il est fréquent que les sympathisants ne reçoivent pas d'argent, mais seulement des privilèges ou l'opportunité d'investir à Cuba ou de faire des affaires avec le gouvernement cubain.

Ces privilèges comprennent des séjours réguliers dans l'île, où ils sont reçus et traités comme des hôtes de marque. Ils sont logés dans des maisons du Conseil d'Etat, sans bourse délier, ils disposent de luxueuses voitures avec chauffeur. Le programme inclut des visites dans des centres touristiques. Parfois ils sont même reçus par Fidel Castro en personne.

Lorsqu'il s'agit de chefs d'entreprise, ils ont la promesse qu'en cas de levée de l'embargo ils disposeront d'avantages exclusifs pour pouvoir développer leurs activités dans l'île.

Un autre type de recrutement est largement pratiqué, le recrutement dit de « compromission ». Lorsque les services cubains obtiennent des informations compromettantes sur un individu qu'ils cherchent à recruter, ils sollicitent sa collaboration de cette manière, faute de quoi ils menacent de révéler des secrets qui pourraient déboucher sur un scandale public susceptible de mettre fin à sa carrière professionnelle ou de détruire sa famille. Cela se fait au moyen de vidéos, d'enregistrements, ou de personnes, des femmes particulièrement, que l'on met en contact avec lui.

« *Barbarroja* », *l'homme qui en savait trop*

Le créateur et chef tout-puissant de ces services d'espionnage et de renseignement, et notamment du redoutable département Amérique, Manuel Piñeiro Losada, dit « Barbarroja », la figure à laquelle avaient affaire tous les guérilleros ou les apprentis guérilleros, celui qui fut à l'origine de toutes les guérillas et des mouvements terroristes que Cuba a disséminés partout dans le monde, disparut brutalement le 11 mars 1998.

Lorsqu'il tomba en disgrâce au début des années 90, plusieurs de ses officiers de confiance, par crainte, sollicitèrent l'asile à l'étranger. Il fut alors lui-même placé sous étroite surveillance. Ses déplacements étaient strictement contrôlés. Un beau matin de mars, le quotidien *Granma* annonça que Manuel Piñeiro était mort d'un infarctus alors qu'il se trouvait au volant de son automobile, une

2 CV de marque Citroën. Une mort étrange pour un homme qu'une maladie nerveuse empêchait de conduire.

Personnage secret mais bon vivant, instrument de la politique extérieure du castrisme pendant près de trente ans, il connaissait tous les coups tordus du régime, même certains que Fidel Castro feignait d'ignorer ou ignorait réellement. Dans la logique d'un système qu'il avait lui-même fortement contribué à instaurer, lorsqu'il tomba en disgrâce sa vie ne tint plus qu'à un fil.

Combattant du Second Front oriental, dans la Sierra de Cristal, il bénéficia après la prise du pouvoir de la confiance de son supérieur, le commandant Raúl Castro, qui le nomma chef des services secrets du G2, conjointement à l'obscur Osvaldo Sánchez, proposé, lui, par les communistes. Son ascension fut rapide. Il créa d'abord le département Libération, appelé plus tard département Amérique, mais en fait il contrôlait l'ensemble de l'appareil armé de la révolution. Lorsque les opérations en Amérique latine se firent plus rares, il devint le principal responsable de la DGI.

Les PETI, les centres de préparation spéciale des troupes irrégulières, qui essaimèrent tout au long de l'île mais aussi à l'étranger, furent sa création. Ils permirent de former des dizaines de guérilleros notamment dans les camps de Sabra et Chatila au Liban. Ces camps, contrôlés par les différentes factions palestiniennes après leur expulsion de Jordanie, comptèrent sur l'appui d'instructeurs cubains et de guérilleros latino-américains.

« C'était un type inquiétant, dit Juan Vivés qui l'a longuement fréquenté. Il avait l'habitude de donner ses rendez-vous à des heures impossibles, souvent à trois ou quatre heures du matin, dans des bars luxueux, ceux de l'hôtel Habana Libre, ou celui situé au vingt-cinquième étage du Foxa, le plus grand édifice de La Havane. Ces bars restaient souvent ouverts pour lui et ses invités. Il avait d'énormes pouvoirs et disposait de ressources et d'un budget quasi illimités. Il pouvait faire délivrer des passeports diplomatiques à tous ses agents, passant par-dessus les responsables du ministère des Relations extérieures. Même s'il ne parlait pas beaucoup il savait profiter des largesses que lui accordait le socialisme. C'est vrai aussi, surtout vers la fin, qu'il agaçait Fidel car il développait souvent un point de vue divergent du sien concernant des opérations ayant impliqué les services secrets cubains. Il n'était pas rare non plus qu'il conteste le beau rôle que se donnait parfois Castro dans tel ou tel fait de l'histoire de la révolution. »

D'abord marié à une danseuse américaine, il finit ses jours en compagnie d'une célèbre théoricienne du marxisme, la Chilienne

Marta Harnecker, dont les traités constituèrent pendant longtemps l'une des bibles des mouvements révolutionnaires latino-américains et qui est aujourd'hui la conseillère en économie d'Hugo Chávez.

« Barbarroja » en savait beaucoup trop. Et, vers le milieu des années 90, lui, d'habitude si réservé, se mit à côtoyer des journalistes en visite à Cuba.

A certains, comme l'ancien correspondant de l'Agence France Presse à Cuba, Denis Rousseau[6], il confia même son désir d'écrire ses mémoires.

Il avait le tort de ne pas donner la même vision officielle que le *Líder Máximo* sur certains sujets, notamment sur le Che Guevara, dont il écorna le mythe dans une longue interview accordée au quotidien officiel *Granma*. Ce n'étaient sans doute que des détails, mais ils étaient suffisants pour qu'il perdît l'oreille du *Comandante*.

Lorsqu'en mars 1998 *Granma* annonça que la voiture de Manuel Piñeiro avait fait une embardée et s'était écrasée contre un arbre, personne n'y a cru.

« Barbarroja » n'aura pas eu le loisir de dévoiler ses secrets. Il les a emportés dans sa tombe.

« Benigno », qui a longtemps été sous ses ordres, confirme la façon dont son assassinat programmé fut déguisé en un banal accident de voiture, en pleine nuit, à plusieurs kilomètres de sa résidence alors qu'il venait de sortir d'une réception à l'ambassade du Mexique, distante d'environ trois cents mètres de sa maison :

« Jamais je n'ai vu Piñeiro conduire. A l'époque de sa splendeur, il avait quatre chauffeurs à sa disposition, autant que Fidel Castro. Et puis, entre l'ambassade du Mexique, qu'il quitta vers deux heures du matin, et son domicile, tous deux situés dans le quartier de Miramar, à La Havane, il n'y avait que trois *cuadras*, trois pâtés de maisons. On a dit, pourtant, qu'il était mort dans le quartier du Vedado, loin de chez lui. Il a été victime de la Contre-intelligence militaire. Il a été éliminé comme le fut Arnaldo Ochoa. La seule différence, c'est que lui n'a pas été placé devant un poteau d'exécution. Cela faisait plusieurs mois que le groupe chargé de sa protection avait été remplacé par des gardes désignés par Fidel lui-même. Il ne pouvait plus se déplacer sans autorisation et n'aurait pas dû se rendre à ce dîner à l'ambassade mexicaine. Il y avait trop de

---

1. Auteur, avec Corinne Cumerlato, de *L'Ile du docteur Castro ou la transition confisquée*. Paris, Stock, 2000. Entretien avec l'un des auteurs, Strasbourg, février 2005.

dignitaires latino-américains et de journalistes, auxquels il aurait pu révéler les menaces qu'il sentait peser sur lui, et ça n'a pas plu du tout à la Sécurité de l'Etat. Il était condamné à plus ou moins brève échéance, mais ce soir-là son manque de prudence a précipité sa mort.

« Du fait de ses états de service Manuel Piñeiro était devenu un homme extrêmement dangereux pour le régime. Il était la mémoire vivante des services secrets et connaissait toutes les opérations cachées que Cuba avait menées sur trois continents : l'Amérique latine, l'Afrique et l'Asie. La DGI était au cœur de tous les secrets d'Etat. Manuel Piñeiro, en tant que patron des services de renseignements, était au courant de tout ce qui se tramait avant même Fidel Castro. Les agents les plus en vue de cet organisme étaient Ulises Estrada, Armando Campos et Juan Carretero, que l'on retrouve pratiquement sur tous les théâtres d'opérations.

« Lorsque nous avions une réunion avec Fidel, Piñeiro arrivait régulièrement en retard, souvent fatigué. Il s'asseyait à l'écart de la table, sur un sofa face à nous, et mimait des signes pour nous faire comprendre que nous devions nous taire. Parfois même il se permettait des insolences devant Fidel, pas autant toutefois qu'Arnaldo Ochoa.

« Il projetait d'écrire une histoire de la révolution en Amérique latine, ses mémoires en quelque sorte, et ce n'était pas du tout du goût des frères Castro. En plus, depuis qu'il n'était plus aux affaires, il n'y avait pas un jour sans qu'il soit sollicité par des journalistes étrangers. Il fallait le faire taire[1]. »

---

1. Entretien avec les auteurs, Paris, janvier 2005.

ONZIÈME PARTIE

MENSONGES ET FALSIFICATIONS

Une épopée revue et corrigée

L'attaque de la caserne Moncada, qui signe, le 26 juillet 1953, le premier fait d'armes du castrisme, est célébrée chaque année à Cuba dans la liesse et la ferveur révolutionnaires. Chaque année, le 26 juillet, une ville cubaine différente est désignée pour être le siège des célébrations de l'anniversaire de cette attaque. Des milliers de *pioneros* – « jeunes pionniers » – dans un uniforme impeccable, bien coiffés, défilent un petit drapeau à la main qu'ils agitent frénétiquement, précédant des milliers de femmes et d'hommes poussés pour beaucoup d'entre eux dans les rues sans véritable conviction.

Les discours se succèdent, vantant les acquis d'une expérience qui dure depuis trois générations, quand ce ne sont pas des injures proférées à l'encontre des gouvernants américains qui s'évertuent, vocifèrent les tribuns, à agresser la plus grande île des Caraïbes.

En ce jour anniversaire, les Cubains doivent particulièrement démontrer à leur chef bien-aimé combien ils l'admirent, combien ils lui sont reconnaissants de ces bienfaits dispensés depuis si longtemps, et surtout afficher leur attachement à une révolution socialiste qui leur a rendu la liberté.

« ¡Hasta la victoria siempre! ¡Socialismo o muerte! »

L'histoire de l'assaut de la caserne Moncada telle qu'elle est relatée aujourd'hui ne correspond pas tout à fait à la réalité, elle participe de cette imagination débordante dont Fidel Castro est le héraut.

Le 24 mai 1953, les dirigeants des principaux partis politiques cubains, dont le parti *Ortodoxo* et le parti *Auténtico*, se réunissent à Montréal (Canada). But de cette rencontre : organiser un complot contre le dictateur Fulgencio Batista, porté au pouvoir par un coup d'État le 10 mars 1952 et l'aide appuyée du gouvernement américain qui en avait assez du désordre social que l'ex-président Carlos Prío Socarrás avait laissé s'installer dans l'île.

Emilio « Millo » Ochoa, successeur du président du parti de gauche *Ortodoxo* Eduardo Chibás, l'une des grandes figures de la vie démocratique de Cuba qui se tira une balle dans le ventre en 1951, en direct sur les ondes de la radio cubaine, l'ex-président Prío Socarrás et d'autres responsables politiques présents à la réunion refusent la participation de Fidel Castro, pourtant lui aussi considéré comme l'un des leaders du parti *Ortodoxo*. Ils ne l'ont même pas invité.

Raison invoquée : son passé sulfureux à l'université de La Havane et son goût immodéré du pouvoir. Il est donc écarté d'une réunion où aurait pu se jouer l'avenir de Cuba.

Fidel Castro, qui ne supporta pas l'idée d'être marginalisé, imagina une opération militaire afin de focaliser l'attention sur lui : la prise de la caserne Moncada.

Les seules personnes qui furent mises au courant de la future attaque étaient Naty Revuelta, sa maîtresse et future mère d'Alina Fernández, et Melba Hernández, Abel Santamaría, Renato Guitart et Pedro Miret. Le reste des cent cinquante participants arrivèrent à Santiago de Cuba avec la certitude qu'ils partaient pour effectuer des exercices militaires et non une attaque armée contre une caserne des forces régulières. Lorsque l'objectif fut clairement défini, seulement cent vingt-trois sur les cent cinquante personnes prévues acceptèrent d'y participer.

Gustavo Arcos[1], après avoir refusé spontanément de se joindre à

---

1. Gustavo Arcos avait rencontré Fidel Castro sur les bancs de l'université de La Havane en 1948. Au cours de l'attaque de la caserne Moncada, dont il critiqua le projet et l'ambition de Castro avant de se rallier, il est sérieusement blessé mais reste en vie. L'homme brillant et intelligent continue à soutenir le mouvement révolutionnaire en s'engageant une nouvelle fois aux côtés de Castro durant les combats de la Sierra Maestra. Au triomphe de la révolution, il est nommé ambassadeur de Cuba en Belgique. Le 15 mars 1966, il est rapatrié, jeté en prison et toute sa famille subit vexations et humiliations. Il fut libéré après de longues années de lutte et devint un membre actif du Comité des droits de l'homme à Cuba fondé par Ricardo Bofill. Du fond de sa cellule en 1967, Arcos adressa une lettre à l'une des grandes figures de la révolution cubaine : Haydée Santamaría, qui se suicida en 1980. « Je suis conscient que mon attitude peut nuire à ma vie,

l'aventure, parce qu'il considérait l'opération vouée à l'échec, un suicide du fait de son improvisation, se rangea finalement aux arguments de Castro et participa à l'attaque.

A l'aube du 26 juillet 1953, pendant le carnaval de Santiago, quinze voitures bourrées d'assaillants traversèrent la cité endormie après une nuit festive. Arcos se trouvait dans la voiture numéro 1, une Buick, en compagnie de Fidel Castro et d'autres membres du commando. Leur première mission était de neutraliser les gardes de l'entrée numéro 3 de la caserne. Juste en arrivant devant la porte, ils tombèrent sur une patrouille de deux hommes. Castro paniqua et essaya de jeter la voiture sur eux au moment où Arcos sortait du véhicule. Celui-ci tomba à terre et les deux soldats pointèrent leurs armes sur lui. Il eut la vie sauve grâce à la présence d'esprit d'Israel Tápanes, un autre assaillant qui tira le premier sur les soldats. C'en était fini de l'effet de surprise.

Fidel Castro, qui était le seul à posséder un pistolet Lüger, ne l'utilisa pas.

Selon Gustavo Arcos, qui raconta l'histoire à des proches avant qu'elle soit publiée à Miami dans *El Nuevo Herald* en 1982, les assaillants arrivèrent en retard parce que Fidel Castro s'était, paraît-il, perdu dans les ruelles de Santiago. Les hommes de la voiture numéro 3 avaient, eux, réussi à pénétrer à l'intérieur de la caserne. A leur tête se trouvaient Ramiro Valdés et Renato Guitart. L'alarme déclenchée, les mitrailleuses adverses se mirent en batterie. Fidel Castro s'échappa sans avoir tiré la moindre balle et se réfugia dans la *Granjita Siboney*, une maison à l'extérieur de Santiago. De là il remonta jusqu'à la *Gran Piedra* où il fut capturé, quelques jours plus tard, avec dix-neuf hommes par le lieutenant de la Garde civile Pedro Manuel Sarriá et son escadron.

Le bilan de l'attaque fut désastreux pour le commando : huit hommes morts au combat et cinquante-six assassinés en représailles par les soldats de Batista.

Cette épopée fut réécrite après le triomphe de la révolution et Fidel Castro consacré comme le grand héros de l'assaut de la caserne Moncada. Gustavo Arcos fut alors nommé ambassadeur de Cuba en Belgique puis il eut le mauvais goût de raconter sa version de l'attaque et accusa Fidel Castro d'avoir voulu le tuer après une discussion sévère sur l'impréparation de l'opération. Contredire l'histoire officielle était un crime : Arcos fut condamné à huit ans

---

car je connais par expérience les méthodes staliniennes et inhumaines qui ont cours aujourd'hui à Cuba. Mais je suis disposé à les affronter. »

de prison et de fortes pressions furent exercées afin qu'il ne parle plus et qu'il n'ait aucun contact avec la presse étrangère. Il devint pourtant l'un des principaux opposants au régime [1].

Le lieutenant Pedro Manuel Sarriá fut, lui, nommé capitaine et désigné chef d'escorte du président Osvaldo Dorticós. Mais il commit une gravissime erreur lorsqu'il se décida à raconter la façon dont il captura Castro à la *Gran Piedra*, démentant ainsi la version de Fidel Castro qui voulait qu'il ait été capturé après de féroces et inégaux combats contre un ennemi supérieur en nombre et en armement. Sarriá raconta qu'il captura Fidel et ses compagnons alors qu'ils étaient endormis. Ils n'offrirent aucune résistance, seul Castro hurlait comme un sourd : « Ne me tuez pas, je suis prisonnier de guerre ! » Ces déclarations coûtèrent à Sarriá quinze longues années de prison dont il sortit vieux, malade et sous une pression constante afin qu'il ne parle plus.

Bien des années plus tard, en 1967, Jesús Montané et Pedro Miret invitèrent Juan Vivés à célébrer un anniversaire dans une *hacienda* située à Campechuela, à l'est de Cuba, que Fidel Castro avait offerte à Crescencio Pérez [2], un bandit paysan qui rejoignit la rébellion dès les premiers jours. Lorsque la nuit tomba et que le rhum et la bière eurent produit leurs effets, Montané et Miret assis sous un manguier commencèrent à évoquer l'assaut de la caserne Moncada et blaguèrent sur la façon dont Fidel Castro s'était perdu à Santiago, une ville qu'il connaissait par cœur. Ils insistèrent sur sa fuite au début du combat, en blaguant encore et en riant. Montané dit : « Il a tout simplement eu la trouille. » Vint le moment où ils évoquèrent le fait qu'avant d'arriver sur les lieux de l'attaque, Fidel était resté toute la nuit à Santiago. « Qu'a-t-il pu faire durant toute la nuit ? » interrogea Vivés. On lui répondit que des témoins l'auraient vu dans une réunion secrète en compagnie de son mentor du Komintern, Fabio Grobart.

Le lendemain matin, Pedro Miret demanda à Juan Vivés de ne rien répéter de ce qu'il avait entendu la veille de la bouche de quelques personnes saoules qui voulaient seulement plaisanter.

---

1. Gustavo Arcos : « *A Prisoner Becomes a Warden* » publié dans *The New York Times*, 25 juillet 2003.
2. Bandit de grand chemin, voleur de bétail, poursuivi par la Garde civile de Batista, Crescencio Pérez aida Castro et son groupe dès leur arrivée dans la Sierra Maestra. Il leur fournit la nourriture, les protégea des troupes régulières et leur indiqua des chemins connus de lui seul. Fidel Castro lui doit plusieurs fois la vie.

Le procès de la caserne Moncada et la supposée défense de Fidel Castro, « L'Histoire m'acquittera ! », tiennent aussi de la fantaisie débridée du Commandant en chef. « Un morceau d'anthologie de la réécriture de l'histoire de la révolution, s'insurge Juan Vivés. La seule à avoir confirmé l'authenticité de cette étonnante affaire était une journaliste débutante du nom de Marta Rojas, à l'époque maîtresse d'un colonel de Batista. Après l'arrivée de Castro au pouvoir, elle jura que le texte publié était ligne pour ligne la défense de Fidel devant le tribunal. Grâce à cet énorme mensonge, elle obtint une superbe maison et une voiture neuve. Le faux témoignage fut bien payé car ce n'est un secret pour personne que, de sa cellule de l'île des Pins, il était impossible à Fidel de se souvenir de la totalité du texte publié comme étant sa défense devant le tribunal. De plus le style ne correspond en rien à celui de Fidel. Le véritable auteur du texte, c'est Jorge Mañach, l'un des plus importants intellectuels cubains. » Un autre témoin moins connu assista au procès : Braudilio Castellanos, dit « Bilito », camarade d'université et défenseur désigné de Fidel Castro. Lorsque Juan Vivés lui demanda si Fidel avait vraiment prononcé au cours de sa plaidoirie le texte intégral de « L'Histoire m'acquittera ! », Castellanos éclata de rire.

Ce remixage des événements destiné à donner au leader une posture plus avantageuse n'est évidemment pas nouveau. De tous temps, sous toutes les latitudes, à toutes les époques, le système est le même : vanter la gloire et les faits d'armes des pharaons, des empereurs, des rois, des dirigeants totalitaires. Car toujours celui qui détenait le pouvoir le détenait de droit divin.

A Cuba, le cas est paradoxal : Fidel Castro est arrivé au pouvoir pour le peuple. Il le clame haut et fort depuis quatre décennies, mais par les armes, et c'est, selon lui, ce qui le rend différent. Il n'a de comptes à rendre à personne et ne peut donc être défait. Quant à la légende, elle lui sert à asseoir son pouvoir et imposer sa stature à la hauteur de ses immortelles ambitions. Un épisode de la guérilla dans la Sierra Maestra est sur ce point éclairant. Durant les mois où les rebelles combattaient les forces armées de Batista, les officiers guérilleros ont semble-t-il voulu préserver la vie de leur leader Fidel Castro. Dans un chapitre de son ouvrage *Souvenirs de la guerre révolutionnaire*[1], publié en 1960 à Cuba, Ernesto Che Guevara indique qu'une pétition signée de tous les hauts gradés du comman-

---

1. Ernesto Che Guevara : *Souvenirs de la guerre révolutionnaire*. Paris, François Maspero, 1967.

dement rebelle demandait à Fidel Castro de ne plus participer directement aux batailles, qu'un Commandant en chef ne devait pas s'exposer, mais que Fidel Castro a méprisé cette pétition. Une lettre reprise par Carlos Franqui dans son livre *Diario de la revolucíon cubana*[1].

Pourtant depuis l'embuscade de Pino del Agua, en février 1958, Fidel Castro ne se mêlait plus que de loin aux batailles. « Benigno », qui faisait partie de la troupe rebelle, indique même que le Commandant en chef paniquait lorsqu'il entendait des avions ennemis s'approcher. « Il ne participa plus aux affrontements. Il se maintenait toujours à une distance d'au moins deux kilomètres des combats. » Tous les officiers sous la pression du Che et de Raúl Castro n'avaient eu d'autre choix que de signer la dite pétition[2].

Placé au sommet du pouvoir, un guide de la nation comme Fidel Castro ne pouvait être qu'un chef valeureux, préservé par la cohorte de ses soldats dévoués et soucieux de le protéger.

Sous les hourras de la foule

En janvier 1959, pendant que Cuba fait la fête aux *barbudos*, les troupes de Fidel Castro procèdent à des arrestations massives. Des procès sommaires se déroulent dans des stades bondés ou à l'intérieur de hangars désaffectés et des centaines d'opposants au nouveau régime sont passés par les armes.

Les exécutions sont nombreuses, aveugles, sanglantes.

Dans l'euphorie d'une révolution triomphante la majorité du peuple cubain applaudit ou ferme les yeux. L'épuration est souvent vécue chez les peuples qui se pensent « libérés » comme une sorte de catharsis, un moyen de tourner définitivement le dos au passé. Les *barbudos*, descendus de la Sierra Maestra, le savent et en profitent pour faire le ménage parmi leurs ennemis déclarés mais aussi, déjà, parmi ceux qui, bien qu'ayant participé à ou aidé la révolution, affichent des convictions démocratiques qui n'ont pas l'heur de plaire au nouveau numéro un cubain.

---

1. Carlos Franqui : *Diario de la revolucíon cubana*. Barcelone, R. Torres, 1976, p. 387-388.
2. Dans un entretien accordé à la revue *Politique internationale*, n° 102, novembre 2003, Martha Frayde, gynécologue autrefois très proche de Castro, fondatrice du Comité pour les droits de l'homme, affirme : « Fidel a toujours eu une grande peur de la mort. C'est quelques chose que lui a transmis l'école de jésuites où il était scolarisé. Dans tous les événements où Fidel a joué un rôle majeur, il a toujours veillé à protéger sa vie. »

Ce sont les années les plus exaltantes de la révolution naissante. L'époque où le Che Guevara, cantonné à la prison-forteresse de La Cabaña, se transforme en bourreau. L'époque où les tribunaux militaires prononcent des sanctions et des peines de mort sans états d'âme, tandis que Fidel Castro répond aux envoyés spéciaux de la presse américaine qu'il n'est pas communiste et qu'il promène à travers La Havane en transe des observateurs, des philosophes, des écrivains, accourus des quatre coins de la planète pour voir de près cette poignée de rebelles qui viennent de terrasser la dictature de Batista. « Benigno » et Juan Vivés rapportent tous deux avoir vu le Che, cigare aux lèvres, contempler les exécutions à La Cabaña tandis que son aide de camp, Antonio Núñez Jiménez, lui enlevait la cendre lorsque celle-ci menaçait de tomber.

Le capharnaüm qui caractérise toute révolution balbutiante cache, comme un rideau de fumée, les premières exactions, les premiers délits, les premiers crimes d'Etat, les premiers pas d'un groupe d'hommes voués corps et âme à celui qui les a transportés du maquis sauvage de la Sierra Maestra jusqu'au bord du Malecón sous les hourras de la foule.

Des hommes prêts à tout, subordonnés aux ordres des frères Castro et surtout à l'aîné, Fidel : chef hors pair adoubé par la clameur populaire qui a fait ses preuves sous le feu et qui ne supporte aucune autorité au-dessus de la sienne. Il a appris, auprès des jésuites, lorsqu'il était adolescent, qu'il fallait forcer le respect sous peine d'être balayé, écrasé. Et il a décidé, lui, d'écraser, d'imposer sa vérité quoi qu'il en coûte, fût-ce au prix de l'assassinat de proches, d'amis ou de compagnons de lutte. Cela va être son credo, sa règle de conduite, sa ligne d'horizon. Il met en coupe réglée un peuple entier, dans ses villes et ses campagnes. Il fait installer des Comités de défense de la révolution pour veiller au respect des règles de la nouvelle société. Chacun surveille chacun et doit dénoncer son voisin en cas de comportement suspect. Un maillage en bonne et due forme de la plus grande île des Caraïbes.

La méthode commence à être éprouvée et le peuple cubain, aveuglé par l'avènement d'une ère nouvelle qu'il espérait prospère, l'a avalisée. Castro peut poursuivre son œuvre. Il s'appuiera pour cela sur un redoutable réseau d'informateurs visant à faire de lui le maître absolu du pays.

Cet homme peu commun, taillé comme un bûcheron et rusé comme un loup, sait mieux que personne que sans domination complète de la force armée, il est illusoire sous ces latitudes de prétendre conserver longtemps le pouvoir.

Or, à l'avènement du triomphe des rebelles, deux hommes, hormis Castro, peuvent prétendre diriger la révolution : Ernesto Che Guevara, commandant valeureux, qui dirigea le 28 décembre 1958 la bataille de Santa Clara, clef de la victoire finale. Et son camarade et compagnon Camilo Cienfuegos, tout aussi valeureux que lui, adoré de la population cubaine et de l'armée rebelle pour son héroïsme, son humour et son altruisme. Tous deux avaient été chargés par Castro de prendre le contrôle de La Havane après la fuite de Batista, le premier janvier 1959, ce qui ouvrait la voie à une prise de direction de l'armée. Le Che étant argentin, cela l'écartait de fait de cette direction et laissait ainsi la place à Camilo. Mais Fidel Castro ne l'entendait pas de cette oreille. Pour lui le compagnon d'aujourd'hui pouvait demain se transformer en rival et même en ennemi mortel. Pas question donc de nommer Camilo à la tête des forces armées. Seul son demi-frère cadet, Raúl, en qui il avait toute confiance, pouvait selon lui prétendre jouer un tel rôle et diriger l'armée, même si celle-ci le méprisait.

C'est ainsi que, dix mois après la victoire, le 28 octobre 1959, le petit bimoteur militaire où avait pris place Camilo pour une mission d'inspection s'écrase en mer. Un accident terrible, compte tenu de la personnalité du disparu. Officiellement un désastre qui laisse les Cubains éplorés, des larmes plein les yeux et une écharde dans le cœur : le meilleur d'entre eux est mort dans un accident. Curieusement, le responsable de la tour de contrôle qui avait suivi les mouvements du petit appareil est retrouvé avec deux balles dans la tête. Les autorités concluent à un suicide. Ni l'avion ni les restes de Camilo Cienfuegos n'ont jamais été retrouvés.

Les frères Castro se lamentent officiellement, pleurant le héros disparu. Mais Raúl, intronisé chef de l'armée rebelle quelques jours plus tôt, a désormais la voie libre.

Le Che pleure aussi son camarade mais se tait. Il laisse percer une hésitation dans la préface de son ouvrage, *La Guerre de guérilla*, dédié à Camilo, où son désarroi perce dans cette interrogation qui résonne comme un cri, une accusation : « Qui l'a tué ? » Comme pour se rassurer, il ajoute : « C'est l'ennemi qui l'a tué, il l'a tué parce qu'il voulait sa mort, il l'a tué parce qu'il n'y a pas d'avions sûrs, parce que les pilotes ne peuvent acquérir toute l'expérience nécessaire, parce que, surchargé de travail, il voulait retourner en quelques heures à La Havane... et c'est aussi son caractère qui l'a tué[1]. » Voilà pour la version officielle. La réalité est sensiblement différente. Che Guevara avait du mal à supporter Camilo, un garçon qui aimait trop les blagues et les filles au goût de l'Argentin ascétique. Les deux hommes avaient des caractères totalement opposés. Un après-midi de juin 1959, Camilo se rendit à la prison de La Cabaña et en fit sortir, sans en référer au Che, Otto Sirgo, un proche de Batista qui était le père de l'une de ses maîtresses. Antonio Núñez Jiménez courut le prévenir. En apprenant la nouvelle, celui-ci entra dans une rage folle et traita Camilo Cienfuegos de tous les noms.

Le Che ne lui pardonnera pas d'avoir passé outre son commandement. Les frères Castro se méfiaient aussi beaucoup de ce coureur de jupons au chapeau de cow-boy qui réussit, contre leur décision, à faire payer leur retraite aux vieux militaires de Batista. Et puis l'homme était trop apprécié du peuple donc dangereux à leurs yeux.

Camilo, qui fut sans doute, après Fidel Castro, la figure la plus populaire de cette révolution, avait eu pour mission, juste avant sa disparition, d'arrêter un autre héros de cette même révolution : son ami et compagnon Huber Matos. Ce dernier formait avec le Che et Camilo la pointe du commandement, une triade qui conduisit les rebelles à la victoire.

Matos, retranché avec ses hommes dans sa garnison de Camagüey au centre de l'île, la caserne Ignacio Agramonte, constituait désormais, lui aussi, une menace pour les desseins des nouveaux dirigeants. L'homme avait été un actif partisan de la rébellion contre Batista, mais pour lui elle devait déboucher sur la démocratie comme les frères Castro l'avaient promis. Lorsqu'il s'aperçut de la supercherie et de l'ascendant pris par les communistes du Parti socialiste populaire (PSP), Matos renâcla. Dès lors il devait être écarté. Fidel Castro demanda personnellement à Camilo d'arrêter Matos pour sédition avec l'idée de se débarrasser par la même occasion de Camilo, en faisant d'une pierre deux coups, un scénario qu'il réitéra souvent durant son règne.

Le piège avait été imaginé quelques semaines plus tôt à Tarará, une station balnéaire à l'est de La Havane, dans une maison qu'occupait à l'époque Che Guevara. Fidel Castro en compagnie de son frère Raúl et de l'Argentin avait décidé d'éliminer Camilo Cienfue-

---

1. Ernesto Che Guevara : *La Guerre de guérilla*. Paris, François Maspero, 1965.

gos, devenu décidément trop encombrant, indiscipliné et même insolent. Etaient également présents à cette réunion trois dirigeants communistes : Aníbal Escalante, proche de Moscou, Blas Roca et Carlos Rafael Rodríguez, tous membres du PSP.

« Les communistes détestaient Camilo, affirme Juan Vivés. Dans les premiers jours du triomphe de la révolution il décréta, en tant que responsable de la ville de La Havane, que tous les partis politiques étaient désormais interdits. Devant les protestations des communistes, Camilo leur dit que leur parti était un parti comme les autres et qu'il l'interdisait aussi. Depuis ce jour-là ils ont voulu "lui faire la peau" et le scénario fut élaboré dans la maison bleue du Che. Celui-ci accepta que Camilo soit assassiné. C'est mon oncle, le président Dorticós, qui me l'a confirmé un soir où il se sentait mal. L'Argentin n'opposa aucune résistance à la disparition de Camilo qui l'agaçait depuis longtemps. Son anticommunisme, sa popularité, ses frasques mettaient le Che hors de lui et il se conforma à l'idée que Camilo devenait un obstacle pour une révolution encore fragile et qu'il était urgent de le faire disparaître. »

Le prisonnier et son geôlier

Le 21 octobre 1959, le commandant Huber Matos, gouverneur militaire démissionnaire de la province de Camagüey, est arrêté pour « trahison » et « tentative de sédition ». Quelques jours plus tôt, il avait adressé une lettre à Fidel Castro lui renouvelant sa loyauté aux idéaux initiaux de la révolution mais regrettant les voies nouvelles qu'elle empruntait. Des voies dans lesquelles Matos ne se reconnaissait plus et qui avaient dicté sa démission.

Le 28 octobre, le commandant Camilo Cienfuegos disparaît mystérieusement. Un intervalle d'une semaine au cours duquel se sont jouées l'orientation de la révolution et l'élimination des opposants les plus dangereux à cette orientation. Des opposants qui étaient aussi des rivaux potentiels pour Fidel Castro.

« Je n'ai pas le moindre doute sur le fait que Camilo ait été assassiné, affirme Huber Matos[1]. Nous évoquions souvent entre nous la dérive communiste que prenait le processus révolutionnaire. Je lui disais : "Camilo, tu consacres trop de temps aux femmes et à l'alcool. Tu vis la révolution comme une fête, alors que c'est une chose sérieuse. On va élaborer un plan. Je vais renoncer à mon poste de

---
1. Entretien avec les auteurs, Miami, mai 2004.

gouverneur militaire de Camagüey. Je vais démissionner. Pourquoi ne pas démissionner tous les deux ? Allons en parler à Fidel !" Camilo me répondait : "Ne démissionne pas. Il faut que nous restions à l'intérieur de la révolution pour pouvoir la sauver, car nous nous enlisons. Je sais que tu as eu des discussions avec Fidel et que tu t'es opposé au communisme. Le peuple n'est pas au courant de ce qui se trame. Il faut que nous lui adressions un signal d'alerte !" »

Loin des états d'âme de deux hommes qui furent à la pointe de la victoire révolutionnaire, le nouveau pouvoir penchait ostensiblement vers le communisme, au point qu'un retour vers des valeurs plus démocratiques paraissait impossible.

« Lorsqu'il est venu m'arrêter, il avait l'air honteux, poursuit Huber Matos, il a enlevé son chapeau et son visage est devenu écarlate. Il me dit que je n'aurais pas dû démissionner. Je lui répondis que ce n'était pas le moment de discuter de cela. Camilo ne savait pas comment faire. "Huber, pourquoi c'est tombé sur moi ? Venir t'arrêter, moi ! Comme si nous n'étions plus amis. Jamais je n'aurais cru devoir faire ça, mais je n'ai pas le choix. Il faut que tu remettes le commandement de la garnison entre mes mains." Je lui répondis : "Un officier aux arrêts ne peut pas remettre un commandement dont il ne dispose plus !" Camilo adoptait l'attitude d'un homme qui a un terrible problème de conscience. Je lui demandai alors : "Est-ce que tu sais que l'on t'a envoyé toi pour que tu sois tué par mes soldats ? Depuis l'aube, nous sommes l'objet, moi, mes officiers et mes soldats, de provocations et des pires offenses. On nous traite de 'fils de putes' et autres insultes. Mes soldats ont le sang chaud et ils sont énervés." » Matos disposait dans le camp à ce moment-là de près de mille hommes sous son commandement. « "Si je n'avais pas donné l'ordre de ne pas tirer, mes soldats t'auraient tué. Fais attention, Camilo. Les frères Castro veulent se débarrasser de toi. Tu les gênes." Camilo, après un moment de réflexion, répondit : "Effectivement, je n'avais pas pensé à cela." »

Etonnant dialogue, prémonitoire et sans témoins, entre un prisonnier et celui qui est venu l'arrêter. Les deux hommes, il est vrai, ont été des frères d'armes très proches pendant la guérilla dans la Sierra Maestra. Camilo dit alors à Matos : « Si je suis dur avec toi, c'est par obligation. Je dois remplir un rôle répressif. Ne me juge pas avec hostilité. »

Les deux anciens guérilleros se dirigent vers le bureau d'Huber Matos. C'est alors que Camilo Cienfuegos reçoit deux coups de téléphone consécutifs. Le premier est d'Osvaldo Dorticós, le président de la République en fonction. Le second de Fidel Castro, qui a réuni une compagnie de plusieurs dizaines de soldats, à quelques kilomètres de là, à l'Institut national de la réforme agraire, l'INRA, dans la ville de Camagüey. Ils se tiennent prêts à intervenir dans l'éventualité d'une rébellion des hommes de Matos. Celui-ci, qui se trouve à côté de Camilo, capte des bribes de la discussion orageuse qui s'engage entre Cienfuegos et Castro. Il entend Camilo dire : « Ça va très mal. Les gens ici sont indignés de la manière dont les choses se déroulent. » A l'autre bout du fil, Castro lâche, selon les déductions d'Huber Matos, une bordée de jurons. Camilo lui répond : « Ici il n'y a eu ni trahison ni soulèvement ni rien qui ressemble à ça ! » La discussion continue et Castro raccroche le téléphone. Matos en conclut : « Camilo est resté sans voix, le téléphone dans la main. C'est là que son sort a été scellé : il a signé son arrêt de mort. »

Huber Matos, sûr de son bon droit, n'a opposé aucune résistance à son arrestation. Il est emmené à La Havane, d'abord à l'ancien camp militaire de Columbia, avant d'être enfermé, le 24 octobre, dans un cachot de la prison du Morro, l'ancienne forteresse coloniale qui garde la baie. Le même jour, il reçoit un message, de la main de Camilo Cienfuegos, remis par un homme de confiance. « C'était un tout petit bout de papier où il était écrit : "Je me trouve dans une voie sans issue. Je ne sais plus quoi faire. Il faut qu'on se débrouille pour que tu ne sois pas jugé." » Le jour suivant, il reçoit un autre message moins laconique, par le biais du même émissaire, qui pouvait entrer et sortir du Morro, du fait de son grade, sans être contrôlé : « Tu dois t'enfuir. Je m'en charge. C'est par ta faute si je me trouve dans cette confusion. » « Je lui fis répondre oralement, car je n'avais même pas de quoi écrire : "Ne me rends pas responsable de la confusion dans laquelle tu te trouves, qui est le fruit de ta propre indécision. Je ne m'enfuirai pas !" Je n'avais pas compris que Camilo voulait organiser ma fuite pour que nous puissions quitter le pays dans le même avion. »

Le lendemain, Camilo Cienfuegos ne donne plus de nouvelles à son prisonnier. Il a des discussions à La Havane avec des membres de l'état-major. Il prend ensuite l'avion pour Santiago de Cuba, à l'extrême est de l'île, en faisant escale, à mi-chemin, à Camagüey. Puis il retourne à La Havane, en faisant une nouvelle fois escale à Camagüey, l'ancien fief d'Huber Matos, pour faire le plein. La route de Camilo Cienfuegos, durant ses va-et-vient, passe souvent par Camagüey. Enfin, le 28 octobre (officiellement), il reprend l'avion pour La Havane. La route aérienne entre les deux villes passe au-dessus des terres, sans jamais survoler la mer. Pourtant c'est en pleine mer (toujours officiellement) qu'il disparaît ce jour-là. Selon la version donnée postérieurement par les dirigeants du régime, ceux du moins qui sont restés en poste, le temps était exécrable ce jour-là au-dessus de Cuba, ce qui explique la disparition du petit Cessna de Camilo Cienfuegos, de son pilote et de son chef d'escorte.

La version d'Huber Matos est bien différente :

« Tous les enregistrements météo du 28 octobre 1959, ceux de Cuba comme ceux des Etats-Unis, démontrent qu'il ne faisait pas mauvais ce jour-là. Mais il y a plus : le pilote de l'avion de Camilo, le lieutenant Fariñas, était un homme de la vieille école, celle de l'armée de Batista, au sein de laquelle il avait reçu sa formation. C'était un véritable "pro" de l'aviation. Et il se trouve que ce pilote avait été aussi le mien. Dès qu'il rencontrait un problème, il me demandait la permission d'appeler l'état-major pour lui faire part de la moindre altération de notre route. Il me disait : "Ecoutez, commandant, il y a énormément de cumulus, tout est obscur. Permettez-moi de communiquer avec l'état-major pour regagner de la hauteur, deux cents ou trois cents pieds, pour éviter les nuages." Ou bien : "Commandant, je pense qu'il faut chercher un aéroport de substitution pour nous arrêter et continuer demain jusqu'à Camagüey." Je lui répondais : "Fariñas, ce n'est pas la peine de me demander la permission, tu l'as !" Mais lui, il continuait : "Permettez-moi tout de même de joindre l'état-major pour dire que nous allons modifier notre route. J'accomplis toutes ces formalités parce que c'est ce qu'on m'a appris à faire à l'Ecole des cadets." »

Huber Matos se demande alors :

« Et c'est cet homme-là qui a disparu avec Camilo et son chef d'escorte sans laisser la moindre trace verbale de la modification de sa route ? L'avion aurait disparu en mer alors que tout le parcours se fait au-dessus des terres ? Il s'est évaporé ? Non. Ce sont les frères Castro qui ont fait disparaître Camilo. »

Des deux commandants et amis, l'un, Huber Matos, purgera intégralement sa peine de vingt ans de prison avant de prendre le chemin de l'exil et de s'installer à Miami en 1980. L'autre, Camilo Cienfuegos, ne réapparaîtra plus jamais. Mais celui-ci a son portrait, celui d'un héros, placardé partout dans l'île. Fidel Castro préfère les héros morts que vivants.

Les contrastes d'un mythe

Le Che Guevara, le héros de Santa Clara, le combattant héroïque, le médecin au grand cœur devenu le symbole de tous les combats, le porte-drapeau des humiliés, des révoltés, des laissés-pour-compte, des affamés, des altermondialistes. Le Che Guevara dont la statue est portée à bout de bras par Fidel Castro, qui l'a créée de toutes pièces et s'en sert encore aujourd'hui de bouclier romantique. Le Che Guevara, un mythe qui résiste difficilement au grossissement de la loupe, n'était pas seulement un homme au grand courage, intègre et conséquent avec ses idées, une figure hors du commun. Il était aussi lucide et étrangement loyal envers celui qui l'a envoyé à la mort. Mais son caractère âcre, dur, parfois odieux, et son attitude souvent injuste et méprisante envers ses proches comme envers ses ennemis ont fait du révolutionnaire un personnage contrasté. Sa rugosité et sa dureté n'étaient pas inconnues, de même que son entêtement ou l'irrationalité de ses idées sociales ou économiques.

Ernesto Guevara rencontre pour la première fois Fidel Castro au Mexique en juillet 1955[1].

Sur ordre de Fidel Castro, l'Argentin arrive sur les contreforts du massif de l'Escambray, au centre de l'île, le 14 octobre 1958 avec pour mission de prendre la direction de tous les mouvements insurrectionnels existants. La bataille fut âpre car tous connaissaient sa foi communiste et peu l'acceptaient, notamment les hommes du Mouvement du 26 juillet. Ce mouvement fut créé par Fidel Castro après l'attaque de la caserne Moncada le 26 juillet 1953. Durant toute la période de la guerre révolutionnaire, ce mouvement fut la principale organisation de la lutte insurrectionnelle. Ses membres devaient en principe appuyer le Che mais ne pouvaient s'empêcher de s'en méfier. « L'anticommunisme de l'organisation était viscéral, commente Juan Vivés. Dans la *sierra* de l'Escambray coexistaient onze groupes révolutionnaires mais leur point commun était le rejet de toute forme de communisme : le Second Front mené par Emilio Carreras et Peña Torrado, le Directoire du 13 mars[2], émanation de

---

[1]. Après une discussion qui dure toute une nuit, le médecin argentin décide de suivre le révolutionnaire dans sa lutte pour combattre la dictature à Cuba.

[2]. Le Directoire avait attaqué le palais présidentiel de Batista le 13 mars 1957. Le dictateur en sortit miraculeusement vivant. La plupart des assaillants y perdirent la vie.

la FEU (Fédération étudiante universitaire) dirigé par Faure Chomón et Rolando Cubela[1], un groupe dissident du Directoire commandé par Eloy Gutiérrez Menoyo et l'Américain William Morgan, et un autre groupe du nom de Triple A, appuyé par l'exprésident Prío Socarrás. Lorsque le Che arriva dans l'Escambray, la confusion était totale et les différentes composantes de la révolution n'étaient pas d'accord entre elles. Comme à son habitude Guevara voulut prendre la tête de tous ces mouvements. »

Au milieu de cette turbulence existait une poignée de francs-tireurs d'obédience communiste sous les ordres de Félix Torres. L'existence de ce groupe était la conséquence d'un accord entre Carlos Rafael Rodríguez, dirigeant du PSP, et Fidel Castro dans la Sierra Maestra. Connaissant l'anticommunisme des groupes qui opéraient dans l'Escambray, ils s'étaient dans un premier temps installés plus au nord et s'étaient mis ensuite au service de Camilo Cienfuegos qui occupait la zone avec sa colonne. Des hommes venus de nulle part, armés de fusils de chasse, de vieux revolvers et de carabines de calibre 22 qui ne représentaient pas grand-chose du point de vue militaire mais étaient lorgnés avec suspicion par les autres mouvements.

Juan Vivés, originaire de Trinidad, ville proche de l'Escambray, prend le maquis avec une partie de sa famille. Il a rejoint les rebelles du Second Front depuis un an, lorsque, au milieu du mois d'octobre 1958, il s'intègre à la colonne 8 du Che, en compagnie du capitaine Roberto Rodríguez, plus connu sous le sobriquet d'*el Vaquerito*, chef de l'avant-garde militaire du Che. Jusqu'au 20 décembre 1958, les hommes firent du surplace avant de lancer l'assaut final contre une armée régulière dont le moral était au plus bas. « Nous ne savions pas ce que nous réservait l'avenir et nous décidâmes d'attaquer d'abord les petits bourgs. Fomento fut le premier village que nous avons attaqué. Enfin "attaqué" est un grand mot ! Nous nous demandions pourquoi nos troupes ne passaient pas à l'offensive alors que l'ennemi était en position de combat frontal. En fait patienter avant l'assaut nous permettait d'attendre que le fruit soit bien mûr. C'est en tout cas ce que pensaient certains de l'attitude du Che : diminuer les risques et préserver nos chances de vaincre. »

Depuis le Second Front oriental Raúl Castro avait lancé toutes ses

---

1. Rolando Cubela, recruté, plus tard, sous le nom de code « Amlash » par la CIA, tentera d'assassiner Fidel Castro à La Havane en 1966. Castro découvrit le complot et jeta Cubela en prison mais décida de ne pas le fusiller.

troupes dans une offensive massive. Juan Almeida cernait Santiago, tandis que Fidel Castro, retranché dans un campement à environ deux kilomètres des combats, pressait ses hommes de la colonne numéro 1 de prendre la garnison de Maffo. Ils mirent vingt jours à y parvenir.

Camilo Cienfuegos batailla trois semaines contre celle de Yaguajay avant de la réduire car lorsque les troupes de l'armée régulière décidaient de résister les combats étaient longs et difficiles.

En revanche, la colonne du Che entra à Fomento sans aucune résistance. Les villageois reçurent les rebelles aux cris de « Vive la révolution ! », « Vive Fidel, à bas Batista ! ». La situation tenait davantage de la fête populaire que d'une offensive militaire. Lorsque les *barbudos* parvinrent devant la garnison ennemie, entourés des villageois, ils fraternisèrent avec les soldats de Batista dont la plupart finirent par rejoindre la troupe rebelle. Aucun combat.

Après Fomento, Placetas, Remedios, Cabaiguán, Guayos se rendirent. Quelques coups de feu furent tirés pour la forme. Ensuite ce fut le tour de Manicaragua, Ranchuelos et Cruces. Là non plus, pas de combat, à peine quelques tirs isolés. En moins d'une heure les rebelles réussirent à se rendre maîtres d'une série de petits villages de moins de dix mille habitants. Pas de résistance non plus à Sancti Spíritus, une grosse ville désertée par les *casquitos*, les soldats de Batista.

En moins de deux jours, les petits villages environnant la ville tombèrent les uns après les autres sans difficultés. La veille de Noël, la colonne du Che se trouve aux portes de Santa Clara...

« La grande épopée militaire, les grands combats que décrivent les ouvrages officiels de la révolution n'ont jamais eu lieu, corrige Juan Vivés, tout juste quelques escarmouches. Le reste n'est que pure imagination, des histoires trafiquées. »

Les forces gouvernementales, environ deux mille hommes, s'étaient toutes concentrées autour et à l'intérieur de la capitale de la province de Las Villas : Santa Clara, dernier verrou avant La Havane.

Au début de l'après-midi du 24 décembre 1958, la nouvelle courut qu'un train blindé, contenant trois cent cinquante soldats armés commandés par le colonel Rosell, faisait route vers Santa Clara pour contenir l'avance des rebelles. En réalité, il s'agissait d'un train composé de wagons destinés au transport de sacs de canne à sucre, renforcé par quelques plaques de métal. Les rebelles menés par le Che installèrent leur QG à l'intérieur de l'université, sur la route de Camajuaní, à la sortie de la ville. Le Che lança ses hommes à l'assaut du train qui avait stoppé sur une colline qui domine Santa Clara. Les échanges de tirs durèrent à peine une demi-heure. De l'intérieur du train, les soldats demandèrent une trêve pour parlementer. Désignés pour représenter les rebelles, Ramiro Valdéz et Roberto Rodríguez rencontrèrent le colonel Rosell, un militaire du génie civil, tandis que les soldats des deux troupes finissaient par fraterniser. A l'issue de la rencontre Valdéz et Rodríguez firent leur rapport au Che qui se trouvait à l'intérieur de l'université : le colonel était prêt à se rendre avec son escadron mais sous certaines conditions. « Le Che forma une commission avec Ramiro Valdéz, Antonio Núñez Jiménez et Jesús Suárez Gayol, se souvient Juan Vivés. Au moment de retourner vers le train, Roberto me remit une mallette ventrue en cuir comme celle que possèdent les médecins, une mallette qui s'ouvre au milieu, et me dit : "Ouvre-la ! et dis-moi si tu as déjà vu autant d'argent de ta vie." Le train blindé avec ses hommes et son colonel Rosell venaient d'être achetés par les rebelles pour vingt-cinq mille pesos. Des armes de bonne qualité, des mitraillettes Browning de calibre 30 et 50 et des fusils Garand, tombèrent entre leurs mains tandis que de vieux fusils furent ramassés par des révolutionnaires de la vingt-troisième heure. »

Une énorme confusion régnait dans la ville.

De l'Escambray cent soixante hommes s'étaient dirigés vers Santa Clara. Mais au fur et à mesure de la traversée des différents villages, la troupe grossissait. Des centaines de femmes et d'hommes venus d'on ne sait où s'agglutinaient aux troupes rebelles, un brassard noir et rouge du M 26-7, le Mouvement du 26 juillet, noué au bras comme signe de ralliement. Certains avaient récupéré des armes dans les casernes désertées, d'autres brandissaient de vieux fusils de chasse ou des revolvers et d'autres encore étaient mains nues. Sans oublier les déserteurs de l'armée régulière de Batista qui se mêlaient à ce flot indescriptible. Chacun se vantait d'être « fidéliste »... une masse de paysans, de va-nu-pieds, de sans-vergogne, d'ivrognes, de femmes de petite vertu, de mendiants. Une foule en délire, incontrôlable, tirant des rafales à tort et à travers dans les rues de Santa Clara et poursuivant de réels ou d'hypothétiques sbires de Batista. Les bars étaient pris d'assaut par ceux qui s'étaient autodésignés officiers de l'armée rebelle.

La vraie bataille de Santa Clara eut lieu, un peu plus tard : de vieux avions B26 commencèrent à bombarder la zone tandis que les escadrons de l'armée régulière s'étaient fixés en cinq points. Après seulement quelques échanges de coups de feu, les rebelles les délogèrent. Seule la garnison *Leoncio Vidal* offrit une vraie résistance. Le Che, craignant que la bataille ne s'éternise, envoya deux hommes – Antonio Núñez Jiménez et Jesús Suárez Gayol –, deux communistes, qu'il nomma capitaines sur-le-champ, alors qu'ils n'avaient jamais combattu, afin de négocier auprès du colonel Cornelio Rojas la reddition des troupes gouvernementales. « Cornelio Rojas accepta immédiatement de rendre les armes, précise Juan Vivés, sans conditions et sans avoir livré le moindre combat. La fameuse bataille de Santa Clara, je ne l'ai pas vue et pourtant je faisais partie de l'avant-garde de l'armée rebelle. Nous avons compté quatre ou cinq morts parmi nos hommes... Tués par des balles perdues ou par accident. Durant toute la campagne dans la province de Las Villas, je n'ai pas aperçu une seule fois le Che prendre son fusil ou se battre. À Santa Clara, il ne sortait pas de l'université, trop occupé par son histoire d'amour avec Aleida March, une jeune rebelle qui avait rejoint nos rangs, accompagnée d'un certain Armando Acosta. Ce dernier ne participa qu'à une seule escarmouche contre la garnison de Guayos où il se planqua, tétanisé par la peur. Mais quelle ne fut pas notre surprise lorsque, arrivés à La Cabaña après la victoire, nous le vîmes arborer des galons de commandant et décliner sa qualité de membre du Parti socialiste populaire. »

Ce qui surprenait les subordonnés du commandant Guevara, c'était sa tendance sadique à l'humiliation, à l'insulte et à la cruauté. Le lendemain de la reddition de la garnison *Leoncio Vidal*, le Che fit fusiller le colonel Cornelio Rojas, sans jugement, malgré sa promesse d'épargner tous ceux qui s'étaient rendus. En tout, plus de cinquante exécutions de militaires, de policiers et de *Tigres de Masferrer*, une milice paramilitaire. Rolando Masferrer était une sorte de voyou dans les années 1940. Il devint ensuite sénateur et eut de sérieuses confrontations avec Fidel Castro. Ses *Tigres* étaient réputés pour leur cruauté contre les opposants à la dictature.

Les exécutions ne cessèrent qu'en raison de l'ordre de départ immédiat pour entrer dans La Havane et s'emparer de la prison-forteresse de La Cabaña.

Ce trait de caractère du révolutionnaire s'aggrava dans cette forteresse dont il était le maître absolu. Il forma les tribunaux militaires et les exécutions commencèrent, massives et régulières, provoquant le premier désaccord entre Washington et Fidel Castro. La presse américaine critiquait sévèrement ces vagues d'exécutions. Des voix s'élevèrent des pays d'Amérique latine, de l'Église catholique et de ses évêques, de l'opinion publique cubaine. Tous firent pression afin que les exécutions cessent. La majorité des condamnés ne furent pas jugés. Les autres obtinrent une parodie de jugement, cinq minutes, le temps d'entendre la lecture de leur acte d'accusation par le procureur José Serguera, dit « Papito ».

Juan Vivés n'oubliera jamais le cas de Benjamín Castaño, l'ancien chef du BRAC (Bureau de répression des activités communistes) : « Son activité consistait à interdire les meetings communistes, à réduire l'influence des syndicats, mais jamais il ne fit de mal à quiconque. Son défaut suprême était d'être notoirement anticommuniste et ça le Che ne pouvait pas le lui pardonner. » Lorsque sa sentence de mort fut prononcée, l'Eglise catholique et différentes ambassades, indignées, demandèrent sa relaxe ; la réponse du Che fut immédiate : « Fusillez-moi ce salaud dès cette nuit pour faire taire toutes ces conneries ! »

Chaque nuit à vingt-trois heures commençait le crépitement des balles du peloton d'exécution. D'abord les salves et ensuite les coups de grâce. Parfois ce macabre rituel se répétait vingt fois et plus jusqu'aux premières lueurs du jour. Les camions chargés de cercueils entraient à l'aube récupérer les cadavres.

« Je me souviens aussi, poursuit Juan Vivés, de ces vieux combattants de la Sierra Maestra en pleurs parce que le Che les avait obligés à diriger un peloton d'exécution et à achever les condamnés par une balle dans la nuque. Je me souviens aussi d'un jeune lieutenant qui refusa de diriger le peloton. Le Che le dégrada devant toute la garnison et l'envoya dans les cachots de La Cabaña. J'avais une terrible envie de déserter car je ne pouvais plus supporter la pression quotidienne de cette fête macabre. »

Après quelques années passées à la direction de la Banque nationale de Cuba et ensuite comme ministre de l'Industrie, le Che Guevara allait devenir indésirable sur l'île.

Ses expériences de « stimulants moraux » et ses théories économiques étaient catastrophiques. Les dirigeants révolutionnaires, surtout Raúl Castro, cherchaient à s'en débarrasser. Il fut d'abord envoyé comme ambassadeur itinérant à travers les pays du tiers monde, en Afrique en particulier. Il rencontra l'élite des responsables de l'anti-impérialisme africain et voulut leur donner une leçon de « bons révolutionnaires » en prédisant une nécessaire guerre continentale. Ceux-ci lui répondirent que c'était un leurre. En effet, comment unifier tous ces pays à l'intérieur desquels des ethnies se déchiraient ?

En février 1965 à Alger, il prononce un discours critiquant ouvertement les pays socialistes qui fait sortir de leurs gonds les Soviétiques. Un discours qui signe de façon définitive sa disparition officielle de la scène internationale. Lorsqu'il rencontre le leader africain Gaston Soumaliot en 1965 en Tanzanie, il tente de lui forcer la main pour lancer une guérilla. L'Africain n'apprécie pas et demande à l'Argentin de quitter le continent. Les dirigeants du Kremlin, furieux, ruminent leur vengeance et exigent de Fidel Castro son éviction. Le leader cubain expédie le Che, entouré d'une cinquantaine de Noirs, dont beaucoup sont des repris de justice indésirables à Cuba et n'ont aucune expérience guerrière, dans le bourbier congolais. Les frères Castro sont parfaitement conscients qu'ils l'ont envoyé à une mort certaine. D'abord un Blanc, de surcroît psychorigide comme le Che, ne pouvait pas être accepté comme chef d'une guérilla qui concernait les Africains. Ensuite aucun mouvement africain ne voulut s'unir au coup de force du révolutionnaire. Enfin la troupe menée par le Che était composée de piètres guerriers très mal armés. Les Soviétiques toujours malintentionnés à son égard avaient interdit que la moindre balle provenant du camp socialiste parvienne au Che. Le peu d'armement qu'il obtint tardivement était d'origine chinoise.

La déroute était inévitable. Le Che enrageait de n'être pas suivi, de n'être pas compris, de n'être pas aidé, d'être le chef « d'une bande de Noirs incapables » comme il l'écrivit dans une lettre adressée à Castro un mois après son arrivée au Congo. Il déversait sa bile sur ses hommes, maladroitement, cruellement. Victor Dreke[1], qui fut son bras droit au Congo, se rappelle que le Che, ayant découvert que l'un de ses miliciens, José María Sánchez, entretenait une relation avec une Africaine, l'obligea à l'épouser immédiatement. L'homme était déjà marié et père de trois enfants à Cuba. Il se suicida.

Lorsque Fidel Castro lut en public la lettre d'adieu que le Che lui avait laissée en partant pour le Congo, l'Argentin comprit qu'il allait être sacrifié. « Que c'est triste de se voir enterré vivant ! » confia-t-il au Congo à Juan Vivés en mission de contact. En entendant le Commandant en chef déclamer ses adieux lyriques sur Radio Habana Cuba, prononçant des phrases à la gloire de Fidel que le Che n'avait jamais écrites, l'Argentin s'exclama devant Vivés : « Le voilà entré dans le culte de sa propre personnalité. »

Pourtant, lorsque la troupe du Che se retrouva en mauvaise posture et dut quitter au plus vite le territoire congolais, Juan Vivés fut missionné avec quelques hommes pour exfiltrer les Cubains et

---

1. Entretien avec l'un des auteurs, La Havane, mai 2003.

l'Argentin qui se trouvait avec eux. L'expédition fut pénible. Une véritable fuite à travers la forêt hostile. Les armes furent jetées dans les Grands Lacs et Che Guevara souffrant de crises de diarrhée se traînait lamentablement.

Les ordres étaient de laisser le Che à Dar es-Salaam, les autres pouvant continuer leur route jusqu'à Cuba via l'Algérie. L'exil du Che dura plusieurs mois. Malade, épuisé, il ne sortait pas de l'ambassade cubaine en Tanzanie. Pablo Rivalta, l'ambassadeur et agent de la DGI, était inquiet. Il adressait régulièrement des câbles chiffrés à La Havane pour savoir que faire de l'Argentin mal en point et prêt selon lui « à se suicider ». Son épouse Aleida fut envoyée auprès du Che afin qu'il se sente mieux. Finalement l'ordre arriva de le faire passer en Tchécoslovaquie avec un arrêt discret à Alger. Il demeura incognito dans la station balnéaire de Karlovy Vary quelques semaines encore pour se soigner jusqu'au moment où des agents du KGB le localisèrent. Les Soviétiques furieux donnèrent huit jours aux Cubains pour lui faire quitter le pays avant qu'ils ne donnent l'ordre de l'expulser. Fidel Castro fut contraint de mandater Ramiro Valdéz pour convaincre le Che de rentrer à Cuba, grimé et méconnaissable. Ce dernier obtint même la promesse qu'il repartirait avec un nouveau groupe créer un foyer de guérilla dans un pays d'Amérique latine.

Nouvelle manipulation du Commandant en chef qui savait fort bien que Moscou ne pouvait tolérer que le Che réapparaisse en public.

D'anciens officiers, plus quelques paysans, furent entraînés dans la région de Pinar del Río. « Avec ces hommes, conquérir le plus petit casernement aurait tenu du miracle, confesse Juan Vivés, j'accompagnai un jour mon oncle le président Dorticós au camp d'entraînement de Pinar del Río. En sortant il me dit : "Il – le Che – sait qu'il ne s'en sortira pas vivant", confirmant ce que beaucoup d'entre nous pensaient depuis plusieurs semaines. »

En Bolivie, l'armement promis par Castro n'arriva jamais et la radio censée transmettre et recevoir des informations de La Havane ne fonctionnait pas. Jusqu'au Parti communiste bolivien et son chef Mario Monje, qui abandonna le Che à son triste sort. Lors d'une rencontre dans le maquis bolivien, Che Guevara réclama la direction des opérations et le soutien du Parti communiste bolivien. Mario Monje refusa catégoriquement. De ce fait, la guérilla du Che se retrouva totalement isolée. Seule Tamara Bunke, une Allemande née en Argentine, agent de la Stasi et du KGB, fit parvenir au groupe de rebelles quelques vieux fusils qui s'enrayaient à tout bout de champ et des grenades qui n'explosaient pas. Elle était la maîtresse du Che mais jouait un rôle curieux. Lorsqu'elle fut tuée au cours d'un affrontement contre l'armée régulière bolivienne et que les soldats identifièrent son cadavre, Tamara Bunke fut enterrée avec les honneurs militaires. « En réalité l'Allemande était un agent double, confie Juan Vivés, parmi les armes qu'elle remit aux rebelles des capteurs avaient été dissimulés par des agents de la CIA de connivence avec le KGB, permettant un suivi à la trace des guérilleros. »

En dehors de quelques escarmouches, les rebelles n'eurent pas à combattre souvent. Le rapport des forces était trop déséquilibré et les hommes du Che ne pouvaient que se cacher et attendre dans une zone de l'Altiplano bolivien sans végétation et où l'eau est une denrée rare.

Che Guevara courait le plateau andin dans tous les sens. « Il cherchait Tamara Bunke partie avec un autre groupe de guérilleros, explique Juan Vivés, l'homme se savait traqué, son asthme le torturait. Le Che cumula les erreurs stratégiques et militaires. Il aurait dû redescendre vers une région plus tropicale, arborée, où chaque homme embusqué en vaut cent. Il sacrifia sa vie et celle de ses compagnons. »

Au courant des difficultés du groupe en Bolivie, Vivés rencontre un jour Raúl Castro au ministère des Forces armées et lui demande s'il doit partir avec quelques hommes pour l'exfiltrer, comme il le fit déjà au Congo et plus tôt pour d'autres groupes au Venezuela. Vivés pense sincèrement que l'opération peut être couronnée de succès. La réponse ne se fait pas attendre... « *Que se joda el Argentino !* », lança Raúl Castro, « qu'il crève l'Argentin ! ».

Lorsqu'il parvint à rentrer à Cuba après un long détour qui le conduisit notamment au Chili, « Benigno », l'un des derniers survivants de l'épopée bolivienne, découvrit que les frères Castro avaient promis au Che avant son départ pour la Bolivie qu'une centaine d'hommes supplémentaires le rejoindraient aussitôt leur entraînement terminé. « Une promesse "bidon", explique "Benigno". Dès que le Che toucha la terre bolivienne, ces hommes furent démobilisés, on leur dit de rentrer chez eux et d'oublier jusqu'à l'idée de cette expédition. J'ai pu en rencontrer certains à mon retour et ils me l'ont confirmé. Moi qui refusais de croire que nous avions été trahis et abandonnés, j'ai compris à ce moment-là qu'il fallait que je quitte Cuba. »

Pourtant, jusqu'à son exécution dans une petite école bolivienne, jamais le Che n'accusa Fidel Castro d'être celui qui l'avait destiné à une mort certaine. Il resta noble jusqu'au bout, sans doute pour ne pas nuire à la révolution et à ses idéaux. La légende, forgée par le *caudillo* cubain, gonfla cette grandeur d'âme jusqu'à en faire un mythe dont il se sert encore abondamment.

Le Che par Korda ?

A La Havane, un immense portrait du Che Guevara hante la place de la Révolution. C'est une sorte de sculpture tubulaire qui reproduit la fameuse photo de l'Argentin tirée à des millions d'exemplaires. Sans doute la photo la plus connue au monde et la plus exploitée. Cette photo, bien sûr, a une histoire, mais pas celle maintes fois racontée par la propagande officielle cubaine, du moins pour ce qui concerne le véritable auteur de cette photographie.

Le 5 mars 1960, des centaines de milliers de Cubains écoutent les discours de leurs dirigeants stigmatisant les circonstances de l'explosion du cargo français *La Coubre*. Ce cargo chargé d'armes en provenance d'Anvers contenait dans ses cales vingt mille fusils FAL et FAP et plusieurs tonnes de munitions et de grenades antichar. Cet armement avait été acheté par les Cubains grâce à des dons de la population qui a donné jusqu'à ses biens personnels, montres et objets en or, etc. Castro s'était procuré ces armes auprès de marchands belges car les Etats-Unis avaient fait pression sur la France, la Grande-Bretagne et Israël afin que ces pays répondent négativement à la demande des révolutionnaires. L'explosion du cargo en rade de la Havane fit des dizaines de victimes.

Ce jour-là, Fidel Castro prononce pour la première fois le slogan « ¡ *Patria o muerte, venceremos !* », un slogan devenu emblématique de la révolution cubaine et qui conclura tous les discours du *Líder Máximo*. Il harangue la foule, des explosifs à la main, accusant les Etats-Unis de cet acte criminel. Parmi les militants et les curieux, un jeune homme, Juan Vivés, déambule un appareil photographique soviétique en main, l'œil en éveil, prêt à bondir sur tout individu suspect. Il s'arrête parfois pour prendre quelques clichés de la tribune où se tiennent debout plusieurs personnalités de la jeune révolution cubaine. Juan Vivés cadre ces personnalités avec l'objectif de son appareil de forme cubique à manivelle et déclenche l'obturateur. A un moment précis le Che Guevara apparaît sur l'extrémité gauche de la tribune, portant un blouson vert et noir au col fermé.

Vivés appuie sur le déclencheur de l'appareil, rembobine avec la manivelle et recommence jusqu'à terminer son rouleau. Il ne donnera le film à développer que plusieurs jours plus tard à Guillermo Cabrera Infante ; l'écrivain est à l'époque directeur de la rédaction de l'hebdomadaire *Lunes de Revolución*. « Ce journal possédait ce qu'il fallait pour développer les pellicules photo, se souvient Vivés. Cabrera Infante était toujours d'accord pour me rendre ce service qui ne lui coûtait rien. »

En retournant chercher les tirages, Vivés découvre quelques portraits de groupe, « les photos d'un amateur », pense-t-il, et il les remise aussitôt dans le tiroir d'un bureau sans plus y penser. Huit ans plus tard, en octobre 1967, quelques jours après la mort tragique du Che Guevara en Bolivie, un éditeur italien, Giangiacomo Feltrinelli, arrive à La Havane à la recherche de photographies du Che pour en faire des affiches. Le mythe du *guerrillero heroico* commençait à se répandre sur la planète et Feltrinelli, éditeur de gauche qui avait à son crédit d'avoir été le premier à publier hors du rideau de fer *Le Docteur Jivago* de Boris Pasternak, cherchait un portrait « puissant ». Vivés, qui parle plusieurs langues, notamment l'italien, est chargé par Castro lui-même de conduire l'éditeur dans les photothèques des différentes rédactions : *Revolución*, *Bohemia*, *Verde Olivo*..., et de l'aider à trouver, en fouillant dans la production de plusieurs photographes officiels, le cliché qui lui conviendrait. Logé dans une suite de l'hôtel Habana Libre, Feltrinelli passe en revue plusieurs centaines de photos mais aucune ne semble lui convenir. Il s'arrête tout de même sur un portait en treillis du Che, un fusil à la main.

L'éditeur hésite, il n'est pas vraiment satisfait. Il en met quelques autres de côté sans enthousiasme. Le jeune Vivés le conduit alors chez Celia Sánchez qui, jusqu'à sa mort en 1980, fut la confidente du *Líder Máximo*, dont elle conservait les archives personnelles. Rien n'émeut Feltrinelli. Lassé de toutes ces recherches, Vivés, comprenant la déception de l'Italien, propose de lui montrer les quelques photos qu'il avait faites lors de la cérémonie en l'honneur des victimes de *La Coubre*, en insistant sur son statut d'amateur et de piètre technicien. « Les clichés en question, dit-il, sont de mauvaise qualité. » Feltrinelli scrute l'un d'eux, de format carré et dentelé sur les bords, détaille un à un les dignitaires à la tribune et, s'emparant d'une loupe, la pose sur la silhouette du Che. Ainsi grossi, le cliché qui montre les traits concentrés du révolutionnaire et son air hiératique emporte la décision. L'Italien est persuadé qu'il a trouvé le portrait qu'il cherche. Malheureusement, le visage est trop petit et se mêle à celui des autres participants. Il demande alors à Alberto Díaz Gutiérrez, dit « Korda », un photographe déjà célèbre avant la révolution, de retoucher la photo. Il s'agissait d'agrandir le portrait afin de l'isoler des autres personnages et de contraster au maximum le visage de l'Argentin. « Korda était un bon technicien, se souvient Vivés, et il avait chez lui les moyens de satisfaire les exigences de Feltrinelli, qui voulait que la photo soit solarisée pour faire mieux ressortir le visage du Che. »

Korda s'empare des négatifs que lui remet Vivés pour peaufiner le travail et fait de même avec une cinquantaine d'autres clichés repérés par l'éditeur. « Feltrinelli lui a donné un peu d'argent pour s'acheter du papier photo, ça ne courait pas les rues à Cuba et ça valait cher, mais c'est tout ! » Quelques jours plus tard, l'éditeur repartait en Italie, le portrait du Che sous le bras. Il allait en tirer plusieurs dizaines de milliers d'exemplaires et les distribuer aux quatre coins du monde.

Juan Vivés ne dit rien. Il ne se soucie même pas de revendiquer la paternité de la photo et encore moins d'en réclamer les droits (pas plus hier qu'aujourd'hui, d'ailleurs). Tout appartient à la révolution et les droits d'auteur ont été supprimés à Cuba. Il considère également que Korda, en effectuant la solarisation et les retouches demandées sur sa photo, peut autant que lui revendiquer la paternité de ce qui deviendra la photo la plus publiée et la plus célèbre du monde.

Appelé pour une nouvelle « mission internationaliste » en cette fin d'année 1967, Juan Vivés a pour l'heure d'autres préoccupations. Ce n'est que près de quinze ans après qu'il se rend compte de son manque de discernement. Il vient alors de rompre définitivement avec le régime castriste et s'est réfugié en France. Sollicité par l'éditeur Robert Laffont, il publie en mars 1981 un livre sur ses aventures cubaines durant vingt ans, *Les Maîtres de Cuba*, où il évoque rapidement l'histoire. « J'ai ensuite pensé que nous pourrions en trouver une parmi celles que j'avais faites », écrit-il page 184. Invité par Bernard Pivot dans son émission *Apostrophes* en avril de la même année, il confirme l'anecdote en direct sur le plateau devant la mine effarée de l'animateur. Personne ne le contredira dans les semaines, les mois suivants, et pour cause : à cette époque nul ne sait qui est l'auteur de cette fameuse photo.

Environ un an plus tard, lorsque les autorités cubaines obtiennent la certitude que Vivés, l'ancien agent du G2, ne rentrera plus au bercail, elles poussent Alberto Korda à revendiquer, pour la première fois, la paternité exclusive de la photo symbole du Che. « Il m'a adressé un message et puis une lettre, confirme Juan Vivés, où il s'excusait de s'être approprié la photo en m'expliquant que, après avoir été le photographe personnel de Fidel durant les premières années de la révolution, il était un peu tombé dans l'oubli, qu'il était devenu presse-bouton à l'aquarium de La Havane et qu'être l'auteur de cette célébrissime photo lui redonnait de la notoriété. Enfin, que moi je n'avais plus de soucis matériels tandis que lui et sa famille n'avaient pas de quoi bouffer tous les jours. Je ne lui ai pas répondu et j'ai balancé sa lettre ! »

Désormais pour le grand public, Korda est l'auteur de cette photo, personne n'en doute, et Vivés s'en moque. La manipulation est parfaite, Korda au début des années 80 réalise un nouveau négatif en faisant un contretype des originaux 6x6 sur une gélatine Kodak X Pan Film 24 × 36, et le tour est joué. Pourtant, plusieurs détails viennent troubler cette histoire : d'abord la publication d'un ouvrage en 1986 aux éditions Bernard Barrault, *Le Commissariat aux Archives*, d'Alain Jaubert, sous-titré *Les photos qui falsifient l'histoire*, édité à l'occasion d'une exposition au Musée d'art moderne de la Ville de Paris. En page 162, Juan Vivés, nettement signalé comme étant l'auteur de la photo, donne des précisions : « C'est une photo que j'ai prise de loin, lorsque j'étais dans la foule. Il y avait au moins cinquante personnes alignées à la tribune autour de Castro... La photo n'avait jamais été publiée telle quelle. On y voyait plusieurs personnes qui s'étaient exilées, d'autres qui étaient en prison, d'autres encore qui, entre-temps, avaient été fusillées. Mais dans le groupe on reconnaissait le Che. C'est ce minuscule détail qui fut choisi. On l'a grandi démesurément en le tirant sur du papier à très haut contraste. » Etrangement ces confidences n'émeuvent personne. Aucun procès n'est intenté à Juan Vivés pour mensonge ou tentative d'appropriation d'une photo-culte. Aucune protestation, pas même un démenti ne sont opposés à ses affirmations. En revanche la fille d'Alberto Korda, Diana Díaz López, a gagné un procès contre l'organisation Reporters sans frontières qui avait diffusé plus de mille affiches avec la photo du Che une matraque à la main, sur lesquelles il était écrit : « Bienvenue à Cuba, la plus grande prison pour les journalistes au monde. » Condamnée pour « détournement manifeste de l'œuvre » RSF s'est vu infliger mille euros de dommages et intérêts, l'obligation de retirer les affiches et les cartes postales et l'interdiction d'utiliser le montage sur son site web. Alberto Korda est décédé à Paris en avril 2002. En octobre 2002, un autre livre, intitulé *Cuba par Korda*, publié par Calmann-Lévy et Jazz Editions, indique dans sa préface, écrite par

Jaime Sarusky et Alessandra Levy, l'épouse de l'ancien ambassadeur de France à Cuba, que la fameuse photo fut publiée et attribuée à Alberto Korda dans le quotidien *Revolución*, le 15 avril 1961.

Nous avons consulté les archives du journal, conservées à la Bibliothèque de documentation internationale contemporaine (BDIC) de Nanterre. A la date indiquée, il y a bien une photo du Che mais elle ne ressemble ni de près ni de loin à celle que le monde entier connaît. Il n'était pas question qu'un ancien agent secret, considéré comme traître par le régime en place à Cuba, soit l'auteur de la photo la plus emblématique de la révolution.

Pour payer en retour Alberto Korda l'habile photographe, les autorités cubaines lui permettront jusqu'à sa mort de laisser défiler dans sa maison touristes et admirateurs à qui il vendra chaque tirage signé de sa main... de cent à trois cents dollars pièce. La révolution sait récompenser ses fidèles serviteurs.

Une partie serrée mais calculée

Lorsque, en octobre 1962, la tension créée par la crise des missiles fut à son comble et que le monde retenait son souffle, les deux protagonistes n'envisageaient pas de se lancer dans un conflit nucléaire hasardeux. Américains et Soviétiques, durant ces treize jours où le sort de la planète se jouait, ont mesuré leurs muscles et leur capacité de résistance. Une partie serrée mais calculée à l'échelle du globe, à la barbe d'un Fidel Castro qui aimait à penser que les missiles soviétiques avaient été installés pour protéger son régime.

Avant même que les Américains ne publient leurs fameuses photos prises par des avions-espions U2, qui prouvaient l'existence de bases de fusées soviétiques à Cuba, les réseaux infiltrés de la CIA sur l'île signalaient le débarquement des premiers missiles M.R.B.M et I.R.B.M dans le port de Casilda, proche de Trinidad, et des batteries antiaériennes SAM 2 dans le port de Mariel, arrivées à bord du navire *Poltava*.

Les avions U2 ont poursuivi les survols de l'île à très basse altitude afin d'obtenir une meilleure définition des prises de vue et de détecter, grâce à des appareils ultra-sensibles, la moindre radioactivité. Les photos ne firent donc que confirmer ce que Washington savait déjà. Des agents hautement spécialisés ont espionné autour des bases soviétiques à Cuba et constaté aussi qu'il n'existait aucune trace de radioactivité. Cela signifiait que les missiles n'étaient pas encore armés d'ogives nucléaires.

Nikita Khrouchtchev comme John Fitzgerald Kennedy étaient conscients qu'ils jouaient une partie serrée. Mais ni l'un ni l'autre ne voulaient être celui par lequel une catastrophe nucléaire pouvait arriver. Le premier secrétaire du Parti communiste de l'Union soviétique était désireux de montrer sa détermination à un président américain qu'il avait jugé falot lorsqu'il le rencontra à Vienne quelques mois plus tôt, et pousser la machine de guerre jusqu'au point limite afin d'obtenir quelques avantages, sans toutefois rompre le fragile équilibre existant. De son côté Kennedy avait décidé de se donner des airs d'homme à poigne, ferme et déterminé devant les communistes et Fidel Castro. Le président américain voulait, aussi, reprendre la main après la désastreuse opération de la Baie des Cochons, durant laquelle il refusa d'appuyer la brigade d'invasion, composée de Cubains exilés. La CIA dirigée à l'époque par Allen Dulles fut couverte de ridicule. Elle rendit Kennedy seul responsable de l'échec car il avait notamment interdit aux forces aériennes et à la flotte américaines de soutenir l'opération.

Les contacts entre services secrets américains et soviétiques n'ont jamais été rompus durant toute la durée de la crise qui a été jusqu'au bout un long et pénible bras de fer.

Malgré la certitude qu'avaient les services de renseignements américains que les missiles étaient désarmés, le bras de fer se poursuivit, chacun espérant que l'autre allait être le premier à battre en retraite devant une opinion publique tétanisée.

« C'est irritant de voir jusqu'à quel point l'histoire est manipulée, déplore Juan Vivés, qui avait 17 ans à l'époque des faits et fut un acteur de l'événement. On a tenté de faire croire à la planète entière que l'humanité était au bord de l'Apocalypse, quand ce fut en réalité une sorte de partie de poker menteur. Une nuit avant le début de la crise, le Che me demanda ce que j'avais entendu à la radio. Je lui rendis compte d'une information préoccupante que j'avais retenue, que nous étions au bord d'un conflit nucléaire, et il me répondit de ne pas m'inquiéter, qu'il s'agissait de gesticulations militaires de haut vol où chacun voulait montrer ses biceps, et il conclut en me disant que c'est nous qui allions servir de dindons de la farce. »

En réalité, les manœuvres (nom de code « Anadyr ») pour transporter les missiles, leurs camouflages et leurs installations sur sites étaient colossales et durèrent du 9 septembre au

22 octobre. Les troupes soviétiques stationnées sur le sol cubain formaient deux divisions de plus de vingt mille hommes chacune, et cinquante Iliouchine 18 arrivés en pièces détachées stationnaient sur différentes bases aériennes. Autant de matériel impossible à camoufler aux yeux de la population cubaine et encore moins à des avions-espions U2 dont la surveillance était constante. Or, bien que ces avions-espions fussent à portée de feu des SAM 2, aucun tir n'était déclenché. « Le premier bâtiment soviétique qui arriva le 8 septembre doté d'un armement conventionnel, poursuit Juan Vivés, portant à son bord plus de deux mille hommes, fut le *Kortachov*. Il pénétra à Cuba par la baie de Cienfuegos et fut amené jusqu'à Casilda par des remorqueurs. Par la même route entra le *Kimovsk* transportant les huit premiers missiles R12 et R14. Les U2 survolaient sans cesse la zone, ils auraient pu être abattus par la DCA cubaine, mais l'ordre était strict : interdiction de tirer. »

Aucune réponse aux provocations américaines ne pouvait être tolérée : les responsables militaires de l'Armée rouge savaient que désobéir à cette consigne pouvait leur coûter le peloton d'exécution. Une preuve supplémentaire que les Soviétiques ne doutaient pas que les Américains avaient connaissance de ces préparatifs et les utilisaient déjà comme moyen de pression. Les Américains de leur côté savaient que les Soviétiques savaient... Un vrai marché de dupes sur le dos des Cubains. Ceux-ci avaient l'interdiction formelle de pénétrer sur les sites, seules des sentinelles cubaines étaient disposées autour pour éviter toute intrusion.

« Un jour Fidel passa jeter un coup d'œil sur le dispositif des opérations et se lança dans une tirade dont il a le secret et qui dura des heures, se souvient Vivés, il nous affirma qu'il s'était mis d'accord avec Khrouchtchev sur l'implantation des missiles début juillet au cours d'un voyage secret qu'il avait effectué à Moscou et que si une attaque américaine était lancée contre Cuba, nous riposterions immédiatement pour détruire l'empire *yankee*... Je me rendis compte pour la première fois, malgré mon jeune âge, que Castro était un menteur et un fou dangereux, car tout était entre les mains de l'Armée rouge et rien entre les nôtres. Mais je ne pouvais imaginer, à cette époque, pouvoir quitter le pays et m'exiler à Miami ou ailleurs. Mon oncle, ma mère, mes amis étaient là et puis je pensais que les choses pouvaient changer. »

Depuis le mois d'août le leader cubain criait aux quatre vents que les Américains avaient planifié une attaque contre l'île, alors que la Sécurité de l'Etat n'avait rien signalé d'alarmant. Une façon de préparer l'installation des rampes de missiles. Pendant ce temps, Khrouchtchev testait ses adversaires : si les Américains ne réagissaient pas, la deuxième puis la troisième partie de l'armement atomique soviétique seraient implantées à Cuba et ne seraient retirées qu'en échange de gestes substantiels.

A dix-neuf heures le 22 octobre, Kennedy au cours d'une allocution radio-télévisée décréta la mise en quarantaine de Cuba suite à la découverte officielle des rampes de missiles soviétiques. En réponse, le Kremlin par l'intermédiaire de son ambassadeur à La Havane haussa le ton et ordonna de rapprocher les ogives nucléaires des bases de missiles. Mais jamais les ogives ne furent à moins d'une centaine de kilomètres des bases de lancement. Selon Juan Vivés, « le coup de bluff continuait », sans que Fidel Castro n'ait eu son mot à dire.

Les négociations secrètes se poursuivirent dans les coulisses de l'ONU et chaque jour le leader cubain était plus furieux de voir qu'il ne représentait rien sur l'échiquier mondial. Le numéro un soviétique accepta finalement de retirer les missiles de Cuba contre la promesse que l'île ne serait pas envahie par les Américains et que ces derniers allaient démanteler leurs missiles Jupiter de Turquie et d'Italie ainsi que les missiles Thor d'Angleterre.

Le 25 octobre 1962, Castro adressa la lettre suivante à Nikita Khrouchtchev : « Il y a deux scénarios possibles : le premier, le plus probable, est une attaque contre certains points avec l'objectif limité de détruire ces points ; le second, moins probable mais néanmoins possible, est une invasion (...). Si le second scénario est mis en pratique et les impérialistes envahissent Cuba dans le but de l'occuper, le danger que cette politique agressive représente pour l'humanité est si grand que, après une pareille action, l'Union soviétique ne doit permettre, sous aucun prétexte, que les impérialistes puissent être les premiers à lancer une attaque nucléaire contre elle. Je vous fais part de ce qui précède car je crois que l'agressivité des impérialistes est extrêment dangereuse et que si, de fait, ils se décident à une action brutale, à savoir envahir Cuba, ce serait le moment d'éliminer ce danger une bonne fois pour toutes à travers une action de légitime défense et, bien qu'il s'agisse d'une solution dure et terrible, il n'y a pas d'autre alternative. » La réponse de Khrouchtchev, polie mais ferme, constitua une fin de non-recevoir aux suggestions de Castro. Cette correspondance entre les dirigeants cubain et soviétique fut révélée publiquement en 1990 par

Castro lui-même et publiée en même temps par *Granma* et *Le Monde*[1].

Pris d'une colère folle, le *Líder Máximo* déclara le 27 octobre que tout avion américain qui passerait désormais à portée des DCA cubaines serait immédiatement abattu. Le commandement militaire soviétique informa alors les forces armées cubaines qu'un nouvel avion-espion U2 avait été repéré sur leur radar de contrôle dans la partie orientale de l'île, volant à basse altitude et à faible vitesse. Irrité par les provocations américaines auxquelles les militaires soviétiques avaient interdiction de riposter, le général Stepan Gretchko, sous-commandant des forces terrestres à Cuba, passant outre les ordres de Nikita Khrouchtchev, décida de répondre à la demande pressante de la hiérarchie cubaine d'abattre l'U2 tout en laissant à ces mêmes Cubains la responsabilité de l'acte.

Raúl Castro, le ministre des Forces armées révolutionnaires, était introuvable de même que Fidel. « C'est Celia Sánchez, secrétaire de la présidence cubaine, affirme Juan Vivés, qui donna l'ordre d'abattre l'avion-espion. Lorsque je la revis peu de temps après, chez elle, elle me le confirma et me dit même qu'elle avait eu plus de cran que Castro. »

Le seul mort de cette crise fut le pilote de l'U2, le major Rudolf Anderson junior, dont la dépouille congelée est restée durant de longues années à la morgue de l'Institut médico-légal de La Havane.

Durant cette crise des Caraïbes, un autre incident aurait pu provoquer l'étincelle qui aurait mis le feu aux poudres et déclenché un conflit nucléaire mondial : les sous-marins soviétiques proches des eaux territoriales cubaines étaient prêts à lancer leurs missiles sur l'un des navires américains qui bloquaient le passage. Isolés de leur état-major, les commandants de ces sous-marins, les nerfs à vif, ont su garder leur sang-froid, sans doute conscients de ce qu'une telle décision aurait pu engendrer de désastreux.

---

[1]. En 1992 une première conférence portant sur la crise des missiles eut lieu à La Havane. Elle sera suivie d'une autre dix ans plus tard. L'ancien secrétaire américain à la Défense Robert S. McNamara livra le témoignage suivant : « Le samedi 27 octobre les événements commençaient à échapper au contrôle de Moscou et Washington. Un avion de reconnaissance américain U2 avait été abattu au-dessus de la partie orientale de Cuba. Ce matin-là, Khrouchtchev croyait, à juste titre, que nous interpréterions cela comme une escalade délibérée de la confrontation. » Cf. également l'ouvrage d'Anatoli I. Gribkov et William Y. Smith : *Operation Anadyr : US and Soviet Generals Recount the Cuban Missile Crisis*. Editions Q, 1994.

La femme la plus puissante du régime

La jeune femme qui avait pris la décision d'abattre l'U2 envoyé par la CIA était originaire de Media Luna, une province orientale proche de Santiago. Fille d'un médecin de la bourgeoisie cubaine, elle fut toujours très proche de Fidel Castro.

C'est elle, Celia Sánchez Manduley, qui aida les rebelles dès leur arrivée sur le sol cubain en provenance du Mexique. Elle que Castro considérait comme sa meilleure confidente, sa plus fidèle alliée sur les sommets de la Sierra Maestra où elle veillait sur le chef des *barbudos* comme un ange gardien. De ce fait elle posséda très vite un immense pouvoir, que Castro lui concédait : avant d'arriver à lui, il fallait obligatoirement passer par elle. Une femme étrange que les premiers rôles n'intéressaient pas. Elle restera dans l'ombre du *Líder Máximo* jusqu'à sa mort le 11 janvier 1980.

Mais ce fut aussi la seule qui osa l'affronter et lui tenir tête, le contredire même et le forcer à changer ses plans. Elle devint au fil des ans un personnage incontournable de la société cubaine que beaucoup venaient consulter pour demander aide ou protection. « Sans doute la femme la plus puissante du régime, affirme Juan Vivés. Même lorsque Fidel ordonnait quelque chose, si Celia n'était pas d'accord, cela ne se faisait pas. Elle refusa toujours d'être membre du Bureau politique. Elle était allergique aux théories communistes, elle se définissait comme fidéliste. »

Celia Sánchez se convertit à la religion afro-cubaine et devint une *hija de santo*, une « fille de saint », toujours vêtue de blanc. « Je me rappelle très bien une discussion haute en couleur entre Celia et Fidel. Chaque fois que je passais par Mexico durant mes pérégrinations d'agent secret, je ramenais à Celia des bijoux aztèques en or et pierres précieuses qu'elle adorait. Au retour de l'un de ces voyages, elle me demanda d'aller la voir dans la maison qu'habitait Fidel sur la plage de Tarará. Lorsque je suis arrivé, la discussion était déjà très animée. Celia reprochait à Castro d'avoir conclu un accord avec une firme hollandaise afin d'assécher la Ciénaga de Zapata – une zone marécageuse non loin de la ville de Cienfuegos – dans le but de créer des rizières. Elle lui criait que c'était un caprice d'enfant immature, qu'il avait pris sa décision contre l'avis des experts et qu'il gaspillait l'argent de la révolution. Elle hurla encore qu'elle ne voulait plus entendre parler de cette question et qu'elle s'occuperait de créer un parc national et un groupe hôtelier avec un élevage de crocodiles... Et elle fit ce qu'elle avait dit, comme toujours. L'unique personne à Cuba qui fut capable de contrôler le *Comandante* et de le raisonner, c'était Celia Sánchez. Pour moi cela reste un mystère : comment cette femme petite et menue, sans grâce et sans réel charisme, pouvait-elle dominer Fidel qui se comportait devant elle comme un petit garçon qui baisse les yeux quand sa mère le gronde ? »

L'assassin et sa mère

L'ambassade cubaine à Paris a pu jouir d'un statut très particulier. Par elle et par ses dépendances commerciales ou touristiques sont passés de grands intellectuels, tels le musicien Harold Gramatges et l'écrivain Alejo Carpentier, mais aussi des hommes et des femmes qui avaient besoin de mettre en sourdine une partie de leur passé, comme Caridad dite « Cachita » Mercader, la mère de l'assassin de Trotski, Ramón Mercader, qui trouva refuge à Cuba en 1974 après sa longue détention dans la prison de Lecumberri à Mexico, ou encore *la Payita*, secrétaire particulière et maîtresse de Salvador Allende, qui choisit de vivre un temps à Paris après le coup d'Etat de Pinochet le 11 septembre 1973.

La présence de la mère de Ramón Mercader à l'ambassade de Cuba à Paris, déjà signalée par l'écrivain cubain exilé Guillermo Cabrera Infante[1], de même que celle de son fils dans l'île, ont longtemps été considérées comme une énigme. S'agissait-il d'une demande de Moscou pour maintenir loin de son territoire un « héros national » encombrant ? Toujours est-il que la plupart des mouvements trotskistes de par le monde ont appuyé et continuent d'appuyer le régime castriste, sans même savoir que celui-ci a protégé pendant des années le meurtrier de leur maître à penser.

Juan Vivés a rencontré, au cours de l'un de ses séjours à Paris, la mère de Mercader.

« Elle était réceptionniste à l'ambassade. J'ai été frappé par son fort accent espagnol. J'ai demandé alors à l'ambassadeur en poste qui était cette femme. Il m'a répondu que c'était la mère de Mercader et que c'était Fidel en personne qui avait ordonné de lui donner ce poste avec un salaire de consul et tous les avantages inhérents à la fonction diplomatique. Je lui dis qu'ainsi les Soviétiques pou-

---

1. G. Cabrera Infante : *Mea Cuba*. Madrid, Plaza y Janés/Cambio 16, 1992, p. 378.

vaient savoir qui entrait à l'ambassade et qui en sortait. L'ambassadeur éclata de rire puis il me répondit qu'elle était quand même d'origine cubaine, vu qu'elle était née à Santiago de Cuba. »

Vivés avait auparavant rencontré son fils à La Havane, dans les salons de l'hôtel Habana Libre, où tous deux séjournaient, l'un en tant qu'agent de la Sécurité de l'Etat, l'autre comme invité du gouvernement.

« La première fois que j'ai vu Ramón Mercader c'était en 1961, à l'intérieur du bar de l'hôtel, le bar *Las Cañas*. J'avais déjà remarqué sa présence à plusieurs reprises. Il semblait taciturne, solitaire. Un jour, un agent du ministère de l'Intérieur l'invita à s'asseoir à notre table. On aurait dit un chien errant en quête du moindre geste d'amitié. Il parlait espagnol avec une intonation qui empruntait autant à l'accent du Mexique qu'à celui de Barcelone. Plus tard je l'ai invité à déjeuner et il m'a expliqué qu'il avait du mal à rester dans des endroits trop ouverts, après avoir passé tant d'années en prison au Mexique. Il préférait les lieux fermés. Autrement il se sentait mal et il pouvait s'évanouir. »

Sa mère et lui avaient quitté l'Espagne pour Moscou à la fin de la guerre civile. C'est là qu'il avait été recruté par un colonel du KGB dans le but d'assassiner Trotski. Il n'était d'ailleurs pas le seul. D'autres agents, tous d'origine espagnole, travaillaient dans le même sens, mais ils étaient complètement cloisonnés. Tous étaient appuyés par la section du KGB au Mexique. Une fois sa mission accomplie, Mercader devait être rapatrié en URSS, mais les choses avaient mal tourné et il s'était retrouvé en prison. Du fait de son « exploit », il avait été promu colonel du KGB, mais il savait pertinemment qu'il ne retrouverait plus jamais un poste dans le service actif.

Pourtant, pendant son long séjour en prison au Mexique, il fut protégé en permanence par les Soviétiques, à travers le Parti communiste mexicain, qui payait à la fois les gardiens de la prison et des délinquants, tous chargés de garantir sa sécurité.

« Il y recevait de nombreuses visites de personnalités, notamment la chanteuse espagnole Sara Montiel, alors en pleine gloire. Il m'a d'ailleurs montré une photo avec elle à l'intérieur de la prison.

« Mercader avait toujours les poches remplies de billets, car le KGB lui versait une pension de colonel du KGB à la retraite. En plus de cette pension, l'ambassade soviétique à Cuba lui fournissait tout ce dont il avait besoin.

« Un peu plus tard, il eut droit à une somptueuse maison dans le quartier résidentiel de Siboney à La Havane, avec un cuisinier et une gouvernante à sa disposition. Tous deux devaient naturellement informer de ses moindres faits et gestes le ministère de l'Intérieur, le MININT.

« Je lui ai rendu visite à plusieurs reprises. Son frigo était toujours plein de bouteilles de vodka et de boîtes de caviar d'un kilo. Chaque fois, il m'en offrait plusieurs ainsi qu'une caisse de bouteilles de vodka.

« J'appris incidemment qu'il souffrait d'un cancer. Un jour j'ai été informé qu'on l'avait ramené à Moscou, déjà agonisant, où il mourut et fut enterré avec les honneurs réservés aux héros de l'Union soviétique. Il rêvait de retourner à Moscou mais ce fut seulement pour y mourir. »

Outre la mère de Ramón Mercader, l'ambassade de Cuba à Paris a abrité un certain nombre d'espions, essentiellement des agents de la Direction générale d'Intelligence (DGI) chargés de missions de contact avec des terroristes de passage ou eux-mêmes en transit pour les principaux points chauds de la planète.

DOUZIÈME PARTIE

LA POUDRE AUX YEUX

La propagande, première arme du système

Pour réaliser ses desseins, le régime castriste utilisa dès son avènement, outre ses légions, la plus efficace des armes : la propagande.

Organisée avec méthode, elle répondait à la nécessité de travestir la vérité pour la rendre conforme aux vœux des dirigeants révolutionnaires. Une sorte de miroir déformant que le système va user jusqu'à l'abus. Objectif : démontrer le bien-fondé des thèses révolutionnaires et faire de l'expérience cubaine un laboratoire à exporter du socialisme à la mode Castro. Cette propagande érigée en dogme va se parer des atouts de la séduction et de toutes les formes de manipulations, facilités par la langueur caraïbe et le charisme d'un parrain tropical.

S'il existe, depuis 1997, une statue gigantesque du Che Guevara à Santa Clara, un monument à John Lennon, considéré par le régime comme proche de ses idées politiques, une statue de José Martí avec un petit *balsero* dans les bras, il n'y a pas de statues de Fidel Castro à Cuba ni de portraits officiels, mais il est omniprésent sur les ondes de radio et les écrans de télévision. L'image a été l'un des premiers instruments pour forger la propagande glorifiant le *Líder Máximo*. Dans la Sierra Maestra, déjà, Castro avait réussi à tromper le journaliste américain Herbert L. Matthews, en faisant défiler devant lui, en 1957, les mêmes soldats à différents moments, lui faisant ainsi croire qu'il était à la tête d'une petite armée alors qu'il ne s'agissait que d'une poignée de guérilleros. Une véritable *commedia dell' arte*. Les photos furent publiées dans la presse américaine, forgeant ainsi la première légende, celle d'un hors-la-loi au grand cœur entouré de ses combattants luttant contre une dictature corrompue. *Paris Match* emboîta le pas à ses concurrents américains, grâce à des photos d'Enrique Meneses.

Au moment de la prise du pouvoir, les éloges au « libérateur » furent d'abord l'œuvre de ses partisans. La revue *Bohemia*, qui avait fortement contribué à la popularité des rebelles, présenta en couverture un grand portrait de Castro en contre-plongée, accompagné d'un éditorial dithyrambique sur sa geste et sa personnalité.

Le « docteur » Fidel Castro, comme on l'appelait, était déjà le *Líder* sans partage. Roger Pic[1], photographe et grand reporter, confiait volontiers la façon dont il fit le portrait de Castro quelques mois après le triomphe révolutionnaire. « Je voulais simplement quelques clichés de lui. A mon grand étonnement il m'entraîna dans un gymnase en plein centre de La Havane et il se mit à soulever des haltères, à sauter sur un cheval d'arçon. Bref, il était prêt à tout pourvu que je le prenne sous son meilleur angle. »

Bien avant la confirmation par le régime du caractère socialiste de la révolution, les Soviétiques mirent à son service leur longue expérience dans la fabrication de cultes et de légendes. Une dizaine d'experts, pour la plupart des enfants de républicains espagnols, les « enfants de la guerre », envoyés en URSS peu avant la victoire des franquistes, se rendirent à Cuba pour mettre au point un système de propagande qui ne laisserait rien au hasard. Ils travaillaient en fait pour le KGB.

Ce n'est qu'à partir d'octobre 1960 que les Soviétiques apparurent à visage découvert, lorsque Alexander Alexeïev débarqua à La Havane d'abord comme journaliste de l'agence Tass avant d'être nommé ambassadeur de l'URSS à Cuba. C'est lui qui impulsa la création du Département d'orientation révolutionnaire, le DOR, dirigé par Fidel et Raúl Castro en personne et dont les bureaux étaient situés dans l'immeuble du Comité central du Parti.

Il compta à sa création près de quatre-vingts collaborateurs, chargés de répandre la légende de l'infaillibilité du chef mais aussi d'embellir les biographies des dirigeants révolutionnaires, au besoin en mettant en scène de nouveaux exploits.

A la tête des organismes de propagande et d'endoctrinement : Edith García Buchaca, une stalinienne bon teint. Elle se maria une première fois à Carlos Rafael Rodríguez, économiste et personnage clé du régime castriste qui avait été auparavant ministre sans portefeuille de Batista dans les années 40, puis se remaria avec Joaquín Ordoqui, un hiérarque du Parti socialiste populaire.

Ce dernier fut commandant des forces armées et chef de l'inten-

---

1. Entretien avec l'un des auteurs, Paris, avril 1997.

dance avant d'être assigné à résidence au milieu des années 60, lorsque Castro, au cours de l'un de ses nombreux revirements, décida de se débarrasser des anciens communistes impliqués dans l'« affaire Marquitos[1] ».

Réécrire l'histoire, la réinventer en quelque sorte, devint alors la règle. De minuscules escarmouches dans la Sierra Maestra se transformèrent en combats épiques, comme ce fut le cas pour l'une des premières actions de la guérilla, l'attaque de la caserne de La Plata, qui ne comptait qu'une dizaine de soldats à l'intérieur. La guérilla se devait de rappeler la guerre d'indépendance menée contre les Espagnols à la fin du XIXe siècle. A l'époque, les insurgés cubains, avec à leur tête les généraux Máximo Gómez et Antonio Maceo, eurent à affronter une armée espagnole forte de cent vingt mille hommes.

Les colonnes de Camilo Cienfuegos et du Che Guevara, chargées de traverser l'île d'est en ouest, étaient censées avoir réédité l'exploit de l'armée de libération d'antan, qui avait livré des centaines de combats. Or, les colonnes de guérilleros castristes n'eurent à effectuer qu'un parcours peu sanglant, sans véritable résistance. Tout fut réinventé par la propagande, ainsi cette anecdote rapportée par Juan Vivés à la suite de l'invasion de la Baie des Cochons, en avril 1961 :

« Lorsque nous avons appris le débarquement, nous avons attendu plusieurs heures avant d'envoyer le gros de nos troupes dans le secteur de la Baie des Cochons. Il fallait être sûr qu'il ne s'agissait pas d'une manœuvre de diversion et que la véritable invasion n'allait pas se produire dans une autre partie de l'île. Je me trouvais, avec des officiers supérieurs, au quartier général de l'armée cubaine, qui était installé en dehors de La Havane. Nous avons reçu un message chiffré qui nous intimait l'ordre de nous diriger vers l'Ecole des officiers des milices de Matanzas.

---

1. Marcos Rodríguez, dit « Marquitos », était homme de ménage à l'université de La Havane. Il était régulièrement l'objet de moqueries de la part des dirigeants de la Fédération étudiante universitaire (FEU). Le 13 mars 1957, après l'attaque du palais présidentiel certains des survivants se réfugièrent dans une maison au 7 de la rue Humboldt. Ils furent très vite cernés par la police et assassinés. « Marquitos », qui faisait partie des Jeunesses communistes, fut envoyé à Prague en 1960 par Edith García Buchaca et Joaquín Ordoqui. Il fut ensuite accusé d'avoir dénoncé les étudiants de la rue Humboldt, ramené à La Havane en 1964, jugé et exécuté. Pour avoir pris sa défense, Jorge Valls fut condamné, pour sa part, à vingt ans de prison.

« Je suis arrivé sur le lieu des combats avec un certain nombre de recrues, quatre cents ou cinq cents, à bord d'autobus Leyland de couleur blanche. Le commandement était installé dans une maison sur pilotis à la sortie de la centrale sucrière Australia, à environ soixante kilomètres du lieu des combats. Le capitaine José Ramón Fernández, dit *el Gallego*, "le Galicien", supervisait les opérations. J'y entrai en compagnie du commandant Tomasevich pour recevoir des instructions. Là, je vis Fidel Castro surexcité, hystérique, en train de hurler au téléphone. Il tournoyait dans la pièce, le téléphone à la main. Impossible de l'aborder à ce moment-là. Cette image a été filmée par le réalisateur officiel des Actualités cinématographiques, Santiago Alvarez.

« Pendant ce temps, le commandant Fernández préparait la contre-offensive sur des cartes militaires. Il nous ordonna de nous diriger directement vers la Baie des Cochons pour tenter d'empêcher l'avance des forces ennemies, en attendant des renforts. Il nous expliqua que le premier choc allait être brutal. Soudain Fidel se rendit compte de notre présence dans la pièce. Il éructa le même ordre, puis jeta à terre le béret vert qu'il portait et le piétina avec rage.

« Le *Gallego* nous fit signe de partir puis il vint nous rejoindre. Il nous dit que Fidel était très énervé parce que des avions B26 étaient en train de bombarder sporadiquement la zone. Dehors, Tomasevich me raconta que, depuis l'époque de la guérilla dans la Sierra Maestra, Fidel paniquait lorsque l'aviation attaquait.

« Notre mission était de parvenir sur le lieu des combats par la seule route qui y menait. C'était criminel d'envoyer des troupes dans des bus par cette route. L'aviation bombardait le secteur. Lorsque les B26 passèrent au-dessus de nous, ils larguèrent leurs bombes, incendiant trois des bus avec tous leurs occupants à l'intérieur. Mais rapidement ces vieux coucous de la marine américaine furent abattus par la DCA cubaine.

« Durant toute la durée des combats, Fidel ne sortit pas du QG. Lorsque j'y suis repassé, il m'a demandé plusieurs fois s'il n'y avait plus d'avions ennemis. »

Bien après la fin des combats, qui n'avaient duré que trois jours, les militaires reçurent l'ordre de délimiter un périmètre de sécurité de quatre cents mètres carrés à l'aide de quinze tanks T34 disposés en demi-cercle sur la *Playa Girón*, la Baie des Cochons. Deux mille cinq cents hommes plus deux compagnies de sécurité assuraient la protection de la zone. Un autre tank avança alors jusqu'à la plage, freinant seulement lorsqu'il se trouva au bord de l'eau.

« Je vis Santiago Alvarez calculer la distance et disposer ses caméras tout autour. On vint alors nous prévenir que Fidel allait arriver et qu'il ne fallait pas laisser passer les miliciens. Sécurité oblige. Il n'y avait que les officiers supérieurs et les compagnies de protection du ministère de l'Intérieur qui pouvaient s'approcher.

« Environ une heure après, arriva Fidel escorté d'un convoi de blindés TR22, tandis que lui était à bord d'un autre blindé.

« Il se mit à discuter avec le réalisateur Santiago Alvarez, puis il monta dans le tank écoutille ouverte, la moitié de son corps dépassant du blindé. Avec son doigt, il pointa un bateau Huston coulé par l'aviation cubaine. Fidel descendit du tank et demanda au réalisateur si ça allait. Il répéta la scène quatre fois. Lorsque Santiago Alvarez lui dit que tout était OK, Fidel est reparti dans son convoi blindé. Ainsi c'était lui qui apparaissait comme le grand stratège et ordonnateur de la bataille. En réalité, c'était "le Galicien" José Ramón Fernández, aujourd'hui encore membre du Comité central, qui avait dirigé toutes les opérations. Ancien militaire de Batista formé dans les académies de guerre américaines, notamment à West Point, le *Gallego* était l'un des seuls à connaître l'art de la guerre. Mais celui-ci ne prit pas ombrage du narcissisme de Castro, Fidel se devait d'être le héros et le seul maître à bord. »

Le documentaire fut projeté en boucle à Cuba et dans les pays de l'Est, où il remporta plusieurs prix. Les Actualités de l'Institut cubain de l'art et de l'industrie cinématographiques, l'ICAIC, devinrent le principal vecteur de l'image du Commandant en chef. Discours de Fidel, voyages de Fidel, exploits de Fidel. Le réalisateur Santiago Alvarez[1] endossa le rôle de documentariste personnel du *Líder Máximo*. Ses premiers courts-métrages étaient expérimentaux, destinés à dénoncer avec des images chocs la ségrégation noire aux Etats-Unis en prenant ouvertement parti pour les Black Panthers, dont Cuba accueillait les militants qui détournaient des avions de ligne américains vers l'île. Au milieu des années 60, en effet, des dizaines d'avions de lignes intérieures américaines étaient détournés par des militants des Black Panthers dont beaucoup étaient d'anciens activistes du mouvement Black Muslims. Ils espéraient être accueillis et formés militairement à la guérilla urbaine par le régime castriste. Mais celui-ci, n'étant pas sûr de leur militantisme, les renvoyait en formation dans les camps du Fatah en Algérie.

1. C'est le communiste Alfredo Guevara, ami personnel de Fidel Castro, qui intronisa Santiago Alvarez, lui aussi communiste, à la direction de la propagande de l'ICAIC.

Les films de propagande de Santiago Alvarez prenaient aussi pour exemple la lutte des Vietnamiens, dans *Hanoi, martes 13*, faisant de chaque image un tract anti-impérialiste. Plus tard, Alvarez devint beaucoup plus orthodoxe dans ses réalisations. Il filma de manière plus conventionnelle le Commandant en chef en tournée en URSS et dans les pays d'Afrique, recevant le titre de docteur *honoris causa* de la prestigieuse université Karolina de Prague ou s'entretenant longuement avec le numéro un soviétique, Leonid Brejnev, coiffés tous deux d'une *chapka* pour bien marquer qu'ils appartenaient au même camp. Ces documentaires interminables étaient projetés à la télévision et dans les salles de cinéma, parallèlement aux films soviétiques sur la Grande Guerre patriotique ou à des fictions est-allemandes indigestes.

La propagande c'est aussi mettre dans l'ombre ceux qui ne plaisent plus, les faire disparaître des documents officiels. Les disgraciés ou ceux qui ont choisi le chemin de l'exil se voient systématiquement gommés des photos officielles. Ce fut le cas de Carlos Franqui, l'ancien directeur de Radio Rebelde puis du quotidien *Revolución*, qui quitta Cuba en 1968, mais aussi celui, plus récent, de Dariel Alarcón Ramírez (« Benigno »), exilé depuis 1996, dont l'image a disparu de tous les clichés retraçant l'histoire de la guérilla du Che en Bolivie exposés à l'intérieur du musée de la Révolution à La Havane.

Fidel Castro doit être l'exemple pour tous et pas seulement en temps de guerre, à Cuba la lutte est permanente et le chef doit être sur tous les fronts : vaincre le mal là où il se trouve, mais aussi montrer le bon chemin aux travailleurs et le faire savoir, là est le secret.
Le voici qui arrive dans un champ de canne à sucre, selon le quotidien *Granma* (du 6 avril 1966), « à la tête d'une brigade dans laquelle figurent Raúl, Dorticós et les autres membres du Bureau politique, du Secrétariat et du Comité central du Parti communiste de Cuba et du Conseil des ministres ». Que vient-il faire ? Contribuer à la *zafra*, la récolte de canne à sucre. Lui-même commente devant les journalistes son savoir-faire : « Je perfectionne ma technique : maintenant je fais moins d'efforts : je coupe avec rythme et constance. » Puis il repart avec sa suite.
Juan Villar, un jeune employé d'un camp de travail, commentait ainsi la préparation nécessaire au travail réalisé ensuite pour quelques heures par tous les dirigeants :

« Ils nous envoyaient seulement pour nettoyer la paille des sillons où poussait une spécialité de canne appelée *media luna*, très facile à couper en raison de sa tendre consistance. C'étaient des parcelles qu'il fallait maintenir propres et intactes afin de prendre en photo les hiérarques du régime coupant la canne devant les journalistes[1]. »

Censure et bourrage de crâne

Dans les salles obscures, certains spectateurs, protégés par l'anonymat et lassés des apparitions constantes du Commandant en chef sur les écrans alors qu'ils étaient venus chercher un moment de détente, commencèrent dès le début du régime révolutionnaire à siffler ses apparitions, tandis que d'autres applaudissaient. Parfois, les deux groupes en venaient aux mains. Les lumières alors s'allumaient et tout revenait à la normale.

Des années plus tard, un groupe de rock cubain tourna un clip vidéo pour illustrer l'une de leurs chansons, intitulé « *Ese hombre está loco* » (« Cet homme est fou »). Les images qui apparaissaient à l'écran étaient celles du président américain Ronald Reagan, principale cible des diatribes castristes. Lorsque le clip était projeté en salles, tout le public reprenait en chœur le refrain de la chanson, mais celui dont il se gaussait n'était évidemment pas Reagan, mais le *Líder Máximo* en personne. Le clip et la chanson furent interdits sur les ondes et les écrans.

Propagande et censure sont intimement liées. Les syndicats furent très rapidement l'objet d'un travail de contrôle intense pour éliminer les anciens cadres de la Centrale des travailleurs de Cuba, la CTC. Beaucoup d'entre eux, parmi lesquels Eusebio Mujal, l'ex-secrétaire général, furent jugés et condamnés à trente ans de prison. Les syndicats des ouvriers de la presse furent l'objet d'une attention particulière. Les Soviétiques imposèrent des cadres communistes du Parti socialiste populaire, le PSP. C'est alors que commença la pratique des *coletillas*. Les articles encore critiques envers le castrisme se voyaient accompagnés d'une note des travailleurs du journal ou de la revue, attaquant le contenu de l'article et présentant la position des travailleurs, naturellement conforme à la propagande officielle. Peu à peu, les journaux disparurent. En 1965, il n'y eut plus

---

1. Témoignage cité par Enrique Ros : *La UMAP : el Gulag castrista*. Miami, Universal, 2004, p. 159.

que *Granma*, l'organe du Parti, et *Juventud Rebelde*, l'organe de la Jeunesse communiste.

Les émissions de télévision en direct furent momentanément supprimées en 1967, à la suite d'une blague d'un duo d'acteurs comiques, Los Tadeos. L'un demanda : « Quel est le comble d'un régime politique ? » L'autre lui répondit : « Condamner un peuple à mourir de faim et lui offrir un enterrement gratuit. » Le gouvernement venait, en effet, de décréter la gratuité des enterrements. Les deux acteurs comiques furent définitivement interdits d'antenne.

Depuis, les émissions, télé ou radio, diffusées en direct sont sous haute surveillance, y compris les *mesas redondas* (« tables rondes »), strictement encadrées et qui restent la voix officielle du régime.

Tous les ans après la réunion de la Commission des Nations unies sur les droits de l'homme à Genève, où le gouvernement cubain est systématiquement pointé du doigt et condamné, à quelques voix d'écart, les participants à la table ronde sur le Canal 1 se déchaînent contre les États-Unis, Israël, l'Union européenne, les anciens « pays frères » et les nations démocratiques latino-américaines qui votent contre Cuba. L'importance d'un événement se mesure à la virulence des propos émis au cours de ces débats et, aussi, au nombre d'émissaires envoyés sur les lieux où doit être votée une résolution.

Au Palais des Nations unies à Genève, ils sont des dizaines, journalistes, membres d'organisations non gouvernementales, en réalité inféodées au gouvernement cubain, diplomates et agents de sécurité, chargés d'intimider parfois physiquement les dissidents qui présentent des cas de violations flagrantes des droits de l'homme.

Mais au fur et à mesure que sa déchéance physique devient visible, le carré des fidèles, les « grognards » de Castro, s'aperçoivent que son verbe chevrotant ne suffit plus à mobiliser les foules et à remplir le rôle qui est le sien : porter haut et fort la voix de la révolution cubaine. Désormais pour occuper l'espace de propagande, dont le numéro un cubain reste le meilleur vecteur, des dauphins désignés ont pris le relais. Ils occupent tribunes et estrades et envahissent la petite lucarne en tentant de plagier leur modèle dans une sorte d'exorcisme collectif au cours de ces interminables *mesas redondas* où tous débat ou opinion qui s'éloignent de la ligne prescrite sont interdits. La voix du *Líder Máximo* s'en trouve ainsi démultipliée. Les « tables rondes » ont encore et toujours pour but de dénoncer les agressions de l'« impérialisme » contre Cuba. Le but du jeu pour les participants étant de démontrer que l'île caïman est capable de dévorer ses ennemis. Mais des exceptions confirment parfois la règle : ainsi, lorsque le régime castriste a été condamné en avril 2005 par la Commission des droits de l'homme de l'ONU à Genève, le pouvoir castriste a choisi de ne pas réagir directement, contrairement aux années précédentes. La télévision a ignoré la résolution, présentée par les Etats-Unis et appuyée par l'Union européenne. Elle a choisi de contre-attaquer sur le cas du contre-révolutionnaire cubain de nationalité vénézuélienne Luis Posada Carriles alias Ramón Martínez.

En demandant son extradition, le régime castriste détournait ainsi l'attention le plus loin possible de Genève. Devant des condamnations récurrentes, la propagande se trouve aujourd'hui à court d'arguments.

Pourtant, avant la réunion de la Commission, le gouvernement castriste n'avait pas lésiné sur les moyens pour éviter un vote défavorable. Il avait fait signer un document par des milliers de sympathisants dans le monde, dont plusieurs prix Nobel. Parmi eux, des « compagnons de route » de toujours : la Guatémaltèque Rigoberta Menchú, la Sud-Africaine Nadine Gordimer, l'Argentin Adolfo Pérez Esquivel. Mais aussi le Portugais José Saramago, qui avait pourtant exprimé publiquement sa rupture avec le castrisme à la suite de la vague répressive du printemps 2003 mais qui est finalement rentré au bercail, et, ô surprise !, Mikhaïl Gorbatchev, qui avait été, du temps où il occupait les plus hautes fonctions au sein du Parti communiste soviétique, une personnalité exécrée. Celui-ci, d'ailleurs, appuie également la dissidence interne, ce qui montre tout de même un certain degré de désorientation.

Mais c'est toujours la sempiternelle confrontation avec l'« oncle Sam » qui est présente dans tous les discours, dans toutes les manifestations auxquelles le peuple cubain est énergiquement convié. Quant à l'imagerie révolutionnaire, elle est omniprésente auprès de toutes les couches de la population, particulièrement auprès des enfants. Un bourrage de crâne inévitable.

Les musées ne manquent pas sur l'île mais la plupart exposent œuvres d'art ou meubles anciens. Les autres sont placés sous le signe du triomphe révolutionnaire : le yacht *Granma* est toujours exhibé au milieu d'une place dans une cage de verre sous la vigilance de gardes armés qui veillent jour et nuit sur le symbole de la victoire. Le musée de la Révolution, situé dans l'ancien palais présidentiel, trace, comme son nom l'indique, avec orgueil les étapes magiques d'une révolution vieillissante mais encore debout.

La caserne Moncada abrite dans l'une de ses ailes le souvenir du « premier combat de Fidel Castro » et dans une salle voûtée de La Cabaña le bureau, la gourde, la boussole et divers objets du Che sont étalés au regard des visiteurs. La propagande ne néglige rien pour impressionner : le culte des héros, dont beaucoup sont toujours vivants, est constamment entretenu afin de perpétuer la flamme chez les enfants cubains et les sympathisants étrangers, pour qui la visite de ces reliques d'un passé constamment rabâché fait partie du parcours obligatoire.

Les enfants et les jeunes sont la cible constante de la propagande du régime. Ils sont « l'argile fondamentale de notre œuvre », selon l'expression du Che Guevara[1]. Castro, quant à lui, est vu comme le père, aujourd'hui le grand-père, de tous les enfants de Cuba. Ceux-ci doivent répéter à l'unisson : « Donne-moi un F », « F », « donne-moi un I », « I », « donne-moi un D », « D », « donne-moi un E », « E », « donne-moi un L », « L ». « Qu'est-ce que ça fait ? », « Fidel ! », « on n'entend pas ! », « Fidel ! », « plus fort ! », « Fidel !, Fidel !, Fidel ! ». Le Commandant en chef prononce souvent des discours devant les enfants. Il leur demande alors : « Est-ce que vous voulez devenir des délinquants ? », « Non ! », « Est-ce que vous voulez devenir de bons révolutionnaires ? », « Oui, Fidel ! », « Fidel ! Fidel ! Fidel ! ».

Les enfants doivent aussi mimer inlassablement les épisodes de la révolution. Ainsi, lors des célébrations du 26 juillet, lorsque celles-ci se déroulent à Santiago de Cuba, les pionniers « prennent d'assaut », à l'aube, la caserne Moncada, en présence de centaines d'autres enfants à moitié endormis et de Fidel Castro lui-même, qui jouit de la reproduction de son propre exemple. Ainsi, pense-t-il, « l'œuvre idéologique de la révolution sera éternelle car reproduite à l'infini par toutes les générations passées et à venir ».

Sur la route qui relie l'aéroport international José Martí au centre de La Havane, d'immenses portraits des stars mythifiées de la révolution, Che et Camilo notamment, avec des slogans à la gloire du socialisme et de la révolution, ponctuent le paysage. A l'entrée de Santiago, sur un autre panneau gigantesque, Fidel Castro, sous les traits d'un éternel jeune combattant, lève son fusil dans un geste de victoire. Sous le portrait, une phrase épique du style de celles qui couvraient hier les murs de Bagdad, et aujourd'hui encore ceux

---

1. Ernesto Che Guevara : *Le Socialisme et l'homme à Cuba*. Paris, François Maspero, 1968.

de Pékin ou de Pyongyang : « Santiago, rebelle hier, accueillante aujourd'hui, héroïque toujours ! » La taille de l'affiche cache derrière elle une autre réalité : en face d'une route défoncée, plusieurs rangées de bidonvilles.

Ce portrait n'est qu'un montage mis au point par le *Chongo* Leyva, un habile photographe du ministère de l'Intérieur.

Et pourtant, à entendre les autorités cubaines, il n'y a pas de culte de la personnalité dans le pays. Avec son adhésion aux principes du bloc des pays de l'Est, Cuba se devait de suivre les consignes de discrétion adoptées par ses protecteurs soviétiques.

Pourtant, sous l'influence du Che Guevara, le régime castriste avait été tenté de calquer le modèle chinois. La Chine de Mao Ze Dong et l'Albanie d'Enver Hodja avaient versé sans modération dans cette manie en faisant de l'image de leurs dirigeants l'élément moteur des mobilisations de masse. Mais Castro avait un trop grand besoin de l'aide soviétique et des pays du COMECON pour se mettre en porte à faux vis-à-vis de l'URSS. Son image ne pouvait donc qu'être subliminale. Il était de meilleur ton de la remplacer par celles d'autres icônes révolutionnaires.

Mais les meilleures intentions résistant difficilement à l'épreuve du temps, les athlètes cubains présents aux Jeux olympiques d'Athènes en 2004 ont déployé sur la façade de leur résidence une immense banderole ornée d'une photo du Commandant en chef encore jeune et souriant, assis devant un échiquier. Symbole, vanité ou provocation ? Une autre du Che Guevara avait dû être enlevée, à la demande du Comité olympique international. Beaucoup d'officiels et de spectateurs sont allés se faire photographier devant le portrait du *Líder Máximo*, sans doute pour passer à la postérité.

Au fur et à mesure que le moment inexorable de la mort du Commandant en chef approche, les références à sa personne se font de plus en plus présentes. Ainsi, le 13 août, date de son anniversaire, acquiert peu à peu rang de fête nationale.

La cheville ouvrière

Le Département d'orientation révolutionnaire (DOR), dont les bureaux se trouvent à proximité immédiate de ceux de Castro, est la véritable cheville ouvrière de la propagande du régime. Il est chargé de promouvoir la personnalité du *Líder Máximo*, allant jusqu'à modifier le son de sa voix, souvent trop aiguë, et de diffuser partout à l'extérieur ses discours, qui forment l'essence de la pensée révolutionnaire.

Ce département créa ses propres unités de production afin de répandre sa propagande sans entraves. Il s'est doté de matériel d'imprimerie ultra-moderne, qu'il met entièrement au service de l'image personnelle de Fidel Castro. Objectif : envoyer à chaque cellule du Parti et à chaque CDR l'intégralité des discours du *Líder Máximo*, qui sont commentés et discutés jusqu'à satiété.

Ce département est également responsable de l'organisation des rassemblements et des manifestations « spontanés », qui impressionnent tellement les étrangers en visite sur l'île, auxquels doivent participer tous les étudiants boursiers ainsi que les ouvriers.

Ils sont répartis à des endroits définis et doivent scander des consignes répétées longtemps à l'avance, sous peine de perdre leur travail ou de voir leurs enfants empêchés d'entrer à l'université ou en être expulsés. Les petits drapeaux que chaque écolier doit déployer lors de ces rassemblements sont confectionnés avec du papier qui était à l'origine destiné à fabriquer des cahiers. Conséquence : les cahiers d'écolier sont une denrée extrêmement rare dans les écoles.

Le premier canal de pénétration à l'étranger fut constitué par Radio Habana Cuba, qui fait partie des cinq radios les plus puissantes au monde. A l'instar de Radio Tirana en Albanie, elle émet en différentes langues en direction de l'ensemble de la planète tout en visant particulièrement des pays d'Amérique latine et du bassin des Caraïbes[1].

Radio Free Habana, une autre station, diffuse en anglais vers les Etats-Unis, vingt-quatre heures sur vingt-quatre.

A partir de 1965, le quotidien *Granma* fut lui aussi traduit et diffusé en plusieurs langues depuis le siège des ambassades cubaines. Mais le régime sait évoluer avec son temps. Des centaines de sites officiels Internet ont été lancés afin de promouvoir le tourisme ou de défendre la ligne politique adoptée par le régime. En revanche les Cubains de l'intérieur n'ont aucune possibilité d'utili-

---

1. Depuis le milieu des années 80, le gouvernement américain, sous la présidence de Ronald Reagan, décida de lancer en direction de Cuba une radio, Radio Martí, calquée sur le modèle de Radio Free Europe émettant en direction de l'ancien bloc de l'Est et diffusant des informations occultées par le régime. Les dissidents et les journalistes indépendants de l'intérieur de l'île en firent une tribune efficace, en répondant à des interviews diffusées sur les ondes à l'intention de la population cubaine.

ser le web. Son accès est strictement contrôlé. Le gouvernement cubain a légiféré dès l'apparition d'Internet sur l'île. En juin 1996, le décret-loi n° 209, intitulé « Accès depuis la République de Cuba au réseau informatique global », précise que son utilisation ne peut se faire « en violation des principes moraux de la société cubaine ou des textes de loi du pays » et que les messages électroniques ne doivent pas « compromettre la sécurité nationale ». Les Cubains souhaitant disposer d'un accès à Internet ou utiliser les centres ouverts au public doivent, pour obtenir l'accréditation obligatoire, fournir « une raison valable » et signer un contrat d'utilisation aux clauses restrictives.

Les deux seuls serveurs de l'île sont le CENIAI, branche du ministère cubain de la Science et de la Technologie, et Infocom, dépendant de la société mixte hispano-cubaine ETECSA (Empresa de Telecomunicaciones de Cuba, S.A.).

Comme l'indique un rapport de Reporters sans frontières du 20 juin 2003, un marché noir d'adresses e-mail a vu le jour et profite aux rares Cubains disposant d'un ordinateur. Le premier janvier 2001, une Agence de contrôle et de supervision (ACS) a été créée au sein du ministère de l'Information et de la Communication, chargée de traquer ceux qui feraient « un usage indu des réseaux informatiques ». Cité dans un article du quotidien *Granma* publié le 23 avril 2003, Carlos Martínez Albuerne, son directeur, rapporte qu'en 2002 des sanctions ont été prises contre trente et une personnes pour ce motif ou « pour avoir utilisé des messageries électroniques qui ne leur appartenaient pas ». Les « sanctions » infligées ne sont pas précisées dans l'article.

En matière de messagerie électronique, respecter la légalité revient à accepter d'être surveillé. Depuis septembre 2001, certains Cubains peuvent disposer d'un service de courrier électronique sans se connecter sur le web, après avoir obtenu une adresse e-mail personnelle. Une carte d'accès limitée à ce service coûte cinq dollars pour un usage de quatre heures (le salaire moyen mensuel étant de douze dollars). Les cartes sont donc nominatives, le pourvoyeur d'accès peut ainsi contrôler tout courrier reçu ou envoyé avant de l'émettre ou de le délivrer à son destinataire. Plusieurs usagers ont noté des retards, voire des « disparitions » dans leur correspondance, notamment avec l'étranger.

Même les touristes hébergés en hôtel doivent décliner leur identité avant d'avoir l'autorisation de surfer sur le web. Toute leur correspondance électronique est surveillée de la même manière que pour les autochtones.

Les étrangers « solidaires », par exemple membres des Jeunesses communistes ou des délégations de partis communistes, continuent d'être l'objet d'une attention spéciale. Le DOR désigne les endroits qui peuvent être visités. Ce sont souvent les mêmes. S'il s'agit de lieux de travail, ils sont d'abord passés au peigne fin par des officiers de la Contre-intelligence du département G, qui vérifient quels sont les travailleurs les moins intégrés à la révolution. Ceux-ci sont alors immédiatement transférés sur d'autres lieux de travail. Le personnel d'accueil reçoit une formation particulière. Durant la visite le personnel est invité à n'aborder les étrangers qu'en cas de nécessité et à éviter de parler trop longuement avec eux.

Les invités sont triés sur le volet et font l'objet d'un examen minutieux. Dans toutes les ambassades, il existe une antenne de la Direction générale d'Intelligence (DGI) et du département G. Ces services se livrent à une approche tactique en direction des invités, par le biais d'agents locaux recrutés par les services secrets cubains ou par celui des « agents d'influence ». Ils mènent une enquête approfondie sur les positions politiques des uns et des autres mais aussi et surtout sur leurs préférences, leurs tendances et leurs travers, qu'ils soient portés sur la drogue, le sexe, l'alcool, le jeu, ou leurs différends familiaux. Tout ce qui peut constituer une faiblesse exploitable. Des informations qui permettent au régime de faire taire d'éventuelles critiques émises contre la révolution et son système.

L'organisme qui sert de relais à l'intérieur de Cuba porte un nom inspiré de la propagande soviétique. Il s'agit de l'Institut cubain d'amitié entre les peuples, l'ICAP, qui dispose d'une quarantaine de « maisons du protocole » dans le quartier du Vedado, à La Havane, et dans toute l'île. Quelques privilégiés triés sur le volet peuvent en avoir l'usage et pour certains une rencontre avec Fidel Castro est organisée. Si celui-ci l'estime utile, il les emmène dans une petite île qui lui est strictement réservée, Cayo Piedra. Il n'est pas rare qu'il fasse cuire lui-même des langoustes. Cela concerne aussi bien les personnalités politiques que les journalistes, dont les sorties sont suivies pas à pas. Ils sont pris en charge par le département de presse du ministère des Relations extérieures (MINREX). Les chauffeurs de taxis qui se trouvent à la porte des hôtels doivent indiquer l'itinéraire de leur client, l'endroit où ils se rendent.

Le mécanisme de liberté surveillée auquel sont soumis les dignitaires et observateurs étrangers sait se rendre invisible, surtout pour les sympathisants les plus complaisants. *No hay más ciego que el que no quiere ver*, dit un proverbe espagnol : « Il n'y a pas plus aveugle que celui qui ne veut pas voir. »

Delfin Fernández, un ancien agent qui a sévi durant cinq ans dans les allées secrètes de la propagande castriste, a pu, après s'être exilé, décrire la façon dont des personnalités et des artistes, notamment espagnols, étaient filmés au cours de leur séjour à Cuba : « Les gens célèbres qui arrivaient dans le pays et voulaient profiter librement de plaisirs tropicaux, comme le sexe, la drogue, ou simplement faire du tourisme étaient surveillés et filmés vingt-quatre heures sur vingt-quatre. Tout peut être utile pour un chantage ultérieur. » Telecinco, une chaîne privée espagnole, a diffusé en janvier 2005 des images compromettantes tournées par les services secrets cubains et qu'avaient emportées dans leurs bagages d'anciens membres de la DGI qui avaient fui le régime.

Des faiblesses que le régime a toujours su utiliser pour, le cas échéant, faire également pression sur des personnalités de premier plan : Salvador Allende en débarquant d'un vol Paris-Madrid-La Havane, au cours de l'un de ses voyages au milieu des années 60, fut ainsi contrôlé par un douanier de l'aéroport de La Havane.

« Dans l'une de ses valises, se souvient Juan Vivés, une dizaine de revues et de films érotiques 8 mm furent découverts et faillirent provoquer un scandale. Alerté en toute hâte Manuel Piñeiro intervint efficacement, et mit fin avec discrétion à l'incident. Mais il découvrit avec un évident intérêt et tout à fait fortuitement le talon d'Achille de celui qui n'était alors qu'un simple sénateur chilien. »

Toujours selon Juan Vivés, Yasser Arafat durant sa visite à Cuba en 1978 fut filmé dans une maison du protocole dans des scènes compromettantes avec ses gardes du corps. Fidel Castro lui fit savoir qu'il avait mis ce film en lieu sûr... Spécialistes de ce genre de méthodes, les services secrets cubains n'en ont pas le monopole. Dans son témoignage, *Horizons rouges* (Paris, Presses de la Cité, 1987), le lieutenant-général de la *Securitate* roumaine Ion Mihai Pacepa rapporte que Yasser Arafat avait été écouté et enregistré dans des situations compromettantes.

Tous ces documents sont versés dans l'immense vidéothèque personnelle du Commandant en chef et ressortis en cas de volte-face ou de propos inamicaux. En dehors des hommes politiques, les artistes espagnols Sara Montiel, Javier Bardem ou Antonio Gadès sont quelques-unes des vedettes connues que les services de Castro ont épiées à la trace et dont ils ont gravé tous les faits et gestes sur la pellicule.

« Les chambres d'hôtel où séjournent les personnalités sont équipées de systèmes vidéo très sophistiqués, confirme Juan Vivés. Au moindre acte ou propos anticastristes, les documents sont transmis à la presse à scandale du pays concerné afin que la personnalité soit traînée dans la boue. Surtout si celle-ci, peu méfiante, a accepté quelques sachets de poudre blanche ou les services de mineures sans scrupules téléguidées par des agents de la Sécurité de l'Etat. Rien n'échappe au voyeurisme du régime. »

Manipulations et complaisance

A Cuba la propagande castriste passe aussi par l'estomac et par le lit. L'idéologie n'y occupe qu'une place secondaire.

Dans les grands hôtels de La Havane comme le Nacional, le Golden Tulip, le Cohiba ou les résidences de charme de la chaîne Abaguanex, les dignitaires et révolutionnaires étrangers en visite sur l'île, qui profitent des largesses du régime au cours de séjours tous frais payés avec, en prime, des boîtes de cigares et des bouteilles de rhum offertes, se retrouvent pour manger dans les *mesas suecas* (les « tables suédoises »), buffets libres où les orgies alimentaires sont monnaie courante et où l'on déguste tous les produits dont les Cubains ont perdu depuis longtemps jusqu'au souvenir. Les prix n'y sont pas affichés.

Peu importe qu'ils règlent ou non l'addition. Cela reste à la discrétion de la Sécurité de l'Etat ou des instances politiques de décision, qui à l'occasion, bien sûr, ne manqueront pas de rappeler à des hôtes ingrats la façon dont ils ont profité du système.

Lorsque de simples citoyens cubains pénètrent par hasard dans ces endroits réservés, ils sont éberlués, frappés par l'abondance, eux à qui l'on explique tous les jours que les sacrifices sont nécessaires et qu'ils doivent se contenter de ce qui leur est attribué par la *libreta*, le carnet de rationnement.

Dans un pays où il n'y a rien, où la viande, le poulet, le poisson, les œufs, les légumes, les fruits, le café et même le tabac (alors que Cuba est le premier producteur mondial de tabac, les Cubains ont droit à deux paquets de cigarettes brunes et un paquet de cigarettes blondes par mois, des *Populares* d'une qualité très médiocre) sont des produits de luxe, les hôtels et les restaurants pour étrangers ont toujours étalé la nourriture, comme une corne d'abondance. Motif officiel : satisfaire l'estomac de ceux qui, dans leurs pays respectifs, vont devenir des propagandistes zélés du paradis castriste. Motif réel : démontrer que Cuba est un modèle réussi, un pays où rien ne manque.

Fin juillet 1981, Jean-Francis Gondre, chef opérateur de cinéma, se trouve à La Havane pour les besoins du tournage d'un film-portrait sur le compositeur grec Mikis Theodorakis. Nadine Trintignant, la réalisatrice de ce portrait produit par Danièle Delorme et les Films de la Guéville pour l'émission *Témoins* de FR3, entraîne son équipe de tournage à Cuba sur les pas de Theodorakis, invité d'honneur de Fidel Castro à l'occasion du vingt-huitième anniversaire du Mouvement du 26 juillet. François Mitterrand est au pouvoir depuis quelques semaines et le régime castriste est considéré par la gauche française comme un régime ami.

Lors d'une soirée strictement privée, l'équipe de tournage, sur l'insistance du musicien grec, parvient à pénétrer dans le cercle intime de Castro. « Nous avons dû poireauter plusieurs heures avant que l'on vienne nous chercher. On nous a conduits à environ une demi-heure de notre hôtel dans une luxueuse maison avec un patio et une piscine. Il devait être environ minuit et notre mission était de tourner Theodorakis avec son ami Fidel[1]. »

Avant d'entrer, tout le monde est minutieusement fouillé par les agents de sécurité, qui contrôlent chaque caisse d'éclairage, jusqu'aux boîtes de films 16 mm. Une fois à l'intérieur, les membres de l'équipe de tournage sont étonnés de découvrir les fabuleux buffets que le *Líder Máximo* a commandés pour ses invités. « Il y avait de tout : langoustes, homards, des vins premiers crus, bref de quoi satisfaire l'appétit des plus fins gourmets. » Mais le plus extraordinaire pour Gondre et ses camarades fut de filmer l'attitude de Castro et ses postures débridées. « Il semblait éméché et avait en permanence deux superbes créatures sur ses genoux qu'il n'hésitait pas à tripoter. Il mettait ses mains dans leurs dessous... et j'avoue qu'à ce moment-là je ne pouvais pas croire qu'on nous laisse filmer librement tout ça. »

La soirée terminée, l'équipe retourne à son hôtel, l'incontournable Habana Libre, avant de reprendre le lendemain l'avion pour Paris. « A l'aéroport, se souvient Jean-Francis Gondre, nous avons encore une fois subi une fouille en règle et on nous a demandé l'original de ce que nous avions tourné au cours de la fameuse soirée. A vrai dire nous nous y attendions et nous avons remis une pellicule vierge en lieu et place des images tournées. Nous comptions qu'avant que les autorités cubaines aient pu développer le film

---

1. Entretien avec l'un des auteurs, Paris, avril 2004.

et qu'ils s'aperçoivent de la supercherie nous serions déjà loin. On mourait de frousse avant le décollage ! »

Mais à Paris, lorsque les images sont proposées à FR3, la chaîne refuse de les diffuser, prétextant qu'elles sont hors sujet. D'ailleurs les originaux ont disparu et plus personne ne sait ce que sont devenus les rushes. Quant au portrait de Mikis Theodorakis, Fidel Castro y apparaît dans des postures tout à fait convenables et conventionnelles.

Fidel Castro a toujours su jouer de son pouvoir de séduction auprès de ses invités, femmes ou hommes, n'hésitant pas pour les impressionner à les recevoir à des heures avancées de la nuit et à s'enquérir de leurs goûts pour leur faire plaisir. Lorsqu'il entraîne ses hôtes en déplacement dans une province de l'île, ses services de sécurité et son appareil de propagande savent parfaitement mettre en scène l'« enthousiasme » de la population à son égard.

En 1991, Danielle Mitterrand est en visite à Cuba. Fidel Castro décide de faire faire un détour à toute son escorte et à son invitée d'honneur ainsi qu'à ses accompagnateurs pour rendre visite à des enfants d'une école à la campagne, une *escuela en el campo*. Ainsi Danielle Mitterrand pouvait constater, au vu de la « spontanéité » de la visite, que le peuple cubain aimait vraiment son *Líder*. Impressionnée, voici comment elle relate l'événement :

« La Jeep conduite par Fidel s'engage sur le chemin boueux et défoncé par les engins de construction. Il est tard ; les enfants sont sous la douche et se préparent au coucher.

« De la fenêtre d'un dortoir une tête apparaît. Un cri : "Fidel, c'est Fidel !" Les cheveux mouillés, nus, ceints d'une serviette de bain, ou en pyjama, comme une volée de moineaux les enfants excités s'abattent sur les visiteurs. C'est à celui qui le tirera par la manche, s'accrochera à la jambe du treillis, l'interpellera, engagera un dialogue qui n'en finit pas – la visite manifestement est inattendue... Un climat de confiance s'instaure et la spontanéité s'exprime sans retenue, sans timidité. Ils nous prennent à témoin. »

Danielle Mitterrand en tire une conclusion sans appel :

« En moi-même je me pose la question de savoir ce que ce "dictateur" espère, en instruisant une population qui sera ainsi plus à même de le contester[1]. »

Il faut noter les guillemets accrochés à l'emploi du mot « dictateur ».

---

1. Danielle Mitterrand : *En toutes libertés*. Paris, Ramsay, 1996, p. 251.

Ce n'était pas la première expérience de l'épouse du président français au côté de son ami Fidel. Elle raconte une autre de ses excursions en ces termes :

« Après une longue journée de travail début 1989, un soir où nous rentrions d'une dernière visite dans un centre orthophoniste (*sic*), traversant un quartier en rénovation : "Danielle, cela vous ennuierait-il que nous nous arrêtions un moment ?" demande Fidel.

« Il était tard. La lumière entre chien et loup, l'ombre portée des immeubles en rénovation et des grues s'allongeait à n'en plus finir. Les ouvriers avaient quitté le chantier. Un enfant sur le pas d'une porte voit passer la voiture. Immédiatement, comme un feu suit une trace d'essence, l'information passe de foyer en foyer, et nous voyons des dizaines et des dizaines d'enfants courir autour de la voiture en scandant : Fidel, Fidel, Fidel. »

Toujours les nuées d'enfants qui accourent à l'instant. Toujours ces chroniques à répétition de visites non annoncées. Au cours de ces bains de foule « spontanés », aucun des prestigieux invités ne peut remarquer l'imposant dispositif de sécurité qui accompagne chacun des déplacements du Commandant en chef, de même que le minutieux travail de préparation qui balise chacune de ses sorties.

« L'itinéraire des visites de Fidel Castro, explique Juan Vivés, est déterminé une semaine à l'avance. Les hommes chargés de sa sécurité arrivent dans les villages, les écoles, les usines ou les bâtiments en construction dans lesquels doit s'effectuer la visite, pour *leer la cartilla*, "lire les consignes", donner des instructions précises aux habitants, aux enfants ou aux ouvriers, et déterminer précisément ce que chacun doit faire à l'arrivée de la caravane. Celle-ci est toujours accompagnée de cinq voitures devant et cinq derrière. Leurs occupants, des agents de sécurité, n'hésitent pas à tirer sur les inconscients qui se mettent en travers de leur chemin.

« Les toits des maisons sur le parcours sont tous occupés par des tireurs d'élite. Il est pratiquement impossible de s'approcher de Fidel Castro. » Lors de l'inauguration d'une école à San Andrés de Caiguanabo, des dirigeants du Parti arrivèrent à vive allure à bord de trois jeeps alors que Castro avait entamé son discours. Surpris par l'allure du véhicule les gardes de la sécurité tirèrent sans hésiter sur les jeeps. Bilan : onze morts. Après un bref affolement, le *Líder Máximo* calma la foule pour ensuite reprendre tranquillement ses propos.

Mais ce n'est pas seulement la popularité de Fidel Castro qui impressionne ses visiteurs. Ce qu'ils ressentent tous, c'est aussi une sorte d'attraction physique.

En 1974, madame Mitterrand accompagnant son mari, alors que celui-ci était premier secrétaire du Parti socialiste, note :

« Sous son air de géant barbu il est charmeur, il veut séduire, avant tout pour expliquer et faire valoir "sa révolution" [1]. »

Plus de vingt ans plus tard, lorsqu'elle reçoit officiellement avec son époux, à Paris, Fidel Castro, habillé non plus en treillis mais en costume de ville, elle l'embrasse avec effusion sur le perron de l'Elysée, devant les caméras du monde entier. Elle assume entièrement son geste, pourtant fort peu diplomatique et abondamment critiqué par tous ceux qui considèrent Castro comme un dictateur, sans guillemets :

« Eh bien oui messieurs : en Amérique latine, le bonjour s'accompagne de l'*abrazo*. Et depuis plus de vingt ans, c'est ainsi. J'avoue : j'embrasse Fidel [2]. »

L'*abrazo*, en espagnol, n'est pas une embrassade, mais une accolade virile. Les deux termes sont de faux amis. Le charme de Fidel Castro a, en tout cas, joué sur l'ex-première dame de France.

Ce charme, cette capacité de séduction, il ne l'exerce pas seulement sur les femmes. L'écrivain et polémiste Jean-Edern Hallier a eu aussi « son » coup de foudre :

« Si j'avais été une femme, j'aurais rêvé de me faire caresser par ses mains admirables et longues, aux doigts fuselés, aux ongles d'un ovale parfait, d'une propreté immaculée et aux poignets fins d'un pianiste de concert [3]. »

Sous les apparences d'un homme fort, la fragilité et la délicatesse sourdent.

Conclusion : il n'est nullement le bourreau d'un peuple mais au contraire la victime d'une puissance étrangère qui l'agresse en permanence.

Avec l'effondrement du bloc soviétique, le régime castriste a craint d'être isolé alors qu'il avait besoin de nouveaux relais en Europe occidentale pour tenir bon. Les vieux intellectuels qui avaient adhéré avec enthousiasme aux bouleversements révolutionnaires, comme Jean-Paul Sartre et Simone de Beauvoir, avaient pris leurs distances après l'« affaire Padilla ». En 1968, Heberto Padilla

---

1. *Ibid.*, p. 253.
2. *Ibid.*, p. 272.
3. Jean-Edern Hallier : *Conversation au clair de lune*. Paris, Messidor, 1990, p. 21.

avait écrit un recueil de poèmes intitulé *Hors-jeu*, extrêmement critique envers le régime et l'idéologie communistes. Il reçut le prix de l'Union des écrivains et artistes de Cuba mais le recueil fut précédé d'une préface d'avertissement au lecteur, alertant celui-ci sur le caractère contre-révolutionnaire des poèmes. Trois ans plus tard, en 1971, Padilla fut arrêté, enfermé dans les locaux de la Sécurité de l'Etat, d'où il ne ressortit que quelques semaines plus tard pour faire son autocritique devant un parterre d'intellectuels. Il dut dénoncer ses amis et sa propre femme, après il fut relâché mais condamné à l'ostracisme. Il put quitter l'île en 1980 pour les Etats-Unis, où il mourut en 2000. L'« affaire Padilla » fut le point de rupture entre la révolution cubaine et de nombreux intellectuels du monde entier[1].

Il fallait alors trouver de nouveaux « compagnons de route », plus frais, moins déçus par l'évolution de la politique castriste et la « trahison » des idées romantiques des origines.

L'idée d'utiliser Jean-Edern Hallier pourrait paraître farfelue au premier abord. L'écrivain, après voir été sympathisant puis ennemi déclaré de François Mitterrand, qui l'avait poursuivi de sa haine pendant de longues années, était devenu un ami du président du Front national, Jean-Marie Le Pen, à qui il avait vivement recommandé de se rendre à Cuba.

Mais, en 1990, ils n'étaient pas nombreux, ceux qui prévoyaient l'exceptionnelle longévité du castrisme, surtout après l'effondrement du bloc communiste. Il fallait donc puiser parmi les plus médiatiques et l'intellectuel français, dont la mythomanie et les inventions de toutes sortes étaient légendaires, devenait un vecteur convenable pour faire passer un message à l'Union soviétique. Lui faire comprendre que Cuba pouvait révéler des secrets compromettants pour l'ancien « pays frère » si celui-ci décidait d'abandonner l'île à son sort.

A son retour de Cuba, Jean-Edern Hallier rapporta dans ses valises la correspondance – cinq lettres échangées – entre Castro et Khrouchtchev au moment de la crise des missiles de 1962. Le journal *Le Monde* la publia aussitôt, en même temps que le quotidien du Parti communiste de Cuba, *Granma*, le 24 novembre 1990.

Elle démontrait la volonté du Commandant en chef d'envoyer sur une ville américaine un missile nucléaire en guise d'action pré-

---

1. Sur cette question, l'ouvrage de Jeannine Verdès-Leroux, *La Lune et le Caudillo. Le rêve des intellectuels et le régime cubain (1959-1971)*. Paris, Gallimard, collection « L'arpenteur », 1989, fait figure de référence.

ventive, ce à quoi le numéro un soviétique répondait poliment mais fermement que l'Union soviétique n'avait nullement l'intention de déclencher une guerre atomique. Ce ne fut pourtant qu'un coup d'épée dans l'eau. Peu de temps après, en 1991, Cuba entrait dans la « période spéciale en temps de paix ».

Le rôle dévolu à ces « émissaires » d'un genre particulier cachait en fait une offensive diplomatique en direction de l'opinion internationale.

Dans le cas de Danielle Mitterrand, il s'agissait pour Castro de se faire ouvrir les portes des démocraties européennes afin de quémander une aide du camp socialiste qui s'était sensiblement réduite depuis 1990. François Mitterrand concéda volontiers à son épouse la faveur de recevoir un ami dans les derniers mois de sa présidence, au grand dam du Premier ministre de la cohabitation, Edouard Balladur, qui fit part publiquement de son désaccord sur la visite. La gauche et la droite étaient également partagées sur cette rencontre et sur l'appréciation de la personnalité du Commandant en chef, dont le costume civil, porté pour la première fois, d'abord au Danemark puis en France, était censé faire illusion.

Le président de l'Assemblée nationale, Philippe Séguin, et le ministre de la Culture, Jack Lang, se mettaient en quatre pour se faire photographier à ses côtés. Ce dernier l'amena même faire une visite au Louvre, au cours de laquelle Castro demanda à son guide, un peu gêné, quel était le prix de *La Joconde*.

Afin de remercier ses hôtes, qui avaient dû faire face à de nombreuses protestations dans la presse et sur les lieux où Castro se déplaçait, celui-ci concéda à l'épouse de l'ex-président français la libération de quatre prisonniers politiques cubains. L'un d'entre eux, Sebastián Arcos Bergnes, était atteint d'un cancer en phase terminale. Il mourut en exil aux Etats-Unis quelques mois après sa libération. Ces libérations lui permettaient d'apparaître comme un dictateur certes, mais d'un genre plutôt débonnaire.

Castro put, à l'occasion de cette visite, prononcer un discours au siège de l'UNESCO, où il fut reçu avec les honneurs par son secrétaire général, Federico Mayor, et par une foule de sympathisants convoqués par l'ambassade de Cuba en France, qui se chargèrent de lui faire une haie d'honneur dans le grand hall de l'organisation internationale. L'UNESCO, d'ailleurs, ne perd pas une occasion de faire l'éloge du système d'éducation castriste, mettant en avant ses réussites en matière de massification de l'enseignement sans jamais se pencher, cependant, sur son contenu. Federico Mayor a, plusieurs fois, confié son admiration et sa sympathie envers le régime castriste.

Fidel Castro a des liens avec d'autres décideurs, comme l'ancien « roi du poulet », l'entrepreneur Gérard Bourgoin, auquel il fit l'honneur de passer une journée entière dans son exploitation agricole en Bourgogne. Celui-ci a souvent, au mépris de toute évidence, vanté la santé économique du régime castriste, et, l'une n'allant pas sans l'autre, de son chef.

Bourgoin avait réussi, de plus, à entraîner dans son sillage l'acteur Gérard Depardieu, qui n'était pourtant pas un inconditionnel du régime. Il avait d'ailleurs signé en 1988 une pétition que lui avait soumise le chef opérateur et cinéaste hispano-cubain Néstor Almendros en faveur d'élections libres à Cuba, document signé par plusieurs prix Nobel de Littérature et de la Paix. Mais il pouvait désormais fréquenter les allées de ce pouvoir mythique qui lui permettait d'investir dans la prospection de pétrole à l'est de La Havane. Au cours d'un bref séjour, qui ne dura que quelques heures, à Paris en février 2003, Fidel Castro, en compagnie de son ministre des Affaires étrangères Felipe Pérez Roque, séjourna à l'hôtel Concorde Lafayette. Aussitôt prévenus, quelques dizaines de résidents cubains en France, avec leurs enfants, se rassemblèrent pour lui souhaiter la bienvenue. Mais il y eut aussi quelques manifestants hostiles. A une question sur le *Projet Varela*, une pétition pour des élections démocratiques à Cuba, le ministre cubain répondit, en montrant ostensiblement ses testicules : « Tu sais où je me le mets, le *Projet Varela* ? Ici ! » Diverses télévisions aux Etats-Unis diffusèrent ces images. Les sympathisants de Fidel Castro durent rester dans le hall de l'hôtel. Le seul à être reçu au cours de cette brève visite fut Gérard Depardieu.

Pour raffermir son pouvoir au moment où les régimes communistes dans le monde périclitaient, Fidel Castro, à Cuba, sentit l'obligation d'élargir son cercle d'admirateurs au-delà de la gauche, traditionnellement favorable à la révolution.

A l'invitation du gouvernement castriste, deux parlementaires, Jean Lecanuet et Michel Poniatowski, se rendirent à Cuba à la tête d'une commission sénatoriale française, au mois de mars 1991. L'objectif de Fidel Castro était de convaincre les sénateurs de faire pression sur le gouvernement français afin que celui-ci appuie son adhésion à la Convention de Lomé, qui accorde des conditions avantageuses aux produits en provenance des pays ACP (Afrique, Caraïbes, Pacifique).

Quelle n'a point été la surprise des observateurs en voyant à leur retour de Cuba les sénateurs chanter les louanges du régime et de son *Líder Máximo* ! La surprise fut d'autant plus grande que Poniatowski, lors de son passage au gouvernement comme ministre de l'Intérieur de Valéry Giscard d'Estaing au milieu des années 70, avait dû affronter à différentes reprises le gouvernement cubain, en l'avertissant de la menace que représentait, pour les intérêts de la France dans ses anciennes colonies, son engagement militaire en Afrique. De même que le danger que supposaient pour les départements d'outre-mer les tentatives de déstabilisation cubaines sur l'ensemble de l'arc des Caraïbes. D'autre part, il avait discrètement appuyé des opposants au castrisme afin de faciliter leur départ pour la France.

Les invités furent traités comme des rois, logés dans des maisons dites « de protocole », promenés dans l'île et informés comme il se devait par les experts économiques cubains ; ils furent l'objet, selon leurs propres dires, d'une « attention très spéciale ».

Ils avalèrent comme des couleuvres les renseignements qui leur étaient fournis sur la situation économique dans l'île et notamment sur ses perspectives de croissance, avec des prévisions à deux chiffres qui n'avaient rien à voir avec l'état de délabrement que chacun pouvait constater, au moment où Cuba entrait dans la « période spéciale en temps de paix », l'époque de la pénurie institutionnalisée. Ils avaient bien sûr été reçus par Fidel Castro et s'étaient prêtés complaisamment à la photo de famille, riant de bon cœur en sa présence. La photo fut diffusée par les journaux de l'exil à Miami, tandis que *Granma* publiait un simple encadré sur la visite. Et puis, Castro leur avait fait l'honneur d'une visite, toujours « spontanée », sans prévenir, pensaient-ils, au cours d'une réception donnée en leur honneur à l'ambassade de France, juste avant leur départ.

Au cours d'une conférence de presse le 3 avril au Sénat, leurs propos furent particulièrement élogieux. Manifestement séduit, Lecanuet fit remarquer à cette occasion la « gentillesse extraordinaire » de Castro. Le vieux sénateur semblait avoir vu Fidel au pays des Merveilles.

Le soutien le plus spectaculaire d'un homme de droite à Fidel Castro fut celui que lui accorda Manuel Fraga Iribarne, le président de la *Xunta*, le Gouvernement autonome de la région de Galice, en Espagne. Fraga avait été ministre de Franco.

Les origines des trois « F », Franco, Fraga, Fidel, proviennent toutes de Galice, mais ce n'est pas la seule explication à leur proximité. Castro avait absolument besoin du marchepied que constituait l'Espagne aussi bien au sein de l'Union européenne qu'en Amérique latine pour attirer des capitaux à Cuba et développer des échanges commerciaux avec la communauté internationale. Aussi décida-t-il de jouer sur deux tableaux, la gauche, auprès du gouvernement socialiste de Felipe González, et la droite, avec Fraga comme tête de pont.

En fait Castro et Fraga sont amis depuis quinze ans. Ce dernier ne se lasse pas de dire publiquement : « Si j'étais resté à Cuba, j'aurais pu devenir Fidel Castro. »

Opposés idéologiquement, les deux hommes âgés respectivement de 79 et 82 ans sont nés à Cuba de parents galiciens. Angel Castro Argiz, un paysan, parti faire la guerre à Cuba en remplacement d'un bourgeois de La Corogne, était originaire de Lancara, petit village du Nord-Ouest espagnol où est inscrit sur une plaque à l'entrée d'une petite maison en ardoise : « Galicien émigré à Cuba où il a planté des arbres qui fleurissent toujours ! » En 1992, Fidel Castro profita d'un sommet ibéro-américain pour se rendre dans ce village où se trouvent encore trois de ses cousines et où sa photo trône dans plusieurs maisons. Son frère Raúl fit le pèlerinage en mai 2005 mais lui embarrassa la classe politique espagnole et les exilés cubains qui l'accusèrent de douze mille exécutions en quarante-six ans.

Au cours de l'un de ses voyages à Cuba, l'ancien ministre franquiste s'afficha avec Castro en train de déguster du poulpe et de préparer une *queimada*, un alcool traditionnel de Galice. Il invita ensuite son hôte à revisiter la région d'où était originaire son père. Discrètement, néanmoins, Fraga négocia la libération de cent trente-neuf prisonniers politiques cubains, afin de ne pas être accusé d'un soutien trop inconditionnel au Commandant en chef.

La libération de prisonniers politiques est d'ailleurs souvent perçue comme un cadeau en échange d'une visite, mise en exergue par le régime comme un soutien public de la part d'une personnalité, quelle qu'elle soit. Ce fut le cas pour le révérend noir américain Jesse Jackson, pour le commandant Jacques-Yves Cousteau ou pour Danielle Mitterrand. Le pape, lui, en remerciement de sa médiatique visite en 1988, eut droit à l'élargissement d'environ deux cents prisonniers essentiellement de droit commun auxquels les autorités castristes avaient mêlé quelques politiques.

Le monde interpréta ce geste comme un début d'ouverture et les mesures de rétorsion prises à l'égard de Cuba fléchirent aussitôt.

Les prisonniers, traités par La Havane comme de simples marchandises, sont libérés, mis dans un avion en partance pour la destination de leur choix ou le pays dont l'illustre visiteur est originaire, afin que celui-ci puisse le cas échéant les exhiber devant sa propre opinion.

Felipe González avait fait libérer, lui aussi, « son » prisonnier politique : l'ancien commandant révolutionnaire, de nationalité espagnole, Eloy Gutiérrez Menoyo, élargi après avoir passé vingt-deux ans derrière les barreaux pour avoir pris les armes contre le régime. Eloy Gutiérrez Menoyo a, par la suite, fondé un groupe d'opposition, *Cambio cubano*. Il a entrepris une tentative de dialogue avec le régime castriste, contre l'opinion de la majorité de l'exil, et a été admis à séjourner légalement à Cuba, où il est devenu, de fait, le seul opposant réellement « toléré » par le régime.

A l'époque Fidel Castro voulait être invité au Sommet ibéro-américain qui allait avoir lieu en juillet 1992 à Madrid en présence du roi d'Espagne, du président portugais et de tous les dignitaires latino-américains. L'idée, après le sommet de Guadalajara, était de poursuivre le redéveloppement des liens avec les dirigeants des pays latino-américains, rompus après l'expulsion de Cuba de l'Organisation des Etats américains (OEA) en 1962. Immanquablement, comme dans toutes les réunions internationales, Castro allait être la vedette indiscutable pour les médias, éclipsant tous les autres participants. Pendant son long séjour en Espagne, il visita l'Exposition universelle de Séville, assista aux Jeux olympiques de Barcelone, puis se rendit en Galice, sur la terre de ses ancêtres, où il passa plusieurs jours, à l'invitation de Manuel Fraga. Une nuit, précipitamment, il fit préparer son avion et partit vers La Havane, sans même prendre congé de ses hôtes, le président de la *Xunta* et le président du gouvernement espagnol. Au cours de cette nuit mémorable, Fidel Castro descendit dans le hall de son hôtel où se trouvait un groupe de journalistes. L'envoyée spéciale du *Miami Herald* rapporta que le Commandant en chef paraissait préoccupé et qu'il avait tenu des propos désabusés sur l'exercice du pouvoir et sur son propre avenir. Dès son arrivée à La Havane, le secrétaire à l'idéologie du Parti communiste cubain, Carlos Aldana, considéré jusqu'alors comme le numéro trois du régime après les frères Castro, fut limogé et envoyé comme administrateur d'une entreprise dans un coin perdu du centre de l'île, Topes de Collantes, là où finissent la plupart des dirigeants tombés en disgrâce. Selon la journaliste

Lissette Bustamante, arrivée peu après en exil, Aldana était partisan d'une ouverture du régime afin de suivre la voie tracée par les anciens pays du bloc de l'Est.

Après cet épisode Fraga n'a plus manifesté aussi ouvertement sa sympathie envers Fidel Castro, d'autant que son protégé et successeur à la tête de son parti Alianza Popular, devenu entre-temps Parti populaire (PP), José María Aznar, élu en 1996 chef du gouvernement espagnol, était un anticastriste notoire.

Les autorités espagnoles allaient prendre la tête de la communauté internationale contre le castrisme. Elles n'hésiteront pas à rompre avec la politique antérieurement suivie par le Parti socialiste ouvrier espagnol (PSOE) ni à prendre à contre-pied une fraction importante de leur opinion publique, toujours indulgente vis-à-vis du castrisme et qui fournit les plus gros bataillons de touristes en partance pour Cuba.

Le Parti populaire a aussi mis en place une Fondation hispano-cubaine, sur le modèle de la Fondation cubano-américaine, le plus important groupe d'opposition à Castro aux Etats-Unis, qui publie une revue, la *Revista hispano-cubana*, et diffuse à l'extérieur les textes des dissidents et des journalistes indépendants de l'intérieur de l'île.

Mais la droite n'est pas unanime dans la condamnation du régime castriste. Certains considèrent que sa longue persévérance à tenir tête aux Américains n'est pas à mépriser. L'anti-américanisme est en effet le point commun à tous ceux qui font aujourd'hui du castrisme un système à protéger, malgré les nombreuses violations des droits de l'homme.

Pour un Aznar, il y a plusieurs Fraga, comme si Cuba, après la chute du mur de Berlin, était au-dessus de toute idéologie.

Toutefois, beaucoup d'intellectuels sont revenus de leurs illusions d'antan, notamment en France, comme Régis Debray, Bernard Kouchner, Robert Merle, François Maspero et tant d'autres.

Mais Fidel Castro a su se trouver de nouveaux alliés de poids. De ceux-là, il n'exige pas une fidélité inconditionnelle, comme autrefois. Le principal d'entre eux aujourd'hui, Ignacio Ramonet, directeur du *Monde diplomatique*, le journal de référence des militants antiglobalisation en France et ailleurs, a été parfois critique envers le castrisme, notamment après l'« affaire Ochoa », à l'occasion d'un éditorial signé de sa plume, publié en septembre 1989. Il est vrai que le temps n'est plus à l'uniformité de style soviétique, mais plutôt à la diversité des mouvements altermondialistes.

Ramonet est passé à La Havane au retour de la rencontre altermondialiste de Porto Alegre, au Brésil. Fidel Castro le prit aussitôt sous son aile. Ramonet, contrairement à d'autres invités, n'eut pas simplement accès à une petite salle de la forteresse de *La Cabaña* pour présenter son ouvrage mais au plus grand théâtre de la capitale, le Carlos Marx, d'une contenance de plusieurs milliers de personnes. Le local débordait de jeunes gens venus, à l'appel du Commandant en chef, écouter le nouvel oracle. Sans doute le directeur du *Monde diplomatique* a-t-il cru que les Cubains étaient de fervents admirateurs de sa prose, qu'ils venaient en réalité de découvrir.

Fidel Castro, curieusement « fasciné » par son essai intitulé *Propagandes silencieuses*, consacré à l'industrie américaine du divertissement, avait donné l'ordre de faire tirer son ouvrage à cent mille exemplaires sur du papier journal initialement destiné à la publication du quotidien *Granma*, qui eut le plus grand mal à paraître le lendemain.

Cent mille exemplaires ! Dans un pays où l'une des plus grandes œuvres de la littérature cubaine, *Paradiso* de José Lezama Lima, n'avait été imprimée qu'à cinq mille, avant d'être retirée de la circulation. Un pays où presque tous les journaux postrévolutionnaires ont disparu, officiellement par « manque de papier », où aucun livre n'est, « en principe », interdit, mais où il est impossible de l'acquérir par manque d'argent. C'est en tout cas ce que déclarait Castro devant la presse en 1998 : « A Cuba il n'y a pas de livres interdits, ce qui manque c'est l'argent pour les acheter. »

Ignacio Ramonet fut l'objet, à son retour en France, de vives critiques de la presse. Il refusa de répondre aux entretiens qui lui étaient demandés mais s'exprima par le biais de son propre organe de presse, en avril 2002, dans un article intitulé « Anticastrisme primaire », anticastrisme qu'il qualifie de « libéralisme des imbéciles ». Il y donne une vision de Cuba singulièrement optimiste. A propos des dissidents, Ramonet affirme : « Même si certains activistes sont molestés et arrêtés, les principaux dissidents sont en liberté. » Ceux-ci ne perdaient rien pour attendre. Un an plus tard, près de soixante-quinze d'entre eux étaient condamnés à des peines allant jusqu'à vingt-huit ans de prison.

Le directeur du *Monde diplomatique* écrit également : « La Havane a cessé, depuis longtemps, d'exporter sa révolution. » Il est vrai que Castro n'envoie plus ses corps expéditionnaires en Afrique, mais a-t-il renoncé pour autant à être un exemple pour les nations du tiers monde et latino-américaines tel le Venezuela d'Hugo Chávez ? Ce que cherche Castro par le biais de Ramonet, c'est à entrer dans le giron des mouvements altermondialistes, à apparaître comme leur mentor dans la lutte contre l'« impérialisme américain ». Ces mouvements ont, en effet, tendance à trouver des modèles ailleurs, en Amérique latine en particulier. Ce furent d'abord les zapatistes du sous-commandant Marcos, au Chiapas, dont les actions sont passées sous silence peu après l'élection, en 2000, de Vicente Fox à la présidence du Mexique. Puis ce fut l'ancien ouvrier métallurgiste « Lula » au Brésil, dont le gouvernement est à présent accusé de trahison envers le mouvement des paysans sans terre et de corruption. Finalement, c'est un militaire, Hugo Chávez, responsable d'une tentative de coup d'Etat, qui a acquis leurs faveurs.

Mais l'initiateur, le déclencheur historique, c'est Fidel Castro. Il a fait passer son message auprès d'Ignacio Ramonet dans une interminable interview, aussi longue que ses discours, intitulée « Moi, Fidel Castro[1] », où le Commandant en chef se livre à une confession à peine entrecoupée de quelques questions complaisantes, où il tape affectueusement sur les genoux de son interlocuteur, qui acquiesce à toutes ses affirmations, même lorsqu'il s'agit de contre-vérités manifestes. Exemple, lorsque Castro explique que c'est lui qui a initié son frère Raúl à la théorie marxiste alors qu'il est de notoriété publique que c'est exactement le contraire.

Le documentaire, réalisé autour de ce « dialogue », est signé Axel Ramonet, le fils du journaliste. Ces longues heures de conversation doivent donner lieu à la parution d'un livre, que certains présentent comme le « testament » de Fidel Castro.

Mais celui-ci semble avoir rédigé, en fait, plusieurs « testaments ».

Nombreux sont ceux qui pensent avoir eu l'exclusivité de ses dernières paroles en recueillant la confession d'un homme sur le déclin, mais aussi l'un des seuls grands témoins encore vivants de l'histoire de la seconde moitié du XXe siècle.

Fidel Castro utilise sa dimension historique. Il répète à l'envi qu'il a vu passer un certain nombre de présidents américains et qu'aucun n'a pu l'abattre. Son but suprême : faire plier les Etats-Unis avant de disparaître.

---

1. Le titre du documentaire, diffusé en 2004 par la chaîne Histoire, reprend presque exactement celui de la réédition française des confessions accordées au prêtre brésilien Frei Betto sur la religion et, aussi, sur l'enfance et l'adolescence. Cf. Frei Betto : *Moi, Fidel*. Paris, 2003.

Il dispose de différents relais et d'un certain nombre de sympathisants, de nouveaux venus dans l'arène politique, qui cherchent à rehausser la dimension historique du personnage. Ils se recrutent pour beaucoup dans les milieux de Hollywood. Francis Ford Coppola et Robert Redford n'ont pas hésité à plusieurs reprises à donner des conférences à l'école de cinéma de La Havane. Mais le plus récent et le plus zélé se nomme Oliver Stone.

Le réalisateur américain, auteur du film *JFK*, se rend dans la capitale cubaine en 2002 pour tourner un documentaire sur un personnage qui l'a toujours fasciné. Il en ramène un long entretien, lardé d'un montage en cascade de plusieurs photos banc-titrées. L'objectif : impressionner le téléspectateur par l'impact des clichés montrant l'horreur de la répression sous la dictature de Batista. En plein milieu de cette rafale d'images, apparaît la scène d'une exécution ordonnée par le pouvoir castriste. Erreur ou volonté d'amalgame ? Stone a entretenu la confusion.

Le premier portrait de Castro, intitulé *Comandante*, fut jugé trop complaisant par ses commanditaires, la chaîne de télévision américaine HBO, d'autant que la date prévue pour sa sortie coïncidait avec les arrestations massives du « printemps 2003 ». La chaîne refusa la diffusion du film et renvoya Oliver Stone à Cuba. Il en revint avec un autre film, *Looking for Fidel*, tout aussi complaisant.

Une scène du film a de quoi étonner : celle où le Commandant en chef visite un hôpital en compagnie du cinéaste et, « spontanément » selon Oliver Stone, enlève sa chemise pour se soumettre à un examen cardiaque immédiat qui, évidemment, donne d'excellents résultats. Cette mise en scène n'a pour objectif que de couper court aux rumeurs récurrentes sur son état de santé.

Plus loin, à une question concernant l'exécution de trois jeunes qui avaient tenté de fuir en détournant un bateau en avril 2003, Castro répond : « Je n'ai tué personne, personnellement (...). Bien sûr, j'assume ma part de responsabilité. »

« Est-ce si mal d'être un dictateur ? » demandait Castro à son interlocuteur dans l'un des dialogues de la première version du film.

Dans un entretien avec le réalisateur publié par Anne Louise Bardach dans le magazine informatique *Slate* le 14 avril 2004, Oliver Stone nie farouchement, pourtant, que le régime castriste puisse être assimilé à un « Etat stalinien ».

Cet épisode démontre une fois de plus le don de Fidel Castro pour monter une mise en scène capable de convaincre des interlocuteurs qui ne demandent qu'à être convaincus.

Il sait à la manière d'un grand manipulateur rendre crédibles des arrangements avec la réalité et invisible l'intense travail de séduction développé à l'occasion de chaque interview. Dans le droit fil de ces arrangements, la propagande qui accompagne chacune de ses visites, que ce soit dans un hôpital, dans une école ou sur un chantier en construction, doit être invisible. Il faut que tous les acteurs collaborent, que leur rôle soit parfaitement maîtrisé. Ce rôle, ils doivent l'apprendre dès leur plus jeune âge, afin de pouvoir le réinterpréter à toute occasion, devant n'importe quel visiteur. Chacun a l'obligation d'apprendre un discours tout fait même s'il est contraire à sa propre pensée ou sa propre opinion. Une sorte de « double morale » très courante à Cuba.

« Nous voulons désarmer ceux qui mènent des campagnes contre nous, se justifie Rosa Miriam Elizade, la rédactrice en chef de *La Jiribilla*, une publication castriste. Pas avec la haine comme nos ennemis, mais en restant fidèles à la vérité et en revenant au sens de l'humour très riche et très cubain. » Une manière de contrer l'extraordinaire vitalité de la culture cubaine en exil. « Pour les communistes, confirme Belkis Cuza Malé, la veuve d'Heberto Padilla, la culture est une arme idéologique. »

Les doutes de l'exil

A la différence de bien des persécutés, surtout latino-américains, qui ont joui de la sympathie des opinions publiques condamnant radicalement les dictatures sanguinaires des années 70 et 80, ceux qui ont dû quitter la paradisiaque île de Cuba sont non seulement fugitifs mais en plus coupables d'avoir rallié un exil illégitime.

La propagande révolutionnaire a réussi, en effet, à faire croire au monde que Cuba et ses dirigeants faisaient l'objet d'une menace permanente de la part des Américains et de leurs protégés. Les exilés eux-mêmes y ont cru : les plus actifs se sont parfois arrimés aux autorités de Washington, en espérant une initiative ou un appui qui ne viendraient jamais.

Les principales organisations de l'exil ont fini par s'épuiser en attendant cette aide que devait accorder l'« oncle Sam ».

Malgré les déclarations de solidarité exprimées maintes fois par toutes les administrations américaines successives, républicaines ou démocrates, celles-ci ont systématiquement bloqué toute tentative d'action armée contre le régime de La Havane. Et ce, par tous les moyens : en confisquant les armes, en interceptant les bateaux en mer, en arrêtant les membres des commandos anticastristes.

Les divisions entre les anciens partisans de la dictature de Batista et les anciens révolutionnaires, puis entre les anciens révolutionnaires eux-mêmes, ceux qui continuent à l'être, d'anciens communistes d'avant Castro inclus, et ceux qui ne le sont plus depuis longtemps, s'étalent au grand jour.

Durant le mandat de Ronald Reagan, cependant, la Fondation nationale cubano-américaine (FNCA) réussit à acquérir une crédibilité auprès de l'administration américaine, en pratiquant un *lobbying* particulièrement pragmatique, en adoptant un langage d'opposition radicale au castrisme et en aidant matériellement les nouveaux réfugiés. Mais avec la mort de son leader, l'homme d'affaires Jorge Mas Canosa[1], la Fondation perdit de sa puissance et de son efficacité.

Le fossé entre les générations s'est lui aussi creusé. Fidel Castro a su utiliser, dans sa propagande, les mouvements de fuite massifs, et ce à trois reprises : en 1965 avec les « vols de la liberté », en 1980 avec les *marielitos*, et en 1994 avec les *balseros*.

La perspective d'une émigration incontrôlée est devenue un cauchemar latent pour les Etats-Unis. Le principal objectif des Américains n'est plus, – si toutefois il l'a jamais été –, la libération de Cuba, mais d'empêcher de nouvelles vagues de centaines de milliers de fugitifs d'arriver sur ses côtes.

Concentrés surtout en Floride (avec aussi une forte représentation dans le New Jersey), les *Cuban-Americans* pèsent d'un poids considérable dans la politique intérieure américaine, comme l'ont démontré les élections présidentielles de 2000 et de 2004, avec l'élection controversée, puis la réélection confortable, du républicain George W. Bush.

En 2000, l'« affaire Elián », avec le renvoi de l'enfant *balsero* à Cuba par l'administration Clinton, s'est retournée contre le candidat démocrate Al Gore. La communauté des exilés cubains de Floride, considérant que l'administration démocrate avait joué en faveur de Castro dans cette affaire, a pesé de tout son poids contre l'élection de l'ex-vice-président américain.

---

1. Jorge Mas Canosa avait l'avantage de n'avoir trempé à aucun niveau dans le processus révolutionnaire mais était accusé par le gouvernement castriste et ses sympathisants d'être lié à des affaires de corruption.

Bon nombre des nouveaux émigrants, formés depuis leur plus tendre enfance au sein de l'appareil d'éducation et de propagande (ce qui souvent revient au même) castriste, n'ont comme objectif légitime que de jouir d'une vie meilleure aux Etats-Unis, en laissant de côté toute velléité d'opposition au régime. Certains retournent dans l'île régulièrement, en y emmenant dans leurs bagages ce qui est indispensable à la survie provisoire de leurs proches : argent mais aussi nourriture, savons, ampoules électriques, vêtements...

La plupart envoyaient des dollars aux membres de leurs familles restés à l'intérieur. D'où le paradoxe : l'émigration était devenue, à travers les transferts d'argent à Cuba (les *remesas*), le principal appui, loin devant le tourisme, le sucre, le tabac ou encore le nickel, d'une économie en pleine déliquescence. Mieux : Castro réussit à transformer une partie de ces émigrés-là en groupe de soutien à sa dénonciation de la politique américaine. Lorsque l'administration Bush décida, au cours de l'été 2004, de restreindre les voyages à Cuba et les envois d'argent, dans les rues de *Little Havana* à Miami une manifestation appuya les critiques de Fidel Castro envers les Etats-Unis, ce qui était impensable auparavant. Le phénomène est resté contenu, mais les autorités cubaines en firent un « trompe-l'œil » utile pour rayer d'un trait de plume la principale mesure économique qu'elles avaient validée en 1993 : la légalisation du dollar.

Néanmoins l'exil, dans sa majorité, continue à appuyer l'attitude sans concessions des Etats-Unis, mais de manière beaucoup plus passive.

La plupart des exilés, surtout les plus anciens, se sont résignés, tout comme leurs compatriotes de l'île, à attendre la « solution biologique », la mort de Fidel Castro. Ils sont la mémoire des illusions révolutionnaires et des désenchantements postérieurs, de la répression et des tentatives de renversement des deux dictatures successives, celle de Batista et celle des frères Castro. Parmi eux, des dizaines d'hommes et de femmes ont passé vingt ans dans les geôles à Cuba. Mario Chanes de Armas, lui, en a passé trente, dans l'indifférence générale.

Il y a aussi ceux qui, comme Juan Manuel Salvat, ont combattu le communisme, avant de comprendre que la lutte armée sans l'appui des Américains n'avait plus de sens. Il s'est alors consacré à une autre forme de combat, sans doute plus durable : l'édition de livres, de mémoires des victimes de cette révolution qui a fini par écraser beaucoup de ses promoteurs et de ses acteurs. Des livres publiés pour la plupart à compte d'auteur.

Dans les bars et les restaurants de Miami, souvenirs et témoignages nostalgiques émaillent les conversations. Certains sont pathétiques, ceux, par exemple, de simples citoyens cubains qui ont passé plusieurs années à la prison de La Cabaña ou ailleurs pour avoir simplement critiqué le régime. Il y a aussi ceux qui regrettent d'avoir contribué, par idéalisme, à l'instauration de l'une des dictatures les plus longues de tous les temps.

Mais ce ne sont plus des cris stridents que l'on entend, plutôt la plainte languissante d'un exil anesthésié par une si longue attente.

Ces victimes-là ne tiennent plus le haut du pavé dans les réunions publiques et les journaux de la communauté cubaine des Etats-Unis. Ce sont au contraire ceux qui, jusqu'à avant-hier encore, étaient à des postes de commande dans l'île. Ceux-ci distillent au compte-gouttes dans les médias (en espagnol) de Miami les informations qu'ils disent posséder sur le pouvoir des frères Castro. Une fois à l'extérieur, la duplicité, dont ils ont été nourris au berceau castriste, n'en disparaît pas pour autant. Spécialistes dans l'art du secret, beaucoup d'entre eux sont d'anciens agents de la DGI, d'anciens membres de la direction du Parti, d'anciens fonctionnaires dans les services extérieurs. Ils se présentent désormais comme des « résistants de l'intérieur », qui n'attendaient que le moment propice pour « déserter » et « choisir la liberté ».

Les commentaires qu'ils livrent publiquement ont deux objectifs : d'une part, laver leurs complicités passées, d'autre part, se présenter comme des éléments d'expérience, capables de jouer un rôle dans l'issue à la situation de blocage instaurée par Fidel Castro.

Les relations entre ces anciens zélateurs du castrisme, nouvellement convertis, et leurs ex-victimes sont difficiles. Les rancœurs n'ont pas disparu, les plaies ne sont pas refermées. Les réflexes conditionnés restent les mêmes.

La paranoïa, parfois justifiée, parfois manifestement exagérée, fait partie des armes de contrôle du régime castriste sur son opposition. Elle n'est pas l'apanage de l'exil. Si aucune opposition crédible n'a réussi à se structurer comme alternative, c'est parce qu'elle a été à tout moment victime de la délation. Combien de dissidents ne sont-ils pas apparus un jour à la télévision ou dans des procès montés de toutes pièces, avouant des délits inexistants, accusant leurs compagnons d'hier d'avoir commis les pires des crimes ou d'avoir eu l'intention de les commettre ?

Les pressions sur la famille et sur eux-mêmes sont telles que personne ne peut prétendre être assez fort pour y résister.

L'arme préférée des bourreaux n'est plus le peloton d'exécution, encore qu'ils n'ont pas hésité à y recourir, en y envoyant, en 2003 notamment, trois jeunes accusés d'avoir voulu s'emparer d'une embarcation pour fuir.

Ils préfèrent jouer sur la faiblesse la plus intime de l'être humain : la peur. Tout ce qui fait qu'aucun Cubain ne deviendra jamais l'« homme nouveau » dont rêvait le Che.

L'exil est aussi intérieur. Les dissidents et tous ceux qui n'adhèrent pas à l'idéologie du système sont soumis à un véritable ostracisme de la part des autorités, de leurs voisins ou de leurs compagnons de travail. Ils ont constamment l'impression d'être surveillés. Cela rend difficile la création de mouvements susceptibles de présenter une alternative au système.

L'opposition interne est une somme de défiances et d'ambitions politiques, d'initiatives téméraires et de craintes. Quelques tentatives ont réussi à forger une barrière contre la peur. La première d'entre elles fut le *Projet Varela* (du nom d'un prêtre qui défendit l'indépendance de Cuba face à la métropole espagnole), impulsé par le militant chrétien Oswaldo Payá, qui présenta en mai 2002, devant l'Assemblée nationale du Pouvoir populaire à La Havane, plus de onze mille signatures réclamant un référendum pouvant déboucher sur des élections libres. Castro bloqua le projet, un mois plus tard, en faisant recueillir plus de huit millions de signatures rendant le caractère socialiste de la Constitution *intocable* (« irrévocable »).

Mais les signataires du *Projet* osaient se montrer, enfin, à visage découvert, assumant collectivement leur volonté d'opposition.

Certains des promoteurs de ce texte ont été emprisonnés en 2003. Payá, pour sa part, n'a pas été inquiété car il jouissait d'une trop grande renommée internationale : son action avait été récompensée par le prix Sakharov pour les droits de l'homme, décerné par le Parlement européen, en 2002.

Une autre initiative a permis de faire apparaître l'opposition à visage découvert : la tenue, en mai 2005, dans une maison située aux alentours de La Havane, d'une réunion regroupant plusieurs dizaines d'opposants de l'Assemblée pour la promotion de la société civile, organisation dirigée par l'économiste indépendante Marta Beatriz Roque, en liberté conditionnelle après plusieurs séjours en prison. Les participants hurlèrent des consignes anticastristes et écoutèrent un message de solidarité du président Bush.

Bien que des députés européens et des journalistes étrangers eussent été expulsés, c'était la première fois depuis les débuts du régime qu'une pareille manifestation put se tenir.

Entre les mouvements d'Oswaldo Payá et Marta Beatriz Roque, pourtant, les rapports ne sont pas au beau fixe. Les premiers accusent les seconds d'être à la solde de la Sécurité de l'État et inversement. Une vieille habitude dans les milieux dissidents.

D'autres organisations existent à Cuba : le mouvement « Tous unis », ainsi que les différents Comités pour les droits de l'homme, mais l'union n'est encore qu'un rêve lointain.

Une action a, toutefois, acquis une valeur symbolique surmontant les divisions traditionnelles : celle des « Dames en blanc » : femmes, mères, filles, sœurs de prisonniers politiques qui se réunissent tous les dimanches dans l'église Santa Rita avant de manifester pacifiquement à Miramar, un quartier de La Havane, pour tenter de faire libérer leurs êtres chers qui croupissent en prison.

La dissidence a conquis, au fil des ans et en payant son action par des peines de prison élevées, son droit à la parole.

L'exil n'a plus, en effet, le monopole du mouvement ou de l'expression. Il délègue désormais ce rôle à ceux de l'intérieur qui, après des années de silence imposé, ont décidé de réclamer un changement quel que soit le prix à payer et malgré la répression et les pénuries de la « période spéciale ».

Les méfiances demeurent et continuent de diviser autant le camp des exilés que celui de la dissidence intérieure : les mêmes soupçons de manipulation, les mêmes ambitions rivales. Dans une nation détruite par une dictature qui n'en finit plus, les réflexes démocratiques n'ont pas encore acquis un véritable droit de cité, y compris chez ceux qui luttent pour l'avènement de la démocratie.

L'écrivain et homme de théâtre René Ariza, mort en exil en 2000, déclarait à l'adresse de ses compatriotes, en 1984, dans un documentaire de Néstor Almendros et Orlando Jiménez-Leal, *Conducta impropia* (« Mauvaise conduite ») : « L'important ce n'est pas Castro lui-même, c'est le Castro que nous avons tous dans notre tête. »

Près d'un demi-siècle de matraquage permanent et de lavage de cerveau ne s'efface pas d'un coup de baguette magique. Le *Líder Máximo* est apparu quotidiennement sur les écrans de télévision, sur les panneaux de propagande, dans le quotidien de la population. Il s'est immiscé dans les préoccupations matérielles les plus élémentaires, donnant son point de vue sur la trajectoire des cyclones qui traversent l'île, sur la meilleure façon de faire cuire le riz, sur la qualité du bétail ou des poulets. Il a fait de l'éducation, qu'il considère comme son fleuron, un acte d'endoctrinement total, absolu, donnant à ses pensées un caractère infaillible, que tous les enfants sont obligés d'apprendre par cœur et de répéter à l'unisson. Il se considère comme le seul géniteur des enfants de ce peuple. Ces enfants ont intériorisé ses discours, ses sourires, ses paroles. Ils ont parfois dénoncé leurs propres parents lorsque ceux-ci manifestaient imprudemment leur aversion pour la dictature. Beaucoup ont applaudi, un jour ou l'autre, une mesure répressive. Les rancœurs sont tenaces, les affrontements entre les victimes et leurs anciens bourreaux sont prévisibles. Mais, parmi les victimes, certaines ont été auparavant des bourreaux. Le castrisme a réussi à forger une partie de ce peuple à son image, faite de duplicité, la capacité d'exprimer exactement le contraire de sa pensée pour éviter de perdre son travail, d'aller en prison ou de se retrouver devant un peloton d'exécution.

C'est ce Castro-là que les Cubains ont dans la tête, et sa mort demain ne signifiera pas la libération immédiate du peuple de Cuba.

TREIZIÈME PARTIE

LA RÉPRESSION PERMANENTE

« *Il n'y aura plus de sang* »

Au moment où le pouvoir des *barbudos* s'installe à La Havane, en 1959, la décision est prise : pas de réconciliation nationale, aucun pardon pour ceux qui s'écartent du processus révolutionnaire. Pas seulement contre les « sbires » de Batista, surtout contre les « traîtres ». La qualification de « traîtres » incluant ceux qui avaient dénoncé des révolutionnaires et ceux qui déviaient du chemin tracé par Castro, désormais considéré comme le « héros-guide » de la révolution.

Il fallait donc fixer arbitrairement le nombre de victimes dues aux forces de Batista. Le quotidien officiel du Mouvement du 26 juillet, *Revolución*, allait s'en charger. « A Cuba il y a eu approximativement dix mille exécutions. Peut-être quinze ou vingt mille [1]. » Officiellement, ils seront vingt mille. La répression est ainsi justifiée et les « sbires » livrés à la vindicte populaire.

Le commandant Huber Matos, l'un des principaux dirigeants de la guérilla castriste, qui sera condamné quelques mois plus tard, en octobre 1959, à vingt ans de prison pour « tentative de sédition », revient sur une réunion décisive, au cours de laquelle Fidel Castro a expliqué à ses lieutenants la stratégie à suivre immédiatement après la prise du pouvoir. « Environ dix jours avant la fuite de Batista, autour du 20 décembre 1958, nous nous sommes retrouvés près d'El Cobre, dans la province d'Oriente, avec Fidel, Raúl et quatre ou cinq des principaux commandants de la guérilla. C'est là que Fidel a préparé l'après-Batista. Il a dit : "Nous allons aborder ici quelques points importants. Aucun de nos commandants ne fera

---

1. Segundo Cazalis : « *El extraño caso de los torturadores* », *Revolución*, 17 janvier 1959, p. 4.

partie du nouveau gouvernement. Celui-ci sera constitué de civils et présidé par Manuel Urrutia[1], qui vient d'arriver du Venezuela. Nous les aiderons, s'ils le souhaitent, à choisir les ministres. Mais le pouvoir exécutif devra être exercé par d'autres, en dehors des commandants de l'armée rebelle. Nous devrons appliquer une justice révolutionnaire sévère pour que plus jamais il n'y ait de crimes commis par le pouvoir. Aucune compassion, nous allons fusiller et punir les criminels de guerre. Nous établirons les bases pour que, dans le futur, il n'y ait plus d'actes criminels ordonnés par le pouvoir." De ce fait, il nous compromettait tous. Nous, les commandants qui allions diriger les différentes provinces de Cuba, nous nous engagions à appliquer une justice extrêmement dure sur nos terres. Cette justice était censée avoir des objectifs prophylactiques. Personne ne s'est rendu compte alors que c'était le premier pas vers un régime de terreur.

« Le peuple devait craindre les nouveaux gouvernants avant qu'il ne puisse pas réclamer des libertés publiques. Une main de fer pour terroriser le peuple. Il nous fallait aussi conditionner l'esprit des Cubains pour imposer le totalitarisme, le stalinisme le plus ferme. »

Devenu gouverneur militaire de la province de Camagüey, Huber Matos fait fusiller des dizaines de personnes. Raúl Castro en Oriente ou le Che Guevara à La Cabaña en font de même.

Des fusillés ou des pendus, toujours à la suite de procès expéditifs, ou sans procès. Huber Matos est, pour sa part, conscient des conséquences de ces actes, qu'il refuse cependant d'appeler « crimes ».

« J'ai participé à ce processus, bien que je n'aie été membre d'aucun tribunal. Mais, en tant que chef militaire de Camagüey, nous avons commis certaines erreurs, entre autres celle de penser que des officiers qui avaient commandé des troupes au cours de la lutte

---

1. Entretien avec les auteurs, Miami, mai 2004. Le juge Manuel Urrutia fut le premier président, désigné par Fidel Castro, du gouvernement révolutionnaire, en raison de sa position courageuse en faveur des expéditionnaires du *Granma* au cours du procès qui leur était intenté par la dictature de Batista. Le Premier ministre fut José Miró Cardona. Ce dernier démissionna en février 1959 et fut remplacé par Fidel Castro. Urrutia, pour sa part, s'opposa à l'établissement d'un régime communiste. Dénoncé en direct à la télévision par Castro, qui mit sa démission dans la balance, il dut se réfugier à l'ambassade du Venezuela afin d'échapper à la « colère des masses », avant de partir en exil. Il fut remplacé par Osvaldo Dorticós puis, à partir de 1976, par Fidel Castro lui-même, qui cumula officiellement toutes les fonctions qu'il exerçait déjà dans les faits : président du Conseil d'Etat et du Conseil des ministres, premier secrétaire du Parti communiste de Cuba, commandant en chef des forces armées...

insurrectionnelle étaient capables de se transformer en juges. Je suis conscient des erreurs commises dans l'administration de cette justice, à la fois dans son application et dans ses excès mais je n'accepte pas la qualification de "crimes". Nous le faisions – et je ne veux pas me défausser de mes propres responsabilités – car nous essayions de "purifier" la société cubaine. »

Les gouverneurs militaires n'étaient pas les seuls impliqués ou complices dans ces exécutions. Le journaliste Carlos Franqui, ancien responsable de Radio Rebelde dans la Sierra Maestra, nommé le 8 janvier 1959 directeur du quotidien *Revolución*, a justifié et fait l'éloge des pelotons d'exécution, de même que beaucoup de journalistes qui écrivaient dans une publication, dont la plupart des éditoriaux étaient rédigés par Fidel Castro en personne.

Une fois en exil, Franqui a lui aussi justifié ces actes par la nécessité de se débarrasser des « criminels de guerre de Batista » et d'éviter que de nouveaux crimes soient perpétrés pour raison d'Etat. En 1981, il écrivait :

« Je ne ressentais ni haine, ni vengeance. Je pensais alors que pour faire une économie de sang il fallait fusiller les assassins et en finir avec le crime. Tout le monde le croyait.

« Aujourd'hui je ne pense plus ainsi, mais j'assume ma responsabilité de l'époque.

« De la décision nécessaire d'économiser le sang en fusillant les criminels a surgi un nouveau et terrible pouvoir implacable[1]. »

« Il n'y aura plus de sang », titrait *Revolución* le 4 janvier 1959, reprenant une phrase d'un discours de Fidel Castro.

Pour Franqui comme pour Matos, la consigne donnée par Castro avant son arrivée à La Havane devait éviter des crimes postérieurs. Mais le lendemain et le surlendemain, et tous les jours durant des mois, de nouvelles exécutions étaient annoncées en gros titres.

Elles n'ont jamais réellement cessé.

Pourtant, en janvier 1959, un article non signé de *Revolución* proclamait :

« Nous ne sommes pas des esprits morbides assoiffés de sang et de châtiment. Pendant la guerre, face à l'adversaire qui ne pardonnait pas, nous avons été généreux. C'est sur cette générosité face à l'adversaire qui ne pardonnait pas qu'ont reposé notre force et, en partie, notre triomphe. »

---

1. Carlos Franqui : *Retrato de familia con Fidel*. Barcelone, Seix Barral, 1981, p. 33-34.

Depuis, le régime castriste n'a cessé de proclamer cette constante. « La révolution a été généreuse », répète, sans jamais être contredit, Fidel Castro à qui veut bien l'entendre.

La « Lutte contre les bandits »

Pendant cinq ans, dès le début des années 60 et jusqu'en 1965, le régime castriste dut faire face à une insurrection paysanne de grande ampleur dans les montagnes de l'Escambray, au centre de l'île, là même où s'était formé, au cours de la lutte contre la dictature de Batista, un second front de guérilla, parallèle à celui de la Sierra Maestra.

Ses membres n'appartenaient pas pour la plupart au Mouvement du 26 juillet de Fidel Castro, dont ils se méfiaient en raison de ses tendances au *caudillismo*. Pour beaucoup, il s'agissait de membres du groupe appelé Second Front et du Directoire révolutionnaire. Mais Castro n'était pas décidé à leur conférer la moindre parcelle de pouvoir.

À La Havane, les militants du Second Front et du Directoire, qui avaient occupé certains bâtiments stratégiques, des hôtels, le palais présidentiel et l'université, pour tenter d'asseoir leur influence, furent désarmés contraints et forcés. Dans son premier discours face à la foule, le 8 janvier 1959, prononcé au camp militaire de Columbia, transformé en cité scolaire et baptisé *Ciudad Libertad*, Castro prononça la formule « Des armes, pour quoi faire ? ». Ce symbole et cette question ne reflétaient aucun relent pacifiste, comme le démontraient les exécutions massives ordonnées par lui-même ou ses lieutenants. Ils ne visaient qu'à empêcher l'établissement d'un contre-pouvoir par les membres d'autres groupes insurrectionnels, particulièrement le Directoire, qui s'était emparé d'un dépôt d'armes et de munitions.

Ces hommes furent rapidement marginalisés. Certains, comme le commandant William Morgan, de nationalité américaine, furent fusillés, d'autres, comme les commandants Eloy Gutiérrez Menoyo ou Rolando Cubela, condamnés plus tard à de longues années de prison. Aucun poste stratégique ne leur fut accordé, Castro ne faisant confiance qu'aux siens. C'est donc tout naturellement qu'ils reprirent le chemin du maquis qu'ils connaissaient déjà, pour lutter cette fois contre l'évolution dictatoriale et communiste du nouveau régime.

L'Escambray fut choisi en raison de sa position stratégique, au centre de l'île, mais aussi parce que, dans les plans d'invasion élaborés par l'administration Eisenhower, repris en avril 1961 par John F. Kennedy, le massif montagneux pouvait offrir une tête de pont aux corps expéditionnaires de la Baie des Cochons, située à une courte distance.

Ce soulèvement fut passé sous silence. Il n'eut pas droit aux honneurs de la presse mondiale ni à une quelconque mythification postérieure. Jamais il ne fit la une de *Life* ni de *Paris Match*. Très peu de livres furent écrits sur cet épisode d'une autre guerre. Pourtant, ce fut l'une des guérillas les plus longues en Amérique latine. Ces combattants anticastristes ne furent même pas considérés comme des insurgés, simplement comme des « bandits ». Une action criminelle semblait justifier cette dénomination : un jeune homme qui participait, en 1961, à la campagne d'alphabétisation dans la *sierra* de l'Escambray fut capturé et assassiné par les insurgés. Il s'appelait Conrado Benítez. Aussitôt, le régime en fit un martyr, un emblème. Les « brigades » d'alphabétisation prirent son nom et le chantèrent dans leur nouvel hymne : « Nous sommes les Brigades Conrado Benítez / Nous sommes l'avant-garde de la révolution. »

Ces insurgés comptèrent dans leurs rangs jusqu'à deux mille cinq cents hommes, davantage que tous les guérilleros qui avaient pris les armes contre Batista.

Ceux-ci avaient eu affaire à une armée en pleine décomposition, peu motivée, incapable de faire face à des méthodes de guérilla. Le nouveau pouvoir castriste pouvait désormais compter sur des hommes aguerris, capables de mener à bien des opérations contre-insurrectionnelles. Il pouvait en outre s'appuyer sur des dizaines de milliers de miliciens et sur un réseau de délateurs particulièrement zélés. Mais, surtout, il organisa des mécanismes de répression impitoyables.

Les paysans de la zone soupçonnés d'appuyer la guérilla anticastriste furent déportés dans la province de Pinar del Río, à l'ouest de Cuba. Près de vingt mille d'entre eux furent emmenés en camions militaires et reclus dans des fermes, appelées *granjas del pueblo Sandino*, entourées de barbelés, sans possibilité de pouvoir gagner d'autres régions, notamment celles d'où ils étaient originaires. Leurs maisons, des *bohíos* – cabanes paysannes –, étaient systématiquement brûlées, ou occupées par des affidés du régime si elles étaient de meilleure qualité.

Beaucoup ne purent rentrer chez eux pour revoir leur famille qu'au bout de dix ans.

L'un des lieux les plus redoutés de la répression contre la guérilla de l'Escambray fut la prison d'El Condado. Elle était située près du village de Manacas Iznaga, à quelques kilomètres de Trinidad.

Juan Vivés, qui participa à l'époque à cette « Lutte contre les bandits », décrit ainsi cette prison :

« Elle était constituée de baraquements. Il y en avait une cinquantaine. La porte était en fer grillagé ainsi que le toit, ce qui laissait les détenus exposés au soleil. Détail aggravant : ils étaient nus ou en caleçon, dans une zone grouillant de moustiques. On leur donnait à peine à manger. A la tombée de la nuit, un peu d'eau, en quantités rationnées. Les cellules débordaient d'excréments. L'odeur était insupportable. Il y avait aussi d'autres cellules du type de celles utilisées par le Front national de libération au Vietnam, faites d'un trou de plusieurs mètres de profondeur fermé, au-dessus, d'une grille en bambou.

« Il y eut des centaines d'exécutions sans le moindre jugement. Les condamnés étaient collés au mur du vieux cimetière du village. Les cadavres enterrés à quelques centaines de mètres au bord d'une route. Pour les dissimuler, ils furent recouverts par un champ d'eucalyptus.

« Les conditions régnant à El Condado étaient si mauvaises que les miliciens refusaient d'y amener leurs prisonniers, tâche qui dut être déléguée aux membres de la Sécurité de l'Etat. »

D'autres groupes d'insurgés anticastristes opéraient aussi au nord de la province de Camagüey. Là aussi, le gouvernement castriste construisit une prison de sinistre mémoire, appelée *El Serrucho*. De nombreuses exécutions y furent opérées mais personne ne sait où sont ensevelis les corps. Les autorités n'ont pas jugé nécessaire de les rendre à leurs familles. Parfois, elles ne trouvaient même pas utile de les informer que leur fils, leur père ou leur frère avaient été fusillés. »

Le soulèvement paysan dans l'Escambray et dans d'autres régions de l'île tourna finalement à l'avantage du gouvernement castriste.

Mal armés, abandonnés par les Etats-Unis qui, pourtant, s'étaient engagés, après le débarquement manqué de la Baie des Cochons, à les aider matériellement, victimes de leurs divisions et de leurs propres méthodes qui, parfois, n'avaient rien à envier à celles de leurs adversaires, les guérilleros paysans durent abandonner le combat. Ils avaient tenu en échec, plus de cinq ans, les Forces armées révolutionnaires. Il n'y eut plus de soulèvement armé contre le castrisme. Mais la répression exercée par le régime ne se limita pas aux combattants qui avaient osé défier la révolution triomphante. Elle frappa désormais tous ceux dont elle se méfiait et, surtout, ses dissidents potentiels, qui n'étaient armés que de leurs écrits et de leurs mots.

Les rafles et les Unités militaires d'aide à la production

Les Cubains sont, par essence, indisciplinés. Jamais ils n'auraient pu penser que, débarrassés d'une dictature, le nouveau pouvoir révolutionnaire pouvait les faire marcher au pas, leur imposer une militarisation à outrance. Les faits leur ont donné tort. Les dirigeants castristes ont forgé un peuple uniforme. La salsa et la bonne humeur, un décor pour les sympathisants étrangers et pour les touristes : à l'intérieur, la sauce est plus amère.

Ceux dont le comportement, au cours des années 60, ne correspondait pas aux normes communistes étaient parqués et rééduqués par la force. Des centaines de milliers de personnes allaient apprendre à absorber les diktats du castrisme. Pas question de suivre les modes vestimentaires en cours dans les pays « impérialistes » ni d'écouter la musique en vogue considérée comme subversive. Avoir les cheveux longs, écouter du rock'n roll ou les tubes des Beatles, exprimer des sentiments antimilitaristes ou, comme les Témoins de Jéhovah, refuser de porter l'uniforme, tout cela pouvait conduire en prison ou dans des camps de travail.

Les autorités adoptèrent une méthode de rafles, ponctuelles, brutales, extrêmement efficaces pour ramasser un maximum de gens en un minimum de temps et pour distiller la peur au sein de la société.

Les prostituées furent les premières visées. Le quartier de Colón, au centre de La Havane, était un lieu de plaisirs où allaient s'encanailler les touristes, les marins et les Cubains eux-mêmes. Le régime voulut éradiquer cette image décadente de la capitale cubaine. Les prostituées devaient être remises dans le droit chemin et rééduquées. Les rafles se multiplièrent. Les membres de la Sécurité de l'Etat bouclaient les quartiers, ramassant toutes celles qui faisaient le trottoir ou qui officiaient dans des maisons closes, fermant les cabarets érotiques, dont le traditionnel *Shanghaï*, obligeant les souteneurs à épouser leurs protégées, avec la bénédiction du père Lalo Sardiñas, un vétéran de la guérilla de la Sierra Maestra.

Les péripatéticiennes étaient ensuite contraintes de suivre des cours de rééducation dans des écoles spéciales, en vue de leur réintégration dans la société. Très vite, La Havane fut déclarée territoire libre de prostitution, ce qui n'empêcha pas les filles de fréquenter les halls d'hôtels à la recherche d'un étranger qui pourrait leur offrir une paire de *jeans* ou quelques dollars. Un phénomène qui se développa dans les années 90 : les *jineteras* (les « cavalières ») envahirent le Malecón à la chasse de touristes européens ou latino-américains, transformant La Havane en destination phare du tourisme sexuel.

Pour effectuer des rafles de grande ampleur, il fallait réunir les « marginaux » dans un même endroit. Les salles de cinéma où étaient projetés des films à la gloire des chanteurs de rock américains étaient souvent combles. A la sortie des séances, les spectateurs étaient systématiquement embarqués par la Sécurité de l'Etat et fichés comme contre-révolutionnaires pour s'être livrés à des formes de « bourrage de crâne » de l'« impérialisme ».

Les autorités étaient décidées à liquider toute « Cinquième Colonne », en mettant hors d'état de nuire ceux qui étaient censés apporter un soutien à une hypothétique invasion. Lorsque celle-ci eut lieu en avril 1961 à la Baie des Cochons, elles prirent les devants, ramassant cent cinquante mille personnes pour les parquer dans des stades de base-ball. Cela ne s'était jamais produit en Amérique latine. Ce n'est qu'au moment du coup d'Etat du général Pinochet au Chili, le 11 septembre 1973, que le monde entier découvrit les images d'opposants parqués au Stade National. La principale différence avec Cuba, c'est qu'il s'agissait d'un stade de foot, non de base-ball.

Les rafles se poursuivirent tout au long de la révolution. Quelques semaines plus tard, eut lieu la « nuit des trois P » (« prostituées, proxénètes, pédérastes »), une gigantesque rafle contre tous ceux qui pouvaient apparaître comme « déviants ». Au cours de cette nuit-là fut arrêté, dans sa maison de Guanabo, une plage à l'est de La Havane, l'un des plus grands intellectuels cubains, l'écrivain Virgilio Piñero. Il fut libéré par suite de multiples interventions. Mais il en garda le souvenir ancré au fond de lui-même. Lorsque, au mois de juin 1961, Fidel Castro prononça un discours menaçant devant les intellectuels à la Bibliothèque nationale de La Havane, Virgilio Piñero se leva, s'avança vers le micro et murmura : « Je veux dire seulement une chose : j'ai peur ! »

Au milieu des années 60 (l'époque est désignée encore aujourd'hui par les Cubains comme étant celle de la « barbarie »), ces endroits avaient un nom : UMAP, Unités militaires d'aide à la production. Véritables camps de travaux forcés, situés dans la région de Camagüey, montés du jour au lendemain pour y enfermer les récalcitrants et les obliger à couper la canne à sucre. Les détenus étaient soumis à la loi du Service militaire obligatoire, instaurée le 12 novembre 1963, qui obligeait tous les jeunes Cubains à effectuer trois ans (extensibles en fonction du comportement au sein des unités) dans l'armée. Mais, en fait, les jeunes qui intégrèrent les UMAP n'étaient pas formés au combat. Il s'agissait de faire d'eux, par le travail, des « hommes nouveaux ».

Jusqu'à une époque récente, peu de témoignages ont été recueillis sur les camps de l'UMAP. Les internés étaient frappés du sceau de l'infamie. Ils étaient qualifiés par la population d'homosexuels, ce qui permettait de les soumettre à l'ostracisme et d'éviter toute solidarité envers eux.

L'historien cubain Enrique Ros a recueilli une grande quantité de témoignages de personnes passées par l'UMAP et qui, par la suite, se sont retrouvées en exil[1].

Tous les anciens détenus de l'UMAP n'ont pas opté pour cette voie. Parmi eux, de nombreuses « personnalités » ont été effectivement « rééduquées » et ont fini par chanter les louanges du système en place. Les cas les plus emblématiques sont ceux des chanteurs Pablo Milanés et Silvio Rodríguez qui, après avoir écrit des textes dénonçant l'UMAP, sont devenus les meilleurs ambassadeurs à l'étranger de la culture cubaine officielle.

Un autre ancien détenu de l'UMAP est, lui, devenu officiellement ambassadeur de Cuba à l'UNESCO puis en France avant de représenter Cuba auprès du Vatican : Raúl Roa Kourí, fils de l'ancien chancelier Raúl Roa[2].

L'archevêque de La Havane, le cardinal Jaime Ortega, a connu, lui aussi, dans sa chair les camps de l'UMAP, à l'instar de bon nombre de ses coreligionnaires à l'époque où il n'était pas de bon ton d'afficher son appartenance religieuse.

A la suite de nombreuses dénonciations venues d'organismes internationaux, notamment l'Organisation internationale du travail (OIT), et de plaintes concordantes sur les conditions qui étaient

---

1. Enrique Ros : *op.cit.*
2. Raúl Roa écrivit en 1957 un pamphlet qu'il intitula ¡ *Basta !* condamnant l'intervention des Soviétiques en Hongrie. Ceux-ci en guise de représailles firent pression sur Castro afin que Roa ne soit jamais membre du Comité central du Parti communiste.

pratiquées, l'UMAP finit par être démantelée. Mais la machine castriste ne renonça pas pour autant à la mise au pas de ces jeunes (et moins jeunes) Cubains. Pour maintenir la mobilisation, d'autres organismes furent créés, telle l'Armée juvénile du travail (EJT), sans oublier d'autres camps de travaux forcés dans lesquels sont envoyés périodiquement des intellectuels, afin de les « familiariser » avec les travaux à la campagne, imitant les procédés les plus courants de la révolution culturelle chinoise.

Le transport des détenus, convoqués dans des lieux de regroupement sous prétexte d'une convocation au Service militaire obligatoire, avait lieu dans des autobus anglais surveillés par des gardes armés côté chauffeur et à l'arrière. Le voyage jusqu'à Camagüey durait toute la nuit, sans eau, sans nourriture, dans des conditions d'hygiène épouvantables. Ou bien encore dans des wagons à bestiaux.

La propagande du régime devait donner une vision quasi idyllique de ces transports ; pour faire pièce aux critiques, Fidel Castro rendait visite aux détenus, multipliait les réunions sur les lieux de travail.

Près de trente ans plus tard, la réalité de l'UMAP et des organismes qui lui ont succédé reste peu connue du grand public. L'image de Fidel Castro coupant lui-même la canne à sucre a réussi à éclipser celle de dizaines de milliers d'hommes condamnés au travail forcé et pourtant il existe aujourd'hui à Cuba cinq cent vingt-quatre prisons ou centres de détention et près de trois cent mille prisonniers, la plupart de droit commun, qui n'ont jamais reçu une visite de la Croix-Rouge ou d'organismes humanitaires, hormis celle d'une délégation d'Amnesty International en 1988.

Le mur du Malecón

Dans son arsenal répressif, le castrisme a eu recours à quelques solutions « originales », non calquées sur celles de l'ex-« grand frère » soviétique ou de ses satellites des pays de l'Est. Sa principale invention, ce sont les Comités de défense de la révolution, les CDR. Une idée reprise plus tard par les sandinistes au Nicaragua et par les partisans d'Hugo Chávez au Venezuela. Ainsi, la révolution cubaine a-t-elle fait école. Dans chaque pâté de maisons, les Comités sont chargés de surveiller les moindres faits et gestes des résidents, s'ils ont des contacts avec des étrangers, s'ils ont un mode de vie qui s'écarte de la « morale révolutionnaire » ou s'ils participent aux mobilisations périodiques ordonnées par le Parti ou le Commandant en chef. Autre invention : le *mítin de repudio* (« meeting de répudiation »), inventé en 1980 pour favoriser le désaveu « spontané » des masses envers ceux qui voulaient quitter l'île, lors de l'exode massif des *marielitos*.

Cette année-là, dix mille réfugiés entassés dans les jardins de l'ambassade du Pérou réclament l'asile politique. Sous la pression internationale, près de cent vingt-cinq mille personnes sont autorisées à gagner la Floride. Au cours des *mítines de repudio*, les candidats au départ sont insultés, leurs maisons bombardées d'œufs et de toutes sortes de projectiles ou malmenés par des militants de la Jeunesse communiste, qui dirigent les opérations. Ces manifestations ont été organisées par la suite contre les dissidents. Objet d'agressions permanentes, leurs voisins sont contraints de les appeler des *gusanos* (« vers de terre ») car ils doivent démontrer leur zèle révolutionnaire pour ne pas, à leur tour, être traités de la même manière.

Lâché par les Soviétiques et leurs satellites socialistes, le régime castriste décide donc de rationner la population cubaine dans le but de résister. Tout est réduit à la portion congrue : alimentation, essence, transports... L'effort est immense afin de préserver la révolution. La « période spéciale en temps de paix » est donc officiellement décrétée le 29 août 1989 dans le quotidien *Granma*. Chaque mesure est détaillée, précisée, ordonnée. Jusqu'à la *libreta*, ce petit carnet qui donne à chacun quelques œufs, de la farine, un morceau de viande ou de poulet. Le peuple cubain doit se serrer la ceinture. Le système D et les trafics en tous genres se multiplient sur l'île. Un seul mot d'ordre : survivre. Les Cubains, privés jusqu'à l'extrémité, tiennent le coup et réinventent une nouvelle forme d'humour et d'autodérision en guise de consolation. L'issue, leur promet-on, est toute proche et leur sacrifice indispensable. Hommes, femmes, enfants de Cuba ne bronchent pas, ils maigrissent en silence et continuent à défiler un petit drapeau à la main.

Afin de lutter contre les départs, individuels ou massifs, tous les moyens sont bons. Car les fugitifs, ceux qui ont l'intention de franchir le « mur du Malecón », l'avenue du bord de mer de La Havane, pour échapper, au péril de leur vie, au « paradis révolutionnaire », sont toujours aussi nombreux.

Rien n'y fait. Malgré la peur, malgré tous les obstacles placés sur leur chemin, les Cubains ont trouvé des moyens, parfois invraisemblables, pour tenter de gagner la Floride. Avant la décomposition du camp socialiste, c'étaient sur des *lanchas*, de petits bateaux à moteur, qu'ils s'aventuraient s'ils n'étaient pas interceptés par la marine castriste. Puis, avec l'instauration de la « période spéciale », ce furent les *balsas*, des radeaux fabriqués avec des bouts de bois et des pneus de camion.

Par malchance, le 13 mars 1993, un raz de marée dû au phénomène atmosphérique *El Niño* envahit la côte occidentale du pays et ravage villages et villes dont La Havane. Les rues sont inondées, des immeubles s'effondrent, des entrepôts de grains, de céréales, de fruits sont dévastés. La population, désemparée, voit pourrir des quantités énormes de nourriture sans pouvoir intervenir.

Le gouvernement, devant l'accroissement des difficultés, tente de trouver des solutions et développe l'alimentation à base de soja : steaks de soja, yaourts au soja, salade de soja viennent remplacer les denrées de base. Durant plus de trois ans, les Cubains, qui voient débarquer des hordes de touristes qui ne se privent de rien, sont alimentés au soja. Les étrangers ont droit à tout puisqu'ils paient en dollars. La prostitution se développe, des mineures, des mères de famille vendent leurs faveurs pour une poignée de billets verts, sauf-conduits d'une vie meilleure et synonymes d'abondance. En cette année 1993, le dollar est dépénalisé afin de permettre au régime de récupérer les fonds – les *remesas* – envoyés par les familles à leurs proches restés à Cuba. Mais tous n'ont pas cette chance, le pays est coupé en deux : ceux qui possèdent des dollars et les autres. En avril de cette même année 93 des signes inquiétants de malnutrition sont identifiés. De plus en plus de Cubains sous-alimentés souffrent d'une polyneuropathie aiguë. L'épidémie s'étend à toute l'île et inquiète le corps médical qui détecte des polyneuropathies périphériques provoquant migraines, fatigue, fourmillements et début de paralysie des membres, mais aussi et en quantité impressionnante des névrites optiques. « De nombreuses personnes se plaignaient de ne plus voir, indique Lázaro H., médecin à l'hôpital Calixto García de La Havane[1], on ne savait plus comment les soigner, on a été obligés d'ouvrir de nouveaux services dans les hôpitaux. Chez certains, il y avait une altération du champ optique, de la vue, et d'autres étaient sur le point de devenir aveugles. » Devant la multiplication des symptômes, le ministère de la Santé publique fait fabriquer dans les laboratoires cubains des cen-

---

1. Entretien avec l'un des auteurs, La Havane, mai 2003.

taines de milliers de vitamines du complexe B et engage chaque médecin de famille à les prescrire à chacun de ses patients : une pilule par jour et par personne. Mais les résultats se font attendre. N'y tenant plus, le ministre de la Santé de l'époque, le docteur Julio Teja Pérez, s'en ouvre à Fidel Castro et réclame une diminution des doses de soja dans les aliments destinés à la population cubaine, lui expliquant qu'à forte dose l'absorption de soja est nocive à la santé humaine. Le propos est d'autant plus alarmiste que quelques grands sportifs souffrent également de cette crise de neuropathie épidémique. Piqué au vif par ce qu'il considère comme une demande abusive et infondée, Fidel Castro met fin sur-le-champ à la carrière du ministre mais, devant la rapide prolifération de la maladie, se sent contraint, quelques mois plus tard, de ramener la consommation de soja à de plus faibles quantités. Cette décision, ajoutée à une observation attentive du corps médical ainsi qu'à une prise régulière de vitamines, permit à la population cubaine de circonscrire le mal puis de l'éradiquer.

Mais les mauvaises conditions de vie et d'alimentation perdurèrent. Les enfants de plus de 7 ans par exemple n'avaient plus le droit à la ration de lait, autrefois obligatoire. Un malaise s'installa durablement et au milieu de l'année suivante, en 1994, des familles entières exaspérées, fatiguées par les privations et les efforts à répétition, décidèrent de fuir l'île coûte que coûte.

La frénésie de la fuite se transforma soudain, au cours de l'été, en obsession collective.

Le 13 juillet 1994, un groupe de plus de soixante-dix personnes, parmi lesquelles une trentaine d'enfants, appartenant à plusieurs familles, monte à bord d'un remorqueur, le *13 de Marzo*, amarré au port de La Havane. La fuite avait été soigneusement préparée. Le groupe comptait sur l'appui de l'ancien capitaine du bateau, qui mettra lui-même en marche le remorqueur, et sur celui du capitaine du port de La Havane, militant du Parti communiste revenu depuis longtemps de ses illusions révolutionnaires. Le bateau mit aussitôt le cap sur la Floride. Mais les autorités avaient eu vent de cette tentative de fuite.

Plusieurs des survivants de cette tragique histoire, notamment Sergio Perodín et Janet Hernández, aujourd'hui en exil, ont raconté, devant une commission du Congrès américain et devant la Commission interaméricaine des droits de l'homme, un organisme dépendant de l'Organisation des États américains (OEA), dont le siège se trouve au Costa Rica, les détails de la tragédie.

« Lorsque nous sommes passés devant la capitainerie du port, à deux cents mètres de la forteresse du Morro, rapporte Sergio Perodín, un remorqueur de type Polargo a foncé sur nous et nous a aspergés de jets d'eau à l'aide de tuyaux à haute pression. Des gens se sont massés sur le Malecón, surtout des couples. Ils ont commencé à crier lorsqu'ils ont vu que le Polargo tentait de nous couler. Les femmes et les enfants sont montés sur le pont pour que les membres de l'équipage de l'autre bateau se rendent compte qu'ils allaient commettre un assassinat. Mais ils n'arrêtèrent pas la manœuvre. Le Polargo heurta le *13 de Marzo*. Cependant, nous pûmes mettre le cap vers le nord. Une fois en haute mer, deux autres embarcations du même genre nous attendaient en embuscade derrière le Morro. Les trois bateaux encerclèrent alors notre remorqueur. Deux d'entre eux continuaient à nous canonner de puissants jets d'eau tout en nous obligeant à nous éloigner de la côte. Ils nous rentraient dedans, à tour de rôle, pour essayer de nous renverser. Mais la manœuvre échoua, le *13 de Marzo* était solide. C'est alors que l'un des navires adverses s'est placé devant nous, tandis qu'un autre, par-derrière, nous éperonnait. Ils purent ainsi briser la structure du remorqueur, qui commença à couler par la poupe. Le bateau qui était derrière nous est alors carrément monté sur notre embarcation, qui a coulé à moitié. Environ trente personnes sont restées enfermées dans la cale. Ceux qui avaient réussi à monter sur le pont aperçurent les trois Polargo tourner autour de nous à grande vitesse pour tenter de nous couler complètement. Ils sont restés là, à provoquer des tourbillons, pendant quarante minutes. Il était évident qu'ils avaient comme but de ne pas laisser de survivants, de témoins dangereux. Nous étions quinze à dix-huit personnes sur le pont. Nous avons réussi à nous accrocher à un congélateur qui flottait en mer. Le plus petit de mes enfants, Sergio, se tenait à moi. Nous ne savions rien du reste de la famille[1]. »

Le reste de la famille disparut dans les flots, notamment sa femme et son autre fils. La belle-sœur de Sergio Perodín, Janet Hernández, survivante, a pu voir, impuissante, la tragédie se dérouler devant ses yeux.

« Lorsque le bateau s'est cassé en deux, une caisse en bois est tombée à l'eau. C'était celle qui contenait le réfrigérateur. Beaucoup d'entre nous ont tenté d'arriver jusqu'à elle. Les bateaux ont alors commencé à tourner autour de nous, créant un énorme tourbillon

---

1. Témoignage publié dans la revue online *Contacto Magazine*. Miami, été 1995.

qui engloutissait les gens. C'est ainsi qu'est morte ma belle-sœur Pilar Almanza Romero. Son fils Yasel Perodín Almanza me tenait par un pied. Lorsqu'on m'a sortie du bateau ma chaussure a glissé. Il est parti avec, le tourbillon l'a englouti et je n'ai pas pu le rattraper... Après quoi, j'ai vu mon beau-frère Sergio Perodín avec l'autre enfant. J'ai senti un certain soulagement parce que celui-là, au moins, avait pu être sauvé. Il y avait aussi une petite fille dont le corps était gonflé par l'eau. On aurait dit une grenouille. Ils nous ont laissés ainsi jusqu'au petit matin, jusqu à ce qu'une vedette Griffin vienne enfin nous recueillir[1]. »

Les trente et un rescapés échappèrent à la noyade grâce à l'arrivée d'un navire grec qui s'apprêtait à manœuvrer pour entrer dans la baie de La Havane. Les marins hellènes avaient entendu les appels au secours. C'est seulement après qu'une vedette militaire cubaine de garde-frontières s'est approchée du congélateur sur lequel s'agrippaient les survivants pour les secourir. Ils furent ensuite emmenés dans les dépendances de la Sécurité de l'Etat, à *Villa Marista*. De là ils ressortirent avec l'obligation de diffuser la version officielle. Certains, dont Sergio Perodín et Janet Hernández, osèrent néanmoins rompre la loi du silence, contredisant la version officielle qui allait être donnée quelques semaines plus tard par le Commandant en chef en personne.

Au cours d'une conférence de presse, au soir du 5 août 1994, celui-ci insista sur l'« irresponsabilité » des fugitifs et sur le caractère « spontané » de l'intervention des marins du port qui guidèrent l'opération contre le remorqueur *13 de Marzo*.

Fidel Castro martela :

« Aussitôt qu'arrivèrent les nouvelles concernant l'accident du remorqueur, nous avons procédé immédiatement à une enquête exhaustive grâce aux informations livrées par les survivants qui avaient été recueillis en mer. Avec chacun d'entre eux. Mais aussi grâce aux informations livrées par quelques-uns des responsables du détournement du bateau ; des informations minutieuses et détaillées livrées, par tous ceux qui se trouvaient à bord des différents bateaux, sur les faits qui s'étaient produits. Au fur et à mesure que se dessinait la réalité, nous en informions la population. Ce sont les marins qui se trouvaient à bord des différents bateaux, qui, après s'être rendu compte que le remorqueur était en train d'être volé, se sont mobilisés pour empêcher ce vol. Ils n'eurent même pas l'opportunité d'entrer en communication avec les garde-fron-

---

1. Témoignage publié dans *El Nuevo Herald*. Miami, 13 juillet 1995.

tières, qui n'ont appris les faits que plus tard. Ce fut réellement un accident. Les autorités ont enquêté très sérieusement là-dessus, le ministère de l'Intérieur a enquêté : il n'y avait pas la moindre intention de couler le bateau. Que pouvons-nous faire vis-à-vis de ces marins qui ne voulaient pas que leur remorqueur soit volé, qui ont fait des efforts réellement patriotiques, nous pouvons le dire, pour ne pas se faire voler leur bateau ? Qu'allons-nous leur dire ? Ecoutez, laissez-vous voler le bateau, ne vous en faites pas ? Les garde-frontières n'ont rien pu faire dans tout cela, ils sont arrivés sur les lieux quelques minutes après que se fut produit l'accident. »

Pour Castro, ce sont donc les marins du port qui, dans un geste « patriotique », ont tenté d'empêcher le vol d'un de leurs outils de travail. Précisons tout de même que, si les fugitifs étaient arrivés en Floride, les autorités américaines auraient rendu au gouvernement cubain l'embarcation détournée, en vertu d'accords signés entre les deux pays dans les années 70. D'autant que, toujours selon Fidel Castro, le remorqueur *13 de Marzo* se trouvait en très mauvais état :

« Ils étaient montés sur un remorqueur qui avait une voie d'eau, qui était en piteux état, ce fut une terrible irresponsabilité, ce remorqueur aurait coulé tout seul même s'il n'y avait pas eu de choc. »

Les marins du port se seraient donc mobilisés spontanément, sans recevoir d'ordres, pour sauver un remorqueur qui n'était plus qu'une épave. Les responsabilités ? Castro les écarte, indigné, en accusant, naturellement, tous ceux qui osent soupçonner ou se poser des questions, notamment les organismes de défense des droits de l'homme, ainsi que la Commission du Sénat américain.

« Il sera toujours temps d'exiger les responsabilités qui correspondent à chacun. Venir exiger de nous une enquête ! Alors que nous sommes les premiers à avoir enquêté, sans que personne ne nous le demande. Personne ne peut exiger de nous quoi que ce soit. Car seuls notre conscience, notre devoir et notre sens de la responsabilité peuvent exiger et exigent une telle enquête dans ce genre de drame. Mais, exiger de nous une enquête ? Jamais ! »

Il n'y eut, en effet, jamais d'enquête rigoureuse et indépendante autour de ce qui s'est passé ce 13 juillet 1994. Les autorités cubaines n'assumèrent aucune responsabilité. Personne ne fut jugé ni condamné. Les cadavres repêchés ne furent jamais remis à leurs familles.

La tragédie ne mérita que quelques lignes, ou le silence absolu, dans la presse, notamment dans les médias européens.

Fidel Castro avait, durant ces jours sombres, d'autres préoccupations. D'autres embarcations, notamment des ferries reliant les deux rives de la baie de La Havane, avaient été détournées vers la Floride le 26 juillet. Et puis, la conférence de presse avait été organisée en toute hâte, de façon vraiment spontanée cette fois, car ce jour-là s'était produit sur le Malecón un événement inimaginable : des milliers de manifestants s'étaient répandus sur l'avenue du bord de mer et dans toute la Vieille Havane en scandant un slogan jusqu'alors imprononçable : « A bas Fidel ! »

Ce matin-là, le 5 août 1994, une forte rumeur parvenait du centre de la Vieille Havane avant de se confondre aux ressacs du Malecón. Plus l'heure avançait, plus la clameur devenait puissante et insistante. Le petit peuple havanais avait fini par céder à la colère, las des privations d'eau, d'électricité, de pain et surtout excédé par une chaleur torride et une soif inextinguible. Ce qui était impossible, inenvisageable était en train de se produire. Jeunes, vieux, femmes, hommes, adolescents, par centaines, par milliers, par dizaines de milliers, en une foule dense, compacte, déferlant comme l'ombre sur la surface du monde. La multitude était telle que rien ne pouvait la fendre, pas une bicyclette ou une voiture, et elle avançait de l'avenue du Port vers le tunnel sans se disperser, faisant ainsi reculer les policiers éberlués de ce qu'ils voyaient sans oser intervenir. Le flot humain grossissait à vue d'œil. Au fur et à mesure de sa progression des cris étaient repris en chœur contre le communisme, des consignes contre le gouvernement et même contre Castro : « Fidel doit partir »... mais surtout, avec une force redoublée, « Liberté ! Liberté ! ».

En passant devant le *Palacio del turismo*, le Palais du tourisme, à l'angle de l'avenue du Port et la rue Cuba, ils commencèrent à lancer des pierres sur les bus de tourisme, objets de leur fureur, car le tourisme marquait la frontière entre les privilégiés et les misérables qu'ils étaient. Sur le chemin de plus en plus de gens s'intégraient au cortège, et même des spectateurs se transformèrent en manifestants.

Dans les têtes et les cœurs de ces manifestants étaient sans doute présents les déferlements populaires qui avaient fini par ébranler les régimes communistes d'Europe de l'Est. Peut-être pourraient-ils, eux aussi, faire la même chose, peut-être qu'eux aussi, en manifestant massivement leur mécontentement, pourraient briser la dictature castriste, qui finalement n'était qu'une dictature de plus. Si d'autres nations y était parvenues pourquoi pas eux ? Et ils continuèrent à avancer sur la large avenue du Malecón, avec la mer bordant le cortège à droite et sur la gauche une autre mer de fenêtres et de balcons où s'entassaient sur leur passage des hommes et des femmes effarés ou solidaires de ce défilé insolite et unique.

Certains pouvaient reconnaître des agents en civil des Brigades de réponse rapide (BRR) surveillant l'avancée du cortège. Les cris contre la tyrannie en place s'entendaient à des lieues à la ronde, jusqu'au fin fond de la Vieille Havane. Les manifestants faisaient bloc et les policiers tremblaient de peur.

Sur ordre, ils bloquèrent les rues, collés les uns contre les autres, armés de fusils AKM, tétanisés à l'idée que les gens puissent s'approcher et lancer des pierres ou des cocktails Molotov. Toute la zone avait été bloquée par des poubelles pleines d'ordures. Une marée humaine occupait le pavé de la Havane.

A chaque carrefour, des groupes compacts conspuaient un régime qu'ils ne pouvaient plus supporter.

Vers le début de l'après-midi, des hélicoptères militaires survolèrent le bord de mer où la plupart des manifestants continuaient à protester, juste en face de l'hôtel Nacional. Policiers, hommes des troupes spéciales, militaires, miliciens armés de battes de base-ball s'infiltrèrent parmi les manifestants. Quelques heures plus tard, vers dix-sept heures, la situation était sous contrôle et un convoi militaire d'une dizaine de véhicules bâchés fendit la foule piétinant l'asphalte du Malecón. Arrivé à hauteur de l'esplanade centrale de l'hôtel Nacional, où s'étaient massés de très nombreux touristes, face à la mer, le convoi stoppa net et Fidel Castro en personne ceint de son treillis vert olive sortit du deuxième véhicule [1]. La foule qui, quelques instants plus tôt, hurlait son mécontentement et son désir de changement, changea aussitôt d'attitude et ceux qui avaient crié « A bas la dictature castriste ! » se mirent à chanter les louanges du *Líder Máximo*, comme si de rien n'était. « ¡Viva Fidel ! » fut repris en chœur par la foule prise au piège et le Commandant en chef fut entouré d'admirateurs hypocrites et terrorisés. Toute la zone était désormais quadrillée d'uniformes et d'hommes mitraillette au poing.

A la rébellion allait succéder la répression.

Sans doute pour la légitimer à priori, Castro accompagné de journalistes, notamment étrangers, expliqua aux manifestants qu'il était venu personnellement pour recevoir « son lot de balles et de pierres », puis s'exclama, à peine ironique : « L'important est que le

---

1. Témoignage visuel de l'un des auteurs.

peuple puisse livrer cette bataille. C'est pour cela que je suis avec lui ! » La population s'était révoltée contre Castro mais, comme à son habitude, avec habileté et démagogie il sut retourner la situation en sa faveur.

Pendant l'affrontement entre les opposants et les forces régulières, quelques dizaines de personnes furent blessées et autant furent emprisonnées.

« La peur a couru sur un déploiement violent du pouvoir militaire pour éliminer ceux qui s'opposeraient au régime, explique Brian Latell, après les émeutes et manifestations contre le régime, le gouvernement menaça publiquement d'employer la force qu'il considérerait nécessaire pour maintenir l'ordre. Les déclarations de Raúl Castro, selon lesquelles il prévenait les "ennemis de la révolution" de ne pas commettre d'erreurs, furent amplement diffusées par la presse. "Nous avons suffisamment de canons et d'autres moyens pour défendre ce pays", avait-il dit. Ses paroles pouvaient sembler ne pas être dirigées spécifiquement contre les dissidents cubains, mais ses intentions apparurent plus clairement quelques jours plus tard. Dans un discours prononcé à l'occasion de l'enterrement d'un policier, Ulises Rosales del Toro, à l'époque chef d'état-major des FAR, déclara : "Nous prévenons la Cinquième Colonne interne... que nous agirons fermement."

« Des forces en uniforme et d'autres en civil, appartenant au ministère de l'Intérieur, furent déployées dans les quartiers de La Havane où s'étaient déroulées les manifestations et, pour la première fois au cours de la révolution de Castro, ses forces armées furent liées, dans l'esprit du peuple, aux services de sécurité craints par tout le monde et à l'éventualité d'une brutale répression [1]. »

Mais c'est à la nuit venue, ce 5 août 1994, que la répression prit son aspect le plus terrifiant. Des familles entières suspectées de sympathie avec le *maleconazo* furent chassées de leurs maisons, notamment dans le quartier populaire de Colón. D'autres personnes, dénoncées par les Comités de défense de la révolution (CDR), furent mises à l'index et obligées de critiquer la manifestation avant d'en intégrer une autre, organisée, celle-là, par les membres de la Jeunesse communiste (UJC), les CDR et les BRR, tous en civil. Celle-ci, empruntant le même itinéraire que la précédente, donnait de la voix *a contrario*, conspuant « les traîtres », « les contre-révolutionnaires », ceux qui voulaient vendre la patrie, clamant que seul Fidel était le garant de l'indépendance de Cuba et de la pérennité de la révolution.

---

1. Brian Latell : art. cité

De partout surgissaient, en cette fin d'après-midi, des camions et des bus bourrés de monde, venu « spontanément » des centres de travail soutenir le régime et dire son amour au dirigeant suprême. Des civils brandissaient des tubes de métal à la recherche de ceux qui avaient osé quelques heures plus tôt vomir le régime.

Tout rentra dans l'ordre en quelques heures. Cette révolte née de nombreuses frustrations, spontanée, mal organisée, sans leader, sans relais possible avec d'autres quartiers ou d'autres villes de l'île, loin des moyens de communication totalement contrôlés par l'Etat, a été écrasée dans l'œuf en l'espace d'une journée. Prouvant une fois de plus, s'il en était besoin, que rien encore n'était possible contre le système et celui qui le dirige. Pourtant cette date du 5 août 1994 a marqué les esprits à Cuba et laissé l'impression qu'un jour, peut-être, le temps viendra d'un soulèvement populaire qui brisera net le corset castriste.

Durant les jours qui suivirent l'événement, des dizaines de milliers de Cubains se sont embarqués sur des radeaux de fortune, des chambres à air, de vieilles barques rafistolées à la va-vite... bref de tout ce qui pouvait flotter, dans l'espoir de rejoindre les côtes de Floride, de fuir un régime qui les empêchait de vivre. Un sauve-qui-peut que les autorités cubaines favorisèrent, considérant sans doute que c'était une soupape de sécurité après l'échauffement populaire des derniers jours mais aussi un moyen de laisser filer vers les Etats-Unis les éléments les moins contrôlables.

Sur les plages de Cojímar les *balseros* poursuivirent leur rêve d'un horizon meilleur. Ceux qui tentaient l'aventure en sortant de la gueule du caïman savaient qu'ils couraient le risque de finir entre les dents d'un requin ou emportés par les courants. Mais rien ne pouvait les en dissuader.

Environ trente mille de ces *balseros* parvinrent à traverser, sains et saufs, le détroit de Floride et accéder ainsi à une existence plus libre. Des centaines d'autres périrent en mer. Mais jamais les garde-côtes cubains ne les entravèrent dans leur voyage vers l'Eldorado américain.

Très vite, la Maison-Blanche flaira le piège et négocia avec La Havane l'entrée potentielle de vingt mille Cubains par an à la condition que le flot de *balseros* soit contenu. Malgré cet accord, considéré comme une victoire par les autorités castristes, tous les jours des Cubains, las d'attendre un hypothétique visa ou de gagner au tirage au sort, le *bombo*, organisé par la Section d'intérêts américains, se jettent dans l'aventure, avec en sautoir leur espoir et un courage à toute épreuve.

ÉPILOGUE

Au début de l'année 2005 George W. Bush a fêté sa réélection et prononcé plus de quarante fois le mot « liberté » dans son discours de réinvestiture. Quelques jours plus tôt Condoleezza Rice, la nouvelle secrétaire d'Etat, expliquait qu'il fallait continuer à combattre la tyrannie là où elle se trouve et pointait du doigt les Etats à surveiller de près : Cuba figurait en tête de liste.

Sur le Vieux continent, en revanche, les Européens, conduits par l'Espagne de José Luis Rodríguez Zapatero, se réconciliaient avec l'île des Castro, mettaient une sourdine à leurs critiques et décidaient de ne plus inviter à leurs fêtes nationales le moindre dissident. Seules la République tchèque, la Pologne et la Hollande se désolidarisaient des autres pays européens, considérant qu'une telle attitude ne pouvait en aucun cas aider au rétablissement des libertés sur l'île caraïbe et équivalait à une capitulation en rase campagne.

Méprisant ce point de vue, le régime cubain, pour sa part, était satisfait.

Pourtant Fidel Castro ne put s'empêcher d'adresser un bras d'honneur à ces Européens inconstants. Durant cinq heures, le vieux dictateur s'est livré à un badinage en règle au cours du Congrès mondial d'alphabétisation, le 3 février 2005, à La Havane : « Nous pardonner, mais de quel crime, de quel péché ? Messieurs, je dois le dire en toute honnêteté, Cuba n'a pas besoin des Etats-Unis, Cuba n'a pas besoin de l'Europe. C'est tellement agréable de pouvoir le dire. Cuba a appris à se passer d'eux ! » Mais au-delà de ces fanfaronnades, ce discours a fait sortir le loup du bois. Si Cuba n'a aucun besoin des Etats-Unis ni de l'Europe, c'est donc que l'embargo tant décrié depuis plus de quarante ans, le *bloqueo*, selon le terme employé par les castristes, n'est plus le mal absolu qui assassine les Cubains... A moins que les accords conclus avec le Venezuela d'Hugo Chávez ne soient une manne suffisante pour que Cuba puisse mépriser, entre autres, l'aide européenne.

Quoi qu'il en soit, après avoir sorti de ses geôles quatorze prisonniers sur les soixante-quinze qu'il y avait jetés dix-neuf mois plus tôt, le régime castriste pouvait y en renvoyer d'autres, pas plus coupables mais sans doute moins voyants au regard de ceux qui ne veulent pas voir. Contourner l'embargo tout en continuant d'en faire le bouc émissaire de la misère, se gaussant avec morgue de ces pays que sa révolution fait encore fantasmer malgré son effondrement tragique.

En décembre 1998, l'écrivain espagnol Manuel Vázquez Montalbán[1], qui fut l'un des thuriféraires du système castriste, écrivait dans les colonnes du quotidien *El País* : « L'histoire contemporaine ne leur ayant pas fourni l'occasion de faire leur propre révolution, beaucoup d'Européens considèrent la révolution cubaine comme leur révolution adoptive. Elle leur promettait, il y a quarante ans, un nouveau printemps des peuples. Et c'est avec nostalgie que ces admirateurs d'antan contemplent aujourd'hui l'automne du patriarche. »

Ils sont encore nombreux, en effet, de ce côté-ci de l'Atlantique, les amoureux d'une révolution en trompe l'œil qui devait mettre en scène l'inédit et le renouveau et n'a enfanté que des cauchemars, des assassinats, du terrorisme et des trahisons. Peut-être pour rester jusqu'au bout fidèles à leurs rêves ou simplement par paresse intellectuelle. Mais qu'on le veuille ou non le temps passe inexorablement et rien n'est éternel.

Après la mort du propriétaire de l'île, les héritiers, quels qu'ils soient, ne parviendront pas, malgré les précautions, les contrôles, les verrouillages de tous ordres, à empêcher le débordement d'un peuple tout entier qui en a assez de vivre sous le joug. A moins que le Commandant en chef avant de quitter la scène n'installe à sa place un militaire pastichant Bolivar, une sorte de clone juché sur des barils de pétrole, qui prolongerait son règne au-delà de ses propres frontières.

Le ciel était glabre, ce matin-là, place de la Révolution. Personne ne violait l'immense esplanade face à José Martí statufié. Le temps semblait suspendu, à peine des échos de vie perdus dans les quartiers alentour, des turbulences lointaines, mais là, place de la Révolution,

---

1. Manuel Vázquez Montalbán : « Les recettes de Monsieur Castro ». *Le Monde diplomatique*, décembre 1998. L'écrivain espagnol avait adopté, peu avant sa mort, une attitude plus critique à l'égard du régime castriste dans son ouvrage *Et Dieu est entré à La Havane*. Paris, Seuil, 2001.

pas âme qui vive. Le moment était terrifiant, presque inhumain. Que se passait-il derrière les hauts murs des bâtiments austères qui se dressaient à plusieurs centaines de mètres ? A quelle époque étions-nous ? Le régime mafieux presque quinquagénaire guettait-il encore derrière les fenêtres carrées des édifices ou préparait-il ses cartons sans bruit en laissant croire que l'éternité lui était due ? Etait-ce un nouveau mensonge ou une réalité toujours douloureuse pour ceux qui attendent, faméliques, la fin d'une tragédie ?

« ¿Hasta cuándo ? » Jusqu'à quand ? Une question sans réponse, lancinante pourtant dans l'esprit de chaque Cubain.

Le XXe siècle est fini mais le castrisme perdure, plus rigide que jamais, persuadé que des dieux malins le protègent des cyclones et de l'empire mais au prix de sacrifices pour le peuple de Cuba chaque jour plus insupportables. « ¿Hasta cuándo ? »

Alain Ammar, août 2005

EXTRAIT DE LA LETTRE QUE FIDEL CASTRO ADRESSE
AU PRÉSIDENT SALVADOR ALLENDE

... de la situation.
Fais savoir à Carlos et à Manuel en quoi nous, tes loyaux amis cubains, pouvons coopérer.
Je te réitère la tendre et illimitée confiance de notre peuple.
Fraternellement,

Fidel CASTRO

ANNEXE

Les principaux secteurs et entités sous contrôle militaire incluent :
— GAESA (Groupe d'Administration d'Entreprises, S.A.) est la principale holding du MINFAR, le ministère des Forces armées révolutionnaires, et concerne :
• Gaviota S.A. (Tourisme), directeur : Général de brigade Luis Pérez Róspide.
• Aero Gaviota (Transport aérien/tourisme) : Colonel José Manuel Borges Vivó
• Cubanacán (Tourisme) : Manuel Vila
• Tecnotex (Import/export) : Lieutenant-colonel René Rojas Rodríguez
• Almacenes Universal (Zones de libre-échange de Wajay, Mariel, Cienfuegos, Santiago de Cuba) : Miguel Angel Hernández Armas.
• Almest (Agence immobilière de tourisme) : David Pereira Pérez
• Antex (Assistance technique) : Carlos Santiago Martínez Rodríguez
• Agrotex (Agriculture et bétail)
• Sasa S.A. (Réparations automobiles et pièces détachées) : Antonio Luís Chong Estupiñán
• *División Financiera* (Magasins destinés à récupérer les devises) : Alexis Mejías Zamarión
• Sermar (Exploration des eaux territoriales cubaines, réparations de navires) : Capitaine Luís Beltrán Fraga Artiles
• GeoCuba (Cartographie, immobilier, intérêts miniers) : Colonel Eladio Fernández Civico
• *Complejo histórico-militar Morro-Cabaña* (Musées militaires, monuments) : Colonel Hernán Washington

• Union de l'Industrie Militaire (UIM) : Colonel Luis Bernal León
L'UIM comprend 230 usines et sociétés. Sa production est d'environ 32 % pour les secteurs civils de l'économie tandis que 75 % des réparations et pièces de rechange pour le secteur civil proviennent des entreprises militaires.
(*Source* : Frank Mora, « A comparative study of civil-military relations in China and Cuba : The Effects of Bingshang », *Armed Forces and Society*, hiver 2002.)

• Habanos S.A. : Colonel Oscar Basulto Torres

Le distributeur exclusif des fameux cigares cubains est sous la direction du colonel Oscar Basulto Torres qui contrôle environ 30 % du marché mondial du cigare « haut de gamme » avec une progression de 22 % de 1995 à 1999. Les ventes de cigares ont rapporté à Cuba en 2004 près de 300 millions de dollars.

(*Source* : Marc Franck : « A feast for smokers at Cuba's social events of year », *Financial Times*, 24 février 2005.)

• *Comercio Interior, Mercado Exterior* (CIMEX) : Docteur Eduardo Bencomo Zurdo, président ; Enrique Semanat, vice-président (société directement contrôlée par les forces armées)

Cette compagnie holding, originellement basée sur l'import/export, a été étendue aux établissements de vente au détail en dollars et monnaies étrangères (supermarchés, fast-foods, développement photos, lavage de voitures, stations service) mais aussi d'opérations de crédit, location de véhicules, agences de voyages, immobilier, services de TV par câble ou satellite. Ses revenus annuels ont atteint, en 2003, 700 millions de dollars.

(*Source* : Melissa Johns : « Foreign investment in Cuba : Assessing the legal landscape », *Boletin Mexicano de Derecho Comparado* n° 106, 2003.)

• Agrumes et produits citriques : Général Rigoberto García Fernández (Chef de l'EJT, *Ejército juvenil del trabajo*, Armée juvénile du travail).

La plus grande entreprise de récolte après celle du sucre et du tabac, et l'une des plus importantes sources de revenus. Il s'agit d'une *joint-venture* entre le gouvernement cubain, représenté par l'Armée juvénile du travail (EJT), une réserve militarisée de travailleurs, et la compagnie israélienne BM.

• *Instituto Nacional de la Reserva estatal* (INRE) : Général de brigade Moisés Sio Wong

Les réserves stratégiques nationales d'outre-mer (matériel, finance, militaire) en cas d'urgence, comme le stipule l'article de 128 de la loi sur la Défense nationale de 1994.

• *Grupo de la Electrónica* : Commandant de la Révolution Ramiro Valdés Menéndez.

Ce groupe supervise de nombreuses entreprises, la plus notable étant Copextel S.A., une holding de technologie qui englobe plus d'une quarantaine de sociétés commerciales d'ordinateurs, de software, de service internet, de téléphones portables, de restaurants, de traiteurs et de spectacles.

• Ministère du Tourisme (MINTUR) : Colonel Manuel Marrero Cruz.
Le tourisme est devenu le secteur le plus important de l'économie cubaine. En 2004, au moment où Raúl Castro en a assumé personnellement la direction, le tourisme a généré un revenu estimé à 2,4 milliards de dollars.
(*Source* : Marc Franck, « Cuba cible sur 2 millions de touristes », (dépêche de l'agence Reuters, 26 décembre 2004.)

• Ministère de l'Aviation civile : Général Rogelio Acevedo González
• Ministère de l'Industrie sucrière (MINAZ) : Général Ulises Rosales del Toro
• Ministère de la Construction (MINCONS) : Fidel Fernando Figueroa (ingénieur de formation des Forces armées révolutionnaires)